JN288928

CHRONICLE OF THE ROMAN REPUBLIC
古代ローマ歴代誌
7人の王と共和政期の指導者たち

本村凌二【監修】　フィリップ・マティザック【著】

創元社

CONTENTS

Page 6–7 ················ はじめに：「奇跡的発展」をなしとげた人びと
Page 8–9 ················ 序章：ローマ発展の歴史
Page 12 ················ おもな歴史家とその著作
Page 13 ················ 共和政期のおもな公職

Page 14 ················
第1章
王政期
紀元前753～509年

ロムルス　16／レムス　16／ヌマ・ポンピリウス　24／トゥッルス・ホスティリウス　30／アンクス・マルキィウス　35／タルクィニウス・プリスクス　38／セルウィウス・トゥリウス　45／タルクィニウス傲慢王　50／ルキウス・ユニウス・ブルートゥス　55／

Page 60 ················
第2章
共和政の創始者たち
紀元前509～264年

ププリウス・ウァレリウス・ププリコラ　62／ホラティウス・コクレス　67／コリオラヌス　69／ティトウス・クインティウス・カピトリヌス・バルバトゥス　74／ルキウス・クインティウス・キンキナートゥス　77／アッピウス・クラウディウス・デケンウィリ　81／マルクス・フリウス・カミルス　88／ウァレリウス・マクシムス・コルヴス　93／アッピウス・クラウディウス・カエクス　95／ルキウス・コルネリウス・スキピオ・スカプラ　99／

Page 104 ················
第3章
共和政中期
紀元前264～100年

マルクス・アティリウス・レグルス　106／グナエウス・コルネリウス・スキピオ・アシーナ　111／ププリウス・アッピウス・クラウディウス・プルクルス　114／ガイウス・ルタティウス・カトゥルス　118／ガイウス・フラミニウス　123／ププリウス・コルネリウス・スキピオ　127／クイントゥス・ファビウス・マクシムス・ウェルコスス　130／クラウディウス・マルケルス　136／ププリウス・コルネリウス・スキピオ・アフリカヌス　140／ティトゥス・クインティウス・

フラミニヌス 147／マルクス・ポルキウス・カトー 151／アエミリウス・パウルス 157／セルウィウス・スルピキウス・ガルバ 162／スキピオ・アエミリアヌス 165／ティベリウス・センプローニウス・グラックス 169／グナエウス・セルウィリウス・カエピオ 174／ティベリウス・グラックス 177／ガイウス・グラックス 188／マルクス・アエミリウス・スカウルス 196／クイントゥス・カエキリウス・メテルス・ヌミディクス 199／

第4章
共和政末期
紀元前100〜31年

ルキウス・アプレイウス・サトゥルニヌス 206／ガイウス・マリウス 211／リウィウス・ドゥルースス 226／ルキウス・コルネリウス・スッラ・フェリクス 232／メテルス・ピウス 242／クイントゥス・セルトリウス 244／マルクス・リキニウス・クラッスス 249／グナエウス・ポンペイウス 258／リキニウス・ルクルス 272／小カトー 276／プブリウス・クロディウス・プルケルス 282／ユリウス・カエサル 285／マルクス・ユニウス・ブルートゥス 299／マルクス・トゥリウス・キケロ 302／マルクス・アントニウス 309／マルクス・アエミリウス・レピドゥス 320／セクストゥス・ポンペイウス 323／オクタウィアヌス（アウグストゥス帝） 326／

■コラム■

パラティヌスの丘	19	トーガ	185
ウェスタの処女	20	徴税請負業者（プブリカニ）	193
初期の宗教	28	同盟市戦争	221
初期の外敵	33	ローマ人の住居	222
エトルリア人	40	ローマ軍の陣営	230
凱旋式	64	貴族と商業活動	248
十二表法	86	パルティア王国	256
ウァレリウス一族	94	剣闘士	267
ローマ街道	97	ローマ人の娯楽	270
共和政期のローマ軍	109	ストア学派	280
ローマ人と死	120	エジプトとクレオパトラ	294
ローマ海軍	120	カティリナの陰謀	306
ハンニバル	131	オスティア	311
ローマの農業	153	アクティウムの海戦	318
ギリシア文明の影響	159	ローマの女性	319
ケルト・イベリア人	171	インペラトール	334
カピトリウムの丘	184		

Page 335 監修者あとがき
Page 336 INDEX
Page 341 参考文献

■はじめに
「奇跡的発展」をなしとげた人びと

　あの広大なローマ帝国の領土は、実はそのほとんどが、それに先立つ共和政期に獲得されていたということを、読者の皆様はご存じだろうか。そうした驚異的躍進の担い手となったのは、共和政期の政治指導者であり、軍団の司令官としても活躍した貴族階級の男たちだった。彼らは残酷で迷信深い人びとだったが、その一方で彼らが運営する共和政ローマは、当時有数の文明国でもあった。ごく早い時期に王政を打倒したローマは、他の古代世界のような神権や世襲にもとづく政治体制ではなく、選挙で選ばれた行政官による統治を実現していたのである。

　しかも行政官たちの権力は、法律によってきびしく制限されていた。その高度な法体系と統治システムは、のちにアメリカ合衆国の「建国の父」たちが参考にしたほど優れたものだった。

　貴族階級の男たちはしばしば激しく対立したが、共和政末期になるまで政争の大半は議会や法廷でくり広げられ、ローマ人同士が武力によって殺しあうことはなかった。さらにローマのエリート層は戦争が起こると真っ先に前線に出て軍団を指揮した。イタリア半島、さらには地中海全域の征服を推し進めたのは、ファビウス家、スキピオ家、クラウディウス家など、いずれもローマを代表する名門貴族出身の男たちだったのである。

　奇跡ともいえるローマ躍進の担い手となった彼らは、いったいどのような人物だったのか？　本書では、王政時代から丹念に指導者たちの足跡を追うことで、偉大なるローマ誕生の秘密にせまってみたい。さらには、彼らの背後にいた真の主役たち、「プレブス」と呼ばれるローマの民衆についても語ってみたい。ローマの民衆は、他の古代世界の民衆とは違って、ただ指導者に唯々諾々と従うだけの存在ではなかった。指導者を選ぶ権利を求め、政治上の議論や法案の作成に積極的にかかわり、武器をもてば古代世界最強の軍隊を編成した人びととなのである。

　ローマ人はみな、きわめてプライドが高く、何よりも負けることを嫌った。しかし、その傲慢さは排他性を生みだすことはなく、共和政の後期まで、被征服民や解放奴隷もローマ市民になることができた。そしてこの開放性が排他性に転じたとき、共和政ローマの崩壊が始まったのである。

⇧スキピオ・アフリカヌスの胸像――彼はザマの会戦において、ハンニバルひきいるカルタゴ軍をやぶった名将として知られる。しかし、その輝かしい軍功にもかかわらず、最後はローマを離れて失意のうちに亡くなった。

はじめに

⇧老人の胸像──共和政期の人物描写の特徴である、「欠点も含めたありのままの姿」が表現されている。これは紀元前1世紀の作品を、紀元後1世紀中ごろにコピーしたもの。

⇨ローマのフォルム（中央広場）──ティベリウス帝の凱旋門から、カストル・ポルクス神殿に残る3本の柱（右）とウェスタ神殿（左）を眺めたところ。

ローマの立地

「ロムルスは、海に向かって絶え間なく流れる川のほとりに町をつくった。その土地は、海から近いことの利点をすべてそなえており、欠点はひとつもなかった。なぜ彼は、これほどまでに素晴らしい選択をすることができたのか。（略）私には、ロムルスは当初から、ローマがいずれ大帝国の中心都市になるという神がかり的な霊感をもっていたように思える。イタリア半島にあるどの町も、これほど容易に国力と領土を支えることはできなかっただろう」

キケロ著『国家』

■序章
ローマ発展の歴史

　ホメロスの傑作『イーリアス』によると、はるか昔、ギリシアとトロイア（小アジア西岸の都市国家）のあいだに戦争が起こり、その戦いは10年にもおよんだという。よく知られているとおり、この戦いは知将オデュッセウスや勇将アキレウスの奮闘により、ギリシア軍の勝利に終わる。

　ローマの建国神話は、このトロイア落城から始まる。そのとき、炎上するトロイアの町から、トロイア王の婿（むこ）である武将アエネアスが、老いた父と幼い息子など、わずかな人びとをつれて脱出をはたしたという。それはアエネアスが、実は愛と美の女神ウェヌスを母として生まれた子どもで、ウェヌスが息子の死を望まなかったからだった。このアエネアスこそが、ローマ人の祖とされる人物なのである。

　アエネアスはトロイア戦争のあと、安息の地にたどりつくまでに長い放浪をする運命にあった。その途上、彼は北アフリカの海岸にたどりつき、カルタゴの女王ディドと恋に落ちる。しかし、アエネアスは運命にみちびかれるまま、さらなる放浪の旅に出発し、ディドは悲しみのあまり自殺してしまう。神話によればこの出来事が、のちにカルタゴとローマが戦う原因となったとされる。

　その後、アエネアスはイタリア半島に上陸し、イタリア人の王女と結婚した。そしてアエネアスの息子アスカニウスが、アルバ・ロンガという町に都を移し、それから数百年後にこの町で生まれたロムルスとレムスが、新たにローマの町を建設したと伝説は伝えている。

　のちにユリウス・カエサルがみずからを神の子孫であると主張したのも、ユリウス一族が、女神ウェヌスの孫（アエネアスの息子）であるアスカニウスの子孫であるという理由からだった。もっとも、ユリウス一族と同じくらい古い歴史をもつ家系はほかにもあった。初期のローマは約50の名門一族が権力を独占しており、そうした名門一族の名は、「公職暦表」（ファスティ）（⇨p.82）と呼ばれる年代別の最高公職者名簿にくり返し登場する。ユニウス・ブルートゥス家、ユリウス家、アエノバルブス家など、その多くが共和政の成立時にすでに存在し、共和政が崩壊するまで存続したのである。

⇧ポンペイの壁画に描かれたアエネアス（紀元前1世紀）——傷の手当を受けながら、息子アスカニウスの肩をだき、なぐさめているところ。ローマ人は、愛と美の女神ウェヌスの息子であるアエネアスを、自分たちの祖先と考えていた。

そうしたローマの名門一族は、血縁や婚姻や友情によって、たがいに密接なつながりをもっていた。たとえば、共和政末期の重要人物である、マリウス、キケロ、カエサル、マルクス・アントニウス、アウグストゥス（初代ローマ皇帝）は、すべて複雑な姻戚関係によって結ばれていた。イタリア半島の小さな都市国家にすぎなかったローマを、巨大帝国にまで押しあげていったのは、そうした相互に密接なつながりをもつ少数の貴族集団だったのである。

共和政の遺産

世界史的にみても類を見ないほどの大仕事をなしとげたのは、彼らローマの貴族集団だった。ローマはほとんど何もとりえのない貧しい都市国家から出発し、すぐに近隣の強敵たちとの戦いに突入していった。農業の生産量も少なく、移動や輸送の技術についても初歩的な知識しかもっていなかった。そのローマが、やがて地中海世界から、はるかブリテン島（イギリス）にまで及ぶ、巨大帝国を築きあげることになったのである。

ローマはこの広大な帝国を、軍事力だけで築いたわけではなかった。ローマが他の大国と違っていたのは、征服した相手を抑圧するのではなく、市民として迎え入れることによって、みずからの勢力圏を拡大していったという点である。征服された土地の人びとでも、ひとたびローマ市民となれば、ローマ法によってさまざまな権利をあたえられた。当時のローマの法律がいかにすぐれていたかは、それが現在でも多くの近代国家の法体系の基礎となっていることからもわかるだろう。

やがて共和政は崩壊し、帝政期が幕を開ける。といっても、帝政ローマの文明や統治システムのほとんどは、共和政期に築かれた基盤の上に成立したものである。さらにいえば、帝政期のローマが多くの点で共和政期を凌駕したとしても、もっとも重要な一点においては共和政期のほうがすぐれていたといえるだろう。それは、共和政期に生きたローマ人こそが、「真に自由なローマ人」だったという事実である。

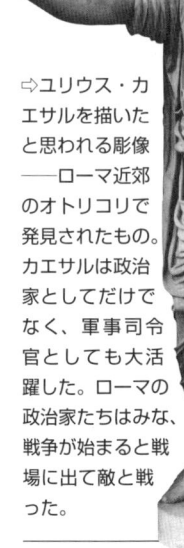

⇧ワシを描いた縞瑪瑙製のカメオ（紀元前1世紀後半）——アテネの人びとがフクロウを守護神アテナのシンボルとしたように、ローマの人びとはワシを主神ユピテルのシンボルとした。

⇨ユリウス・カエサルを描いたと思われる彫像——ローマ近郊のオトリコリで発見されたもの。カエサルは政治家としてだけでなく、軍事司令官としても大活躍した。ローマの政治家たちはみな、戦争が始まると戦場に出て敵と戦った。

ローマの勢力図

大西洋

アレシア

属州ガリア・トランサルピナ
（フランス他）

属州ガリア・キサルピナ
（北部イタリア）

属州ガリア・ナルボネンシス
（南仏）

属州ダルマティア

ヌマンティア

マッシリア
（マルセーユ）

ピサ

属州ヒスパニア
（スペイン）

タラゴーナ

属州コルシカ

イタリア

サグントゥム

オスティア

ローマ

ブルンディシウム

コルドゥバ

カプア
ポンペイ
ターラント

カルタゴ・ノウァ

属州サルディニア

マウレタニア王国

カルタゴ

属州アフリカ・ノヴァ
（旧ヌミディア王国）

シラクサ

属州シチリア

属州
アフリカ

地中海

- 初期のローマ（紀元前800〜350年ごろ）
- 第1次ポエニ戦争以降（紀元前264〜218年ごろ）
- 第2次ポエニ戦争と地中海征服（紀元前218〜133年ごろ）
- カエサル暗殺時のローマ領（紀元前133〜44年ごろ）

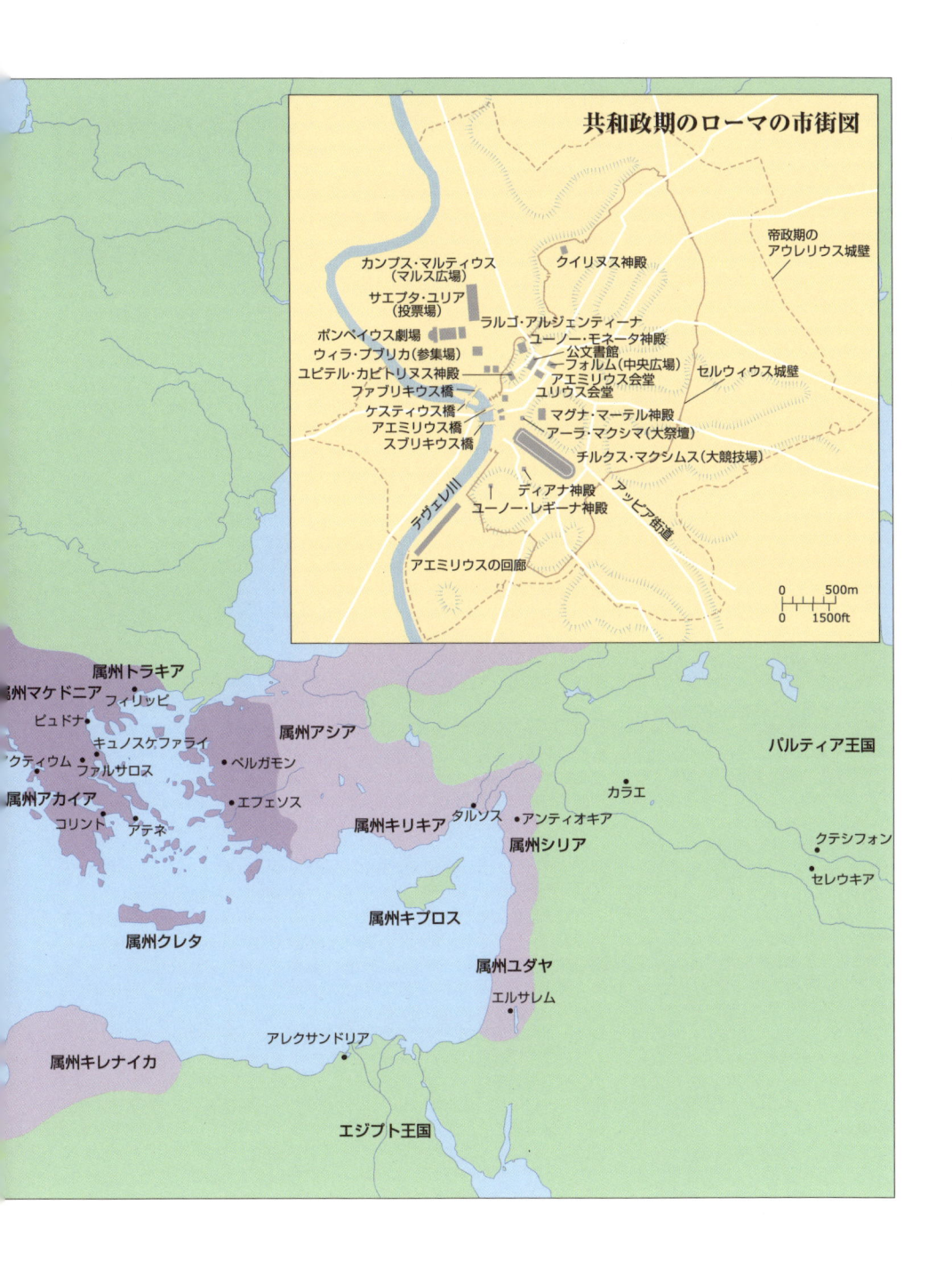

共和政期のローマの市街図

- カンプス・マルティウス（マルス広場）
- サエプタ・ユリア（投票場）
- クイリヌス神殿
- ポンペイウス劇場
- ウィラ・ププリカ（参集場）
- ラルゴ・アルジェンティーナ
- ユーノー・モネータ神殿
- 公文書館
- フォルム（中央広場）
- 帝政期のアウレリウス城壁
- ユピテル・カピトリヌス神殿
- アエミリウス会堂
- ファブリキウス橋
- ユリウス会堂
- ケスティウス橋
- マグナ・マーテル神殿
- アエミリウス橋
- アーラ・マクシマ（大祭壇）
- スプリキウス橋
- チルクス・マクシムス（大競技場）
- セルウィウス城壁
- テヴェレ川
- ディアナ神殿
- ユーノー・レギーナ神殿
- アッピア街道
- アエミリウスの回廊

0　500m
0　1500ft

- 属州トラキア
- 属州マケドニア
- フィリッピ
- ピュドナ
- キュノスケファライ
- アクティウム
- ファルサロス
- 属州アカイア
- コリント
- アテネ
- 属州アシア
- ペルガモン
- エフェソス
- 属州キリキア
- タルソス
- アンティオキア
- 属州シリア
- カラエ
- パルティア王国
- クテシフォン
- セレウキア
- 属州クレタ
- 属州キプロス
- 属州ユダヤ
- エルサレム
- 属州キレナイカ
- アレクサンドリア
- エジプト王国

おもな歴史家とその著作

共和政期のローマの歴史は、おもに神話と伝説、そして各時代の政治的宣伝（プロパガンダ）資料を中心に伝えられてきた。紀元前3世紀、ファビウス・ピクトルによってようやくローマ初の歴史書がギリシア語で執筆されたが、この最古の歴史書は断片が伝わるのみである。したがって、共和政期のローマの歴史を知るうえでもっとも重要な資料は、のちの帝政期に書かれた歴史書ということになる。ただし、それらの歴史書にしても、信憑性のほどは慎重に吟味する必要がある。

近年になって、共和政期の解明に新たな光を投げかけているのが、考古学による発掘と碑銘の研究である。そうした研究で判明した多くの事実は、従来から伝えられてきた歴史とおおむね一致する。つまり、特定の一族をたたえるための記述や、不名誉な出来事をおおいかくすための記述をのぞけば、ローマ人はみずからの歴史をかなり正確に伝えていたことがあきらかになったのである。

共和政期も末期になると、資料が一気に豊富になる。サルスティウス、カエサル、キケロといった歴史の担い手たち自身が著した文献が現存するようになるし、スエトニウスやプルタルコスといった伝記作家も、時代をさかのぼって出来事を書き記しているからである。

本書の執筆に際して参考にした歴史家たちと、その著作の一部を以下に紹介する。いずれも古代ローマをじかに知る歴史家と、彼らの残した貴重な文献である。

ポリュビオス
（紀元前200年ごろ～118年ごろ）

ポリュビオスの『歴史』の一部は、ほぼ完全な形で現存する最古のローマ史である。ギリシアの政治家であったポリュビオスは、マケドニア戦争の際に人質としてローマに連行され、スキピオ家の被護民となった。スキピオ家の輝かしい軍功を世に知らしめるうえで、ポリュビオスが大きな役割をはたしたことはまちがいない。のちにポリュビオスは大カト

⇧ポリュビオスは人質としてギリシアからローマに連れてこられた。彼はローマがいかにして地中海の覇者となったかに興味をもち、同胞のギリシア人に伝えるために『歴史』を執筆した。

—（⇨p.151）の尽力で、ギリシアに帰還することができた。

キケロ（紀元前106～43年）

キケロが残した数多くの手紙や演説、哲学書は、共和政末期のローマを知るうえで最上の資料となっている。「ローマ最高の知識人」とされるキケロは、同時代のおもだった人物のすべてと交友があった。虚栄心と自己顕示欲が強く、臆病な人物ではあったが、文章家としては並はずれた才能の持ち主だった。彼が残した文献がなければ、共和政ローマの崩壊過程はいまなお謎につつまれていたにちがいない。

リウィウス
（紀元前65年～紀元後17年）

共和政期最大の歴史家として知られるのが、リウィウスである。彼の記念碑的な労作『ローマ史』（原題は『建国以来の書』）は、残念ながら前半しか現存しない。その序文でリウィウスは、多くの公文書が失われたり改竄されていることを嘆き、かなりの部分をローマの名門一族が保存している私的な記録に頼らざるをえなかったこと、またそれらの記録にたがいに矛盾する内容が含まれていることをあきらかにしている。

リウィウスの『ローマ史』には、ロムルスとレムスの誕生から、対ハンニバル戦争を経て、ローマが地中

⇧共和政期に関する情報はきわめて断片的にしか残されておらず、しかもその大部分が神話や伝説や政治的宣伝（プロパガンダ）にすぎない。もしもリウィウスの『ローマ史』が現存しなかったら、私たちの知識は非常にとぼしいものになっていたにちがいない。

海世界を制覇するまでの長い歴史がつづられている。共和政期に興味をもつ読者には必読の書といえる。

ウァレリウス・マクシムス
（年代不詳）

彼はティベリウス帝の治世だった紀元後31年から37年にかけて、『名士伝』を編纂した。この9巻からなる作品を読むと、さまざまな状況におけるローマ人の考え方と行動をよく理解することができる。だが、マクシムス自身に関する情報はほとんど伝えられていない。

プルタルコス
（紀元後40年ごろ～125年ごろ）

プルタルコスは上記の著述家たちよりも遅れて、紀元後75年ごろに執筆活動を行なった。プルタルコスが関心をいだいたのは、著名な人物たちの行動よりも、むしろ彼らの人柄だった。プルタルコス自身はギリシア人だったが、執筆はローマの資料をもとに行なわれたようである。代表作『英雄伝』の大部分は作り話や誤りに満ちているが、プルタルコスが可能なかぎり事実にもとづいて記述しようとしていたことはまちがいない。少なくとも同書を読めば、当時のローマ人が信じていた彼らの歴史を知ることができる。

共和政期のおもな公職

共和政ローマは、選挙で選ばれた為政者、貴族、平民の三者に権力を分散し、そのバランスの上に安定した政治体制を築いていた。さまざまな公職は、それぞれ異なる職務と権限をあたえられ、たがいに他の公職の権限をチェックしていた。さらに、選挙で選ばれるすべての公職（監察官をのぞく）は任期が1年と定められており、特定の個人が長期にわたって権限を独占することを防いでいた。

以下に紹介するローマの公職は、下位のものから順番にならべられている。なぜなら出世をめざすローマの若者たちは、この「エリートコース」にしたがって、しだいに重要な公職についていったからである。

ただし、こうした公職間の権限の線引きはあいまいで（もともと職権が重なる場合も多かった）、その職についた人物の個人的な力量と人柄によって、権限の範囲は大きく変化した。たとえば、大カトーのような強力な人物が監察官になった場合、執政官はその顔色をうかがわざるをえなかったし、ガイウス・グラックスのような情熱と能力に富んだ護民官は、国家をほぼ全面的につくり変える力をもっていた。

上級将校

エリートコースの前段階ともいえる公職が、この上級将校である。ローマの貴族は8年間軍務に服したあとでなくては、他の公職につくことができなかった。本書で紹介する人物たちも、偉大な指揮官のもとで軍務に服していたころ、初めて歴史に名前が登場するケースが多い。たとえば、ウァレリウス・マクシムス・コルヴスはフリウス・カミルスのもとで、マリウスはスキピオ・アエミリアヌスのもとで上級将校をつとめたときに頭角をあらわした。

財務官（クワエストル）

元老院議員になるために最低限必要とされたのが、この財務官職を経験することだった。財務官は国庫の管理を担当する場合（小カトーなどがこの分野で活躍した）と、遠征に同行して司令官のもとで働く場合があった。兵士への報酬の支払い、食料と備品の調達、戦利品の分配、属州の財政運営など、司令官の仕事の多くは金銭にかかわるものだったため、財務官と司令官は密接に連携して任務にあたる必要があった。

護民官（トリブーヌス・プレビス）

護民官は平民の権利を守るための役職であり、本来の国家公職ではないため、正確にはエリートコースには含まれない。ただし、血統貴族（パトリキ）は護民官になれなかったが、官職貴族（ノビリス）（執政官など高位の公職経験者）の家に生まれた平民出身者は護民官になることができた。護民官は全市民による「民会（コミティア）」で選ばれるのではなく、貴族をのぞいた「平民会（コンキリア）」によって選出され、法案の提案権と拒否権をもつほか、必要と判断すれば、執政官を含む他の行政官を逮捕することができた。

さらに護民官は、その「身体生命の不可侵権」を保証されており、またローマ市内では、護民官が保護する市民に対して、いかなる権力者であっても手出しすることができなかった。しかし、任期が終われば元老院から迫害されるおそれがあったので、実際は大部分の護民官が慎重な姿勢に終始した。ただし、民衆の支持を得て官職貴族の家系から誕生した護民官は、非常に大きな権力をもつことがあった。

按察官（エディリス）

公安警察的な役割に加えて、公共の建物・道路・橋・水道橋などの維持と管理、祝祭事や競技会の開催など、幅広い分野を担当したのが、この按察官である。按察官に在職時に開催した競技会が成功し、多くの市民が満足すれば、任期後に上位の公職に選出されるケースが多かった。

競技会を開催するためには、物資を調達したり組織を管理する必要があったから、競技会の出来映えによって行政官としての能力が判断されたのは、理にかなったことだったともいえる。

共和政期の初期には、血統貴族（パトリキ）用のポストとして、高位の按察官職もあった。

法務官（プラエトル）

法務官は共和政ローマ最古の公職のひとつであり、その名称は中世以降も受けつがれ、なんと1999年まで存続した。共和政期のその任務には、属州の統治、軍隊の指揮、刑事訴訟の裁定なども含まれていた。ローマ在住の外国人を監督した外人係法務官など、特別な任務を担当する法務官もいた。任期が終わると、通常は少なくともさらに1年間、前法務官（プロプラエトル）として軍の指揮や属州の統治にあたった。「プロウィンキア」という言葉は、当初は地理的な範囲を示すものではなく、彼ら属州総督の「職務範囲」を指すものだったが、のちに「属州」という意味で使われるようになった。

執政官（コンスル）

下位の公職の人数は時代とともに変化したが、執政官だけはつねに2人と定められていた。長らく貴族だけしか執政官になれなかったが、やがて平民も執政官に就任できるようになり、その後はたびたび貴族と平民が執政官職を分けあった。執政官は立法者であると同時に軍隊の指揮官でもあったが、しだいに戦時もローマにとどまり、行政にあたることが多くなった。任期を終えると、前執政官（プロコンスル）として属州を統治した。

監察官（ケンソル）

エリートコースの終着点である監察官になれるのは、選りすぐりの優秀な政治家にかぎられていた。監察官は毎年選出されたわけではないが、担当する仕事は多岐にわたった。下水道の管理から属州における徴税まで、あらゆる公共事業の発注を監督したのが監察官である。さらに、市民の人口（と財産）を調査し、選挙人名簿を作成するという重要な仕事も担当した。元老院議員の名簿も管理し、金銭的あるいは道徳的に不適格な議員がいれば、議員資格を剥奪（ふだつ）することができた。

ロムルス
(在位:紀元前753年ごろ～716年ごろ)

レムス
(紀元前770年ごろ～753年)

ヌマ・ポンピリウス
(在位:紀元前715年ごろ～673年ごろ)

トゥッルス・ホスティリウス
(在位:紀元前673年ごろ～641年ごろ)

アンクス・マルキィウス
(在位:紀元前641年ごろ～616年ごろ)

タルクィニウス・プリスクス
(在位:紀元前616年ごろ～579年ごろ)

セルウィウス・トゥリウス
(在位:紀元前579年ごろ～535年ごろ)

タルクィニウス傲慢王
(在位:紀元前534年ごろ～495年ごろ)

ルキウス・ユニウス・ブルートゥス
(紀元前545年ごろ～509年)

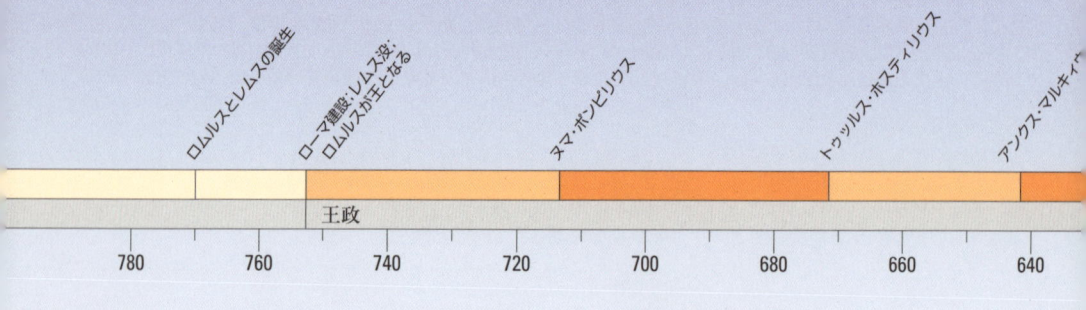

- ロムルスとレムスの誕生
- ローマ建設:レムス没:ロムルスが王となる
- ヌマ・ポンピリウス
- トゥッルス・ホスティリウス
- アンクス・マルキィウス

王政

780　760　740　720　700　680　660　640

ロムルス 　　アンクス・マルキィウス 　　セルウィウス・トゥリウス 　　ルキウス・ユニウス・ブルートゥス

第1章
王政期
紀元前753〜509年

　紀元前8世紀の地中海世界で、もっとも高度な文明が存在したのは、東方のアッシリアやエジプトだった。また地中海東岸に住むフェニキア人も、このころにはすでに北アフリカに巨大都市国家カルタゴを建設していた。ギリシア人も数多くの植民都市を建設し、その範囲は「大ギリシア（マグナ・グラエキア）」と呼ばれたシチリアやイタリア半島南部の豊かな都市国家群にまでおよんでいた。

　一方、イタリア半島ではエトルリア人が勢力を広げていたが、東方の先進文化には、はるかにおよばなかった。そのころのイタリアはひとことでいえば、南部のギリシア系の都市国家以外は、かなりの後進地帯だった。そんな時代に半島中部（ラティウム地方）の無人の丘に、貧しいローマ人たちが住みついても、誰も気にとめる者はいなかっただろう。ローマ最後の王、タルクィニウス傲慢王の時代でさえ、ローマは東西48キロ弱、南北24キロという小さな都市国家でしかなかった。

　当時のローマは、もちろん歴史家が注目するような国ではなかった。そのため、初期の歴史について現在知られていることがらは、伝説や民衆のあやふやな記憶、政治的意図をもった作り話などの寄せ集めにすぎない。しかし、そうした話を完全に無視することはできない。伝承にはしばしば真実の核心が含まれているし、わずかに存在する考古学的史料も、伝承や伝説の内容とほぼ一致する。さらにいえば、「古代ローマの人びとが信じていたローマの起源」を知るというだけでも、建国伝説にはきわめて貴重な価値があるといえるだろう。

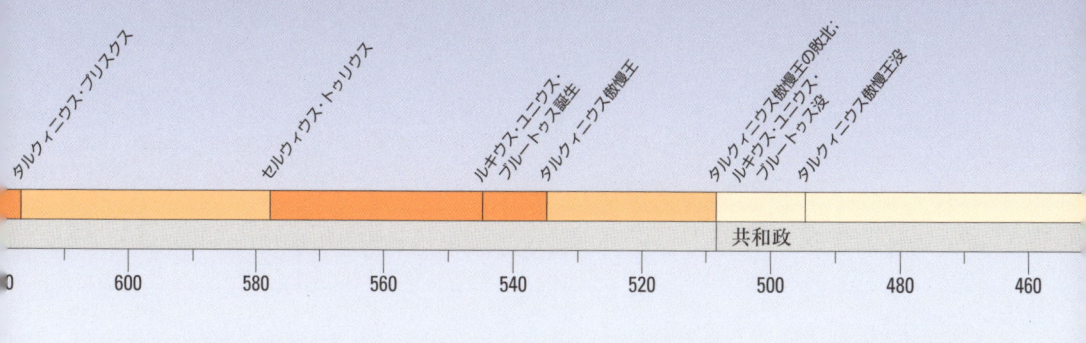

タルクィニウス・プリスクス　　セルウィウス・トゥリウス　　ルキウス・ユニウス・ブルートゥス誕生　　タルクィニウス傲慢王　　タルクィニウス傲慢王の敗北／ルキウス・ユニウス・ブルートゥス没　　タルクィニウス傲慢王没

共和政

600　　580　　560　　540　　520　　500　　480　　460

第1章　王政期

⇨伝説上のローマの建国者ロムルスを描いた硬貨（紀元前1世紀中ごろ）——ロムルスの母レア・シルウィアは、アルバ・ロンガの「ウェスタの処女」（⇨p.20）のひとりだった。伝承によると、トロイアを脱出したアエネアス（女神ウェヌスの息子）が放浪の末にたどり着いたのがこのアルバ・ロンガだったため、ローマの人びとは自分たちをアエネアスとトロイア人の子孫と考えた。

ロムルス
在位：紀元前753年ごろ～716年

レムス
紀元前770年ごろ～753年ごろ

ロムルス	
生年	前770年ごろ
有名な祖先	アエネアス、ウェヌス
母	レア・シルウィア
父	マルス神（またはアムリウス）
地位	ローマ王　前753年ごろ～716年
業績	ローマ建国、最上戦利品を獲得し、クイリヌス神となる
妻	ヘルシリア
子供　息子	アエリウス（アビルス）
継子　娘	プリマ
没年と死因	前716年ごろ、天に召された、または暗殺された

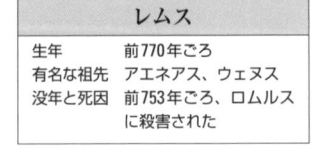

レムス	
生年	前770年ごろ
有名な祖先	アエネアス、ウェヌス
没年と死因	前753年ごろ、ロムルスに殺害された

「ロムルスは、ほとんど何もない状態から出発した。そして、自由人となる前は下男であり、豚飼いの息子であったと思われる兄弟が、ほぼすべてのラテン人に自由をあたえ、名誉ある称号のすべてを獲得したのである。実際にロムルスは、土地、祖国、王国、妻たち、子供たち、そして親族を、みずからの力で手に入れた。その過程で彼は誰も殺したり滅ぼしたりしなかった。それどころか、家庭をもって社会に参加したいと願う、すべての人びとを手助けしてやった。

　レムスについては、誰の手にかかったのかはっきりしないが、一般にロムルス以外の人間によって殺害されたと考えられている」

プルタルコス著『ロムルス伝』

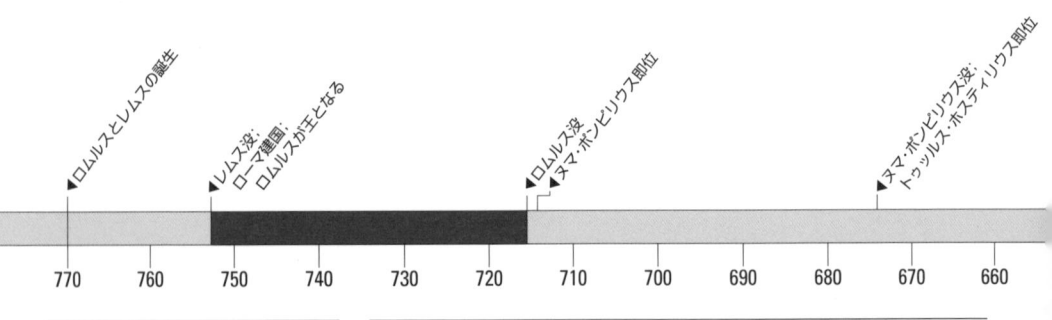

▼ロムルスとレムスの誕生
▼レムス没；ローマ建国；ロムルスが王となる
▼ロムルス没；ヌマ・ポンピリウス即位
▼ヌマ・ポンピリウス没；トゥッルス・ホスティリウス即位

770　760　750　740　730　720　710　700　690　680　670　660

⇨雌オオカミの青銅像（紀元前5世紀中ごろ）——テヴェレ川に流されたロムルスとレムスを拾って育てたのは、1匹の雌オオカミだったと伝えられている。乳をのむロムルスとレムスの像は、15世紀にポライウオロによってつけ加えられたもの。

⇩レア・シルウィア像——クエルチャ（1371～1438年ごろ）作。ウェスタの処女であったレア・シルウィアは、ロムルスとレムスの父親はマルス神であると主張した。

ローマ建国の物語は、近隣の町アルバ・ロンガから始まる。伝承によると、トロイアを脱出し放浪をつづけたアエネアスの息子アスカニウスが、このアルバーノ湖東岸の町に都を移したという。

それから数百年後、この町の「ウェスタの処女」（⇨p.20）であるレア・シルウィアという女性が、子供を身ごもるという大事件が起こる。処女であることが厳重に定められた巫女が、このような冒瀆行為を犯した場合は、罰として生き埋めにされることになっていた。ところが意外にもレア・シルウィアは、子供の父親は軍神マルスであると主張した。おそらく、神に誘惑されたと主張する以外に、レアが罰を逃れる方法はなかったのだろう。

実はこのレアという女性は、当時のアルバ・ロンガ王アムリウスの兄の娘にあたっており、王にとっては非常にめざわりな存在だった。というのは、そもそもレアがなぜウェスタの処女になったかといえば、かつてアムリウスが兄のヌミトルから王位を強奪したとき、ヌミトルの娘が絶対に後継ぎを産むことのないように強制したからだったのである。レアが死刑になれば、アムリウスにとってはまさに好都合といえた。

しかし、アルバ・ロンガの民衆は、レアの死を望まなかった。レアを強姦したのはアムリウス本人だとする声まであがり、レアは人びとから大きな同情をよせられるようになったのである。その結果、レアは生き埋めにされずに双子を出産したが、まも

なくアムリウス王の手下がその赤ん坊たちを連れ去り、揺りかごに乗せて、増水したテヴェレ川に流してしまった。

　双子の乗った揺りかごは、運よく川のほとりに打ちあげられた。そこへ、増水した川に子供をさらわれたばかりの雌オオカミが通りかかり、双子を見つけて乳をあたえたという。こうしてレアの生んだ双子は雌オオカミに育てられ、やがてファエストゥルスという名の羊飼いに発見された。2人は雌オオカミから乳をあたえられていたことから、「乳首（ルーマ）」という言葉にちなんで、ロムルスとレムスと名づけられた。

　兄弟は自分たちが高貴な血を引くことも知らず、羊飼いなど社会の底辺にいる人びとのあいだですくすくと成長していった。あるとき、レムスが牛の窃盗をめぐる小競り合いに巻きこまれ、ヌミトルの前に引きだされた。ヌミトルは質問をするうちにレムスが自分の孫であることに気づき、王位奪還の好機が訪れたと考えて反乱を起こした。そのころレムスを救出するために仲間を集めたロムルスも、アルバ・ロンガに向かっていた。

　アムリウス王は内外からの攻撃に不意をつかれ、防戦の手はずを整える間もなく殺害されてしまった。こうしてヌミトルが王位を奪還したが、ロムルスとレムスはこの一件で権力の味を知り、自分たちの町を建設する決心をした。

ローマの誕生

　以上が、歴史家プルタルコスによって後世に伝えられたローマ建国までの物語である。プルタルコスはこの物語をファビウス・ピクトルという歴史家の、紀元前235年ごろの文章から引用している。ファビウス・ピクトルも、ペパレトゥスのディオクレスという、さらに古い時代の歴史家の記述を参考にしたようだが、ディオクレスに関する情報は何も残されていない。いずれにしても、この物語の大部分が作り話であることはまちがいない。ペルシアのキュロス王にまつわる伝説と似ている点があるし、ロムルスとレムスがローマを建設したとされる紀元前753年より、はるかに古い時代の遺跡がローマの丘で発見されているからである（ちなみに古代ローマでは、紀元前753年

⇧「ラピス・ニゲル（黒い石）」——古代ローマの中心だった中央広場（フォルム）の遺跡から発見された。この石碑に刻まれた紀元前7～6世紀の碑文は、現存するローマ最古の碑文のひとつである。その古さから、かつてはこの石碑をロムルスの墓と考えたローマ人もいた。碑文は「牛が畑を耕すように」書く犁耕体（りこうたい）（左から右に書いたあと、折り返して右から左に書く方法）で記されている。

パラティヌスの丘

ローマの町が建設された時期については、いまなお論争がつづいているものの、最初に人が定住したのがパラティヌスの丘であったことは、ほぼまちがいない。伝説では紀元前753年にローマが誕生したとされるが、それ以前に人が定住していたことが、発掘の結果によって、あきらかになっている。これまでに確認されている最古の埋葬跡は、紀元前10世紀にまでさかのぼる。

このパラティヌスの丘は、古くから宗教的な機能をもっていた。2代目の王ヌマ（⇨p.24）は丘の南側にある泉でニンフと語らったとされるし、歴史時代に入ると、ウィクトリア神殿とマグナ・マーテル（太母）神殿が建てられた。のちにアウグストゥス帝もこの丘にアポロ神殿を建立した。

パラティヌスの丘では過去3000年にわたり、ほぼ絶えることなく人間が暮らしてきた。そのため、最古の定住地の発見は難航をきわめている。初期の遺構や遺物の多くが、その後の重要な遺跡の下に埋もれていることが多いからである。それでも、紀元前6世紀以前のものと思われる雨水用の貯水槽が2個発見されたほか、共和政後期までパラティヌスの丘にあった「ロムルスの小屋」など、鉄器時代の小屋の柱穴と思われる穴が複数発見されている。

伝説によると、レムスはロムルスがパラティヌスの丘に建設中だった壁を無視して飛び越えたために殺害されたというが、当時のものと思われる壁も実際に発掘されている。

ロムルスの時代からすでにパラティヌスの丘はローマの高級住宅街となっており、その後もルタティウス・カトゥルス、アエミリウス・スカウロス（住宅が発掘されている）、リウィウス・ドゥルースス、キケロ、クラッスス、マルクス・アントニウスらが住居を構えた。アウグストゥス帝が暮らして以来、この丘は帝国政府の所在地として定着し、宮殿をあらわす「パラス」という言葉の語源にもなった。

⇧エトルリア人の遺灰を入れた小屋型の壺（紀元前7世紀、ヴルチ出土）──ローマ人が暮らした最初の小屋もこのような形をしていたと思われる。

⇩パラティヌスの丘──伝説によると、紀元前753年にロムルスがこの丘にローマを建設したとされるが、それ以前に人が暮らしていた痕跡が多数発見されている。

ウェスタの処女

「女神ウェスタに仕える巫女たちは、ヌマが定めた規則にもとづいて、王によって選ばれた。最初は4人だったが、多くの仕事があったため、のちに6人に増員され、今日にいたっている。巫女たちは女神の聖域で暮らしている。日中は誰でも聖域に入ることができるが、夜間に聖域にとどまることはできない。

巫女たちは30年間結婚せずに純潔を守り、法にもとづいて、生贄の儀式など各種の宗教儀式をとり行なう。最初の10年は儀式を学ぶ期間、次の10年は儀式をとり行なう期間、最後の10年は後任の巫女たちを教育する期間である。30年が終了すると、巫女のしるし（ヘッド・バンド）をとりはずして、結婚することができる。しかし、実際に新たな人生を歩んだ女性はごくわずかしかおらず、しかもその人生はあまり幸せなものではなかったため、ほとんどの巫女は30年がすぎたあとも女神に仕えることを選ぶ。巫女が亡くなれば、神官によって新たな処女が巫女に任命される。

巫女たちにはローマの町から数々の名誉や特権があたえられるため、結婚を望むことも、子供をほしがることもない。いずれにしても、過ちを犯した巫女には重罰が用意されている。巫女が過ちを犯した場合は、神官が法にもとづいて調査し、罰を決定する。軽い罪なら鞭打ちの刑ですむが、処女を失った巫女には不名誉で哀れな死が宣告される。この場合、巫女は生きたまま埋葬地に運ばれ、友人や親戚が葬列に加わって、まるで彼女がすでに死んでしまったかのように嘆き悲しむ。コッリーナ門に到着すると、巫女は門の内側に掘られた穴に生きたまま埋葬される。死に装束を着せられるが、墓も供え物もなく、通常ならあるはずの弔いの儀式もいっさい行なわれない。

巫女が処女を失ったことを示すしるしはいくつもあるが、最大のしるしは儀式の最中に火が消えることである。ローマ人は火が消えることを何よりも恐れる。原因が何であれ、それは町の破壊を告げる予兆と考えられているからである。そのため、火が消えたときは、ふたたび火を起こす前に、さまざまな償いの儀式を行なわなければならない」

ハリカルナッソスのディオニュシオス著『古ローマ史』

⇧テーブルにつく6人のウェスタの処女（紀元1世紀のレリーフ）——アルバ・ロンガで始まったウェスタの処女の制度を、2代目の王ヌマ・ポンピリウスがローマに伝えたという。

⇩ローマの広場にあるウェスタ神殿の遺構。

「聖なる春」

「いずれの町でも、人口が増加して全住民に食料が行き渡らなくなったとき、あるいは天候の変動により土地が被害を受けて、作物が実らなかったり、例年より減少したときなど（略）、なんらかの理由で人口を減らす必要が生じたときは、特定の年に生まれた男性をすべて神に捧げ、武器をあたえて国外に送りだした。
（略）送りだされた者たちは、父祖の土地に自分の居場所はないことと、自力で新たな土地を見つけなくてはならないことを理解し、友好的にむかえてくれた土地や、戦いにより征服した土地を、自分たちの新しい国と考えた」
ハリカルナッソスのディオニュシオス著『古ローマ史』

を紀元1年とする暦がもちいられていた)。

けれども伝承によると、ローマの丘は町が建設される前から宗教的な機能をもっていたという。もしそうであるなら、遺跡の発見が伝説と矛盾しない可能性もある。さらに、「雌オオカミ（ルパ）」という言葉に「娼婦」という意味もあることを考えると、「ルパ」が双子を育てたという伝説も、あながち作り話とはいいきれない。また、ラテン人（ラティウム地方に住み、ラテン語およびその同系の言葉を話す人びと。ローマ人も、ラテン人の一派）のあいだに、「聖なる春」と呼ばれた慣習があったことも注目に値する。人口が過剰になると、動物、人間ともに第一子（初子）を神に捧げ、新しい町を建設するために国外に送り出すという慣習である。こうした点を総合すると、ローマの建国神話の内容は実はかなり正確なものであったと考えることができる。ローマ人の先祖が生まれたトロイア

⇩『サビニの女たち』（ダヴィド画）——ロムルスの妻ヘルシリアが、夫と父のあいだに立ち、ローマ人とサビニ人を和解させようとしている場面。

にしても、長らく架空の町と考えられていたが、19世紀になってからその実在が証明されたという経緯がある。

ローマの地にたどりついたロムルスとレムスは、町を建設する丘をめぐって、兄弟で争うようになったという。ロムルスはパラティヌスの丘を選んで周壁を築いたが、レムスがロムルスを侮辱して壁を壊して飛び越えてしまったため、兄の怒りにふれて殺害されたという。この点に関してもまた、伝承と考古学の調査は一致する。ロムルスが選んだとされるパラティヌスの丘は、考古学調査により、この地方で人間が最初に定住した丘であることが証明されたのである。

新しい町は完成し、ロムルスの名にちなんで「ローマ」と名づけられた。そして町に必要な住民を集めようとしたロムルスは、城壁のなかに神殿を建て、神殿内に入った人を逮捕や連行から守ることを宣言した。「アサイラム（避難所、聖域）」という言葉は、この神殿に由来する（ギリシア語で「ア」は「～がない」、「サイル」は「捕まえる権利」を意味する）。追手を逃れてこの神殿に逃げこんでくる人間（その多くは犯罪者）は、女性より男性のほうが多かったため、やがてローマの町では花嫁不足が深刻な問題となった。

■サビニ人の女たちの略奪

そこでロムルスは、近くに暮らすサビニ人のなかから花嫁を求めようとしたが、拒否されてしまう。そこで一計を案じ、サビニ人を祭りに招待した。サビニ人たちはそれが罠だと知らずにローマにやって来たが、祭りもなかばとなったころ、ローマの男たちが突然襲いかかり、多数のサビニ人女性を力ずくで略奪した。これが有名な「サビニの女たちの略奪」である。この出来事になぞらえて、のちにローマ人の男は結婚時に花嫁をだきあげて新居に入るようになり、欧米では現在もこの習慣が残されている。

このときロムルス自身も、ヘルシリアという名のサビニ人女性と結婚した。やがて彼女のとりなしでローマ人とサビニ人が和解し、ローマ王ロムルスとサビニ王タティウスによる共同統

治が始まった。このときサビニ人の一部がローマに移住したという。

あるときタティウスの友人たちが、近隣の町からやって来た使者を殺害した。ロムルスはたいへん信心深かったため、この神を恐れぬ行為に愕然とした。そしてタティウスが仕返しに殺されても、ことの発端は最初の殺人事件であったとして、さらなる復讐を企てなかったという。

ロムルスの最後

一方、戦場でのロムルスは、非常に有能な司令官だった。彼は遠征に出るたびに、ローマの領土を拡大していった（もっともロムルスが、その最後の戦いで7000人の敵を殺したという伝承は、古代の歴史家たちでさえ一笑に付している）。

ロムルスはしだいに傲慢になり、自分勝手なふるまいをして、周囲の反感をかうようになった。ある日、川のほとりで神に生贄を捧げていたとき、突然激しい雷雨が襲ってきた。人びとはいっせいに避難したが、元老院議員たちはロムルスをとりかこんだまま動かなかった。

嵐が去ったあと、ロムルスの姿は消えていた。ロムルスは天に召されたのだと考えた人びともいれば、元老院議員たちがロムルスを殺害し、それぞれが遺体の一部を衣服の下に隠しもち去ったのだと考えた人びともいた。いずれにしても、それはロムルスにふさわしい謎に満ちた最期だった。羊飼いに育てられ、弟を殺し、巨大帝国へ向かうローマの歴史をスタートさせた男は、こうして54年にわたる生涯に幕を閉じたのである。

第1章　王政期

⇨古代に制作された、2代目の王ヌマ・ポンピリウスの胸像——頭をおおうショールから、神官としての姿を描いたものであることがわかる。ヌマは宗教儀式の順序を定め、それらが適切な時期に実施されるように暦を改訂した。

ヌマ・ポンピリウス

在位：紀元前715年ごろ〜673年ごろ

ヌマ・ポンピリウス	
生年	前750年ごろ
有名な祖先	なし
母	不明
父	ポンポニウス
地位	ローマ王、前715年ごろ〜673年
業績	ローマの宗教の確立
妻	タティア
愛人	ニンフのエゲリア
義父	サビニ族の王、タティウス
子供　息子	ポンポ、ピヌス、カルプス、マメルクス
娘	ポンポニア
没年と死因	前673年ごろ、老齢

「たしかに彼は戦争とは無縁だったが、ローマの法と慣習を確立したことから考えると、国家への貢献という点ではロムルスに劣らなかったといえる。ローマ人は度重なる戦闘により、近隣の諸部族から、盗賊あるいは半未開の野蛮人と見なされていた。（略）そこへヌマが登場し、各種の宗教儀式を確立し、神殿を建立したのである」

エウトロピウス著『ローマ史概観』

　ローマの民衆はロムルスが突然姿を消した背景には元老院の関与があると考え、議員たちがこれからどのような動きを見せるのか、不安な面もちで見守っていた。そこへユリウス・プロクルスという人物が登場し、ロムルスの姿を見たと公言する。ロムルスは彼に、自分は神になったから、ローマは新しい王を見つけなくてはならないと告げたというのである。これを聞い

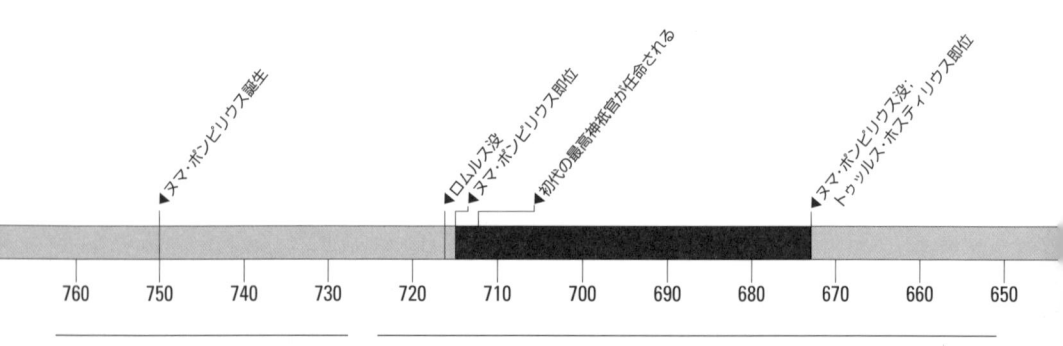

──────

▼ヌマ・ポンピリウス誕生（750）
▼ロムルス没／ヌマ・ポンピリウス即位（715頃）
▼初代の最高神祇官が任命される
▼ヌマ・ポンピリウス没／トゥッルス・ホスティリウス即位（673頃）

760　750　740　730　　720　710　700　690　680　670　660　650

↑サビニ族のタティウス王を描いた銀貨（紀元前88年鋳造）——ロムルスの死後、タティウスの義理の息子だったヌマ・ポンピリウスが、ローマの2代目の王となった。

て迷信深い人びとは胸をなでおろしたが、疑い深い人びとはユリウス・プロクルス自身が新しい王の候補者に名のりでたことに懸念を示していた（このユリウス・プロクルスが、のちのカエサルやアウグストゥスにつづく名門ユリウス家のなかで、最初に歴史に登場した人物である）。

そのとき、ローマに移住していたサビニ人たちが異論をとなえた。サビニ王のタティウスが亡くなって以来、ロムルスによる単独統治がつづいたのだから、今度はサビニ人のなかから王が選ばれるべきだというのである。ローマ人（ラテン人）はこのサビニ人の主張を受け入れたが、サビニ人のなかから新しい王を選ぶのはローマ人だという条件をつけることを忘れなかった。とはいえ、選ばれるべき人物は、すでに誰の目にもあきらかだった。タティウス王の義理の息子、ヌマ・ポンピリウスこそ、その人だったのである。

新しい王の誕生

ヌマは森の中にある小さな村で暮らしていたが、使者たちが来意を告げ、ローマ行きを申し入れたところ、あっさりとそれを断ったという。ヌマは王になるよりも、瞑想と哲学にふける自由な暮らしを好んでいたからである。予想外の展開にとまどいながらも、使者たちは懸命に説得をつづけた。そしてヌマがついに申し出を受け入れたときは、説得が難航しただけに、ローマは町をあげて喜びと安堵にわき返った。度重なる辞退が、ヌマの鋭い政治的センスの故であったと人びとが気づいたのは、興奮がおさまったあとのことだった。

このころのローマはまだ各部族が激しく対立しており、ローマ人（ラテン人）はサビニ人を信用していなかった。しかし、新たに市民となった逃亡奴隷や亡命者に対しては、ローマ人とサビニ人が結束して敵対していた。そもそもローマは各地の貧しい人びとが寄り集まってつくった町であり、多くのローマ人が極貧の暮らしにあえぎ、比較的裕福な人びとでさえ、隣人の土地を横取りできないものかといつも考えていた。つまりローマはまだ都市と呼ぶにはほど遠い、ほかに行く場所のない人た

⇧ヌマ・ポンピリウスとニンフのエゲリア——プサン（1624〜27年）の作品。伝説によると、ヌマは水の精エゲリアをとおして神々から助言を得ていたという。

ちが集まってつくった寄り合い所帯であり、どの部族も故郷の伝統と習慣を守りつづけていた。ヌマはそうしたローマを文化的な町に変貌させることが、みずからの使命であると考えていた。

神の助言

　伝承によると、ヌマは妻が亡くなると、ニンフのエゲリアと恋に落ち、パラティヌスの丘の南側にある泉のほとりで逢瀬を重ねたという（この泉はその後長らく「エゲリアの泉」と呼ばれた）。ヌマはエゲリアをとおして神々から助言を授かり、ローマを統治しているものと考えられていた。しかし、ヌマ自身は神の助言について一言もふれなかったため、どの行動がヌマの考えによるものであり、どれがユピテル神の考えなのか、誰にもわからなかった。

ヌマの改革

ヌマはローマの従来の暦に、始まりの神ヤヌスにちなんだ月（January）を加えた。さらにヌマはヤヌス神殿を建立し、その扉を戦時中は開き、平時は閉じた。43年におよぶヌマの治世のあいだじゅう、扉はつねに閉ざされていた。

⇧ヤヌス神を描いた硬貨。

⇩扉を閉ざしたヤヌス神殿を描いた硬貨。

宗教の体系化

　ヌマは部族間の対立を解消するため、ローマ市民を部族よりも小さな集団に再編成した。まずローマの境界を画定し（ロムルスは近隣諸市からの反発を避けるため、町の境界をあきらかにしていなかった）、境界内にいる農民たちを共同体に組織した。この共同体は「パギ」と呼ばれ、近代英語の「教区（パリッシュ）」の語源となった。市街地に住む人びとは職能別の集団に組織され、やがてそれらの集団が部族よりも重要な意味をもつようになったことで、部族的な対立は人びとの意識から消え去っていった。

　ヌマは宗教儀式を確立し、各種の制度を導入したことでも知られている。アルバ・ロンガからローマへ、ウェスタの処女の制度を導入したのもヌマである。またローマ人の戦闘好きな性質を抑えるため、「伝令僧」という名の祭司職もつくった。これはローマと近隣諸部族との争いの仲介役としての機能をもつ役職だった。ほかの部族や都市とのあいだに争いごとが起こると、まず伝令僧が派遣され、問題点を相手に伝えて補償を求め、相手の回答が満足できないものであった場合にのみ、宣戦を布告した。ひとたび戦争が始まれば、すべての権限は司令官にゆだねられたが、宣戦布告の権限をもつのは伝令僧だけだった。

　また宗教儀式を決まった時期に行なうため、ヌマは暦の修正にもとりくんだ。従来の暦は1年が10カ月だったが、日数を追加して1年を360日にする必要があった。そこでヌマは従来の暦に1月（「January」は物事の始まりを司るヤヌス神に由来する）と2月（「February」は「清める（febrare）」という言葉に由来する）を追加した。その結果、7番目の月、8番目の月、9番目の月、10番目の月を意味するSeptember、October、November、Decemberが、それぞれ2カ月ずつずれて、9月、10月、11月、12月となり、現在にいたっている（7月と8月も、当初は「5番目の月（Quintilius）」「6番目の月（Sextilis）」という名だったが、のちにユリウス・カエサルと初代皇帝アウグストゥスを記念して、「July」「August」と呼ばれるようになった）。

初期の宗教

　王政期と共和政期の宗教を知るうえで、文献はあまり役に立たない。ローマの宗教がギリシア文化の影響を受けて変化したことを、のちの時代のローマ人がなかなか認めたがらなかったからである。ローマ人が残した文献の多くは、古い宗教を同時代風に解釈しなおしたものであり、宗教的な慣習を説明するために創作されたと思われる話もたくさん含まれている。

　王政期から共和政期にかけてのローマ人は、信心深く、迷信に左右されることも多かった。ローマの宗教は多神教であり、ある種の場所やものに神々が宿ると考えられた点で、アニミズムの特徴をもっていた。また、おもな神々と神官は男性であり、宗教にも家長制が反映されていた。

　ローマの神々は、人間界の出来事に興味を示さないような遠く離れた存在ではなかった。神々は人びとのまわりにいて、ひとりひとりの行動を監視し、義務の遂行を求め、人びとをみちびくとともに、警告や罰をあたえた。ローマ人が神への冒瀆(ぼうとく)行為に対する罰をつくらなかったことも、ローマ人と神々の親密な関係をあらわしている。神々は人間の行動をつねに監視しており、必要とあれば直接罰をあたえることができたのである。

　ローマの宗教は、基本的には近隣に暮らすラテン諸部族から受けついだものだった。しかしもうひとつ、ローマの宗教に大きな影響をおよぼしたのが、イタリア半島中部で広く栄えたエトルリア文明である。エトルリア人は預言や神意の解釈にすぐれていると考えられており、ローマ人は彼らから吉凶占いの習慣——ある種の自然現象から神意を解釈する方法——を学んだ。生贄(いけにえ)の肝臓から天命を読みとる腸卜官(ちょうぼくかん)とよばれる神官も、エトルリア文明からとり入れたものである。

　ローマ人は物事の予兆に敏感だった。ロムルスがパラティヌスの丘にローマを建設すると決めたのは、鳥の飛び方が、数、種類、方向ともすべてにおいて申し分なかったからである。新都の建設に着手したとき、まだ血のしたたる切断された鳥の頭部が発見されたことも、幸先の良いしるしと考えられた。

　宗教儀式は共和政が始まると、まもなく社会を支える体制的機能をはたすようになり、個々の儀式に意味がなくなったあとも長らく存続した。共和政後期には、宗教儀式の際にとなえる言葉の一部は理解できなくなっていたが、それでも儀式は忠実に遂行された。

　最高位の神官はフラメン・ディアリスと呼ばれた。この神官の日常は、意味のない儀式の連続だったようである。彼は死んだものや、しばられたものを見てはならなかったため、結び目のある服を着ることもできなかった。ボタンが普及していない時代だから、かなり不便だったにちがいない。フラメン・ディアリスは先のとがった帽子をかぶり、食事をとるときも眠るときも、定められた決まりに従った。あまりにも多くの儀式にしばられていたため、紀元前87年に最後のフラメン・ディアリスが亡くなると、後任が見つからなくなった。その後、アウグストゥス帝の時代に、皇帝の命により、ようやくフラメン・ディアリスが復活した。

〔中央上〕肝臓占いをする占い師——紀元前5〜4世紀の青銅製の鏡の裏面。

⇦ローマのラルゴ・アルジェンティーナ——この場所から共和政期の4つの神殿の遺構が発見された。古代ローマの宗教の実態が解明されてきたのは、考古学の働きによるところが大きい。

ヌマの遺産

　ヌマには娘がひとりと息子が4人いたが、この子供たちはいずれもローマの名門一族の創始者となった。カルプスはカルプリニア家をおこし、「アエミリウス(雄弁家)」という渾名をもっていたマメルクスは、アエミリウス家の祖先となった。さらにヌマの時代から数百年を経たあとでも、偉大なる祖先にちなんで、「王」を意味するレクス(Rex)という名字をもつ家系がまだ存在していた。

　ヌマの業績はやがて伝説となり、現在では事実と作り話との区別がほとんどつかなくなってしまった。ヌマの時代から1000年がすぎても、ローマを訪れた人びとはクィリナリスの丘にある「ヌマの家」に案内されていたようである。ローマ人の暮らしに根づいた不可解な儀式や迷信の多くは、ヌマの時代に誕生したものだとされるが、そうしたなか、もっとも確実にヌマの業績と考えられるのが、ヤヌス神殿の建設である。この神殿の扉は戦時には開かれ、平時には閉じられることになっていたが、ヌマの43年におよぶ治世のあいだに扉が開かれたことは一度もなかった。しかしその後は共和政期をとおして、扉はたった一度だけ短期間閉じられた以外は、つねに開かれたままだった。

⇨アンクス・マルキィウスを描いた紀元前56年ごろの硬貨——4代目の王となったこの人物は、ヌマ・ポンピリウスの孫であり、サビニ人だった。伝説によると、ローマに水を引くための水道橋を初めて建設したのは、このマルキィウスだったという。

トゥッルス・ホスティリウス
在位：紀元前673年ごろ～641年ごろ

アンクス・マルキィウス
在位：紀元前641年ごろ～616年ごろ

トゥッルス・ホスティリウス	
生年	前710年ごろ
有名な祖先	ホスティウス・ホスティリウス（祖父）
母	不明
父	ホスティリウス（？）
地位	ローマ王、前673年ごろ～641年ごろ
業績	アルバ・ロンガ征服；元老院の建物の建設
妻	不明、ヘルシリアかもしれない
没年と死因	前641年ごろ、ユピテル神が落とした雷により死亡

トゥッルス・ホスティリウス

「軍団が疲れていようと、兵士たちの士気が衰えていようと、王〔ホスティリウス〕の戦闘的な気質が変わることはなかった。王は、若者は家にいて怠けてしまうより、武器を手にしているほうが健全だという信念をもっていた。ところが、その王も病にかかり、長らく闘病生活をつづけるうちに考えが変わった。（略）誇り高き精神はあとかたもなく、まるで別人になったようだった」

リウィウス著『ローマ史』

ヌマの死後、3代目の王に選ばれたのは、ヌマとはまったく異なる性格の人物だった。ヌマはサビニ人であったため、今度はローマ人（ラテン人）から王を選ぶ番だった。その人物、トゥッルス・ホスティリウスは先の2人の王とは血縁関係に

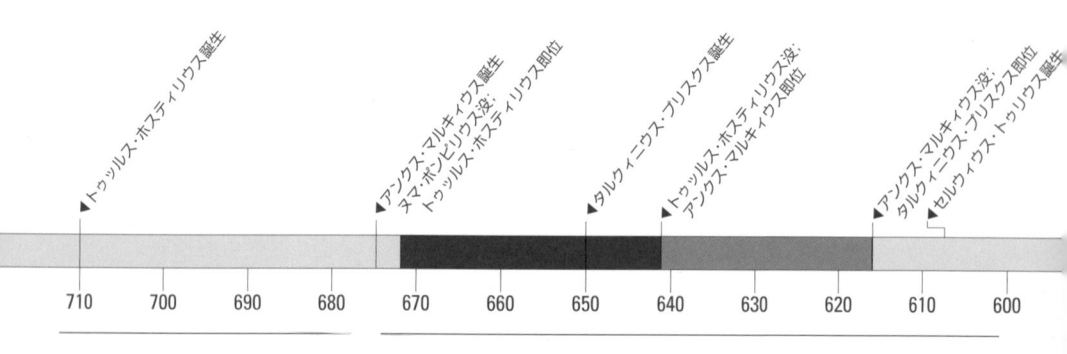

なかったが、新国家ローマにおいては名門の家系の出身者だった。同じくホスティリウスという名だった祖父は、名将として知られ、サビニ人の女性の強奪のあとに起きた戦争で戦死していた。先王ヌマが国家建設を進めるうえで平和を重視したのとは対照的に、ホスティリウスは好戦的な人物だった。そのころのローマが他国との抗争をかかえていたことを考えれば、ホスティリウスが3代目の王に即位したことは、ローマにとって幸運だったといえるだろう。

アルバ・ロンガとの戦い

ホスティリウスの即位後まもなく、ローマは近隣でもっとも栄えていたアルバ・ロンガと一触即発の状態におちいった。ローマとアルバ・ロンガは国境を接しているため、古くから双方の住民による家畜の略奪がくり返されていたのである。たいていは事件が起こるたびに使節が派遣され、話し合いで問題が解決されていたが、この時期、ローマの使節が強硬な態度に転じ、ホスティリウスもアルバ・ロンガから来た使節と話しあおうとしなかったことから、宣戦が布告されることになった。

アルバ・ロンガは初代の王ロムルスの出身地であり、ローマとは古くから緊密な関係にあった。そこで内戦ともいえる状態におちいることを避けるために、ホスティリウスとアルバ・ロンガのメッティウス王は決闘によって決着をつけることにした。双方から1組ずつ3人兄弟（3つ子という伝承もある）を選んで戦い、負けた方の都市が勝った方の都市に従属するというとり決めである。両王が神官ウァレリウスの前で厳粛な誓いを立てたあと、戦いが始まった。

ローマ側の代表はホラティ

⇩『ホラティウス兄弟の誓い』（ダヴィッド画、1784年）——ローマとアルバ・ロンガのあいだで紛争が起こったとき、それぞれの町から選ばれた3人兄弟が代表として戦った。勝ったのはローマ側のホラティウス兄弟だった。

ウス家の3兄弟だったが、結局は彼らが決闘に勝ち、アルバは約束どおりローマに忠誠を誓うことになった。メッティウス王はこの結果におおいに不満だったが、誓いを破ることはできないうえ、ローマとの全面的な戦争も望んではいなかった。そこでメッティウス王は近隣のフィデナテス人をけしかけて、ローマに戦いを挑ませることにした。

アルバ・ロンガの破壊

　フィデナテス軍が近づくと、アルバ軍はまるで道をあけるかのように、ローマ軍の側面にある丘に後退した。ホスティリウスはアルバ軍が、勝負の見通しがついたところで勝者側に立って参戦するつもりであることを見ぬいた。しかし、ローマ軍を移動させる時間はもはやなかったため、ホスティリウスは敵味方の兵士に向かって大声で叫んだ。「アルバ軍は側面から敵を攻撃するために、後退したのだ！」と。

　近くにせまっていたフィデナテス軍はこのホスティリウスの言葉を耳にし、混乱のうちに退却を始めた。そこへローマ軍が襲いかかり、敵軍を粉砕した。この時点でメッティウス王がローマ側について戦闘に加わったが、ホスティリウスはメッティウスの忠誠を信じるふりをしてフィデナテス軍を片づけたあと、その夜のうちにアルバ軍を包囲した。結局、メッティウスは2台の戦車に脚をくくりつけられ、反対方向に走りだした戦車に体を引き裂かれ、無惨な最期をとげたという。

　アルバ・ロンガの町は神殿をのぞいて完全に破壊され、住民はローマに移住することになった。ただし、ローマはアルバの住民に完全な市民権をあたえ、有力者の一族を元老院に迎え入れた。ローマに移住したアルバ人の大部分はカエリウスの丘に住居を定めたが、ホスティリウス王自身もアルバ人の同化を促進するため、カエリウ

⇩アルバ・ロンガにある墓の遺跡――「ホラティウス家のモニュメント」として知られる。ロムルスはアルバ・ロンガの町を出発して、ローマの地にたどり着き、新たな都市を建設した。ローマとアルバ・ロンガは古くから交流のある都市だったが、ライバル同士でもあった。

初期の外敵

ローマ人が古くから、深いかかわりをもったのがサビニ人である。サビニ人の領土はローマの北東わずか数キロの地点から、アペニン山脈の中央部まで広がっていた。サビニ女性の強奪にまつわる伝説（⇨p.22）が示すように、ローマは建国直後からサビニ人と密接な関係をもっていた。

サビニ王のタティウスがロムルスとともにローマを共同統治したのちに、さらにふたりのサビニ人がローマ王となった。そのうちのひとりがローマに法と秩序をもたらしたヌマである。サビニ人の一部は自発的にローマに移住した。有名なクラウディウス一族（⇨p.82）の祖先のアットゥス・クラウススも、ローマに移住したサビニ人だった。

移住しなかったサビニ人は、領土の拡大をはかるローマと戦争をくり返したが、紀元前290年に最後の要塞が陥落し、紀元前260年までにローマに吸収された。

イタリア半島の中部にいたアエクウィー人は、紀元前500年ごろに北上して、ティブルとプラエネステの周辺に落ちついた。アエクウィー人は山岳民であり、人口は多くなかったが、数に劣る点を勇猛さでおぎなっていた。アエクウィー人はウォルスキー人と連携してローマと戦ったのちに、アルバ地方の丘陵地帯に陣どった。ローマはくり返し遠征軍を送りこんだすえに、紀元前431年にようやくアエクウィー人を追いだすことに成功した。

⇧初期のラティウム地方の地図

ローマはアエクウィー人が立ち去ったあとに、アルバ・フケンスをはじめとする植民市をつくり、一帯を勢力下においた。生き残ったアエクウィー人は紀元前250年までにローマに吸収された。

ウォルスキー人も、半島中部を本拠地としたイタリア系の部族である。彼らはローマ建国後まもない時期に、ラテン人の故郷であるラティウム地方を荒らしたものと思われる（この時期の遺跡や遺物にはっきりとした変化が見られることから、異民族の侵入が推定されている）。ウォルスキー人の言語に関する資料は、「ウェリトラエ碑銘」と呼ばれる青銅板しか発見されていないが、そこに記された言葉からも、彼らはほぼまちがいなくイタリア系であったと判断できる。

ローマ人はこのウォルスキー人を相手に、はじめは守勢にまわったが（コリオラヌスの伝説：⇨p.73）、やがて攻勢に転じ、敵の主要都市であったサトリクムに植民市を建設した。

紀元前338年の大規模な戦闘で、ローマ軍がウォルスキー軍をやぶり、紀元前304年にウォルスキー人の領土を占領した。その後、ウォルスキー人は完全にローマ化したようである。マリウスとキケロはウォルスキー人の主要都市であったアルピヌムの生まれだが、この2人にはウォルスキー人らしい特徴は何ひとつなかった。

⇧サビニ人の女性たちの略奪を描いた硬貨。

スの丘に新しい宮殿を建てて移り住んだ。人口が急増したために手狭になった元老院の会議場も、新たに建設されることになった。フォロ・ロマーノ（ローマの中心にある広場）の一角に建設されたその建物は、「ホスティリウスの会議場（クリア・ホスティリア）」の名で知られ、長らく元老院の会議場としてもちいられることになった（現在でもイタリア議会は、この場所からわずか数百メートル離れた場所に置かれている）。

疫病（えきびょう）

ローマが次に戦った相手はサビニ人だった。ローマの商人が数人、サビニ人に誘拐（ゆうかい）されたため、ホスティリウスが武力で決着をつけたのである。ところが、その後まもなく神の怒りを示すしるしが現れ始める。まずアエリウスの丘に石が降り、空から大声が響いて、ローマに移住したアルバ・ロンガの住民が伝統的な暮らしを捨てたことをとがめた。

ホスティリウスはそうした不吉な警告もおかまいなしに戦争をつづけたが、やがて疫病（えきびょう）がローマを襲う。全市民がこの恐ろしい病気で衰弱したため、ホスティリウスは戦争を続行したくてもできなくなってしまった。いや、実際はホスティリウス自身も、もはや戦争を望んではいなかった。戦士にふさわしくないという理由で宗教を軽視していた王が、ローマから神々の怒りをとりのぞくため、みずから神を信じ始めたのである。あるときホスティリウスはヌマの書物のなかからユピテル神を奉じるための儀式を見つけだした。ところがその儀式を行なったところ、あまりにも不手際だったため、宮殿に突然雷が落ち、36年にわたってローマを治めたホスティリウスは、燃えさかる宮殿とともに最期をとげたという。

ホスティリウスは実在したか

歴史家の大半は、ホスティリウスにまつわる話をローマの建国にまつわる「神話」にすぎないと考えている。彼らは元老院の建物が紀元前7世紀後半につくられたことはほぼまちがい

ないが、もともと「ホスティリウスの会議場」と呼ばれていた建物の名前が、伝説の王の名前に転用されたのであって、その逆ではないと考えているのである。

　ほかの王たちについてもいえることだが、ホスティリウスの32年間という治世は、たしかに長すぎるような気もする。さらに、もしホスティリウスが実在したとしても、アルバ・ロンガとの3人兄弟同士の決闘の話などは、おそらく作り話だろう。この話が生まれた理由は、先祖を敬う気もちの強いローマ人が、かつてローマを建設した人びとの故郷が、比較的平和な形でローマに吸収されたことにしたかったからにちがいない。

アンクス・マルキィウス

アンクス・マルキィウス	
生年	前675年ごろ
有名な祖先	ヌマ・ポンピリウス（祖父）
母	ポンピリア
父	マルキィウス（？）
地位	ローマ王、前641年ごろ～616年
業績	オスティア建設
妻	不明
子供	息子が2人、名前は不明
没年と死因	前616年ごろ、病死あるいは老衰死

「新しい王となったのは、ヌマを母方の祖父とするアンクス・マルキィウスだった。マルキィウスはラテン人と戦い、アウェンティヌスの丘とヤニクルムの丘を、ローマの町に加えた。さらに、ローマからテヴェレ川を16マイル下った河口に、都市［オスティア］を建設した。治世の24年目にむかえた最期は自然死であった」

エウトロピウス著『ローマ史概観』

　ヌマの孫であるアンクス・マルキィウスが即位したことで、ローマはふたたびサビニ人の王をもつことになった。しかし、このころにはローマ人とローマに移住したサビニ人の違いはほとんどなくなっていた。かわってローマに大きな影響をおよぼし始めたのが、北方のエトルリア人である。エトルリア人は勢力的にも文化水準においても、まさに最盛期をむかえようとしていた。

ラテン諸部族との戦い

　戦争に終始したトゥッルス・ホスティリウスの治世が終わるころには、ローマじゅうに平和を望む声が広まっていた。人びとは新しい王が偉大な祖父ヌマを手本として、ローマにふたた

び平和と繁栄をもたらしてくれることを期待していた。ところが皮肉なことに、近隣の諸部族もまた、新しいローマの王を戦闘的な人物ではないと判断していた。その結果、彼らはローマへの積年の恨みをはらす機会が到来したと考えたのである。

最初に行動を起こしたのは、アエネアスがイタリアに到着する前からラティウム平野にいた諸部族だった。彼らは「古ラテン人」と呼ばれ、ローマ人と同じ言葉を話し、文化的にもほぼ同質な人びとだったが、新興国家ローマの拡大に警戒心をつのらせていた。そのラテン人たちが国境を越えて襲撃を開始したのである。

ローマから派遣された使節は、なんの成果もないまま送り返された。自分が近隣のラテン人たちに試されていることを見ぬいたマルキィウスは、軍隊を召集した。もしもこのときマルキィウスが行動を起こさなかったら、近隣の諸部族がいっせいにローマを攻撃しただろう。しかし実際は、ラテン人のほうがローマの力を思い知らされることになった。まもなくラティウム地方にある主要都市のひとつがローマ軍の攻撃を受けて陥落し、当時の慣例どおり、マルキィウスは征服した都市を破壊して、住民を強制的にローマに移住させたのである。

⇩ローマのおもな丘──徐々に定住が進み、都市が成長するにつれ、より広い範囲が城壁内に組みこまれていった。

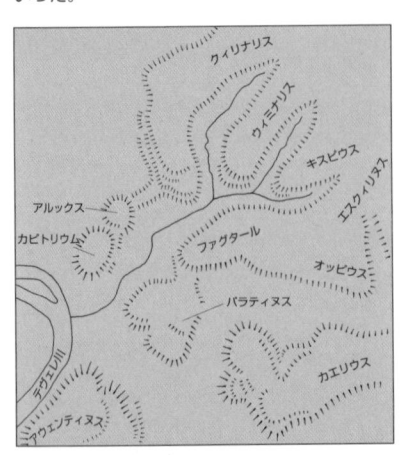

都市の発達

移住者にはローマの７つの丘のひとつ、アウェンティヌスの丘があたえられた。この時期にヤニクルムの丘も要塞化され、城壁の中に組みこまれた。市の北部にあるヤニクルムの丘を要塞化したのは、北方にあるエトルリア人の諸都市からの脅威を念頭においたからだったと思われる。

伝承によると、マルキィウスは水道橋を建設してローマに水を引いた最初の国王だった。ローマ最古の水道橋のひとつとして知られる、のちの紀元前144年に建設されたマルキア水道は、このマルキィウスの業績にちなんで名づけられたものである（マルキィウスの子孫を名のる名門貴族のマルキィウス家が、この水道

宣戦布告

神々から支持してもらうために、ローマ人は慎重な手順を踏んだうえで戦争を開始した。問題が起こると、まず敵のもとに使節を派遣し、不満の内容を伝えて賠償を要求した。

宣戦を布告するのは王や元老院ではなく、外務神官と呼ばれた特別な神官だった。外務神官は開戦が正しいと判断すると、敵地に赴き、国境の向こう側に槍を投げこんだ。この儀式が終わると、戦争遂行の全権が指揮官に委ねられた。

外務神官の儀式は共和政期をとおしてつづけられたが、領土の拡大とともに国境が遠ざかっていった。そこでローマの広場の一角を敵の土地と見なして、そこに槍を投げこむことで宣戦布告の儀式とするようになった。

↓ローマの水道橋の復元図——紀元前144年につくられたマルキア水道は、ローマ初の水道橋を建設したとされるマルキィウス王にちなんで、名前がつけられものたと思われる。のちにこの水道橋をまたぐ形で、クラウディア水道が建設された。

橋の建設にかかわっていた)。

領土が拡大し、人口が増加するなか、マルキィウスはローマの町そのものの拡張に乗りだした。伝承によると、ローマから約26キロの位置にあるオスティアを征服し、ローマ初の外港を獲得したのがマルキィウスである。古代のオスティア(海岸線が大きく移動したため、現在のオスティア港は古代のオスティアとはかなり離れた場所にある)は本格的な攻撃を受けたことがなかったため、神殿や劇場などローマ時代の建物の大半が現存する。ただし、これらの遺跡は正確な年代が判明していないため、どれがマルキィウスのつくったものか断定することはできない。

すぐれた王

祖父ヌマと同じく、アンクス・マルキィウスも信心深く、宗教や儀式の確立につとめた王だった。さらに彼は、宣戦布告のための周到な手続きも考案した。後世の歴史家たちはみな、マルキィウスを「すぐれた王」だったと評価しており、冷静で自制心があり、戦時にも平時にも有能な支配者だったと書いている。彼が実在の人物であったかどうかには依然として問題は残るが、その治世に起こったとされる主な出来事が事実であることはまちがいない。

この時期、ローマ人はラテン諸部族のなかで傑出した存在となっていたが、同時にエトルリア人も勢力を伸ばしていた。マルキィウスが亡くなったあと、5代目のローマ王に選出されたのは、ローマ人でもサビニ人でもない、そのエトルリア人だった。新王の名は、故郷の町にちなんでタルクィニウスと呼ばれていた。

◁セルウィウス・トゥリウスの肖像——ヴルチのフランソアの墓で発見された壁画。セルウィウス王は人口調査の導入をはじめ、数多くの重要な政治改革を行なったとされる。しかし、市民の選挙を経ずに王となったことと、奴隷出身の可能性あると噂されたため、その地位は決して安定したものではなかった。

タルクィニウス・プリスクス
在位：紀元前616年ごろ～579年ごろ

セルウィウス・トゥリウス
在位：紀元前579年ごろ～535年ごろ

タルクィニウス傲慢王
在位：紀元前534年ごろ～509年ごろ

タルクィニウス・プリスクス

「彼は貧しい人びとに金を分けあたえ、援助が必要な人がいれば快く手助けをする立派な人物だった。（略）しかしマルキィウス王が亡くなったときには、王の2人の息子に礼をつくさず、みずからが王となった」

カシウス・ディオ著『ローマ史』

　4代目のローマ王、アンクス・マルキィウスがまだ健在だったころの出来事である。ひとりのよそ者の男がローマに入ろうとしたとき、空からワシが舞い降りて、男の頭から帽子をも

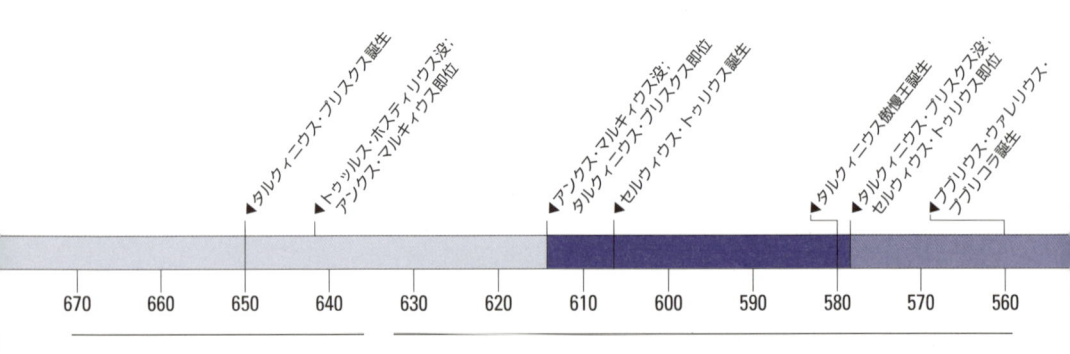

タルクィニウス・プリスクス	
生年	前650年ごろ
もとの名前	ルクモ
有名な祖先	なし
母	不明
父	コリントのデマレトゥス
地位	ローマ王、前616年ごろ～579年
業績	大競技場建設
妻	タナクイラ
子供　息子	アルンテス、ルキウス
養子	セルウィウス・トゥリウス
娘	タルクィニア
没年と死因	前579年ごろ、暗殺

↑ **グラウィスカエの遺跡**——グラウィスカエはエトルリア人の町タルクィーニアの外港であり、ギリシア人がこの地に聖所を建設した。タルクィニウス・プリスクスはギリシア人だったとされるが、タルクィーニアの女性と結婚したのちに、ローマに移り住んで5代目の王となった。

ぎとった。何が起こったのかわからず男が驚いているうちに、ワシは舞いもどってきて、男の頭にふたたび帽子を乗せた。この「予兆」の意味を、男の妻はこう理解した。つまりワシの行動は、男がみずからの力で国家の先頭に立つこと、そしていったん先頭に立てば神の恩寵により、その地位が揺るぎのないものになることを示しているのだと。

伝説の信憑性

男の妻、タナクイラはエトルリア人だった。エトルリア人は吉凶や神託を解することで有名な民族である。タナクイラはタルクィーニアの名門一族の娘だったが、結婚相手にはギリシアのコリントからやってきたルクモという男性を選んだ。よそ者のルクモとタナクイラは閉鎖的な地元の支配層から冷たくあし

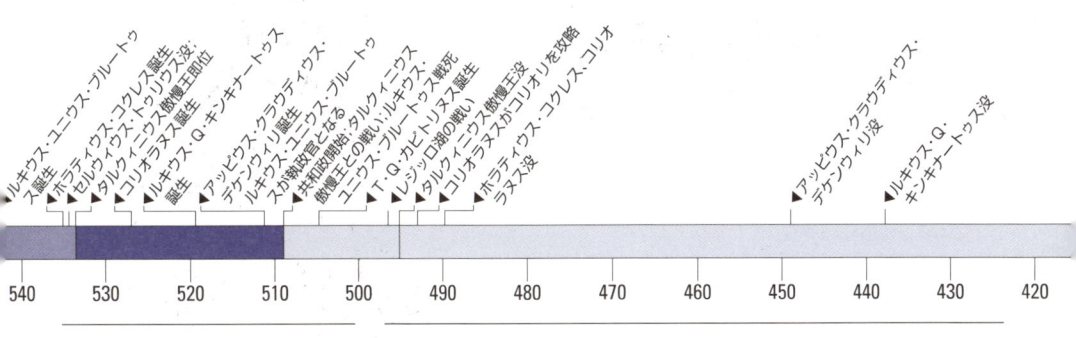

エトルリア人

　ローマ人はラティウム平野に暮らす諸部族と、さまざまな共通点をもっており、それらの部族とときに戦いながらも、交易や結婚をとおして関係を深めていった。つまり、ローマ文化はラテン文化の一種であったということができ、ローマ独自の特徴も数多くあったにせよ、タルクィニウスが王となるまでは、ローマはラテン都市だったといってよいだろう。ところが、5代目の王タルクィニウスがエトルリア人であったことから、その後エトルリア文化が一気に流入し、新興国家ローマにはかり知れない影響をおよぼした。

謎の民族

　エトルリア人がラテン系でないことはまちがいないが、この民族の正体はまだ解明されていない。エトルリア人に関する論争は、ギリシアの歴史家ヘロドトスの時代から始まっている。ヘロドトスによると、エトルリア人は小アジアのリュディアからやって来た民族だという。ペルシア帝国に従属することを嫌ったリュディア人は、指導者テュレーヌスの時代に全財産を船に積んで西方に逃れたというのである。これらの人びととはテュレーヌスにちなんでテュレーニと呼ばれ、彼らが到着した地方はのちにトスカナと呼ばれるようになった。

　エトルリア人の言語はヨーロッパのどの言語とも共通点がなく、エトルリア人の正体と同様、謎につつまれている。ギリシア人が到着する以前、地中海東部のレムノス島に定住していた民族の言語が、エトルリア語にもっとも近いとされている。エトルリア語の解明は、約1500語からなる文章が記されたリネンが発見されて以来、一気に進展した。「リネンの書」として知られるこのリネンは、エジプトのミイラ（現在はザグレブにある）を包む包帯として使用されており、ミイラの発見とともに見つかった。

　ハリカルナッソスのディオニュシオスは、エトルリア人をエトルリア地方の原住民であると記しているが、今日ではこの見解が正しいと考えられている。エトルリア人はギリシアの影響を色濃く受けていたが、各種の資料から判断すると、鉄器時代のヴィラノーヴァ文化を築いた人びととの子孫であったと考えるのが妥当だろう。

活気あふれる文明

　エトルリア人はたんにギリシア文化を模倣し

⇧ザグレブにある「リネンの書」——エトルリア語の文章が記されたこのリネンは、発見されたとき、エジプトのミイラを包む包帯としてもちいられた。文字は判明したものの、エトルリア語はまだじゅうぶんに解明されていない。

⇩ウェイーで発見されたアポロ神のテラコッタ像——ポルトナッチョ神殿の屋根の装飾として紀元前6世紀末につくられたもの。神殿の屋根にこの種の像を飾るのはエトルリア文化の特徴だった。

ただけでなく、独特の活気ある文化をつくりあげた。とりわけ目を引くのが建造物である。ローマが大規模な下水路網をつくりあげたのも、水道橋を建設することができたのも、エトルリア人から土木建築技術を学んだからだった。

エトルリア人の貴族が埋葬された墓に残された壁画や壺の装飾から、エトルリア人が狩猟や宴会、競技大会、戦車競争などを好んだ民族であることがあきらかになった。

エトルリア人は最盛期にはイタリア半島の最大勢力となり、その影響力は半島全域におよんだ。しかし、エトルリア人は共通の言語と宗教をもっていたにもかかわらず、一度も統一国家をつくらなかった。短期間の同盟を結ぶことはあったようだが、エトルリア人の都市国家は、同時代のギリシアの都市国家と同じく、たがいに戦争をすることの方が多かった。

そのことが命とりとなり、やがてエトルリア人はふたつの攻撃的な民族から圧迫されるようになる。南方のローマ人と北方のケルト人である。しかしエトルリア人にとって、より大きな脅威となったのはローマ人の方だった。ローマは領土を拡大する過程でエトルリア文化を吸収し、最終的にはほぼ完全に破壊した。共和政期が終わるころには、エトルリア人はすでに謎の民族となっていた。記録に残る限りで、エトルリア語を話した最後の人物はクラウディウス帝だが、彼の時代にはエトルリア文化の研究はすでに歴史家の仕事となっていたという。

ローマ人はラティウム平野に暮らす諸部族と、さまざまな共通点をもっており、それらの部族とともに戦いながらも、交易や結婚をとおして関係を深めていった。つまり、ローマ文化はラテン文化の一種であったということができ、ローマ独自の特徴も数多くあったにせよ、タルクィニウスが王となるまでは、ローマはラテン都市だったといってよいだろう。ところが、5代目の王タルクィニウスがエトルリア人であったことから、その後エトルリア文化が一気に流入し、新興国家ローマにはかり知れない影響をおよぼした。

⇨「夫婦の石棺」（紀元前6世紀後半）——チェルウェテリのバンディタチャ墓地で発見されたもの。もとは手に、なんらかの品物（果物、卵、花瓶）などをもっていたものと思われる。

⇩召使いと音楽家（紀元前5世紀前半）——タルクィーニアのレオパルドの墓で発見された壁画。

らわれたため、2人は新興国家ローマで運を試そうと考えた。5代目の王は、このようにしてローマにやってきたのである。

　こうしたエピソードがどの程度まで真実を伝えているのか、正確なところはわからない。ただし、タルクィーニアというエトルリア人の都市が、ローマの北方91キロ、海岸から10キロの場所に実在したことはまちがいない。物語のなかにコリントが登場するのも重要な点といえる。エトルリア人はコリントと交易を行なっていたし、タルクィーニアにギリシア人が暮らしていたことも、発掘によって判明している。タルクィーニアの港だったグラウィスカに聖所をつくったのが、それらのギリシア人である。エトルリアのエリートたちがしばしば別の都市に移り住んだことも碑文からあきらかになっており、ルクモ夫婦がローマに移住したのも、さほど異例なことではなかったといえる。

　しかし一方で、ルクモの父デマラトスが、コリントの僭主(せんしゅ)キュプセルスによって追放されたという話は疑わしい。ローマ最後の王はデマラトスの孫（あるいは曾(ひ)孫）とされるが、そうすると年代が合わなくなるからだ。いずれにしても、当時のローマが先進的なエトルリア文明の影響を強く受けていたことは、遺跡や遺物からあきらかである。一部の歴史家のあいだでは、紀元前6世紀後半のローマはラテン人の都市であるとともに、エトルリア人の都市でもあったと考えられている。

ローマ王の座へ

　ルクモは妻とともにローマに居を定め、ルキウス・タルクィニウスと名前を改めた。同名の息子と区別するために、のちに「年長者」を意味する「プリスクス」という言葉が加えられた。タルクィニウスは利発で寛大な人物として注目を集め、まもなくアンクス・マルキィウス王の知るところとなった。2人はすぐに意気投合し、タルクィニウスは王の2人の息子の後見人に指名された。

　マルキィウスが亡くなると、タルクィニウスは2人の息子に猟に出かけるようにすすめた。そして息子たちがローマを離

れたすきをみて、ただちに王に立候補し、ローマの王位は世襲制ではないこと、過去にも他国からの移住者が王になった例があることを市民に訴えた。タルクィニウスの寛大さと公正さはローマじゅうに知れわたっていたため、先王の息子たちがローマにもどったときには、すでにタルクィニウスが王の座についていた。

　ローマ王となったタルクィニウスは、まず外敵と戦わねばならなかった。近隣の諸部族はかねてから王が交替するたびに新たな攻撃をしかけてきた。ハリカルナッソスのディオニュシオスの記述が正しければ、タルクィニウスはラテン系の諸部族だけでなく、同胞であるエトルリア人とも戦って勝利をおさめたという。しかし、彼にとって最大の試練はサビニ人との戦いだった。サビニ人のうち、ローマに移住しなかった人びとが、ローマの略奪を企てていたのである。不意をつかれたローマは熾烈な戦闘を重ねた末、ようやくサビニ人をやぶった。その勝因のひとつは、タルクィニウスが騎兵の数を倍増していたことにあった。

タルクィニウスの業績

　当初、タルクィニウスはロムルスが創設した3個の騎兵大隊に、新たに3個大隊を追加するつもりだった。ところが詳細は明らかではないが、この計画は宗教上の理由から反対された。そこでタルクィニウスは、すんなりと当初の計画を撤回する一方で、各大隊の人数を倍増して、それぞれを2グループに分けることにより、望みどおりの6大隊を実現したという。

　騎兵だけでなく、タルクィニウスは元老院議員の数も倍増させた。従来の名門貴族に加えて、小貴族の代表にも100議席をあたえたのである。その結果、元老院は代表機関としての性格を強めるとともに、タルクィニウスの強力な支持基盤となった。

　カピトリウムの丘にあるユピテル神殿は、タルクィニウスの息子（あるいは孫）である7代目の王「タルクィニウス傲慢王」が完成したとされるが、神殿の建設に着手したのはタルクィニウス本人だったと伝えられている。もっとも、のちのローマ人

⇧実物大のイタリア人戦士像（カペストラーノ出土、紀元前6世紀）──当時のイタリア中部では、この彫像に見られるような芸術様式が広まっていた。

⇧ユピテル・カピトリヌス神殿が描かれた硬貨──この神殿はタルクィニウス・プリスクスが建設に着手し、タルクィニウス傲慢王が完成したと伝えられる。しかし、どちらのタルクィニウスが建設したのかわからなかったため、そのような伝承ができあがった可能性もある。

にもどちらのタルクィニウスが建設したのかわからなかったので、ひとりが建設を始め、もうひとりが完成させたということにしたのかもしれない。湿地帯の干拓と城壁の建設についても、どちらのタルクィニウスの事業であったのか、わからないものがある。

こうしたタルクィニウスの華々しい治世に嫉妬したのが、アンクス・マルキィウスの息子たちだった。どちらも最初はタルクィニウスのあとの王位をねらっていたのかもしれない。しかし、タルクィニウスの治世は38年におよび、2人にとっても残された時間は少なくなっていた。しかもタルクィニウスには息子が2人いた。もしローマ市民が世襲制の導入を決めたなら、アンクス・マルキィウスの息子たちが王位につく可能性はなくなってしまう。さらには、タルクィニウスの妻が息子のように育ててきたセルウィウス・トゥリウスという人物もいた。トゥリウスの生まれは定かではなかったが、王妃は彼が神の恩寵を受けた人物であることを断言していたのである（彼女がこの種の解釈にすぐれていることは、過去に証明済みだった）。

国王暗殺

あせったアンクス・マルキィウスの息子たちは、2人組の暗殺者を雇った。暗殺者たちは訴訟の当事者のふりをして王に近づき、ひとりが申し立てを行なっているあいだに、もうひとりが王の背後に忍びより、王の後頭部に斧をふりおろして殺害した。

ところが、タルクィニウスの治世はその後もつづいた。暗殺者の背後に黒幕がいることを見ぬいた王妃が、王の死を隠し、王は負傷しただけだと発表したからである。さらには王の傷が回復するまで、セルウィウス・トゥリウスが代理をつとめることも宣言された。そして、やがてタルクィニウスの死があきらかになったときには、王妃の思惑どおり、市民の大半がセルウィウス・トゥリウスこそが新しい王にふさわしい人物と考えるようになっていた。

セルウィウス・トゥリウス

セルウィウス・トゥリウス	
生年	前607年ごろ
有名な祖先	なし
母	オクリシア
父	不明
地位	ローマ王、前579年ごろ〜前535年
業績	議会の創設
妻	タルクィニア
娘	トゥーリア・プリマ、トゥーリア・セクンダ
没年と死因	前535年ごろ、暗殺

「運命の避けがたい流れは、人間のもっとも賢明な意図をも凌駕する。セルウィウスが王位についたことで、宮廷じゅうに嫉妬が広まり、肉親のあいだでさえ憎しみと背信がめばえていった」

リウィウス著『ローマ史』

　タルクィニウス・プリスクスまでのローマ王は、みな市民によって選出された王だった。ところがセルウィウス・トゥリウスは市民から選ばれたわけではなく、そのことが即位当初から彼の治世に影を落としていた。トゥリウスは、ただ先王の王妃の策略によって、王位を獲得したにすぎなかったからである。

王となる運命

　セルウィウス・トゥリウスの出自は、よくわかっていない。一説によると、セルウィウスという名は奴隷女を意味するセルウァが変化したものであり、セルウィウスは王家の奴隷の息子だったという。ある夜、セルウィウスの両親は就寝中の息子の頭が炎に包まれていることに気づいて仰天するが、不思議なこ

⇩エトルリアの英雄たちの戦い（紀元前300年ごろ）——セルウィウス・トゥリウスの生涯を描いた壁画の一場面。ヴルチのフランソアの墓で発見されたもの。ヴルチはエトルリアの主要12都市のひとつだった。

とに息子は無事だった。この話を聞いた王妃タナクイラは、すぐにこの少年が特別な運命のもとに生まれた人物であることを理解した。その後、少年は王の後継者として育てられ、王の娘と結婚することになった。

この少年、つまりセルウィウスはのちに6代目のローマ王となるが、輝ける自由民である当時のローマ市民が、すすんで元奴隷を王に戴いたというのでは、後世のローマ人には我慢がならなかったのだろう。のちに歴史家のリウィウスは、少年はコルニクルムの王子であったが、ローマに征服されてとらわれの身になったという解釈をほのめかしている。こうした解釈の結果、セルウィウスは高貴な生まれでありながら自由人でなかったという理屈が、うまくできあがったわけである。しかし、セルウィウスがかつて奴隷であったという噂は生涯彼につきまとい、最後には失脚の原因にもなった。

素性がどうであれ、セルウィウスの治世は順調だった。先王を暗殺しながら王になれなかったアンクスの息子たちは、すでに亡命していた。しかし、ローマにはまだタルクィニウスの2人の息子がいた。そこでセルウィウスは2人を味方につけるために、彼らを自分の娘たちと結婚させた。意図的だったのか、偶然だったのかはわからないが、「野心家の王女」は「おとなしい性格の息子」と、「おとなしい性格の王女」は「野心家の息子」と結婚したという（このことが、のちに大きな悲劇を生むことになる）。

しかし、セルウィウス・トゥリウスの地位をゆるぎないものにしたのは、王朝内の人間関係ではなく、外敵との戦いだった。エトルリア人の都市ウェイーが、ローマの騒動に乗じて宣戦を布告したのである。セルウィウスはこの戦争で司令官としての才能をローマ人に見せつけ、戦いはローマ軍の圧勝に終わった。その戦いぶりが実に見事であったため、44年におよぶ治世のあいだ、セルウィウスに挑む敵は2度と現れなかったという。

国政の基盤づくり

伝承では、共和政期が始まる前にめばえていた共和政の要素

は、すべてこのセルウィウスの治世に誕生したとされているようである。たとえば、徴税のために市民を「トリブス」という単位に編成したのは、セルウィウスであったとされる。はじめて硬貨制度を導入したのも、セルウィウスであったという。

「トリブス」は部族集団ではなく、居住地域別に編成された集団だった。のちに新たなトリブスがつくられることになるが、最初のトリブスは本当にセルウィウスの時代に誕生したのかもしれない。しかし、「セルウィウス城壁」として今日も知られる防壁は、紀元前4世紀の建設であることが、考古学調査の結果、判明しており、セルウィウスが築いたというのは伝説にすぎない。硬貨の鋳造も、紀元前3世紀に始まったことが判明している。

逆にディアナ神殿は、紀元前6世紀に建設されたことがわかっており、セルウィウスが建立したとする伝承と一致する。この神殿は、エフェソスにあったアルテミス（ディアナ）神殿——のちに古代七不思議のひとつとされた——を手本としてつくられたものだが、ローマのディアナ神殿について注目すべき点は、ラティウム地方に住む諸部族が協力して、この神殿をつくったという点である。そうした神殿がローマに建設されたということからも、この時期すでにローマが全ラテン人の都と見なされていたことがわかる。

しかし、神殿の建設もさることながら、セルウィウスの最大の業績は、人口調査の実施だったといえるだろう。この調査の結果、市民は財産によって6つの階級に分けられた。財産の多い男性ほど、高価な鎧兜（よろいかぶと）と武器を準備して、戦場に赴くことができる。古代ローマでは、それが高い階級に所属することを意味していた。

武具のほかに馬もみずから準備するもっとも裕福な人びとは、騎士階級として18の百人隊（ケントゥリア）に編成された。次いで第1階級には80、第2階級から第4階級にはそれぞれ20、第5階級には30の百人隊がつくられた。財産をもたず、武器を準備することのできない人びとは、基本的に軍役を免除されていたが、国家存亡の緊急時にそなえて、全体で5つの百人隊にまとめられた。

⇨「ドミティウス・アエノバルブスの祭壇」に描かれた人口調査の様子（紀元前1世紀）——セルウィウス・トゥリウスが実施した改革のなかで、もっとも重要な改革となったのが人口調査である。ローマ市民はこの調査結果にもとづいて、財産別の階級に分けられた。

百人隊は投票の際の基本単位でもあった。ひとつの百人隊につき1票があたえられたため、騎士階級と第1階級が足並みをそろえれば過半数を制することができる仕組みだった（全193票のうち98票）。

この新しい階級制が導入された結果、裕福な人びとが財政と軍事の責任を負う見返りに、政治面で特権的な地位を獲得する体制が完成した。実際にセルウィウスの考案であったかどうかはさておき、この制度は共和政期をとおして存続することになった。

1回目の人口調査では、武器を準備することのできるローマ市民は約8万人であるという結果がでた。セルウィウスは市民の居住地としてクィリナリスの丘、ウィミナリスの丘、遅れてエスクィリヌスの丘を市内に組み入れた。王自身もエスクィリヌスの丘に引っ越して、この丘の居住地としての人気を高めた。

⇨父の遺体を馬車で引くトゥーリア——フーケ（1420年ごろ～81年）の作品。ローマ人は両親、とくに父親を尊敬しており、父親殺しと呼ばれることはローマ人にとって最大の汚辱だった。トゥーリアの行為はローマ人にとって言語道断の行ないだったのである。

宮廷革命

こうしてセルウィウスが一連の改革で成果をあげているあいだに、彼の周辺で不穏な動きが始まろうとしていた。セルウィウスの娘トゥーリアは、タナクイラのように、自分の意に添う王を誕生させたいと願っていた。義弟のルキウス・タルクィニウスも同じく野心家だった。2人はそれぞれの配偶者を殺害し、まもなく結婚した。ルキウス・タルクィニウスはセルウィウスの出生にまつわる噂をむし返すとともに、土地を分配する際に低い階級をひいきしたとして、他の実力者たちとともにセルウィウスを激しく非難した。

やがてタルクィニウスは権力の奪取を決意し、王の正装をして元老院に入った。驚く議員たちに向かって、新王タルクィニウスの誕生を告げ、元奴隷のセルウィウスが王位を不当に強奪したと演説しているところに、セルウィウス本人が到着した。タルクィニウスは年老いたセルウィウスを抱えて、力ずくで元老院の外に放りだした。議場は大混乱となったが、タルクィニウスの強力な個性が混乱を制した。議場から放りだされたセルウィウスは、宮殿にもどる途中、あとを追ってきた暗殺者によって殺害されたという（その通りは「犯罪通り」と呼ばれるようになった）。

伝承によると、タルクィニウスがこのような暴挙に出たのは、妻であるトゥーリアがそそのかしたからだとされる。トゥーリアは元老院に出向いて、王となった夫と言葉をかわしたあと、父親と同じ通りを通って宮殿に向かった。そのとき彼女の乗った馬車があやまって父の遺体を引き、馬車は血しぶきで赤く染まったという。まさに暴君タルクィニウスの治世の始まりを、象徴するにふさわしい出来事であった。

⇩ローマのセルウィウス城壁——この城壁は、長らくセルウィウス・トゥリウスが建設したものとされていたが、近年の調査により、紀元前370年代につくられたものであることがわかった。多孔質の石灰石でつくられ、当初は約8メートルの高さがあった。壁に残されたしるしから、ギリシア人が建設に参加していたと思われる。

タルクィニウス傲慢王

タルクィニウス傲慢王	
生年	前580年ごろ
有名な祖先	タルクィニウス・プリスクス（祖父？）
母	不明
父	アルンテスまたはルキウス（あるいはタルクィニウス・プリスクス）
地位	ローマ王、前534年ごろ～509年
業績	ローマ領の拡大、ユピテル・カピトリヌス神殿建設
妻	トゥーリア・セクンダ
子供　息子	セクストゥス、アルンテス、ティトゥス
娘	タルクィニア
没年と死因	前495年ごろ、老齢

「彼はつねに武装した護衛を引きつれていた。それというのも、彼は力ずくで王位を奪ったからだった。民衆も元老院も、彼が王となることに同意しなかった。民衆に支持される見こみがないことは、彼自身もよく理解していた。そのため、恐怖によって人びとを支配しようとしていたのである」

リウィウス著『ローマ史』

　タルクィニウスには王となる正当な根拠が何もなかった。ローマの王位は世襲ではないから、過去の王の息子であったとしても、王位を主張する理由にはならない（しかも、近代の研究によると、彼はタルクィニウス・プリスクスの息子ではなく孫であったと思われる）。元老院の承認があったわけでも、市民集会で選ばれたわけでもない。タルクィニウス自身もその点が重大な弱点であることを理解しており、力づくでローマを支配する道を選んだ。そのため人びとは、彼を「スペルブス（傲慢な）」という名で呼ぶようになった。

　タルクィニウスはまず、元老院の承認がなくても死刑を宣告できる権利をみずからにあたえ、政敵の排除と、土地と財産の没収に乗りだした。まもなく、タルクィニウスは元老院を弱体化させて、ローマを意のままに支配するつもりだと噂されるようになった。この点については、近年の発掘により、ある程度の裏付けがある。ロンバルディア地方の神殿遺跡から、多数のテラコッタ製品が見つかった。その研究から、当時の中央イタリアの王が、ギリシアの都市国家で権勢をふるっていた僭主をまねて、しだいに派手な生活を送るようになっていたことがわかったのである。実際にタルクィニウスは神託を授かるために、息子たちをギリシアのデルフィに派遣していた。

外交上の成果

　タルクィニウスは内政では横暴さが目立ったものの、外交面では次々と大きな成果をあげていった。まず、交渉と恫喝を巧みに使い分けてラテン同盟（ラテン系の都市国家間で結ばれた

シビラの神託

　シビラという名の巫女（「シビラ」は称号であったとする説もある）が、3冊（あるいは9冊）の預言書をたずさえてローマにやって来たという伝承が残されている。シビラはタルクィニウスにその預言書を売ろうとして、値段を告げた。ところが王が興味を示さなかったので、シビラは預言書のうちの1冊（あるいは3冊）に火をつけた。それでもタルクィニウスは購入しようとしなかったので、残りの預言書にも火をつけた。燃えつきる前に、神官たちがタルクィニウスを説得して、ようやく購入することになったが、最初に提示された値段で焼け焦げた預言書を買いとるはめになった。王はこの預言書を2人の元老院議員に保管させ、その後、ローマに危機が訪れるたび、ローマ市民は預言書を開いて神意をうかがったという。

同盟）を再編し、ローマを正式な盟主の座につけることに成功した。さらに、戦闘の際には他のラテン系都市国家の部隊とローマの部隊が対になり、ローマの司令官が全軍を指揮することも定められた。

こうした同盟関係を定めた「フェレンティーナ条約」も、まったくの作り話というわけではないだろう。ちょうどこのころ、ローマとカルタゴのあいだで条約がむすばれており、その条約の内容から、ラテン同盟が伝承に近い形で再編されていたことが確認できる。ギリシアの歴史家ポリュビオスは、のちにローマとカルタゴの交渉を直接見ることのできた貴重な証言者だが、彼がその詳細を伝えていることからも、この条約の信憑性はかなり高いものと思われる。

こうして生まれた新しい軍制のもとで、ローマ人が最初に戦った相手は、リリ川付近一帯に住むウォルスキー人だった。タルクィニウスはただちに敵の都市のひとつを占領し、大量の銀を獲得した。しかし、ガッビの町は激しく抵抗したため、タルクィニウスは作戦を変えて、息子のアルンテスを自分と仲違いしたふりをさせてガッビにおもむかせた。そうとは知らないガッビはアルンテスに対ローマ戦の指揮を任せた。その戦いぶりが見事だったため（もちろん、このときローマ軍はアルンテスに協力した）、まもなくアルンテスはガッビ軍の司令官に任命された。

この時点で、アルンテスは新たな指示をあおぐために、父親のもとに使者を送った。しかし、その使者を信用しなかったタルクィニウスは、無言のまま、背の高いケシを見つけて、棒で叩いた。アルンテスのもとにもどった使者は、王が質問に答えず、ただ背の高いケシを棒で叩いたことを報告した。アルンテスはこの父のメッセージの意味を理解し、ガッビの有力者を反逆罪や暗殺、追放によって次々に失脚させていった。こうしてガッビは、戦わずしてローマの手に落ちたのだった。

建設事業

タルクィニウスはまた、大規模な建設事業を手がけた王とし

⇧パレストリーナで発見された紀元前3世紀の象牙板——当時の兵士の服装と装備が描かれている。全体としてはギリシア風だが、右下にローマ軍特有の楕円形の盾らしきものが見える。

⇧「クロアカ・マクシマ」──川の側壁に見えるこの半円形の排水管は、全長600メートルにおよんでおり、広場と周囲の丘から水を集めて川に排水していた。伝承ではタルクィニウス傲慢王の建設と伝えられているが、たしかに紀元前6世紀にエトルリア人がつくったものだということがわかっている。アウグストゥス帝の時代に、アグリッパによって改修されている。

ても知られている。彼が戦利品を利用して建設した（あるいは完成させた）ユピテル神殿は、ローマがキリスト教国家となるまでの約1000年のあいだ、ローマの宗教的な中心地となった。また当時、ローマの無産階級は兵役を免除されていたが、タルクィニウスは彼らをただ放置しておくのは危険であると考え、大規模な建設事業を開始した。彼の治世には、ユピテル神殿のほかにも、道路と防壁の建設・改修工事、大下水溝の建設など、大がかりな工事があいついでいる。「クロアカ・マクシマ」と呼ばれた大下水溝などは、ローマ史上おそらくもっとも目につかないが、もっとも重要な土木工事のひとつだったといえるだろう。

ルクレツィアの略奪

　平民が圧政に怒りをつのらせ、貴族が次々に追放されるなか、ローマ内に革命の機運が熟していった。そしてついにタルクィ

⇨『ルクレツィアの略奪』(ティツィアーノ画、1570年ごろ)──ルキウス・タルクィニウス・コラティヌスには、ルクレツィアという名の貞淑で美しい妻がいた。ところが、ルクレツィアはタルクィニウス傲慢王の息子セクストゥスに犯され、みずから命を絶った。この事件を機に民衆の怒りが爆発し、ブルートゥスのもとに結集して反乱を起こした。その結果、紀元前509年にタルクィニウス傲慢王が追放され、ローマは共和政に移行した。

ニウスの遠征中、大事件が起こる。ことの発端は暴君本人ではなく、息子のセクストゥスがとった恥ずべき行動だった。

　セクストゥスは友人であるルキウス・タルクィニウス・コラティヌスの妻、ルクレツィアの美しさに、心を奪われるようになった。しかし、ルクレツィアは誘惑に応じなかったため、セクストゥスは強引な手段に出た。ルクレツィアが自分のものにならないなら、彼女と奴隷のひとりを殺して、2人が不義をはたらいたことにすると脅(おど)したのである。ルクレツィアはやむなくセクストゥスの求めに応じたが、父と夫に真実を告げたのち、自害した。

　タルクィニウスの圧政に苦しめられていたローマ市民は、セクストゥスの蛮行を知ると怒りを爆発させ、ルキウス・ユニウス・ブルートゥスのもとに結集して反乱を起こした。タルクィ

ニウスが大急ぎで戦場からもどったときには、反乱の指導者たちのもとに兵士が集まっており、タルクィニウスは国外に追放されてしまった。

　ところが、その後もタルクィニウスは王位を放棄せず、親交のあった勢力に呼びかけて反撃に出た。タルクィニウスが最初に頼ったのは、ウェイーとタルクィーニアを含むエトルリアの諸都市だった。その結果、紀元前509年ごろ、エトルリア諸都市の連合軍とローマのあいだに戦争が勃発し、ブルートゥスとアルンテスが戦死する。さらに、クルシウム王ポルセンナがひきいるエトルリア連合軍がローマ軍を城壁のなかに押しもどしたが、ホラティウス兄弟にはばまれて、ローマ攻略はならなかった。エトルリア連合軍はこの結果に意気消沈し、結束が崩れ、やがて解体した（ただしローマ内では、ガイウス・ムキウス・スカエウォラやウァレリウス一族など、ローマ市民が敢然と戦った結果、エトルリア軍が撤退を余儀なくされたのだと考えられた）。

　それでもまだタルクィニウスはあきらめなかった。次にタルクィニウスが頼ったのは、彼自身が再編したばかりのラテン同盟の指導者であり、義理の息子であるオクタウィウス・マミリウスだった。当初、ラテン諸都市はタルクィニウスの呼びかけに応じなかったが、のちにローマとの関係が悪化したため、タルクィニウスとの共闘にふみきった。そして紀元前496年（あるいは497年）、レジッロ湖のほとりで両軍が激突したのである。

　この戦いでは、タルクィニウスが負傷したほか、オクタウィウス・マミリウス、ウァレリウス、ホラティウス兄弟とともに橋を守ったヘルミニウスなど、両軍の指導者の多くが戦死した。激闘の末にローマ軍がラテン軍をやぶり、タルクィニウスはトゥスクルムに逃れて、わずかばかりの余生をさびしくすごすことになった。

　こうして、ローマ最後の王が姿を消すことになった。初代ロムルスから数えると、王政時代はすでに244年におよんでいた。そしてその間にローマは、まるで山賊の宿営地のような貧しい集落から、イタリア有数の大都市へと変貌をとげていたのである。

⇨ルキウス・ユニウス・ブルートゥスを描いたと思われる古代の胸像――ブルートゥスの高潔で厳格な人柄が見事に表現されている。

ルキウス・ユニウス・ブルートゥス
紀元前545年ごろ～509年ごろ

ルキウス・ユニウス・ブルートゥス	
生年	前545年ごろ
有名な祖先	タルクィニウス・プリスクス
母	タルクィニア
父	マルクス
地位	騎兵隊長、前515年ごろ　執政官、前509年
業績	王政転覆、共和政開始
妻	不明（ウィテッリウス家）
子供　息子	ティトゥス、ティベリウス
没年と死因	509年ごろ、戦死

「ブルートゥスは、焼きを入れすぎた鋼鉄のように頑固で厳格な人物だった。彼のそうした性格は、熟慮によっても教育によっても柔和にならなかった。彼はあまりにも激しく暴君を憎悪したあまり、暴君とともに謀反を企てた自分の息子たちにまで死刑を言い渡した」

プルタルコス著『マルクス・ブルートゥス伝』

　古代ローマの王たちにまつわる伝承には、曖昧なものが多い。そのため、ローマの「真の歴史」は共和政期から始まると主張する人びとがいる。しかし彼らにとっても、ルキウス・ユニウス・ブルートゥスは頭の痛い存在である。歴代の王たちと同じく、共和政期の冒頭を飾るブルートゥスの生涯もまた、曖昧で謎に包まれたものだからである。

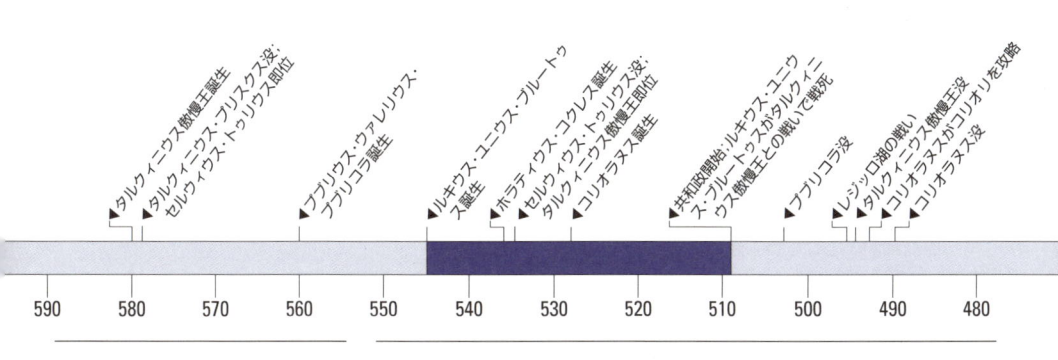

⇨デルフィの神託所──ギリシアのデルフィには、地中海世界を代表する神託所があり、トランス状態になった巫女がアポロ神の神託を告げていた。スパルタ人がペロポネソス戦争の前に、ここで神託をあおいだことでも知られる。ギリシア人だけでなく、リュディアのクロイソス王やローマ最後の王タルクィニウスなども、巫女たちの謎めいた預言を求めていた。

少年時代

　ブルートゥスの生い立ちは、次のように伝えられてきた。タルクィニウス傲慢王が王となったとき、ローマにマルクスという大金持ちがいた。彼は王の姉妹と結婚したが、ほどなく死亡した。タルクィニウスはそのころ数々の建設事業を手がけており、その資金源として、マルクスが2人の息子に残した遺産に目をつけた。タルクィニウスは口実を見つけてマルクスの長男を殺害し、遺産を没収した。次男は頭が鈍かったようで、遺産をとりあげられても抵抗できなかった。次男の渾名である「ブルートゥス」は、知性に欠けるという意味の「ブルート」から生まれた言葉だった。

　このかわいそうな少年は王の息子たちとともに育てられ、馬鹿にされながら成長した。王が長男のティトゥスと次男のアルンテスをギリシアのデルフィに派遣したとき、息子たちの気晴らしのためにブルートゥスも同行させられた。

　デルフィの神託所に到着すると、2人の王子は父から託された質問をした。「宮殿の柱のあいだに現れた蛇には、どのような意味があるのでしょうか？」そのあと、王子のひとりがもうひとつ質問をした。「私たちのうちの誰が、父のあとを継いでローマを治めるのでしょうか？」

　巫女は、「母親に最初に口づけする者が、ローマで最高の権

力を手にするでしょう」と答えた。兄弟はあとでくじを引いて母に口づけする者を決めることにし、ローマにもどる途中でブルートゥスがわざと転倒したことなど、まったく気にとめなかった。しかし、ブルートゥスは神託の真の意味を理解し、わざと転倒して、万物の母である大地（女神ガイア）に口づけをしたのである。実はブルートゥスは兄弟よりもはるかに賢かったのだが、生きのびるために頭が悪いふりをしていたのだった。

共和政の樹立

　ローマにもどったあと、ブルートゥスは王の副官に抜擢された。王がブルートゥスの頭の良さを見ぬいていたのか、それとも有能な人物に副官という重要な地位をあたえたくなかったのか、実際のところはわからない。しかし、もし後者であったとするなら、王は計算違いをしたことになる。ルクレツィアの強姦事件が起こるとまもなく、ブルートゥスはローマの貴族に呼びかけて反乱を起こし、軍隊を動かして共和政を樹立したからである。これ以降、ローマは全兵士が参加する集会「民会（コミティア）」で指導者を選出することになった。

　専制政治の復活を防ぐために、2名の指導者が選出され、その任期は1年と定められた。2人の指導者は畑を耕す一対の牛に例えられ、「ともに耕す者」を意味する「コンスル（執政官）」と呼ばれた。そして初代の執政官にはブルートゥスと、ルクレツィアの夫だったルキウス・タルクィニウス・コラティヌスが選出された。

　ブルートゥスはタルクィニウスの治世に弱体化した元老院の定員を増員し、旧来の元老院議員である「父たち（パートレス）」に加えて、平民の有力者の一族から「新たな議員（コンスクリプティ）」を選出した。伝承によると、このとき元老院が貴族派（門閥派）と平民派（民衆派）に分かれたというのだが、平民議員が誕生したのはもっとあとのことだとする説もある。

反逆

　タルクィニウスがエトルリアの諸都市に援軍を呼びかけていたころ、ローマ市内では執政官(コンスル)のひとりであるコラティヌスに対する不満がつのり始めていた。彼は共和政樹立の中心人物だったものの、タルクィニウス一族の出身であることから、もともと市民の信頼は薄かった。ついにブルートゥスも公(おおやけ)の集会で、市民が不信感をいだいていることをコラティヌスに告げ、ローマのために執政官を辞して町を去るようにうながした。コラティヌスは身の潔白を訴えたが、義父のルクレティウスまでが敵にまわったことを知り、亡命を決意した。

　しかしブルートゥス自身もタルクィニウス家と密接なつながりがあり、やがてそのことの重大性を思い知らされることになった。タルクィニウスが私有財産の返還を求めてローマに使者を派遣したとき、使者たちがひそかに陰謀をそそのかした人物のなかに、ブルートゥスの妻がいたのである。ブルートゥスにはまもなく成人する息子が2人いたが、彼らも王政復古の企(くわだ)てに加わるようになった。

　密告により計画が発覚し、ブルートゥスは息子の命を救うか、執政官としての職務を遂行するか、ふたつにひとつの選択をせまられることになった。結局ブルートゥスは後者を選び、息子たちは他の共謀者とともに、父親の目前で処刑された。

　ブルートゥスは息子たちをそそのかしたタルクィニウスをなじり、たがいに激しく憎しみあった。紀元前509年、タルクィニウスの呼びかけに応じたエトルリア連合軍がローマに進軍し、戦闘が始まった。ブルートゥスとタルクィニウスの息子アルンテスは、たがいに身の安全も省みずに激突し、ともに命を落とした。こうしてブルートゥスは、みずからが樹立した共和政を1年も見とどけることなく、亡くなったのである。

物語の疑問点

　こうしたブルートゥスの物語には、疑わしい点がいくつかある。まずタルクィニウスが即位したとき、ブルートゥスはまだ

⇨『ブルートゥスのもとに運ばれる息子たちの遺体』(ダヴィッド画、1789年)——この絵では、フランス革命時の共和主義者が、自己犠牲と高潔さで知られる共和政ローマの創設者ブルートゥスになぞらえられている。

少年だった。ところが、タルクィニウス王の25年の治世が終わったとき、ブルートゥスにはほぼ成人に達した子供たちがいた。さらに、ブルートゥスは王家の血筋をひく貴族だったのに、その子孫と思われる一族が平民だったのも不可解である。

　また、そもそも「ブルートゥスの子孫」とは、いったい何者だったのかという疑問もある。記録にははっきりと、ブルートゥスの息子たちは処刑され、ブルートゥス自身もその後まもなく戦死したと記されている。さらに、ローマの文法学者フェストゥスは、古期ラテン語の「ブルートゥス」は「重い」という意味だったと指摘しており、ブルートゥスが「愚か者」のふりをしていたというのは、まったくの作り話なのかもしれない。

　ともあれ、ブルートゥスが戦死すると、ローマの女性たちは父親が死んだときと同様に1年間の喪に服したという。そしてローマ市民は、王政を打倒し、共和政を樹立した最大の功労者に敬意を表し、カピトリウムの丘に彫像を建てた。その後、剣を手に立つブルートゥス像は、共和政期をとおしてローマ市民を見守りつづけたのである。

プブリウス・ウァレリウス・ププリコラ （紀元前560年ごろ〜503年）	アッピウス・クラウディウス・ デケンウィリ （紀元前510年ごろ〜449年ごろ）
ホラティウス・コクレス （紀元前536年ごろ〜490年ごろ）	マルクス・フリウス・カミルス （紀元前447年ごろ〜365年ごろ）
コリオラヌス （紀元前527年ごろ〜490年ごろ）	ウァレリウス・マクシムス・コルヴス （紀元前386年ごろ〜285年ごろ）
ティトウス・クインティウス・ カピトリヌス・バルバトゥス （紀元前505年ごろ〜430年ごろ）	アッピウス・クラウディウス・カエクス （紀元前350年ごろ〜271年ごろ）
ルキウス・クインティウス・ キンキナートゥス （紀元前519年ごろ〜438年ごろ）	ルキウス・コルネリウス・スキピオ・ スカプラ （紀元前337年ごろ〜270年ごろ）

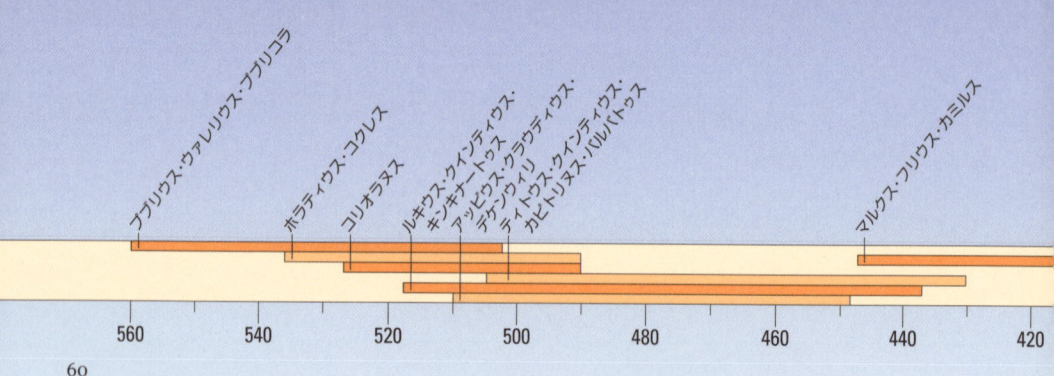

コリオラヌス　　ホラティウス・コクレス 　　ルキウス・クインティウス・キンキナートゥス

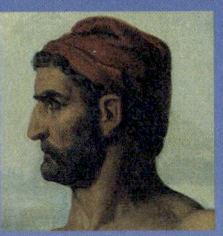

第2章
共和政の創始者たち

紀元前509〜264年

　歴史的にふり返ってみると、都市国家ローマが共和政に移行したのは、国家の存続が重大な危機にさらされていた時期だった。前王タルクィニウスと結んだエトルリア人のほかにも、イタリア中部にはローマと敵対する勢力が数多く存在していたし、ローマ国内でも平民と貴族の対立が激化しつつあったのである。

　それでもローマは、政権の強奪や暴君の出現、国家の分裂などをなんとかくいとめ、多くの問題をかかえながらも、外敵を次々に征服していった。ところが、近隣の都市国家ウェーイを攻略した直後に、北方のケルト人（ガリア人）がイタリアに侵入するという大事件が起こる。このときケルト人はエトルリアの諸都市を破壊しながら南下し、ついにローマを占領して町じゅうを略奪したのである。

　しかし、ローマ人はこのときもまた、逆境のなかでねばり強さを発揮した。屈辱的な敗北から立ちあがり、ローマを奪還して、攻勢に転じることに成功したのである。ケルト人が完敗を免れたのは、ちょうどそのころエピロス王ピュロスがイタリア侵略を企てたからであり、さらにローマと南方の強敵サムニウム人のあいだで戦争が始まったからにすぎない。

　その後のローマは、いくつもの戦争で勝利を重ね、強大な国家に成長していった。しかし、共和政初期のローマの歴史がわれわれに教えてくれるのは、勝利によってもたらされるものは平和ばかりでなく、より大きな困難である場合も多いという事実なのである。

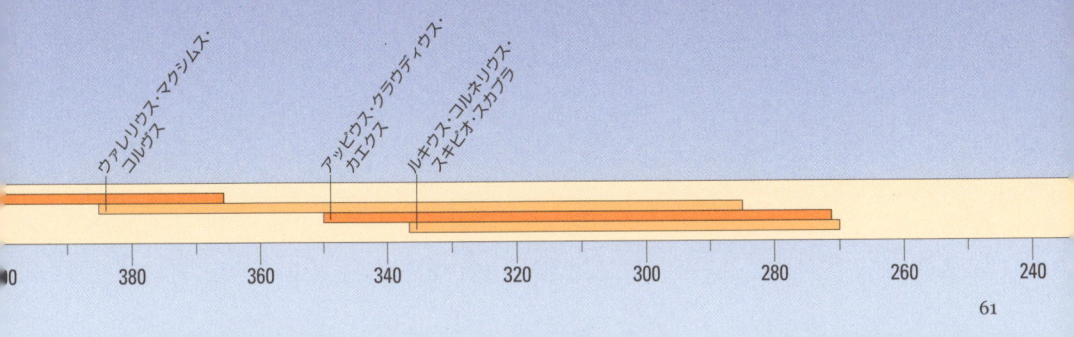

ヴァレリウス・マクシムス・コルウス

アッピウス・クラウディウス・カエクス

ルキウス・コルネリウス・スキピオ・バルバトゥス

380　360　340　320　300　280　260　240

第2章　共和政の創始者たち

↪コリオラヌス──伝承の内容を考えれば、同時代に描かれたコリオラヌスの肖像画が現存しないことも不思議ではない。いずれにしても彼は、ローマにとって危険な裏切り者だった。

プブリウス・ウァレリウス・ププリコラ
紀元前560年ごろ～503年ごろ

ホラティウス・コクレス
紀元前536年ごろ～490年ごろ

コリオラヌス
紀元前527年ごろ～490年ごろ

プブリウス・ウァレリウス・ププリコラ	
生年	前560年ごろ
有名な祖先	仲裁者ウァレリウス
母	不明
父	不明
地位	執政官：前509年、508年、507年、504年
業績	初代執政官、初代凱旋司令官
妻	不明
子供　娘	ウァレリア
没年と死因	前503年ごろ、老衰

プブリウス・ウァレリウス・ププリコラ

「あなたたちは、疑う必要のない人物を見つけることができないのか？　私は王政のもっとも強力な敵であるのに、あなたたちは私が王位を望んでいると疑っている。私の評判は、それほど細い糸にぶらさがっているのか？」

（ローマ市民に向けたプブリウス・ウァレリウスの演説）
リウィウス著『ローマ史』より

　ブルートゥスが亡くなり、ローマをひとりで統治することになったのが、ルキウス・タルクィニウス・コラティヌスの後任として執政官に就任したププリウス・ウァレリウスだった。ウァレリウス家はすでにのべたとおり、ローマ屈指の名門一族の

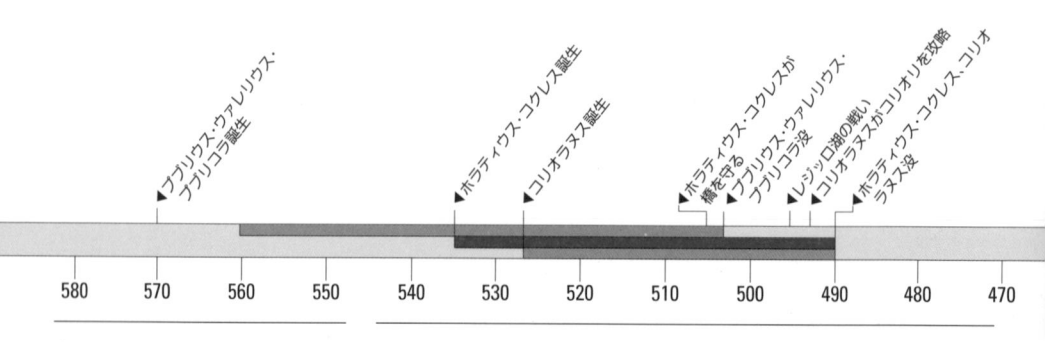

年表：
- プブリウス・ウァレリウス・ププリコラ誕生（570年ごろ）
- ホラティウス・コクレス誕生（536年ごろ）
- コリオラヌス誕生（527年ごろ）
- ホラティウス・コクレスが橋を守る
- プブリウス・ウァレリウス没
- レジッロ湖の戦い
- コリオラヌスがコリオリを攻略
- ホラティウス・コクレス、コリオラヌス没

580　570　560　550　540　530　520　510　500　490　480　470

62

ファスケス（権標(けんぴょう)）

ファスケスは、遅くとも紀元前7世紀までに国家の権威の象徴としてもちいられるようになった。約2000年後にその絶大な威力に注目したイタリアのファシストたち（ファスケスからその名をとった）も、ファスケスを使用した。

ファスケスは約1.5メートルの棒を数本、赤いひもで束ねたものであり、中央に斧(おの)がさしこまれている場合もあった（⇨p.302）。1本の棒が折れても全体は壊れないことから、ファスケスは団結力の象徴とされた。さらには行政官の権威の象徴でもあったが、単なる象徴にはとどまらず、ひもをほどけば、罪人を打ったり処刑するための道具となった。そのため、ローマ市民のもつ上訴権を尊重するという意味で、ローマ市内では斧がはずされており、市民集会に入るときは、警士(リクトル)もファスケスを肩から下ろした。

行政官の先導役をつとめる警士たちがファスケスをもち歩いた。警士の人数は行政官の地位によって異なっており、たとえば執政官と属州総督には12人、独裁官にはおそらく24人の警士が、左肩にファスケスをかついで随行した。

⇧ファスケスをもつ警士たち（紀元前1世紀～紀元後1世紀ごろのレリーフ）。

ひとつである。初代の王ロムルスの時代に、ローマ人とサビニ人の和解をとりもったのも、ウァレリウス家の人物だった。

対エトルリア戦

ブルートゥスが戦死したあとも、ローマ軍はウァレリウスの指揮のもとでエトルリア軍との戦いをつづけた。両軍の力が拮(きっ)抗したまま、戦闘は夜にまでおよんだ。しかし、ローマ兵がみずからの家族と自由を守るために戦っているのに対して、エトルリア兵は他国の政権争いに介入していたにすぎない。エトルリア軍はその代償があまりにも大きいことに気づき、新たな犠牲者が出ることを嫌って、夜間に乗じて退却した。

このときローマの人びとは、神が自分たちに勝利をあたえてくれたのだと考えたという。ウァレリウスは軍団をひきいて凱(がい)旋(せん)し、戦車に乗ってカピトリウムの丘にのぼった。これが、のちにローマの男たちにとって最高の夢となる、ローマ式の凱旋式の始まりであったとされる。ウァレリウスはブルートゥスの葬儀でも、ギリシアの慣習にならって、死者たちをたたえる追悼演説を行なった。

しかし、戦いはまだ終わったわけではなかった。今度はキウジ王ポルセンナがエトルリア軍をひきいて南下し、ローマの城外に陣をしいたのである。ウァレリウスはポルセンナを味方につけるために、タルクィニウスの廃位は正当なものであったことを説明し、さらに自分とタルクィニウスのどちらの言い分が正しいか、ポルセンナに裁定を下すよう求めた。ところが、渾(あだ)名どおり「傲慢な」タルクィニウスは、誰であろうと自分を裁くことはできないとして、ポルセンナによる裁定を拒否した。

結局ポルセンナはローマを味方にするほうが得策であると判断し、包囲を解いて撤退した。このときエトルリア軍は武器以外のものをすべてローマ人への贈り物として残していった（それは彼らが物資不足のために撤退するのではないことを示すための行動でもあった）。

凱旋式

「古代ローマでは、戦争で大きな勝利をおさめると、兵士たちが司令官に向かって「インペラトール」と歓呼する習慣があった。司令官は月桂樹の小枝をつけたファスケスを使者にもたせて、勝利を知らせるためにローマまで走らせた。つづいて司令官がローマに戻り、元老院を召集して、凱旋式の可否を問う投票を求めた。元老院と市民集会で賛成多数となれば、凱旋司令官の称号が正式に認められた。そのとき公職に在任中であれば、凱旋式までその地位にとどまり、任期が終了している場合は、ほかの適当な肩書きを得た。公人でなければ凱旋式を催すことができなかったからである。

凱旋式の日が訪れると、司令官は特別な衣装を身にまとい、両腕にブレスレット、頭に月桂冠、右手に月桂樹の枝という出立ちで、人びとを呼び集めた。準備が整うと、司令官は軍団と個々の兵士たちをほめたたえ、殊勲をあげた兵士に金銭やブレスレット、槍(先端部がないもの)、あるいは金や銀の冠をあたえた。冠には兵士の名前と武勲の内容を表すしるしがつけられた。たとえば、最初に敵の防壁を突破した兵士なら、防壁の絵が描かれた。海戦で活躍した兵士には、船の絵を描いた冠があたえられた。(略)しかし、もっとも大きな賞賛を受けたのは、包囲戦など危機的な状況の際に、ローマ市民の命を救った兵士である。そうした兵士にはオークの葉の冠が授けられた。(略)

さらに兵士全員に、戦利品が分配された。凱旋司令官のなかには、凱旋式の費用を個人で負担して、戦利品を全住民に分配する人もいた。もし式のあとにいくらか残れば、神殿建築など公共事業の費用とした。

儀式が終わると行進が始まった。凱旋司令官が乗る戦車は、競走用や戦闘用の戦車とは異なり、丸い塔のような形をしていた。司令官はひとりでこの戦車に乗ったわけではなく、子供や親戚がいれば、そのなかから女性と男児を戦車に乗せ、年長の男性は戦車を引く馬に乗せた。親戚が多い場合は、馬車の従者として行進に参加させた。その他の人びとは月桂冠をかぶり、歩いて行進に参加した。戦車には奴隷がひとり同乗し、司令官の頭上に宝石を埋めこんだ冠をかざしながら、「後ろを見よ!」と声をかけつづけた。現在の状況におごることなく、将来、起こりうる出来事にそなえるようにと警告したのである。

やがて行進が市内に入ると、行列の先頭には、戦利品と略奪品、そして占領した要塞、都市、山、川、湖、海などを描いた絵がならべられた。1日ですべての品々を見せることができない場合は、行進が2日、あるいは3日とつづくこともあった。司令官の前を行く人びとが終着点に到着したころ、行進の後尾にいる司令官がようやく広場に入場する。このとき司令官の命令で、一部の捕虜が刑場に移されて処刑される。その後、司令官はカピトリウムの丘にのぼり、宗教儀式をとり行なって、供え物を捧げた」

ゾシモス著『新しい歴史』

⇦凱旋式にのぞむポンペイウスを描いた硬貨――ポンペイウスがカエサルとクラッススと共に、第1回三頭政治を開始したころにつくられたものと思われる。

⇩執政官ソシウスの凱旋式を描いたレリーフ――アポロ神殿で発見された紀元前1世紀末のもの。凱旋式では捕虜をまず見せ物にして、その後、処刑することが多かった。

⇨「サトリクムの石」──ラティウム地方南部の町サトリクムのマトゥタ神殿で発見された石。古代ラテン語で「ププリウス・ウァレリウスの同士たちが、これを軍神マルスに捧げた」と刻まれている。おそらくププリコラ本人か、彼の身内のために捧げられたものだろう。

共和政の確立

　こうしてウァレリウスは、絶大な権威と権力を獲得することになった。その結果、彼が共和主義者の仮面を脱ぎ捨て、王位を狙い始めるのではないかと噂する者もあらわれるようになった。事実、タルクィニウスの宮殿を破壊したあと、ウァレリウスはそれに負けないほど豪華な屋敷で暮らすようになっていたし、彼を守る警士たちがたずさえていた「ファスケス（権標）」（リクトル）（けんぴょう）（⇨p.63）は、鞭打ち刑と斬首刑の象徴として、これまた王を連想させたのである。

　賢明なウァレリウスは市民の批判的な視線に気づくと、ただちに大胆な行動にでた。人手を集めて、一晩のうちに自分の屋敷を壊してしまったのである。翌朝、家をなくしたウァレリウスが友人たちに宿を請う姿を見て、ローマの人びとは仰天した。

　次にウァレリウスは警士の権標から斧をはずし、集会に出席するときは警士に権標を下ろさせた（これも後世までつづくローマの伝統となる）。自殺したルクレツィアの父、ルクレティウスがブルートゥスの後任に選ばれると、ウァレリウスはすすんで彼を上位の執政官とした。その後まもなくルクレティウスが亡くなり、ホラティウス家のマルクス・ホラティウスが後任に選ばれることになった。

　元老院議員の人数を増員させたのは、ブルートゥスだったとする説とウァレリウスだったとする説がある。いずれにしろ、共和政期の元老院の役割がこの時期に確立したことは、ほぼまちがいない。元老院は選挙によって組織される機関ではなく、その決議には法的拘束力がなかった。しかし、元老院は絶大な権威を背景に各方面に影響力を行使し、執政官自身もまた、通常は元老院議員のなかから選ばれていた。

　このころのローマは、あいつぐ戦勝と効率的な徴税制度のお

かげで、急速に富をたくわえつつあった。そうした莫大な富がひとりの人物の意のままに左右されたのでは、混乱をまねくもととなる。そこでウァレリウスは国の財産をサトゥルヌス神に託すことに決め、中央広場(フォルム)にあったサトゥルヌス神殿を国庫とした。その際に財務官(クワエストル)という役職が新設され、以後、国庫の管理にあたるようになった。

ウァレリウスとサビニ人

　ウァレリウスは専制政治の不安を払拭し、数々のめざましい業績をあげたのちに、執政官の任期を終了した。市民は感謝の気もちをこめて、ウァレリウスを「プブリコラ（民衆の友）」と呼ぶようになった。さらに、ウァレリウスに対する厚い信頼が、弟のマルクス・ウァレリウスの執政官選出へとつながった。サビニ人との戦争が勃発すると、指揮をとるマルクスと共にプブリコラも従軍した。兄弟はサビニ人に圧勝し、その年の終わりにはプブリコラが執政官に再選された。プブリコラはその後も再選をはたし、紀元前504年の就任まで、執政官を4期つとめた。

⇩ローマの広場にあるサトゥルヌス神殿の遺構——花崗岩製の円柱は紀元前496年ごろにつくられたものだが、基壇部は紀元前42年につくられたもの。サトゥルヌス神殿は国庫として使用されたほか、ローマの重要な祭りであるサトゥルナリア祭の舞台となった。

　戦いのあと、プブリコラはサビニ人の指導者アットゥス・クラウススと親交を深め、一族郎党をつれてローマに移住するよう説得した。アットゥスは説得に応じ、総勢5000人もの一族郎党を引きつれてローマに移住した。このアットゥスに始まるクラウディウス家は、その後ローマの代表的な名門一族となり、ウァレリウス家が表舞台から退いたのちも長らく権勢をふるった。のちの帝政期にも、このクラウディウス家から2人の皇帝、ティベリウス（第2代）とクラウディウス（第4代）が誕生することになる。

　ウァレリウスは再度攻撃をしかけてきたサビニ人を撃破し、人気と栄誉が頂点に達

したところで亡くなった。そのため、遺体がローマの城壁内に埋葬されるという、きわめて異例の名誉あるあつかいを受けている。埋葬地は、かつてウァレリウスが愛した邸宅のあったウェリアの丘だった。その後もウァレリウス家には城壁内に遺体を埋葬する権利があたえられたが、実際は城壁内で埋葬式を行ない、最後の瞬間に遺体をとりだして、城外に埋葬し直していた。そうすることでウァレリウス家の後継者たちは、あたえられた特権を享受しながらも、偉大な祖先が示した民衆派の伝統を守りつづけたのである。

ホラティウス・コクレス

ホラティウス・コクレス	
生年	前536年ごろ
有名な祖先	妹殺しのホラティウス
母	不明
父	不明
地位	衛兵指令、前506年
業績	エトルリア軍との戦いで橋を守った
家族	不明
没年と死因	前490年ごろ

「そのとき城門を守る、勇敢なホラティウスが声をあげた。
『死はこの世のすべての者に、遅かれ早かれやってくる。
それならば祖先の亡骸（なきがら）と神々の神殿のため、
強敵に立ち向かって命を落とす以上に、
立派な死に方があるだろうか？』」
トマス・マコーレー著『古代ローマ詩集』

　ホラティウス家はラテン系の貴族であり、名門貴族のなかでも傑出した家系の古さと高貴な家柄を誇っていた。3代目の王トゥッルス・ホスティリウスがアルバ・ロンガと戦ったとき、ホラティウス家の3兄弟（3つ子であったという説もある）が、アルバ・ロンガ側のクリアティウス家の3兄弟と戦って決着をつけることになったこと（⇨p.31）は、すでにのべたとおりである。このとき勝ったのはホラティウス家の3兄弟だったが、彼らの妹はクリアティウス家の兄弟のひとりと婚約していた。兄が婚約者のマントを肩にかけて凱旋（がいせん）したのを見た妹は、悲しみのあまり号泣した。怒り狂った兄はその場で妹を刺殺した。アルバ・ロンガ打倒の功績と父の懇願（こんがん）がなければ、死刑は免れなかったところだった。
　そして時代が下り、共和政期をむかえたいま、ホラティウス家はふたたびローマ市民の先頭に立って国家を守ることになっ

た。ホラティウス家は軍事面でも政治面でも、長くウァレリウス家と名誉を競いあうことになった。ウァレリウス家がサビニ人であったことを考えると、両者のライバル関係は、古い部族間の対立をいくらか反映したものだったのかもしれない。

橋の防御

すでにのべたとおり、ウァレリウス家はププリコラという傑出した指導者を出していたが、さらに紀元前496年にはレジッロ湖の戦いで大活躍することになった。しかし、そのウァレリウス家の軍功さえかすませてしまったのが、橋のたもとに立ちはだかってローマを守ったホラティウス家の勇士の物語である。その人物は片方の目しか見えなかったため、コクレス（ギリシア神話に登場する一つ目の巨人キュクロプスに由来する）と呼ばれた。

数世紀後にポリュビオスが初めてとりあげたコクレスの物語は、次のようなものである。紀元前506年にポルセンナひきいるエトルリア軍が突然ローマに押し寄せ、スブリキウス橋を

⇩『橋を守るホラティウス・コクレス』（ルブラン画、1642年）——2000年以上を経た現在も、ホラティウスは共和政初期に活躍した人物のなかで、もっとも有名な人物のひとりである。

⇨アエミリアヌス橋の遺構──現在は「壊れた橋」を意味するポンテ・ロトと呼ばれる。この橋はローマ初の石橋として、紀元前179年につくられた。それ以前からローマ人は石橋をつくる技術をもっていたが、石橋は戦時でも落とすことができず、町の防衛に不利であるため、紀元前179年までつくられなかった。

渡って、スブリキウス門からローマ市内になだれこもうとした。そのときコクレスが2人の仲間とともに橋のたもとに立ちはだかり、わずか3人でエトルリア軍の侵入を押しとどめた。やがて背後で味方が橋を崩し、コクレスはテヴェレ川を泳いで市内側の岸にたどりついたという。

　この物語は2000年以上の時を経て、ヴィクトリア時代の詩人マコーレーにもとりあげられている。しかし、一気に橋まで攻め寄せたエトルリア軍に対し、ローマが防御作戦に出たことは当然だったとしても、実際の動きが伝承どおりだったかどうかはきわめて疑わしい。リウィウスでさえ、ホラティウスの偉業を評して、「信憑性はさておき有名な話」と書いている。とはいえ、この時期のローマに片目の有能な人物がいたことはまちがいないだろう。その後、ホラティウス家がコクレスだと主張する片目の男の銅像が、民会が開かれる建物に数百年にわたり飾られつづけたからである。

グナエウス・マルキウス・コリオラヌス	
生年	前527年ごろ
有名な祖先	アンクス・マルキウス王
母	ウェトゥリアまたはウォルムニア
父	不明
地位	ウォルスキー軍の指揮官
業績	オークの冠を獲得；コリオラヌスの呼称を獲得
妻	ウォルムニアまたはウェトゥリア
没年と死因	前490年ごろ、暗殺（？）

コリオラヌス

「ゆえに、われわれと同様に、世のすべての人びとにも知らせよう。グナエウス・マルキウスが今回の勝利の花輪を戴くことを。（略）そしていま、このときから、コリオリにおける彼の勲功に敬意を表して、全軍をあげて大きな喝采とともに、彼をグナエウス・

マルキウス・コリオラヌスと呼ぼう！　どうかこの新たな名を、これから先ずっとおもちください！」

ウィリアム・シェイクスピア著『コリオラヌス』

　コリオラヌス（グナエウス・マルキウス）は、4代目の王アンクス・マルキウスを祖先にもつマルキウス一族に生まれた。彼は父親を早くに亡くしたため、母親に育てられた。プルタルコスはこの女性をウェチュリアと呼んだが、他の歴史家たちによるとウェチュリアはコリオラヌスの妻であり、母親はウォルムニアという名であったとされる。しかし、この問題は現代の歴史家たちのあいだではほとんど話題にならない。コリオラヌス自身が、おそらく架空の人物だからである。

　コリオラヌスのほかにも、ローマ史に登場する人物の多くが、伝説上の人物である可能性がある。しかしどんな伝説にも、なんらかの真実が含まれているものである。コリオラヌスはおそらく架空の人物だが、少なくともローマ人は彼を実在の人物と信じていた。ローマ人がどのような人びとだったかを理解するうえで、彼はひとつのヒントとなる存在といえるだろう。

武勇

　グナエウス・マルキウス（コリオラヌス）は紀元前496年のレジッロ湖の戦いで頭角をあらわした。この戦いは、ローマにとっては、ラティウム地方での支配をかためるとともに、タルクィニウス傲慢王を最終的に打倒した重要な戦いだった。

　有名なエピソードとして、戦闘が始まる前、輝く馬に乗った2人の人物が、元老院議員のドミティウスの前に現れたという。2人は自分たちが双子の神カストルとポルクスであると名のったあと、ローマの勝利を予言した。さらに神であることを証明するために、ドミティウスのあごひげにふれて、それを青銅色に変えたという（その後もローマ史には、「ドミティウス・アエノバルブス（青銅色のあごひげのドミティウス）」という名前を受けついだ人物がしばしば登場する。有名なネロ帝もそのひとりだった）。

⇧カストル・ポルクス神殿の遺構——双子の神カストルとポルクスは、紀元前496年のレジッロ湖の戦いの前に、ローマ人を奮起させたとされる。ローマ軍の騎兵隊の守り神とされており、毎年この神殿の前で閲兵式が催された。

グナエウス・マルキウスはこのレジッロ湖の戦いで、倒れたローマ兵に襲いかかろうとする敵の兵士をみずからの手で殺害したという。ローマ市民の命を救ったこの行為に対し、マルキウスは古代ローマの勲章にあたるオークの冠を獲得した。

その後もマルキウスはいくつかの遠征に従軍した。エトルリア軍の脅威を退けたいま、ローマの最大の敵は近隣に住む好戦的なウォルスキー人だった。しかし、ウォルスキー人も他の部族と同様に、戦いが始まるとすぐにローマ軍の力を思い知らされることになった。

まもなくローマ軍はウォルスキー人の町コリオリを包囲したが、グナエウス・マルキウスもその軍団のなかにいた。やがてウォルスキー軍の兵士たちが、包囲を崩すために城外に打って出た。この動きを予測していたマルキウスと数名の仲間が、数のうえでは優勢な敵軍をコリオリの城内に押しもどすことに成功した。マルキウスはこの英雄的行為によって、コリオラヌスという名をあたえられた（戦いに勝利した司令官に戦地の名をあたえることは、その後もローマの伝統でありつづけた）。

⇧『コリオラヌスとウォルムニア』（バルビエーリ画、1643年）——こうした絵の存在から、ヨーロッパで既存の秩序がおびやかされた17世紀に、コリオラヌス伝説が人気を集めていたことがわかる。

貴族と平民の抗争

ところがローマに帰還したコリオラヌスは、貴族と平民の激しい対立によって、ローマの町が大混乱におちいっていることを知る。当時、平民の多くが貴族に借金を負い、奴隷に転落する者まで出現する一方で、貴族は平民の安い労働力を利用して富をたくわえていた。平民たちはこの状況に激しく異議をとなえ、自分たちの代表を政治に参加させる権利を要求した。その結果生まれたのが、「護民官」（トリブーヌス・プレビス）という役職である。護民官は法律の立案権と拒否権をもち、必要に応じて、市民を権利の

侵害から守ることも、市民を裁判にかけることもできた。また護民官には生命身体の不可侵権が認められていた。

　しかし、その後も貴族は特権を手放そうとしなかったため、平民はついに怒りを爆発させ、市民としての義務を放棄して、ローマ近郊の聖山に立てこもった。穏健派の貴族メネニウス・アグリッパの説得により、一度は通常の生活にもどったものの、平民たちの貴族に対する怒りはおさまらなかった。

　ちょうどこのころ、コリオラヌスが執政官に立候補したが、彼は平民たちからもっとも敵視されていた貴族のひとりであったため、落選してしまう。コリオラヌスと強硬派の貴族たちにとってこの敗北は大きな屈辱となったが、復讐を望むコリオラヌスに、まもなくその機会が訪れた。ローマで飢饉が起こり、シチリア王から大量の穀物が届けられたとき、コリオラヌスは、護民官制度が存続するかぎり、平民に穀物を配給すべきでないという強硬な主張を展開したのである。しかし、穏健派の元老院議員たちがこの提案に反対したため、コリオラヌスの主張が実現されることはなかった。

逃亡

　その後もコリオラヌスはかたくなな態度を変えず、護民官から反逆罪で告発されたときも答弁を拒否した。その結果、過去の戦争での功績によって命は救われたものの、ローマから追放されてしまうことになった。一方、それを知ったウォルスキー人の指導者アッティウス・トゥリウスは、コリオラヌスに接近を試みた。コリオラヌスを味方に引き入れ、ローマに奪われた町をとりもどそうと考えたのである。

　伝承は、コリオラヌスはこの申し出を受け入れたと伝えているが、この話はかなり信憑性が高い。タルクィニウス・プリスクスとその父や、アットゥス・クラウススの例からもわかるように、中央イタリアの名門一族のあいだでは、追放された人物が別の都市に移り住み、故郷の都市と戦うことが、めずらしくなかったからである（同時代のギリシアにも、似たような事例がいくつもある）。

コリオラヌスひきいるウォルスキー軍は、ローマ軍を圧倒し、ローマの城壁まで追いつめた。ローマはコリオラヌスのもとにくり返し使節を送り、攻撃を思いとどまるよう懇願した。しかし、コリオラヌスは耳を貸さず、ウォルスキー人から奪った町を返還し、ウォルスキー人に市民権をあたえるよう要求した。ローマは最後の手段としてコリオラヌスのもとに妻と母を送り、説得にあたらせた。これにはコリオラヌスも心を動かされて軍隊を引きあげたというが、その後の話はかなり混乱している。コリオラヌスはウォルスキー人のもとにもどったのちに暗殺されたとする説もあれば、かなりの老齢まで生きたとする説もある。しかしいずれにしても、彼がふたたびローマにもどらなかったことだけはまちがいない。

　このコリオラヌスの物語は、いったいどこまでが真実なのだろうか？　ドイツの歴史家ニーブール（1776～1831年）によると、伝統的に推定されてきた年代よりも、約10年後に起こった出来事のほうが、この物語の内容に一致するという。その時期には、実際にローマで飢饉が起こり、シラクサの僭主ヒエロンがエトルリア人に対抗するためにローマに穀物を送った可能性があるのである。またプルタルコスの記述とは矛盾するが、ウォルスキー人はコリオラヌスが求めた条件に近い形で、市民権を獲得したものと思われる。さらには、飢饉によって弱体化したローマが、戦争でウォルスキー人に敗れた可能性もじゅうぶんにある。こうした点を総合すると、おそらく事実は次のようなものだったのではないか。つまり、ローマ人はウォルスキー人との戦いに負け、ウォルスキー人側の条件を飲まざるをえなかった。しかし、外敵に負けたことを認めたくなかったローマ人は、ローマ軍を破ったのはローマ人の亡命者（それもアンクス・マルキィウス王の子孫とされる人物）だったという物語を生みだしたのだろう。

第2章 共和政の創始者たち

▷キンキナートゥス──彼は共和国を救うために、畑仕事をやめて独裁官に就任したとされる。国家のためにつくしたキンキナートゥスの物語は、後世のアメリカ人にも感銘をあたえ、オハイオ州の都市シンシナティの名前の由来となった。

ティトウス・クインティウス・カピトリヌス・バルバトゥス

紀元前505年ごろ〜430年ごろ

ルキウス・クインティウス・キンキナートゥス

紀元前519年ごろ〜438年ごろ

ティトウス・クインティウス・カピトリヌス・バルバトゥス	
生年	前505年ごろ
有名な祖先	なし
母	不明
父	不明
地位	執政官、前471年、468年、465年、446年、443年、439年
	属州総督、前464年
業績	凱旋司令官
家族	不明
没年と死因	前430年ごろ、老齢

ティトウス・クインティウス・カピトリヌス・バルバトゥス

「元老院では、ティトウス・クインティウス〔・カピトリヌス〕が、ひとりでローマの威厳を支えているようなものだった。有力議員たちも、彼の演説は執政官の権威を見事に示すものであると断言した。それは幾度も執政官をつとめ、数々の名誉を獲得し、さらなる名誉にも値する人物にふさわしいほめ言葉だった」

リウィウス著『ローマ史』

　クインティウス家のなかで最初に大きな功績をあげたのが、ティトウス・クインティウス・カピトリヌスである。ロムルスからユリウス・カエサルにいたるローマの指導者がみなそうだ

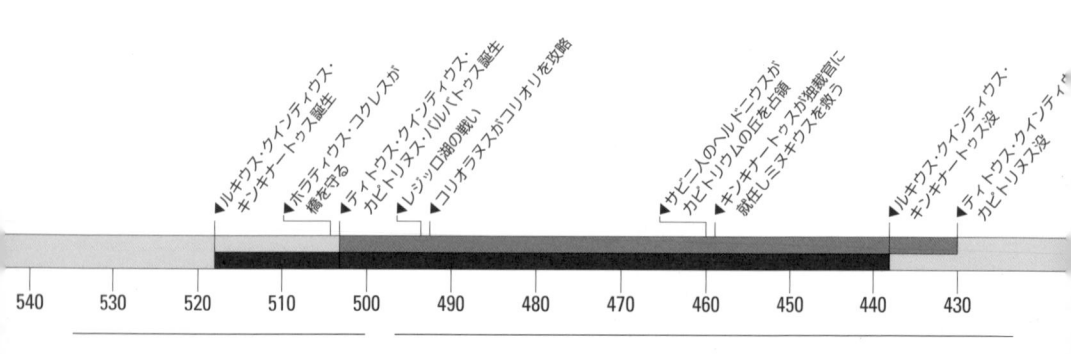

年表（左から右）:
- ルキウス・クインティウス・キンキナートゥス誕生
- ホラティウス・コクレスが橋を守る
- ティトウス・クインティウス・カピトリヌス・バルバトゥス誕生
- レジッロ湖の戦い
- コリオラヌスがコリオリを攻略
- サビニ人のヘルドニウスがカピトリウムの丘を占領
- キンキナートゥスが独裁官に就任しミヌキウスを救う
- ルキウス・クインティウス・キンキナートゥス没
- ティトウス・クインティウス・カピトリヌス没

540　530　520　510　500　490　480　470　460　450　440　430

⇨アンティウム（現在のアンチオ）の港の跡——ウォルスキー人の要塞アンティウムは、のちに戦略上重要な港となり、やがて行楽地となった。ここはネロ帝とカリグラ帝の生誕地でもある。

ったように、彼も政治家であるとともに軍人だった。生年ははっきりしないが、カピトリヌスという名前から判断すると、彼の一家はローマのカピトリウムの丘に暮らしていたものと思われる。

戦時と平時の指導者

　カピトリヌスは紀元前471年に初めて執政官に当選した。同僚の執政官は、プブリコラがローマに招いたアットゥス・クラウススの息子、アッピウス・クラウディウスだった。そのころもまだ、平民と貴族のあいだでは激しい抗争がくり広げられていたが、アッピウス・クラウディウスは貴族派の代表的な人物だった。一方、カピトリヌスは平民と貴族を和解させようと試みていたが、思わしい成果はあがらなかった。当時の2人にまつわるエピソードがある。あるときアッピウスが民衆に向かって長々と説教をした。そのとき怒った民衆から「殺してやる」という野次が飛び、カピトリヌスは部下に対して、力づくでもアッピウスを広場から立ち退かせるように命じたという。

　ローマはあいかわらずウォルスキー人からの攻撃に悩まされ、戦闘的なことで知られるアエクウィー人までがその攻撃に加わるようになっていた。カピトリヌスは執政官として軍団を指揮し、戦果をあげてローマに凱旋したが、逆にアッピウス・クラウディウスの方は兵士たちと折り合いが悪く、敵だけでなく自軍の反抗的な兵士たちにも悩まされていた。

カピトリヌスは紀元前468年の執政官に再選され、ふたたびウォルスキー人を打ちやぶった。ローマはそのころ人口が急増しており、市民（投票年齢に達した男性の自由人）の数が10万4000人を越えていた。古代の都市国家としては、すでにかなりの人口だったといえる。その結果、ローマは土地不足に悩まされるようになり、海岸沿いの町アンティウムを攻略した際には、カピトリヌスもローマからの移住者を選ぶ委員団に加わっていた。

カピトリヌスは遠征に出ていないときは、ローマの緊迫した政情をなんとか安定させるための努力をつづけていた。彼はこの時代のローマにおいて、貴族と平民の両方から信頼される数少ない人物だったのである。たとえば、あるとき敵軍が、派遣されたローマ軍を迂回して、無防備に近いローマの町に進軍中であるとの噂が広まったことがあった。このときカピトリヌスはただちに人びとの混乱をしずめ、その噂が根拠のないものと判明するまで、ローマの秩序を見事に保ちつづけた。またあるときは、執政官のフリウスがアエクウィー人の領土を侵攻中に大軍に包囲されてしまったが、援軍の要請を聞いたカピトリヌスは、ローマに残っていた兵士をかき集め、ヘルニキ人の援護を受けてアエクウィー軍を背後から攻撃し、味方の軍団を救出することに成功した。

裁判と反逆

そんなカピトリヌスも、友人キンキナートゥスの息子であり、彼自身の親族でもあるカエソ・クインティウスのために、みずからの権威を利用したことがある。カエソは将来を期待される若者だったが、乱暴な無法者でもあり、若い貴族をひきいて平民を脅したり暴力をふるったりしたあげく、裁判にかけられることになった。彼が死刑宣告を免れて亡命することができたのは、名将カピトリヌスがこの裁判に介入したからだった。

カピトリヌスは紀元前471年、468年、465年、446年、443年につづいて、新たな危機がローマを襲った紀元前439年に、6度目の執政官就任をはたした。そのころスプリウス・マエ

リウスという男が政権の奪取を企てており、その動きを不安に思った人びとがカピトリヌスに投票したのである。リウィウスによれば、カピトリヌスは「体制への反逆者にとって非常に手強い相手」だったという。カピトリヌスは同僚の執政官メネニウス・アグリッパとともに、マエリウスのクーデター計画を調べあげ、元老院にキンキナートゥスを独裁官(ディクタトール)に選出するよう求めた。独裁官の権限には、執政官(コンスル)の権限のように細かな制約はない。まもなくキンキナートゥスが独裁官に任命され、マエリウスをクーデター計画とともに葬り去った。

このころカピトリヌスはすでに60代なかばになっていたはずだが、政治家として、そして軍人として、ローマのためにさらに働きつづけた。マエリウスの一件から約1年後にも、彼は上級将校マメルクス・アエミリウスの軍団に加わり、エトルリア軍と戦っている。この軍では、アエミリウスが右翼、副官のキンキナートゥスが中央、カピトリヌスが左翼を指揮した(カピトリヌスとキンキナートゥスの属したクインティウス一族は、このあとも優秀な司令官を輩出しつづけた)。

ルキウス・クインティウス・キンキナートゥス

ルキウス・クインティウス・キンキナートゥス	
生年	前519年ごろ
有名な祖先	なし
母	不明
父	不明
地位	執政官、前460年
	独裁官、前458年、439年
業績	凱旋司令官
子供 息子	カエソ、ルキウス
没年と死因	前438年ごろ、老齢

「わずか4エーカーの土地をみずからの手で耕していたクインティウス・キンキナートゥスが、独裁官に任命された。独裁官は執政官以上に名誉ある地位である。しかし、敵を倒して輝かしい功績をなしとげたあと、彼はふたたび貧しい暮らしにもどることを選んだ」

聖アウグスティヌス著『神の国』

紀元前5世紀中葉のローマで権勢をふるったのが、クインティウス一族である。共和政期のローマ市民は、ある行政官がすぐれた功績を残した場合、同じ一族から新たな行政官を選出する傾向があった(この点は、現在のアメリカ合衆国の有権者にも似た側面がある)。そのためクインティウス家は、カピトリヌスのあとも、数世代にわたり高位の行政官を輩出した。カ

ピトリヌス自身はすでにのべたとおり、6度も執政官に選出され、つづいてルキウス・クインティウス・キンキナートゥスが共和政ローマで最高の権限をもつ独裁官(ディクタトール)に、2度にわたって任命された。

キンキナートゥスの人生は、栄光と苦難のくり返しだった。その理由のひとつとして、彼が重責をになった時代のローマが、貴族と平民が激しい身分闘争をくり広げている真っ最中だったことがあげられるだろう。そのため貴族であるキンキナートゥスの人生もまた、貴族派の命運とともに盛衰をくり返したのである。

カエソ裁判

先にふれたように、キンキナートゥスにはカエソという短気で乱暴者の息子がいた。気に入らない相手がいれば腕力に訴えるのが、勇敢な兵士でもあったカエソのやり方だった。平民に有利な法律を提案した護民官は、しばしばカエソの仲間の若い貴族たちに力ずくで広場から追いだされた。ついにカエソは、暴行を加えた相手が亡くなったとして裁判にかけられ、貴族たちが次々にカエソの人柄について証言することになった。

キンキナートゥスも法廷に立ち、息子は性急で向こう見ずだが、落ち着きも身につけてきており、将来国家に大きく貢献する人物であると訴えた。しかし、父親の言葉はあまり効果がなく、死刑判決が下されそうな状況となってしまった。そこでついに市民に絶大な人気を誇る名将カピトリヌスが裁判に介入し、その結果、カエソは保釈を認められ、刑を宣告される前に国外に逃亡することになった。護民官から保釈金の支払いを求められたキンキナートゥスは、全財産を売り払って保釈金にあて、町はずれにあった廃屋(はいおく)に移り住んだという。

しかし、この伝承については割り引いて考える必要がある。キンキナートゥスが粗末な家に移ったというのは、おそらく事実だろう。しかし、それは全財産を売り払って経済的に困窮したからではなく、人びとの支持を回復するためであり、政治的な意味合いをもつ行動だったにちがいない。有力な一族に属し、

力のある友人に恵まれていたキンキナートゥスが、本当の意味で経済的困難に見まわれることはおそらくなかったはずである。

紀元前460年、ヘルドニウスという名のサビニ人が、奴隷と追放者をひきいて、身分闘争にゆれるローマに攻めこむという事件が起きた。このとき、一時占領されたカピトリウムの丘を命をかけてとりもどしたのが、ウァレリウス家出身の執政官であり、彼が後任に選んだのがキンキナートゥスだった。

執政官(コンスル)から独裁官(ディクタトール)へ

キンキナートゥスは執政官に就任すると、真っ先に護民官を批判した。その後、複雑な政治的駆け引きがつづき、執政官と護民官の対立は膠着状態におちいった。護民官たちはキンキナートゥスに阻止された改革的な法案を成立させるために、翌年度の護民官選挙でも再選されるために名のりをあげた。

一方、元老院もキンキナートゥスの再選に向けて動きだしたが、キンキナートゥス自身は立候補を固辞した。このときキンキナートゥスは毎年同じ人物が護民官に就任することの弊害を訴え、元老院はこの悪しき習慣をまねてはならないと諭し、翌年には新しい執政官が誕生することになった。

ローマはそのころもなお、ウォルスキー人、アエクウィー人と戦争状態にあった。そこへサビニ人も加わったため、ローマ軍は窮地に追いこまれ、執政官のひとりは戦場からローマに戻ることがなく、もうひとりの執政官も野営地で敵軍に包囲されてしまった。ローマでは、このような重大な危機に際しては、全権をひとりの人物に集中した「独裁官(ディクタトール)」が選出されることになっていた。

救世主

このとき独裁官に選ばれたのが、キンキナートゥスである。ローマから使者が迎えに出むいた先は、キンキナートゥスが財産を失ったあとに手に入れた小さな農地だったとされる。伝承によると、彼はそのとき畑を耕している最中だったという。

独裁官への選出を了承したキンキナートゥスは、わずか15日間で、新たな軍団を召集して敵を粉砕することに成功した。ローマに凱旋したキンキナートゥスは、息子を亡命に追いこんだ男が偽証罪で追放されるのを見とどけると、ただちに独裁官の地位を返上した。

その後、成文法作成のための「十人委員会」が組織されたが、キンキナートゥスとカピトリヌスは、アッピウス・クラウディウスにはばまれて委員会から除外された。やがてアッピウスが失脚し、カピトリヌスが4度目の執政官就任をはたして、ローマの実権はふたたびクインティウス一族の手に渡った。キンキナートゥスはすでに80歳を越えていたが、カピトリヌスに請われて、マエリウスの謀略を阻止するために、紀元前439年にふたたび独裁官に就任した。マエリウスはキンキナートゥスの呼びだしを拒否した直後に殺害され、クーデターは失敗に終わった。

キンキナートゥスとカピトリヌスの友情を示す出来事が、2人の晩年にもうひとつ起こっている。キンキナートゥスの次男ルキウスが、軍事上の失策により裁判にかけられ、カピトリヌスがふたたびキンキナートゥスのために一肌脱いだのである。キンキナートゥスが姿を現さない法廷で、被告の弁護に立ったカピトリヌスが訴えた。まもなく生涯を終えようとしている年老いた英雄に、息子の有罪判決を告げることのできる人がいるだろうか？ この問いかけに陪審員たちの態度がやわらぎ、無罪判決が言い渡されることになった。

⇩『元老院の使者をむかえるキンキナートゥス』——1844年にローマ賞を受賞したバリアの作品。

アッピウス・クラウディウス・デケンウィリ

紀元前510年ごろ～紀元前449年ごろ

アッピウス・クラウディウス・デケンウィリ	
生年	前510年ごろ
有名な祖先	なし
母	不明
父	アットゥス・クラウスス（？）
地位	執政官、前471年（？）、451年 十人委員、前451年、450年
業績	十二表法の制定
家族	不明
没年と死因	前449年ごろ、自殺または殺害

「あなたは、われわれの自由を支えるふたつの柱である、護民官の擁護と控訴権を奪いとった。しかし、われわれの妻や子供をあなたのほしいままにする権利はない。たとえわれわれに残虐のかぎりをつくそうとも、女性の貞節を傷つけることは許されない。もしそのようなことをしたなら、私は真のローマ人全員に援護を呼びかけよう」

リウィウス著『ローマ史』
(ウェルギニアの婚約者イキリウスがアッピウス・クラウディウスに向けて語った言葉)

　王政を廃止しても、ローマに平和が訪れることはなかった。依然として、近隣の諸部族との戦争がつづき、国内では貴族派と平民派が激しく対立していたのである。貴族と平民との身分闘争は、それぞれの代表として選出される執政官と護民官の対立という形をとることが多かった。

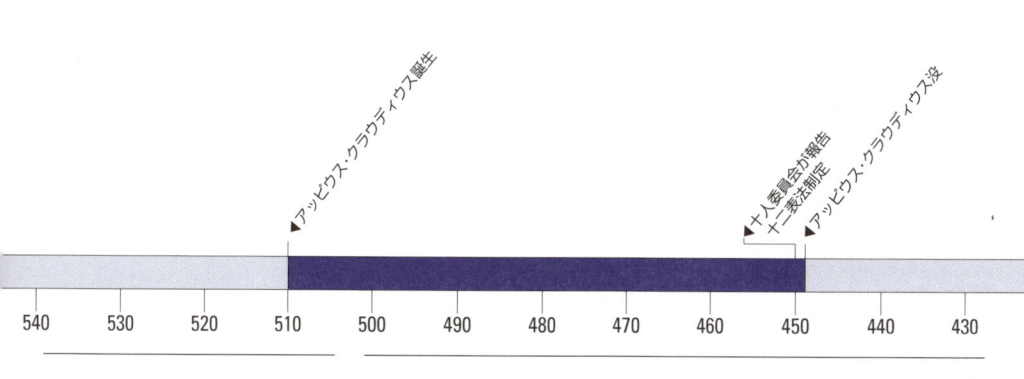

⇨クラウディウス一族の初期の家系図──紀元前471年と451年の執政官は同一人物だった可能性がある。

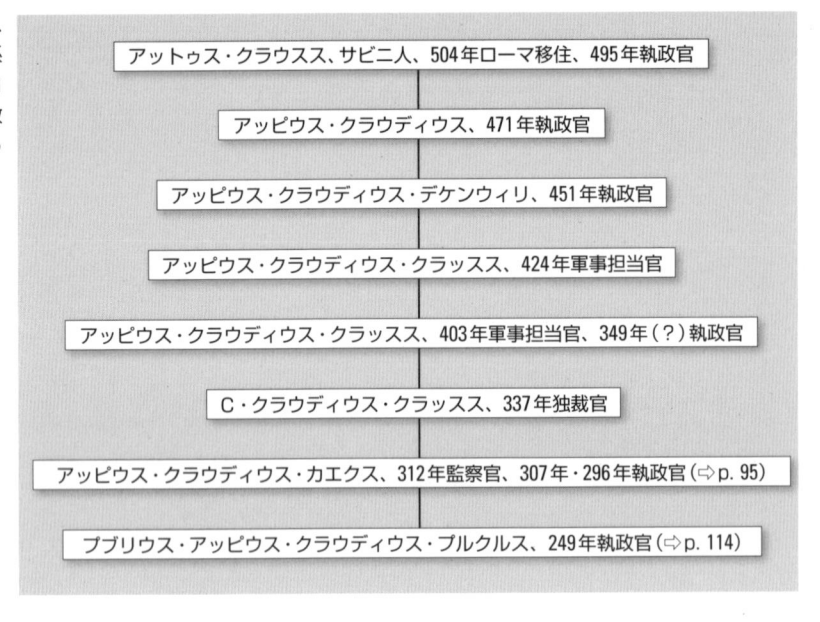

```
アットゥス・クラウスス、サビニ人、504年ローマ移住、495年執政官
                    │
アッピウス・クラウディウス、471年執政官
                    │
アッピウス・クラウディウス・デケンウィリ、451年執政官
                    │
アッピウス・クラウディウス・クラッスス、424年軍事担当官
                    │
アッピウス・クラウディウス・クラッスス、403年軍事担当官、349年（？）執政官
                    │
C・クラウディウス・クラッスス、337年独裁官
                    │
アッピウス・クラウディウス・カエクス、312年監察官、307年・296年執政官（⇨p. 95）
                    │
ププリウス・アッピウス・クラウディウス・プルクルス、249年執政官（⇨p. 114）
```

成文法の必要性

　当時のローマには、まだ成文法がなかった。そのため法律の解釈が執政官の手にゆだねられてしまうことが、平民側の大きな不満のひとつだった。貴族が法律を悪用しても、平民は法律の内容がよくわからないため、上訴することができない。長くそのような状況がつづいたが、平民からの強い要求に貴族たちもついに譲歩せざるをえなくなり、紀元前5世紀なかばに、ローマはようやく成文法を作成して公開することを決定した。そしてソロンの成文法を学ぶためにアテネに視察団が派遣され、3年後の紀元前451年に帰国した。つづく1年間は、執政官のかわりに10人からなる委員会が国事の遂行と法案の作成を担当し、1年後に法案が発表され、市民に承認を問うという段取りが決められていた。

　十人委員会のメンバーには、アテネに派遣された視察団の3人、その年に執政官になる予定だった2人、ユリウス一族出身のガイウス（このころユリウス家の出身者の名前が記録に登場するのはめずらしい）などが選ばれた。委員のなかでもっとも力があったのが、「デケンウィリ（十人委員）」のアッピウス・

ファスティ（公職暦表）

　古代ローマには年代を記録する方法が2種類あった。ローマが建設された年を紀元とする暦（A.U.C.）と、執政官の名前で年度をあらわす方法である。

　執政官の名前が列記された後者の年度表記は、後世の歴史家への大きな贈り物となった。いくつかの箇所については論争もあるが、共和政期の執政官のほぼ完全な名簿が残されている。

　この名簿は「執政官のファスティ」と呼ばれ、さまざまなファスティ（公の行事や法律の年度を記した一覧表を「ファスティ」と呼んだ）をもとに作成された。近代以降に作成された最初の完全版として、1947年にデグラッシが編集した「執政官・凱旋将軍の暦表」がある。

クラウディウス」として知られるアッピウス・クラウディウス・インレギッレンシス・サビヌス・クラッススだった。

■十人委員会

　アッピウス・クラウディウスは、かつて一族を引きつれてローマに移住したアットゥス・クラウススの息子か孫にあたる。アットゥス・クラウススの息子のアッピウス・クラウディウスが、紀元前471年に執政官をつとめたことはまちがいない。のちのローマの歴史家たちは、このアッピウス・クラウディウスの息子が20年後、父と同様に執政官に就任したのだと考えたが、カピトリウムの「ファスティ（公職暦表）」には、両者が同一人物であることがはっきりと記されている。

　十人委員会が国政をになった1年間は、大成功のうちに終了したようである。アッピウス（あるいはその父）は過去に平民と衝突をくり返したが、彼を含む十人委員会は、公正かつ公平な姿勢を示そうとつとめた。委員の裁定に対する控訴は認められなかったが、別の委員が控訴を聞き入れた場合、裁定を下した委員はたいていみずからの判断を撤回した。

　1年後、10項目からなる「表法」案が発表され、全市民が参加するケントゥリア民会で承認された。十人委員会はさらに2項目の法案をつくるために、新たな委員会の設置を求めた。初年度に大きな成果があがったこともあり、この提案に反対する勢力はいなかった。

　初年度の委員が全員辞任したのち、アッピウス・クラウディウスだけは再選をめざして、平民票を獲得するための精力的な選挙運動を展開した（これは平民たちが委員会の仕事ぶりに満足していたという事実を示している）。今回はほかの貴族も前回以上に委員就任に意欲を示していた。クインティウス・カピトリヌスとキンキナートゥス、そしてアッピウスの叔父（または兄）であるガイウス・クラウディウスも、委員会入りをめざしていた。

　カピトリヌスとキンキナートゥスは、アッピウスの再選を阻止するために、アッピウスを選挙の執行人とした。執行人は選

挙を操作しうる立場にあるため、みずからは立候補しないものと考えられていたからである。ところがアッピウスは慣習をやぶって立候補し、実際に選挙を操作して、有力候補をすべて落選させた。そのため、委員会はほぼアッピウスの意のままに運営されることになったのである。

圧政

　アッピウスは新たに組織された十人委員会を牛耳り、権力を乱用し始めた。初年度の十人委員会が国政を担当した際は、裁判を担当する委員しか警士(リクトル)をともなわなかったが、いまやすべての委員がファスケスをもった警士の一団を引きつれるようになった。

　まもなく市民たちは、ローマが十人委員会という名の暴君の手に落ちたことを知る。委員たちはしばしば友人や支持者に有利な決定を下したが、その決定に対する控訴は認められなかった。それでも貴族なら田舎にある領地に避難することもできたが、平民はローマにとどまって我慢しつづけるしかなかった。

　ところが、この猛威をふるった十人委員会も、まもなく困難な事態に直面する。旧敵のサビニ人とアエクウィー人が攻撃をしかけてきたのである。軍人一家として知られるファビウス家出身の有能な司令官がローマ軍をひきいたものの、兵士たちは十人委員会の圧政に苦しめられていた市民たちだったため、戦場に出ても、戦闘を拒否したり、わずかに戦ってみせる程度だった。

　ローマではホラティウス家とウァレリウス家を中心に、十人委員会に対する批判が高まっていった。この両家はかつて、タルクィニウスの圧政からローマを解放する際にも活躍した一族である。アッピウス・クラウディウスと同じクラウディウス一族のガイウスも、穏健路線を支持していた。それでもアッピウスは巧みな政治手腕でローマを支配しつづけたが、やがてみずからの欲望がもとで失脚することになった。百人隊長をつとめるウェルギニウスという男にウェルギニアという娘がいたが、アッピウスはこの娘に夢中になってしまったのである。しかし、

↑『ウェルギニアの物語』（リッピ作、15世紀）——ウェルギニアと、娘を殺してその貞節を守った父ウェルギニウスの物語は、中世の人びとにも人気があった。チョーサーも『カンタベリー物語』のなかで、このテーマをとりあげている。

そのウェルギニアには、護民官制度が復活すれば当選確実と目された婚約者がいたのだった。

十人委員会の崩壊

アッピウスは部下のある人物を説きふせて、ウェルギニアは彼の家の奴隷だったが、幼児のころに連れ去られた娘なのだと主張させた。ウェルギニアが奴隷なら、彼女は主人の所有物となるというのが、アッピウスのもくろみだった。民衆はいっせいに抗議の声をあげたが、結局は誰もが予想したとおり、アッピウスはウェルギニアを奴隷と断定し、アッピウスの部下が彼女の真の所有者であるという裁定を下した。

ウェルギニウスは娘の貞節を守るため、みずからの手で彼女の命を絶ち、つづいて民衆の強力な援護を得て、市外で反乱を起こした。民衆もテヴェレ川の対岸にあるジャンニコロの丘に立てこもり、委員たちに辞任を要求した。

十人委員会は、すでにその存在理由を失っていた。最後のふたつの法律はとっくに完成していたし、委員たちの任期も終了していたからである。この独裁組織と化した委員会の委員たちは、自分たちがもはや完全に市民からの支持を失ったことを知り、平民に引き渡されないことだけを条件に、ようやく屈服した。

こうしてローマは危機を脱し、何事もなかったかのように広場に姿を現したアッピウス・クラウディウスは、ただちにウェルギニウスによって捕らえられた。つい最近成文化されたばか

十二表法

「たとえ世界中から大声で反論されようとも、私は自分の思うところをのべたい。もし法の起源やより所を知りたいなら、十二表法を記した1冊の小さな本が、権威においても、実用性においても、すべての哲学者の蔵書を集めたものよりもまちがいなく勝ると、私には思える」
　　　　　　　　　キケロ著『弁論家について』

以下に十二表法の抜粋を紹介する。

● **第一表**
　原告が被告を法廷に召喚した場合、被告は出頭しなくてはならない。もし出頭しないときは、原告は証人を立てたのちに、被告を強制的に連行するものとする。もし被告が逃げようとするなら、原告は被告を捕らえるものとする。
　訴訟当事者が示談により問題を解決したときは、行政官がその旨を宣言するものとする。もし示談が成立しない場合は、正午までに広場の集会所で、それぞれが陳述を行なう。その後、両者が顔をそろえて、徹底的に話しあう。正午を過ぎても一方が現れない場合は、出廷している当事者の勝訴となる。両者ともに出廷している場合は、日没まで審理をつづけるが、それ以降はつづけてはならない。

● **第二表**
　証人が法廷に現れない場合は、3日おきにその人物の家の前で、大声で出廷を呼びかけることができる。

● **第三表**
　借金を認めた者、あるいは返済義務があると宣告された者は、30日以内に返済しなくてはならない。それ以降は力ずくでその人物を捕らえることができる。

● **第四表**
　いちじるしく奇形の子供は、ただちに殺すものとする。
　父親が息子を三度売ったら、その息子は父親から自由になる。
　遺言状に財産のとり扱いが明記されているなら、その内容が拘束力をもつ。相続人も遺言状も存在しない場合は、もっとも近い男系親族［共通の男性の祖先をもつ人物］が財産を相続するものとする。男系親族がいない場合は、故人の氏族に属する人びとが相続するものとする。
　狂人に後見人がいない場合は、男系親族ならびに同じ氏族の人びとが、その人物と財産を管理するものとする。
　父の死後10カ月を過ぎてから生まれた子供は、合法的な相続人と認められない。

● **第五表**
　女性は成人に達したあとも、後見人の監督下におかれる。

● **第六表**
　財産の保証書と譲渡証書を作成して正式に宣言すれば、その内容が有効となる。
　動産に対する完全な法的権利を得るには、その動産を1年以上所有しなくてはならない。土地と建物の場合は2年以上とする。
　この規定にのっとり夫に支配されることを望まない女性は、毎年三晩つづけて留守にすること。

● **第七表**
　隣人の農場の木が風で曲がり、自分の農場に傾いた場合は、その木をとり除くために法的措置を講じることができる。他人の農場に落ちた果物は拾い集めることができる。

● **第八表**
　人の手足を傷つけて和解が成立しない場合は、報復を受けるものとする。自由人の骨を手か棍棒で折った場合は罰金として300アスを、奴隷の骨を折った場合は150アスを支払うものとする。侮辱罪の罰金は25アスとする。
　夜間に盗みをはたらいている人物を殺害するのは合法である。しかし、日中に泥棒を殺すのは違法である。(略)泥棒が武器をもちいた場合は、このかぎりではない。ただし、泥棒が武器をたずさえていても、それをもちいて反撃したのでなければ、殺してはならない。泥棒が抵抗した場合も、まず叫んで助けを求めなくてはならない。
　偽証のかどで有罪となった者は、タルペイアの岩から落とされる。
　何人も夜間に市内で集会を開いてはならない。

● **第九表**
　法律にもとづいて任命された裁判官あるいは審判者が、裁定に関して賄賂を受けとった場合は死刑とする。
　反逆罪：公敵をあおったり、市民を公敵に引き渡した人物は処刑される。
　どのような人物であれ、有罪判決を受けていない人物を処刑してはならない。

● **第十表**
　何人も遺体を市内に埋めたり、市内で火葬にしてはならない。

● **第十一表**
　平民と貴族のあいだの結婚は認められない［この法律は発表後まもなく廃止された］。

● **第十二表**
　国民が最後に制定したことは、すべて法的な拘束力をもつ。

りの法律に、何人も自由人を不正に奴隷としてはならないという項目があったからである。アッピウスは控訴したが、彼を支援する人は誰もいなかった。そして、みずからがかつて「労働者地区」と呼んで嘲った牢屋に入れられ、ガイウス・クラウディウスがアッピウスのためにふるった熱弁が却下されたことを知ると、自殺したという（もっとも、リウィウスの記述では自殺とされるが、歴史家のディオニュシオスの伝えるところでは、護民官がアッピウスを殺害したという）。

その後、アッピウス・クラウディウスは、クラウディウス一族の傲慢さと乱暴さを象徴する存在となった。しかしその一方で、十二表法の完成が示すように、クラウディウス一族が国家に大きく貢献したことも事実だったのである。

マルクス・フリウス・カミルス
紀元前447年ごろ～365年ごろ
ウァレリウス・マクシムス・コルヴス
紀元前386年ごろ～285年ごろ
アッピウス・クラウディウス・カエクス
紀元前350年ごろ～271年ごろ
ルキウス・コルネリウス・スキピオ・スカプラ
紀元前337年ごろ～270年ごろ

マルクス・フリウス・カミルス	
生年	447年
有名な祖先	なし
母	不明
父	不明
地位	監察官、前403年 上級将校、前401年、398年、394年、386年、384年、381年 独裁官、前396年、390年、389年、368年、367年
業績	凱旋司令官 4回；ウェイー征服；ローマをケルト人から救う
子供 息子	スプリウス、ルキウス（もうひとりいたが、幼児のうちに死亡）
没年と死因	前365年ごろ、疫病

マルクス・フリウス・カミルス

「民衆も、彼の名声に嫉妬していた人たちも、親友や親戚までもが、彼に対するねたみを隠そうとしなかった。彼はときおり提案に賛同を求めたり、無罪を勝ちとるために協力を求めたが、誰も彼のために票を投じようとしなかった」

カシウス・ディオ著『歴史』

　カピトリヌスが死んだあとの40年間は、ローマにとって苦難の連続だった。ウォルスキー人とのいつ終わるとも知れない戦いに加えて、疫病と飢饉がローマを襲ったからである（このころローマの窮状を見かねたシチリアの僭主ディオニュシオス1世が、穀物を届けたてきたと伝えられている）。この間、

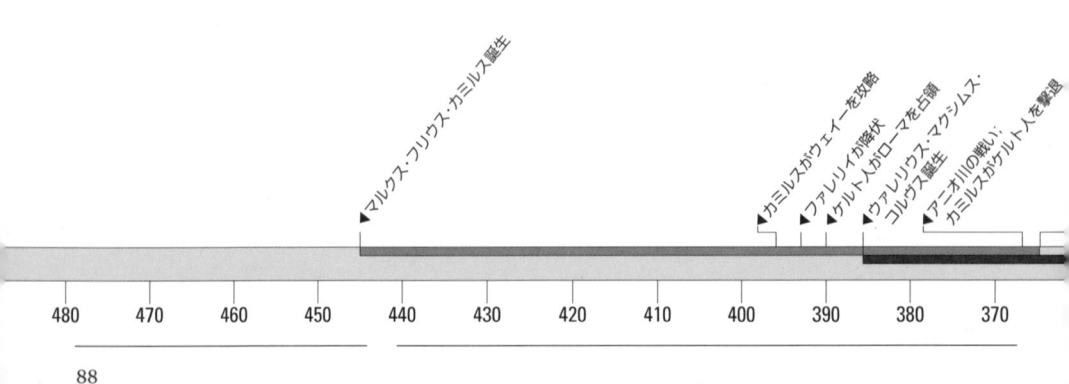

ローマは民主政を継続していたが、重大な危機に直面したときには、独裁官を立ててひとりの人物に権限を集中させるのがローマ流のやり方だった。

マルクス・フリウス・カミルスは、上級将校に6度、独裁官に5度も選ばれた人物である。彼が司令官として最初に大きな成功をおさめたのは、紀元前396年の対ウェイー戦だった。難攻不落と思われたエトルリアの主要都市ウェイーを、カミルスと副将のコルネリウス・スキピオは包囲戦にもちこんだ末に、ついに陥落させたのである。ウェイーは美しい町並みをもつ大都市であり、文化的にも建築技術においてもローマよりすぐれていた。このウェイーを支配下においたことは、ローマにとってきわめて重要な意味をもっていた。

ウェイーの町には、女神ユーノーの大きな像があった。カミルスはこの女神像をローマにもち帰り、神殿を建てて安置した。しかしこの敬虔な行為も、カミルスが4頭の白馬に戦車を引かせて凱旋式を行なったことで帳消しとなった。4頭の白馬が引く戦車はローマでは神々の乗り物を意味しており、ローマ人にとってそれは神への冒瀆に近い行為だったからである。

紀元前394年、カミルスはふたたび遠征に出た。今回の相手は、ラティウム地方の都市ファレーリだった。この町に、有力者たちの子弟を教える教師がいた。ローマ軍が勝つものと判断した彼は、寝返るために一計を案じた。包囲の準備を整えるローマ軍のもとに、教え子たちをつれて出向き、驚くカミルスに対して、子供たちを捕虜にすればファレーリはかならず降伏すると

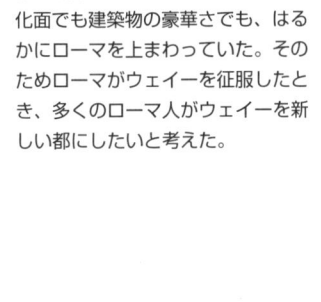

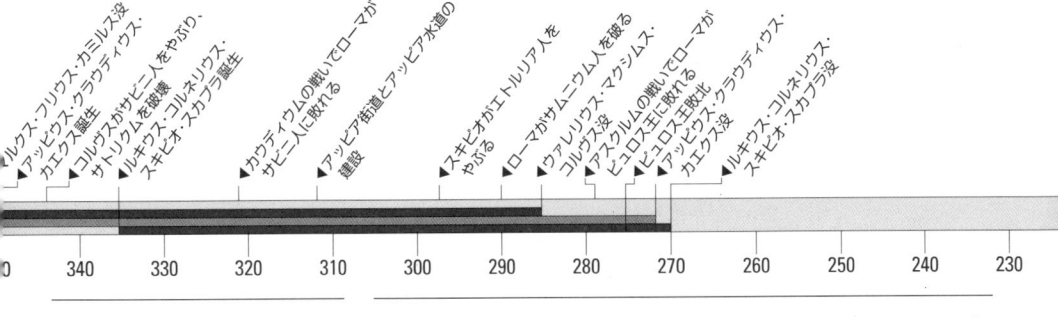

↑ウェイーで発見されたテラコッタ像の頭部——当時のウェイーは、文化面でも建築物の豪華さでも、はるかにローマを上まわっていた。そのためローマがウェイーを征服したとき、多くのローマ人がウェイーを新しい都にしたいと考えた。

告げたのである。しかしカミルスは子供たちを見張り役にして、裏切り者の教師を町に送り返した。そしてローマは卑怯(ひきょう)な手段は使わず、正々堂々と戦うつもりであるという伝言が、ファレーリに届けられた。ファレーリ市民はカミルスの立派な行動に感銘を受け、即座に降伏した。

■亡命

　ところが、ファレーリを征服して金品を略奪するつもりでいた兵士たちは、この結果におおいに不満だった。ウェイー攻略の際の戦利品の分配方法がまずかったこともあり、まもなくカミルスに対する批判が噴出した。デマが飛びかい、カミルスは戦利品を不正に分配したとの理由で告発され、亡命に追いこまれてしまった。

　このときカミルスはローマを去るにあたり、神々に次のように祈ったと伝えられる。この追放が不当なものであるならば、ローマがふたたび自分を必要とするようにしてほしいと。そしてその日は、まもなくやって来た。北方からエトルリア地方に侵入していたケルト人（ガリア人）が、かつてポルセナが君臨したキウジの町まで攻め寄せてきたのである。キウジから仲介役を頼まれたローマは、ファビウス家の3人を特使として派遣した。

　ケルト人の目的はあくまで征服にあったため、和平交渉はいっこうに成果をあげなかった。そこで特使のひとり、クインティウス・アンブストゥスがキウジ軍に加わって、ケルト人と戦うことになった。ケルト人は特使のこの行動に憤慨し、ローマに賠償金を要求した。ところが、ローマはケルト人の抗議を無視したばかりか、翌年にクインティウス・アンブストゥスを上級将校に任命した。こうしてローマとケルト人との戦争は、避けられない状況となったのである。

⇧聖なるガチョウを描いた大理石製のレリーフ（紀元2世紀）——ケルト人が夜間にローマの町を攻撃しようとしたとき、聖なるガチョウがローマの守備隊に危機を知らせたとされる。この言い伝えから、のちにガチョウと守護神ユーノーをたたえる祭りが始まった。

ローマ陥落

　紀元前386年、両軍はローマから18キロのアリア河畔で激突した。このときローマの同盟軍の兵士たちは、見慣れない姿のケルト軍兵士を見て戦場を逃げだしたという（これはリウィウスの記述によるが、ローマの体面を保つための作り話かもしれない）。そしてローマ軍が敵に側面を迂回されて完敗した結果、共和政が始まってから121年目、建国から367年目にして、ローマの町は初めて敵の手に落ちることになったのである。

　ローマ側の伝承によると、このときケルト人に包囲されながらも、小人数の守備隊がカピトリウムの丘に籠城したという。ケルト人は夜間に攻撃を試みたが、ユーノー神殿の聖なるガチョウが騒いだため、失敗に終わったとされる。

　追いつめられたローマ市民は、国外に亡命中のカミルスを呼びもどし、独裁官に任命することに決めた。知らせを受けたカミルスは、散り散りになったローマ兵をかき集めて軍団を編成し、ローマに向かった。その間に、カピトリウムの丘に籠城した人びとは、ケルト人の指導者ブレンヌスに交渉をもちかけ、莫大な金と引き替えにケルト人が撤退することで両者が合意に達した。ところが金の重さを計る際に、ケルト人が秤を不正に操作していることがわかった。ローマ側の抗議に対して、ブレンヌスは動じることもなく、「敗者に災いあれ」と答えたという。このときカミルスが軍団をひきいてローマに到着し、ただちに不正を制止して、ローマは金ではなく剣でお返しをすると告げた。

　戦闘が再開された結果、カミルスひきいるローマ軍が勝利をおさめ、ようやくケルト人をローマ領内から追いだすことに成功した。町の再建も始まらないうちに押し寄せてきたラテン人とウォルスキー人の攻撃も、カミルスによって撃退された。

ローマの町の再建

　一連の戦いに勝利したあと、ローマ人の多くが比較的打撃の少なかったウェイーに移住しようとしたが、カミルスら愛国者

たちがローマにとどまるよう呼びかけた結果、大規模な移住は起きず、ローマの町は順調に再建されていった。のちにローマ人は、ローマ市内の道路が狭く入り組んでいるのは、このときケルト人に破壊された町を、大急ぎで再建したからだと説明するようになる。

紀元前367年にケルト人がふたたび来襲したとき、ローマの町は完全に再建されていた。先のケルト人との戦いのあとも連戦連勝を重ねていたカミルスは、すでに老齢に達していたにもかかわらず、この年ふたたび独裁官に任命されることになった。そのカミルスは、ケルト人の武器を研究した結果、激しい突進に対抗する戦法を編みだしていた。カミルスが兵士たちに教えたその戦法、つまり白兵戦（はくへいせん）は、その後ローマ軍に数々の勝利をもたらすことになる。このときローマ軍は、まずアニオ川のほとりで当面の敵、ケルト軍を粉砕した。

しかしケルト人を撃退したあとも、独裁官カミルスには、平民と貴族の抗争に決着をつけるという難問が残されていた。カミルスは定員2名の執政官職を、貴族と平民で分けあうことを元老院に承認させた。こうして積年の身分闘争に、少なくとも一時的には終止符が打たれることになった。カミルスはこの画期的な和解を祝うために、平和と和解の女神コンコルディアを祭る神殿を建立したが、完成前に疫病（えきびょう）で死亡した。

カミルスの数々の偉業は、ケルト人に町を占領されるという屈辱を受けたローマ人が、プライドを守るためにつくりあげた物語にすぎないとする意見がある。コンコルディア神殿はカミルスの時代よりあとに建てられたことが考古学的に判明しているし、ローマがケルト人に金を支払おうとしているときに、ちょうどカミルスが到着したというのも、できすぎた話ではある。しかし、ローマがケルト人に征服されたことは疑いのない事実であり、さらに30年も経たないうちに町が復興をとげ、ケルト人による略奪の衝撃が短期間で克服されたこともまちがいない。真偽は別にして、その復興の象徴的人物が、カミルスであったとされているのである。

マルクス・フリウス・カミルスからルキウス・コルネリウス・スキピオ・スカプラまで

ウァレリウス・マクシムス・コルヴス

ウァレリウス・マクシムス・コルヴス	
生年	前386年
有名な祖先	ウァレリウス・プブリコラ
母	不明
父	不明
地位	執政官、前348年、346年、343年、335年、300年、299年
	独裁官、前342年、302年、301（？）年
業績	凱旋司令官 4回
子供	不明
没年と死因	前285年ごろ、老齢

「記録によるとウァレリウス・マクシムス・コルヴスは、100歳まで生きた。彼は公職を退いたあとはみずからの所領で暮らし、農園の経営にあたっていたらしい。初めて執政官になってから最後に執政官をつとめるまでに、実に46年間の期間があった。（略）しかも彼は、晩年の就任時のほうが中年のころよりすぐれた手腕を発揮し、少ない労力で国政の遂行に大きな影響力をおよぼすことができた。老いることの素晴らしさは、影響力にこそあるのだ」

キケロ著『老年について』

　ローマはケルト人の来襲から立ち直ると、以前よりも勢力を増しつつあった周辺部族との戦争に突入した。しかしこの時期のローマにとって幸運だったのは、何人もの有能で勇敢な軍司令官に恵まれたことである。なかでも名門ウァレリウス家のウァレリウス・マクシムス・コルヴスの活躍には、目を見張らせるものがあった。数々の偉業と名誉に彩られた彼の人生は、後世のローマ貴族の良き模範となった。

カラスの助け

　ウァレリウス家の一員であるマクシムスは、国家の要職につくべく生まれてきたような人物だった。彼の公職への第一歩は、カミルスがひきいる遠征軍への従軍だった。カミルスにとって最後の戦いとなった紀元前367年の対ケルト戦である。この戦闘が始まる前に、ひとりの大柄なケルト兵が歩み出て、ローマ兵との一騎打ちを求めた。その対戦に応じたのがウァレリウスだったのである。戦いが始まると、一羽のカラス（ラテン語で「コルヴス」）が舞い降りてきて、ケルト兵の顔に何度も襲いかかった。カラスの攻撃に助けられてケルト兵を倒したことから、ウァレリウスは名前にコルヴスを加えるようになった。

　ウァレリウスは紀元前348年と346年に執政官をつとめ、ウォルスキー人と戦った。サトリクムを攻略した際は、2度と

⇧紀元前3世紀のケルト兵の兜──ケルト人の多くは兜と盾のほかに防具をもっていなかった。裸で戦う部族もいたほどだったが、高い階級のケルト人は写真のような手のこんだ兜をかぶっていた。

```
                    ウォルスス・ウァレリウス、サムニウム人
                              │
          ┌───────────────────┴───────────────────┐
  プブリウス・ウァレリウス・プブリコラ        M・ウァレリウス・マクシムス・ウォルスス
  執政官、前509・508・507・504年（p.62）      執政官、前506年；独裁官、前494年
          │                                       │
   プブリコラの子孫                       M・ウァレリウス・マクシムス・ラクトゥカ
                                            執政官、前456年
                                                  │
                                      ウァレリウス・ラクトゥキニウス予定執政官
                                                  │
                                          ウァレリウス・ラクトゥキニウス
                                            上級将校、前398年
                                                  │
                                            M・ウァレリウス？
                                                  │
                                      ウァレリウス・マクシムス・コルヴス
                                      執政官、前348・346・343・335・300・299年
                                      独裁官、前342・302・301年（？）
                                                  │
                                    M・ウァレリウス・マクシムス・コルヴス
                                            執政官、前289年
```

ウァレリウス一族

　右は、ウァレリウス・マクシムス・コルヴスが属したウァレリウス一族の家系図の略図である。ウァレリウス一族は、サビニ王タティウスとともに建国後まもないローマに移住したウォルススという人物の子孫とされている。初代執政官のウァレリウス・プブリコラには兄弟が2人いて、この3兄弟から12以上の家族からなる名門一族が誕生した。

　一族内の結婚や家族名の変更が行なわれた結果、ウァレリウス一族の家系は通常の家系以上にさかのぼることがむずかしい。有名な分家に、のちにウァレリウス・フラックス家となるファルトゥス家、アッピウス・クラウディウス・カエクスに滅ぼされたとされるポティトゥス家、メッサラ家などがあった。クラウディウス帝の悪名高き皇妃ウァレリア・メッサリーナも、メッサラ家の一員だった。

敵の手に渡らないように、ただちに町を焼きつくしたという。

　ウァレリウス家の人物らしく、マクシムスはおおらかな人柄で、人気も高く、兵士たちの催す競技会にもすすんで参加した。紀元前342年に一部の兵士が反乱を起こしたときには、その人気を見こまれて独裁官に任命されたが、マクシムスは反乱兵もローマ市民であることを忘れず、その人柄によって兵士たちにふたたび忠誠を誓わせることに成功した。そして兵士たちが自主的に反乱をやめたことを理由に、彼らの罪は許されるべきであると主張した。

▎輝かしい生涯

　ウァレリウス・コルヴスは執政官を6期、独裁官を2期（あるいは3期）つとめたほか、21もの官職を歴任した。紀元前4世紀後半に対サムニウム戦争が始まると、ウァレリウスは

ほとんどの時間を遠征についやすことになった（ローマはこの勇敢な山岳民に、その後数世紀にわたって悩まされつづけた）。また彼は70歳のとき、ローマに反旗をひるがえしたマルシ人も制圧している。敗れたマルシ人はローマと和解したが、以前よりも従属的な立場に甘んじることになった。

ウァレリウス・コルウスはこの戦いの直後に公職から引退した。その後も30年間健康に暮らし、第1次ポエニ戦争が始まる少し前に、100年にわたる輝かしい生涯を閉じたとされる。

アッピウス・クラウディウス・カエクス

アッピウス・クラウディウス・カエクス	
生年	350年
有名な祖先	アットゥス・クラウスス、アッピウス・デケンウィリ
母	不明
父	C. クラウディウス・クラッスス
地位	監察官、前312年 執政官、前307、296年 独裁官、年度不明
業績	アッピア街道の建設；ピュロス王との対戦；最初のラテン語著述家
子供 息子	アッピウス、ブブリウス、カイウス、ティベリウス；娘：クラウディア・プリマ、セクンダ、テルティア、クァトラ、クィンクェ
没年と死因	271年ごろ、老齢

「アッピウス・クラウディウスは、よくこんなふうにいった。ローマの人びとは、平穏なときよりも困難なときのほうが信頼できると。彼がこのように語ったのは、もちろん平穏な状態を嫌っていたからではない。彼は、強大な国家は困難にみまわれると力強い動きを見せるが、あまりにも平和な状態がつづくと気力がなえてしまうことに気づいていたのである」

ウァレリウス・マクシムス著『名士伝』

アッピウス・クラウディウスは、紀元前312年に政治家としての第一歩を踏み出した。当時はまだ官界の「エリートコース」が確立していなかったため、監察官（ケンソル）という高位の官職からの出発となった（監察官は、人口調査や大規模公共事業の責任者であり、のちには政治家が他の重要な官職を歴任したあとにつく最後の役職となる⇨p.13）。

監察官時代

クラウディウス一族の男たちは、みな争いごとを恐れなかったが、アッピウス・クラウディウスも監察官時代にさまざまな点で物議をかもしている。監察官には選挙人名簿の作成と、元老院議員の任命および資格停止の権限があたえられていた。ところが、アッピウスはこの権限を悪用して、じゅうぶんな資格

⇨アッピア街道——このローマ初の大型街道を皮切りに、次々と新しい街道が建設されていき、やがてローマの道路網はヨーロッパ全土に拡大した。ローマの道路はすべて軍事上の目的から建設されたもので、たとえばアッピア街道は、ローマ軍がカンパニアの紛争地まで迅速に移動するためにつくられたものである。

⇩『元老院に入る盲目のアッピウス・クラウディウス』——マッカリ（1840〜1919年）の作品。アッピウス・クラウディウス・カエクスは、ピュロス王が提案した和平に断固として反対した。アッピウスはクラウディウス家出身の男らしく、高慢で利己的だったが、国家の繁栄に貢献し、市民の士気を高めた人物だった。

のある候補者をさしおいて、自分の支持者たちを採用したのである。そのなかには解放奴隷の息子たちまで含まれていたと、リウィウスが憤慨した口調で記している。さらにアッピウスは、低い階級の有権者を各地の選挙区に分散させることで、どの選挙区においても政敵が過半数を獲得しにくいようにした。

次にアッピウスは、古くからつづいてきたヘラクレス神の祭儀を、公共奴隷にとり行なわせることにした。祭儀を担当してきたポティトゥス家は、神聖な職務を無理やりとりあげられ、まもなく滅亡した。アッピウスはこの冒瀆行為に対する罰として、ヘラクレス神から視力を奪われたとされる。その結果、彼は盲目を意味するカエクスという渾名で呼ばれるようになったというのだが、もしこの話が本当だとするなら、ヘラクレス

ローマ街道

　現在もヨーロッパでは、数多くの人びとがローマ街道の近くで暮らしている。各地に張りめぐらされたその街道を見れば、ローマ人がいかに高度な土木・建築技術にもった民族だったかがよくわかる。中世のヨーロッパ人のなかに、これらの街道を「巨人がつくったもの」と信じていた人びとがいたことも、決して不思議な話ではない。

　ローマの道路建設には、とくに革新的な技術がもちいられたわけではなかった。水はけを良くするために、まず数多くの小石を埋めこんで基礎をつくり、その上を板石でていねいに舗装し、さらに雨水が流れ落ちるように、道路の両脇に溝をつくった。

　こうした知識や技術の大半はギリシア人も知っていたし、エトルリア人もすぐれた土木・建築技術をもっていた。しかし、ローマの道路は他の民族の道路とは、大きく異なった特色をもっていた。昔もいまも、ほとんどの道路は地形に合わせてカーブし、目的地までもっとも障害の少ないルートを選んでつくられている。ところが、ローマ人には道路を地形に合わせるという発想がなく、しばしば不必要なまでにまっすぐな道路をつくりあげていた。ローマの道路は交通手段であるだけでなく、国力を示す政治的宣伝（プロパガンダ）の手段でもあったからである。

　事実、ローマの道路は、被征服民を同化する過程で大きな役割をはたした。第一に、道路を見れば、ローマが他の民族よりも優秀な技術をもっていることが一目瞭然だった。第二に、まっすぐに伸びた道路のおかげで、土地を均等に区分して、移住者たちに分配することができた。この方法は「ケントゥリア区分」と呼ばれ、ローマ独特の区画割りをつくるもととなった。

　もちろんローマの道路建設において、もっとも大きな意味合いは軍事的側面にあった。たとえば有名なアッピア街道も、紀元前312年に監察官のアッピウス・クラウディウス・カエクス（⇨p.95）が、新たな征服地カプアとローマの間を軍団が容易に行き来できるように建設した道路である。最初は全長211キロだったが、のちにブルンディシウムまで延長された。その後につくられたアエミリア街道などにも、建設を推進した名門一族の名前がとどめられている。

　おもな道路の脇には記念建造物が建てられ、「マイル・ストーン（里程標石）」の前で宗教儀式がとり行なわれた。1ローマ・マイルごとに置かれたマイル・ストーンも、やはりローマ人の考案したものではなかったが、ローマ人がどの民族よりも体系的に利用した。

　道路は基本的に軍事目的のものであったため、兵士たちの1000歩（1マイルの語源）ごとにマイル・ストーンが置かれた。ローマ人はダブルスペース、つまり片方の足が地面を離れてから、次に地面につくまでの距離を一歩とした。一方、のちにイギリスに移住したアングロ・サクソン人はシングルスペース、つまり片方の足が地面を離れてから、反対側の足が地面につくまでの距離を一歩とした。これがイギリスの長さの単位であるヤード（91.44センチ）に相当する。こうした基礎単位の違いとアングロ・サクソン人の方が背が高かったため、イギリスでは1マイルが1000ヤードではなく、1760ヤードという中途半端な距離になってしまったのである。

⇧共和政期のローマ街道——莫大な建設費にもかかわらず、ローマの貴族は道路建設に意欲を示し、街道にしばしば自分の名前をつけた。道路建設には、土木技師と労働者に仕事を提供するという意味合いもあった。建設に従事する人びとは建設者の貴族を保護者と見なした。

⇩紀元前312年にアッピウス・クラウディウス・カエクスが建設したアッピア街道。

はずいぶん時間が経ってから罰をあたえたことになる。アッピウスが失明したのは、彼が老人になってからのことだったからだ。

アッピウスは建設事業（とくに道路と水道橋の建設）においては、国家に大きな貢献をはたしている。「アッピア水道」と名づけられた水道橋はローマに豊富な水をもたらし、カプアまで伸びる「アッピア街道」は、古代世界でもっとも有名な街道となった。

ローマの官職はすべて複数定員制をとっており、監察官の定員は２名だった。監察官であるアッピウスにもＣ・プラウティウスという同僚がいたが、彼はアッピウスが選挙人名簿を不正に操作したことに腹を立てて辞任した。このような場合はアッピウス本人も辞任するのが慣例だったが、アッピウスは辞任しないどころか、任期の18カ月がすぎてもなお監察官職にとどまった。護民官のセンプローニウス（グラックス兄弟の祖先）がアッピウスを逮捕しようとしたが、権力によってはばまれてしまった。

さらなる栄誉

結局、アッピウスは４年間も監察官をつづけたのちにようやく辞任し、その後まもなく紀元前307年の執政官に当選した。さらに紀元前296年には再選をはたしてサムニウム人と戦い、翌年も法務官（プラエトル）として軍団をひきいた。けれどもアッピウスは軍司令官としてはあまり有能ではなかったうえに、兵士たちとの信頼関係も築くことができなかった。彼が一度だけ重要な勝利をあげることができたのは、執政官のウォルミニウスが軍団をひきいて戦地に到着し、アッピウスの兵士たちに演説をして士気を高めたからだった。のちにアッピウスは、ウォルミニウスはもともと演説が下手だったが、自分の演説を聞いて上達したのだと嫌みをいった。ウォルミニウスも負けずに言い返した。「あなたが私から戦争について何も学ばなかったのは、実に残念なことだ」。しかし戦いはローマ軍の勝利に終わり、アッピウスは戦いの女神ベローナに神殿を献じた。

紀元前280年をむかえたとき、アッピウスはすでに年老いて盲目となっていた。しかし、クラウディウス一族の男たちに特有のプライドの高さと頑固さは衰えを見せなかった。そのころローマは、アレクサンドロス大王の後継者のひとりであるエピロスのピュロス王と戦争状態にあった。ピュロスはイタリアに侵攻したものの、ローマ軍の抵抗を受けて多数の犠牲者をだしていた。なかでもアウスクルムの戦いでは両軍とも多数の死傷者が出た。ピュロスは「このような勝利がもう一度でも起これば、私は破滅するだろう」とのべたという（このエピソードから、割に合わない勝利を「ピュロスの勝利」と呼ぶようになった）。

ヘラクレアの戦いに勝ったあと、ピュロスはローマに使節を送り、和平を提案した。ところが、ローマが和平の受け入れに傾き始めたところで、年老いたアッピウスが元老院に乗りこみ、最後まで戦いぬくべきだと熱弁をふるった。ローマ市民はこの演説を聞いて発奮し、和平を拒否して、ピュロスをイタリアから追いだすことに成功した。

アッピウス・クラウディウスは、記録に残るローマ最古の著述家のひとりとしても知られる。彼は散文の本を数冊と、法律に関する本を1冊書いたというが、いずれも現存していない。しかし、当時いかに彼の名声が高かったかは、4人の息子のうち、3人がのちに執政官となったという事実からもうかがうことができるだろう。

↑エピロス王ピュロスの大理石製の胸像（ヘルクラネウム出土）──アレクサンドロス大王の後継者のひとりであり、すぐれた軍事司令官だったピュロス王が、もしローマ征服に成功していたら、歴史はどう変わっていただろうか。これは古代史のなかで、もっとも興味深い「もしも」のひとつである。

ルキウス・コルネリウス・スキピオ・スカプラ	
生年	前337年ごろ
有名な祖先	なし
母	不明
父	グナエウス・コルネリウス・スキピオ
地位	執政官、前298年 監察官（?）、前280年
業績	アクィロニア征服
子供	息子 ルキウス
没年と死因	前270年ごろ

ルキウス・コルネリウス・スキピオ・スカプラ「バルバトゥス」

「どの歴史書を見ても、戦場で彼ほど意気盛んだった軍司令官はいないと記されている。それは彼が恐れを知らぬ性格のためだったかもしれないし、勝利を確信していたからなのかもしれない。そうした恐れを知らぬ性格と強固な意志のため、悪い予兆が起こったときも、彼は戦いをやめなかった」

リウィウス著『ローマ史』

紀元前4世紀後半には、ローマで不名誉な出来事がふたつ起こっている。ひとつはある家門の名誉を、もうひとつはローマ全体の名誉を傷つける出来事だった。どちらの出来事にも関係したのが、ルキウス・コルネリウス・スキピオ・スカプラ（「バルバトゥス」）である。スキピオが属したコルネリウス一族は、非常に人数が多かったため、キンナ、スッラ、ドラベラ、スキピオなど、さまざまな家系に枝分かれしていた。

「病気」と屈辱

紀元前331年、ローマの上流階級に奇妙な病気が広まった。さまざまな人がこの病気にかかり、かかった人はほぼ全員が命を落とした。やがてひとりの奴隷女が、有力な政治家であったクイントゥス・ファビウス・マクシムスに、この病気の出所を明かした。奴隷女につれられて調査団がその場所にたどりつくと、コルネリアとセルギアという2人の女性の指示で、女たちが薬をつくっているところだった。女たちは家族のために薬草で薬をつくっているのだと説明した。それならば薬を飲んでみせるようにと告げると、女たちはしばらく相談したあとで、飲みましょうと答えた。無実だから薬を飲んだのではなく、その逆だった。処罰を受けるよりも自殺を選んだのである。女たちはライバルの一族を要職から排除するために毒薬をつくっていたのだった。これがローマにおける毒殺事件の始まりであったとされる。コルネリアはコルネリウス一族の女性のなかで最高の地位にあったため、一族の評判はおおいに傷つくことになった。

10年後の紀元前321年、ローマはさらに悲惨な出来事に見まわれ

↓サムニウム人の戦士──これはパエストゥムにある「戦士たちの墓」に描かれた紀元前4世紀の壁画。ローマ人とサムニウム人の戦争は3度におよび、その勇敢な戦いぶりにちなんで、のちにローマの闘技場で戦う剣闘士の一部が「サムニウム人」と呼ばれるようになった。

ることになった。当時、サムニウム人とのあいだでふたたび勃発した戦争が、両者ともに決定的な勝利をあげることができないまま長びいていた。そしてこの年、ローマ軍はカプアとベネウェントゥムのあいだにあるカウディウムの分かれ道で、サムニウム軍にはさみ撃ちにされ、屈辱的な敗北を喫したのである。兵士たちは武器をとりあげられ、サムニウム人から野次られながら、頭をたれてくびきの下をくぐり抜けるという、服従の儀式を行なわねばならなかった。のちにローマはまことしやかな理屈をつけて和平を無効とし、戦争を再開したが、屈強なサムニウム人を相手にローマ軍は屈辱をはらすことができなかった。

　紀元前298年、スキピオが執政官に就任し、サムニウム人と同盟関係にあるエトルリア軍を、ウォラテッラエの郊外でやぶった。しかし、ウォラテッラエの攻略はならず、かわりに農村部を略奪した。その後、スキピオはファビウスの軍団に加わり、サムニウム人と対戦して、めざましい活躍を見せた。

勝利

　第3次サムニウム戦争でスキピオがもっとも活躍したのがアクィロニア郊外の戦いである。サムニウム軍にはリネン軍団と呼ばれるエリート軍団があった。この軍団の兵士たちは最後まで戦いぬくことと、その意気ごみを見せない兵士がいれば、仲間でも殺害することを誓いあっていた。この恐るべきリネン軍団の評判は、ローマ兵たちにもじゅうぶんすぎるほど伝わっていた。

　ローマ軍はリネン軍団がアクィロニアで待ちかまえていると知ると、カウディウムでの敗戦の屈辱を晴らすチャンスが訪れたと考えた。兵士たちの戦意は聖なるニワトリの飼育係にも伝わり、来るべき戦いは最高の結果になるという予兆が発表された。ところが、この予兆はでっちあげであるとの噂が、司令官ガイウス・パピリウスの耳に入った。そこでパピリウスが飼育係のひとりを前線に引きだしたところ、嘘をついた飼育係の身体に敵の槍がすぐに突き刺さった。これを見た兵士たちは神々が自分たちを守っていることを確信し、サムニウム軍に襲いか

⇨ローマにあるスキピオ家の墓の入り口——ローマでは紀元前２世紀初頭から、火葬にかわり土葬が復活した。スキピオ家では、ルキウス・コルネリウス・スキピオ以後、この写真の墓に代々の遺体が埋葬されるようになった。

⇩ルキウス・コルネリウス・スキピオ・バルバトゥスの石棺（サルコファガス）——この石棺には、次のような墓碑銘が刻まれている。「グナエウスの息子、ルキウス・コルネリウス・スキピオ・バルバトゥスは勇敢で賢明な人物であり、勇敢な精神にふさわしい鍛えあげた身体をもっていた。按察官、執政官、監察官を歴任し、タウサシアとキサウナを、つまりサムニウムを征服した。さらにルカニアを平定して多くの人質を連れ帰った」

かった。

　激戦を制したのはローマ軍だった。ルキウス・スキピオは左翼を指揮し、アクィロニアに逃げ帰るサムニウム兵を追走した。町の城門は兵士を迎え入れるために開かれていた。これを見たスキピオはアクィロニアを一気に攻略できると考え、兵士たちに突撃を命じた。

　しかし、アクィロニアのような大きな町を陥落させるには人数が少なすぎたため、兵士たちはたじろいだ。そこでスキピオ

は先遣隊を亀甲型の密集隊形に編成して城壁まで前進させた。それは兵士たちが盾を重ねあうように構えてつくった密集隊形だったが、中央の兵士たちが盾を頭上にかかげたため、全体の形が亀の甲羅に似ていたのである。

■ユピテル神への捧げ物

　伝統的にローマの軍司令官には、戦いに勝ったときには神々に神殿を献じることを誓う習慣があった。スキピオは城内への突入がそれほど危険でないことを兵士たちに納得させるため、町が陥落したら、真っ先に蜂蜜とワインをユピテル神に献じると約束した。

　ユピテル神は、このスキピオの申し出に満足したようである。兵士たちは城門に突進し、残りの軍勢もあとにつづいて、町を占領することに成功した。この戦いでサムニウム人は2万人を越える戦死者を出し、約3500人が捕虜となった。

　ルキウス・コルネリウス・スキピオ・スカプラに関しては、その墓所が一族の墓となったため、それ以前のスキピオ家の人びとよりも、わずかながら多くの情報が残されている。最古のものである彼の石棺（サルコファガス）には、若いころのエトルリア遠征に関する文言が刻まれている（彼が「ルカニアを征服した」という少々おおげさな内容である）。そして、のちにこのスキピオ家は、ウァレリウス家やファビウス家をもしのぐ偉大な軍司令官たちを輩出することになる。

マルクス・アティリウス・レグルス
（紀元前310年ごろ～250年ごろ）

グナエウス・コルネリウス・スキピオ・
アシーナ
（紀元前310年ごろ～245年ごろ）

ププリウス・アッピウス・クラウディウス・
プルクルス
（紀元前288年ごろ～247年）

ガイウス・ルタティウス・カトゥルス
（紀元前291年ごろ～220年ごろ）

ガイウス・フラミニウス
（紀元前265年ごろ～217年）

ププリウス・コルネリウス・スキピオ
（紀元前260年ごろ～211年）

クイントゥス・ファビウス・マクシムス・
ウェルコスス
（紀元前275～203年）

クラウディウス・マルケルス
（紀元前265年ごろ～208年）

ププリウス・コルネリウス・スキピオ・
アフリカヌス
（紀元前236～185年）

ティトウス・クインティウス・
フラミニヌス
（紀元前229年ごろ～174年）

マルクス・ポルキウス・カトー
（紀元前237～149年）

アエミリウス・パウルス
（紀元前229～160年）

セルウィウス・スルピキウス・ガルバ
（紀元前190年ごろ～136年）

スキピオ・アエミリアヌス
（紀元前184年ごろ～129年）

ティベリウス・センプローニウス・
グラックス
（紀元前210年ごろ～150年ごろ）

グナエウス・セルウィリウス・カエピオ
（紀元前181年ごろ～112年）

ティベリウス・グラックス
（紀元前163年ごろ～133年）

ガイウス・グラックス
（紀元前153年ごろ～121年）

マルクス・アエミリウス・スカウロス
（紀元前163年ごろ～89年）

クイントゥス・カエキリウス・メテルス・
ヌミディクス
（紀元前150年ごろ～91年）

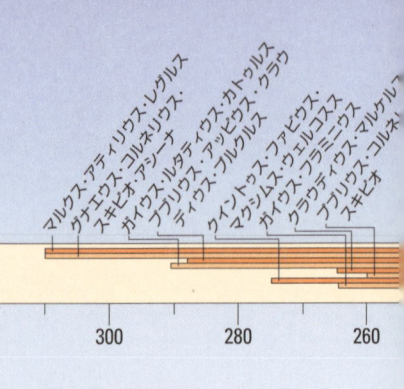

マルクス・アティリウス・レグルス　クラウディウス・マルケルス 　スキピオ・アフリカヌス 　ティトウス・クインティウス・フラミニヌス

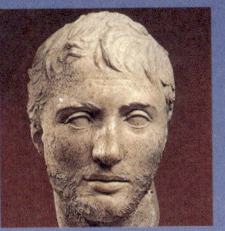

第3章
共和政中期

紀元前264〜100年

　ローマとカルタゴが激突した第１次ポエニ戦争は、20年以上にわたる戦いの末、ようやく終結した。ところが、それから30年も経たないうちに、勝者ローマと復興しつつあったカルタゴのあいだでふたたび戦争が勃発する。この戦争でカルタゴ軍を指揮したのが、名将ハンニバルである。16年にわたる戦いののち、ローマは再度カルタゴをやぶったが、犠牲者の数は数十万人にのぼり、イタリア半島の農村部はほぼ全域にわたり壊滅的な被害を受けた。

　それでもポエニ戦争が終わると、ローマはただちに海外に進出し、やがて地中海全域に領土を拡大していく。勝利を重ねるうちにローマ人は傲慢になり、征服地から流れこむ富のせいで、支配階級はかつての高潔さを失っていった。こうした新たな状況に対処するためには、国家の体制そのものを見直す必要があったが、既得権をもつ人びとは断固として変化を受け入れようとしなかった。

　共和政は絶頂期をむかえ、地中海の東端から西端にまでいたる広大な地域がローマの支配下に入った。ポリュビオスら歴史家たちも、大帝国を築き、それを統治しつづけるローマの政治家の手腕を高く評価していた。しかし、このころにはすでに、共和政ローマの致命的な欠陥が姿を現し始めていた。そしてローマの偉大なる成功物語は、まもなく大きな転機をむかえることになる。

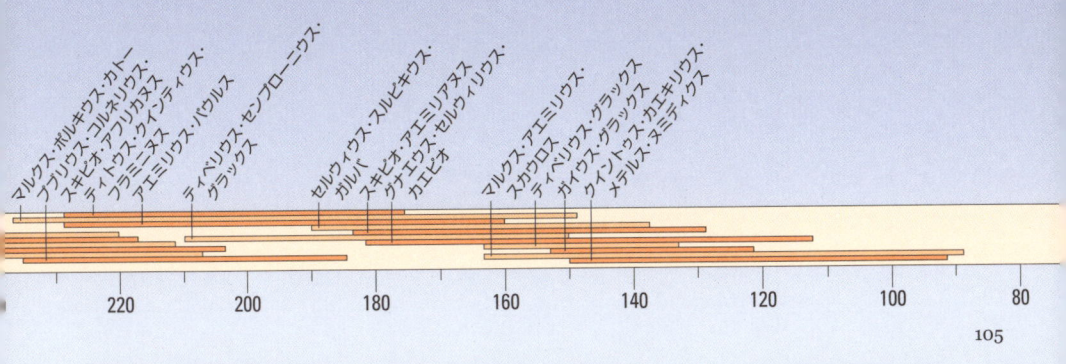

第3章 共和政中期

マルクス・アティリウス・レグルス
紀元前310年ごろ～250年ごろ

グナエウス・コルネリウス・スキピオ・アシーナ
紀元前310年ごろ～245年ごろ

ププリウス・アッピウス・クラウディウス・プルクルス
紀元前288年ごろ～247年

ガイウス・ルタティウス・カトゥルス
紀元前291年ごろ～220年ごろ

↑レグルス——彼にまつわるエピソードは、ローマの貴族に求められた「自己犠牲の精神」を象徴する物語である。紀元前3世紀のローマの貴族は、個人の利益よりも国益を重んじる傾向があった。

マルクス・アティリウス・レグルス	
生年	前310年ごろ
有名な祖先	なし
母	不明
父	不明
地位	執政官、前267年、256年
業績	第1次ポエニ戦争で勝利
子供 息子	M・アティリウス・レグルス
没年と死因	前250年ごろ、獄中で死亡

マルクス・アティリウス・レグルス

「私の行く手に、破滅が待ちかまえていることは百も承知だ。私の忠告を、カルタゴ人の耳に入れずにおくことはできないのだから。しかし、それでも私はわが身の安全よりも、公共の利益を優先する。『それではなぜ逃げないのですか、あるいはここにとどまらないのですか?』とたずねる人がいれば、こう答えよう。私は彼らに戻ってくると約束した。たとえその誓いが敵に対してなされたものであれ、私はそれをやぶるつもりはない。私がそうした姿勢をつらぬくのには、さまざまな理由があるが、最大の

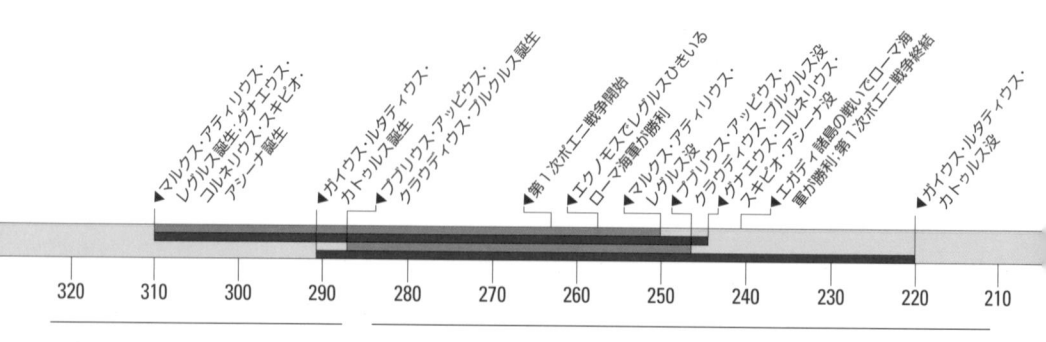

▼マルクス・アティリウス・レグルス誕生、グナエウス・コルネリウス・スキピオ・アシーナ誕生
▼ガイウス・ルタティウス・カトゥルス誕生
▼ププリウス・アッピウス・クラウディウス・プルクルス誕生
▼第1次ポエニ戦争開始
▼エクノモスでレグルスひきいるローマ海軍が勝利
▼マルクス・アティリウス・レグルス没
▼ププリウス・アッピウス・クラウディウス・プルクルス没
▼グナエウス・コルネリウス・スキピオ・アシーナ没
▼エガティ諸島の戦いでローマ海軍が勝利、第1次ポエニ戦争終結
▼ガイウス・ルタティウス・カトゥルス没

320　310　300　290　280　270　260　250　240　230　220　210

106

理由はこういうことだ。誓いを守れば困難におちいるのは私ひとりですむ。しかし、もし私が誓いをやぶれば、ローマ全体が巻きこまれることになるだろう」

レグルスの演説
ゾナラスによる引用

レグルスの物語は、ローマの伝承のなかでもっとも感動的なもののひとつとされる。しかしそれは同時に、もっとも信憑性の低い物語でもある。

伝承

　伝承によると、レグルスは第1次ポエニ戦争中に執政官をつとめ、軍団をひきいて北アフリカに遠征した。ところがローマ軍は粉砕され、レグルスは敵に捕らえられた。カルタゴ政府はローマ市民がすっかり怖じ気づいたものと判断し、ふたつの条件をつけてレグルスをローマに送り返した。ひとつは、レグルスがカルタゴの提示する講和条件を受け入れるようローマ市民を説得すること。もうひとつは、もしローマがこれを拒否した場合、レグルスがカルタゴに戻ることだった。

　カルタゴ政府の予想どおり、ローマ市民の士気は低下していた。そのため、カルタゴ側の条件はローマにとってかなり不利

⇨『カルタゴに出発するレグルス』（バジュ作、1793年）——レグルスがカルタゴに戻って処刑されたという話はおそらく作り話だが、カルタゴ人が拷問を行なっていたことはまちがいない。また、敗北した司令官は磔になることもあった。

なものだったが、元老院は受け入れる方向に傾いた。ところが驚いたことに、そのときレグルス本人が演壇に立ち、ローマは戦いぬくべきであると訴えた。ローマ市民はレグルスの勇気ある行動と熱弁に発奮し、それまで以上に果敢に戦い、ついにカルタゴを下した。しかし、レグルスは大きな犠牲を強いられた。約束どおりカルタゴに戻り、残忍な拷問の末に殺されてしまったのである……。

この物語はローマ史上もっとも名高いエピソードのひとつだが、おそらくローマ側の政治的宣伝（プロパガンダ）のために作られたものだと思われる。

実像

もっとも、レグルス自身は実在の人物だった。アティリウス家（名門とまではいえないが、有名な一族だった）に生まれたこのレグルスの情報を伝えてくれるのが、ローマ最初期の歴史家ポリュビオスの著作である。現存するポリュビオスの著作は、このころから伝説の域を離れて歴史に移行し始めている。カピトリウムの「ファスティ（公職暦表）」にも、レグルスの祖先が紀元前335年の執政官であったことが記されている。

⇧⇩硬貨をつくる職人と、紀元前4〜3世紀の硬貨──ローマでは、紀元前4世紀後半にようやく本物の硬貨が流通しはじめたが、その背景にはイタリア南部のギリシア諸都市との交流があったとされる。

レグルスはローマがイタリア支配を固めつつあった紀元前267年に執政官をつとめ、サベリー人をやぶって、ブルンディシウム（現ブリンディシ）港を占領した。一方、古くから地中海西部を勢力圏としてきたカルタゴは、そうしたローマの成長に警戒心をつのらせていた。その結果、紀元前264年に第1次ポエニ戦争（〜紀元前241年）が勃発し、ローマは経験豊かな司令官を求めて、紀元前256年の執政官にレグルスを再選した（「ポエニ」とは、カルタゴを建設した「フェニキア人」を意味するラテン語）。

レグルスは同僚の執政官マンリウス・ウォルソ・ロングスとともに、14万の兵士と330の軍船をひきいて北アフリカをめざした。一方、カルタゴはこの時点で自軍の勝利を確信していた。軍船の数こそ同じだったが、カルタゴ船の方が速度が速く、船員の数も上まわ

共和政期のローマ軍

　カルタゴと戦ったローマ軍は、帝政期のローマ軍とは根本的に異なった軍隊だった。第一に、ポエニ戦争時のローマ軍は、徴兵された兵士たちを主体とする市民軍だった。職業軍人とは違って、彼らの大半は農民であり、戦争が終われば家族のもとに帰って、ふたたび農業に従事した。

　貴族は騎兵隊を構成したが、当時の騎兵隊の働きはかぎられたものだった。鐙(あぶみ)がまだ考案されていなかったため、騎兵たちは腿(もも)の部分で馬をしめて乗っていたのだが、その状態では武器をうまくあつかうことができなかったからである。さらに、馬が敵軍の槍の列に突っこむのを嫌がったため、優秀な騎兵隊でも歩兵の隊列を破ることはできなかった。騎兵隊がもっとも力を発揮したのは、散開隊形をとる歩兵隊や、軽装の歩兵隊に対して、あるいは敵軍の退却時などに限られていた。

　ローマ軍の主力である重装歩兵は、高度に組織された密集隊形を組んで戦った。レグルスの兵士たちは、帝政期の「ロブスター型」の鎧ではなく、鎖帷子(くさりかたびら)を着用していた。共和政期の兜(かぶと)の方が縦長で、角度が急だったのは、大柄なケルト兵が振り下ろす刀をそらして、分厚い鎧の肩で受けとめるためだった。兵士たちは楕円形の盾で身を守り、重い投げ槍をたずさえていた。

　戦闘隊形の第1戦列には初めて遠征に従軍する元気旺盛な若者たち（ハスターリ）、第2戦列に戦争の経験者（プリンキペス）、最後尾の第3戦列にベテラン兵（トリアーリ）が配された。ベテラン兵たちは戦闘が始まってもすぐには戦わなかった。前の2列が敵に押されて後退してきたときに、長い槍で障壁をつくって、その背後に兵士たちをかくまうのが彼らの役割だった。その結果、この種の部隊がローマ軍から消えたあとも長らく、難局を意味する「トリアーリの出番」という表現がもちいられることになった。

　軽装歩兵と小競り合い用の戦闘員は、同盟市からの提供に頼っていた。ローマは同盟市とのあいだで個別に、提供を受ける軍団の数と内容をとり決めていた。貧しい都市の兵士は投石器や弓矢で戦い、豊かな都市の兵士はローマ人と同様の武器と装備を用意した。同盟市から提供される兵士は、ローマ軍全体の3分の1から2分の1を占めていた。

　執政官は通常、約1万6000人からなる2個軍団と、同盟市から提供される援軍をひきいて戦った。これに非戦闘従軍者を加えて遠征をつづけるには、物資の調達にたえず頭を悩ませねばならなかった。また、兵士たちを戦場にとどめることができるのは、通常は夏期にかぎられていた。

⇦共和政期の典型的な兜——大半は鉄製だったが、青銅製のものもあった。頭頂部にある突起は羽根飾りをつけるためのもの。ひさしに似た部分（後頭部）は、首を保護するためのものだった。

⇦ドミティウス・アエノバルブスの祭壇に描かれたローマ兵——羽根飾りをつけた兜と、鎖帷子を着用し、中央に縦長の突起のある盾をもっている。いずれもポエニ戦争時からカエサルの時代まで、ローマ兵が身につけていた装備である。

⇨ワシの軍旗をもって戦いにのぞむローマ兵。

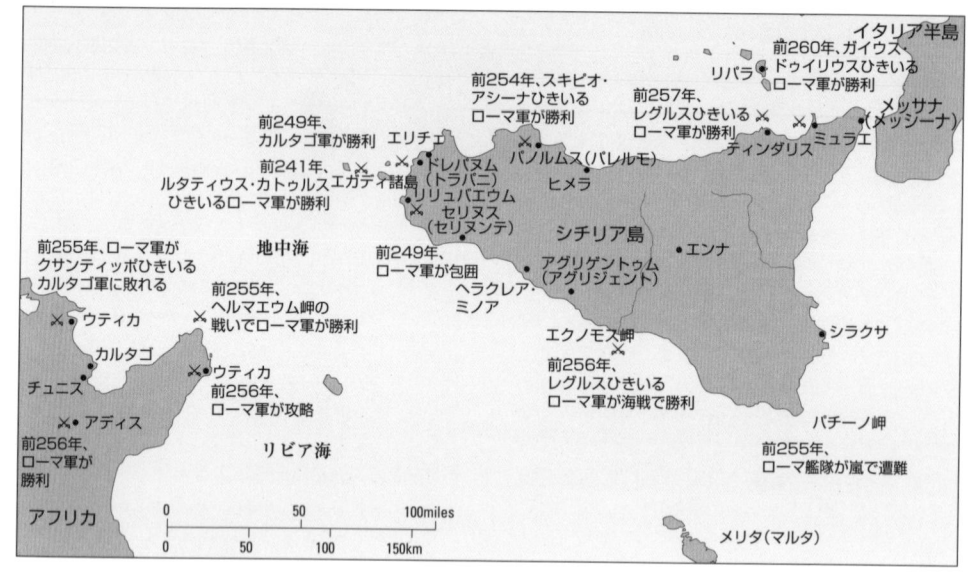

⇧第1次ポエニ戦争の戦場となった、シチリアと北アフリカの主要都市——アフリカの戦場はレグルスの遠征時のもの。シチリアの戦場はローマ軍がカルタゴ軍を攻撃した場所。シチリアの内陸部で大きな戦闘が起こらなかったことからも、第1次ポエニ戦争はローマが初めて海戦にのぞんだ戦争であったことがわかる。

っていたからである。

「カラス」

　両艦隊はシチリア沖のエクノモスで激突したが、戦いを制したのは秘密兵器「カラス」（⇨p.121図版）を積んだローマ艦隊だった。その後、ローマ艦隊は北アフリカに到着し、ただちに攻撃を開始して、敵の援軍が来る前にアスピスの町を攻略した。

　この時点でロングスはローマから帰国命令を受け、艦隊とともに引きあげた。一方、北アフリカに残ったレグルス軍はアディスでカルタゴの援軍をやぶり、付近の村々を略奪しながらチュニスに向けて進軍した。

敗北

　ここまで連戦連勝だったレグルスは、執政官の任期が終了する前にもうひとつ大きな勝利をあげたいと考え、カルタゴに過酷な条件をつきつけて降伏をせまった。このときレグルスが提示した条件とは、カルタゴ側にローマ人捕虜全員の解放を求める一方、カルタゴ人捕虜については身代金を要求するというき

わめて不平等なものだった。さらに、カルタゴに賠償金の支払いを求めたほか、一隻を残してすべての船を放棄することと、ローマが必要とするときに合計50隻の船を建造することを約束させようとした。

　カルタゴ政府は憤慨して講和を拒絶した。同時に、従来のような司令官では経験豊かなローマ軍司令官に太刀打ちできないと判断し、スパルタ人のクサンティッポを雇い入れた。カルタゴ軍がそれまで活用してこなかった騎兵隊と象部隊に注目したのが、このクサンティッポだった。紀元前255年、カルタゴ軍はローマ軍を粉砕し、レグルスと逃げ遅れた兵士たちを捕虜にした。ローマ政府は逃げのびた兵士たちを救うために艦隊を派遣したが、シチリア沖で嵐にあい、執政官マルクス・アエミリウス・パウルスのひきいた264隻のうち、184隻が難破して、数千人が命を落とした。ポリュビオスはこの事故をローマ海軍史上、最大の惨事と記している。

　レグルスに関するポリュビオスの記述は、ここで終わっている。レグルスがローマに帰還したとも、すすんで犠牲になったとも記されていない。ただし、捕虜となったレグルスがカルタゴで病死したことを示唆する記述が残されている。さらに、シチリアの歴史家ディオドロスによると、レグルスの妻が夫の復讐のために、カルタゴ人の捕虜2人を拷問の末、殺害したという。

　レグルス伝説は、あるいはこの妻の野蛮な行為を正当化するためにつくられたものなのかもしれない。戦闘では両軍ともに残忍さを発揮したが、レグルス個人の物語に関するかぎり、カルタゴは濡れ衣をきせられたようである。

グナエウス・コルネリウス・スキピオ・アシーナ

「執政官だった彼が、カルタゴ軍の捕虜になるなどと誰が考えただろうか。さらに彼が、捕虜の身から最高司令官の地位に返り咲くなどと考えた人がいただろうか。とにかく彼は執政官から捕虜となり、そして捕虜からふたたび執政官となったのである」
　　　　　　　　　　　　　　　ウァレリウス・マクシムス著『名士伝』

第3章 共和政中期

グナエウス・コルネリウス・スキピオ	
生年	310年ごろ
有名な祖先	スキピオ・バルバトゥス（叔父？）
母	不明
父	不明
地位	執政官、前260年、254年 属州総督、前253年
業績	凱旋司令官
子供 息子	プブリウス
没年と死因	前245年ごろ

「アシーナ（ロバ）」と呼ばれたグナエウス・コルネリウス・スキピオが活躍した時期は、前述のレグルスが活躍した時期とほぼ一致する。以下に紹介する出来事の前半は第1次ポエニ戦争の初期に起こり、後半はレグルスの死後に起こった。

海戦

ローマは第1次ポエニ戦争が始まるまで、イタリア半島内でのみ勢力を拡大していたため、海戦というものをほとんど経験していなかった。しかしそのローマも、地中海をはさんで向かいあう強国カルタゴと、ついに対決するときが訪れた。決戦の舞台は、地中海に浮かぶシチリア島だった。

このとき幸運の女神はローマに味方したようだ。半島からシチリアに渡るローマ軍を妨害しようとしたカルタゴの軍船が、座礁してしまったのである。ローマ側はこの船を捕獲することで、カルタゴの高度な造船技術を手に入れることに成功した。そしてカルタゴ船を模倣して、ローマ史上初の艦隊を建設したのである。艦隊の司令官には、紀元前260年の執政官であり、軍人一家として急速に名声を高めつつあったスキピオ家のグナエウスが就任した。

スキピオは艦隊がまだ完成しないうちから訓練を開始した。建造中の船の前で、兵士たちがベンチに座り、船を漕ぐ練習をした。それまでローマは漕ぎ手を上下3段に配した3段オールのガレー船より大きな船をもったことがなかったが、新しい船の多くは5段式のガレー船だった。

こうして完成した艦隊は、シチリアめざして意気揚々と出発した。しかし、200隻の軍船と数千人の兵士を動かすには、莫大な量の物資が必要である。スキピオは兵たん部を設置するために、17隻からなる先遣隊をひきいてメッサナ（現メッシナ）に向かった。

チャンス到来

シチリア北岸の沖合にリパラという島がある。この島の町リ

⇧紀元前38〜36年につくられたQ・ナシディウスの銀貨——海戦にのぞむ4隻のガレー船が描かれている。船首の下から突き出ている船嘴は、敵船の船腹を突き破るためにとりつけられたもの。ローマ海軍の最大の敵はカルタゴ軍ではなく天候であり、嵐で失った船の数は戦闘で失った船の数をはるかに上まわっていた。

パラ（現リパリ）の守備隊は手薄であり、うまく働きかければローマ側に寝返る可能性があるとの情報が、メッサナにいるスキピオのもとに届いた。リパラ周辺はカルタゴの勢力圏だった。

スキピオは17隻をひきいてただちにリパラに向かい、伝えられたとおりの状況を目にした。ところが、彼の耳に入っていないことがあった。シチリア北岸のパノルムス（現パレルモ）の基地に、約150隻からなるカルタゴの主力艦隊が駐屯していたのである。

カルタゴ艦隊の司令官ハンニバル（これはカルタゴ人によくある名前で、有名なハンニバルとは別人）はスキピオの意図をさぐるため、まず20隻をリパラに向かわせた。意図的であったかどうかはわからないが、20隻は夜間のうちにリパラに到着し、翌朝ローマ兵が目覚めたときには、港はすでにカルタゴの艦隊によって封鎖されていた。にわか訓練を受けただけのローマ兵はパニックにおちいり、まったく抵抗できなかった。島内に逃げた兵士もいたが、多くはカルタゴ軍に捕らえられた。ポリュビオスによると、スキピオも捕らえられ、兵士たちと同じくらいパニックにおちいっていたという。

のちの言い伝えによると、スキピオはカルタゴ側と交渉にのぞんだところを、だまされて捕らえられたとされる。しかし、この出来事のあとに「アシーナ（「ロバ」つまり「ばか」の意）」という名で呼ばれたことを考えても、その言い伝えは信憑性が低い。男性形のアシヌスではなく、女性形のアシーナをもちいた点にも、当時のローマ市民の怒りを推しはかることができる。

しかし、つづいて起こった出来事はスキピオの気もちを多少なりとも慰めたにちがいない。ハンニバルは残りのローマ軍の所在をたしかめるために、軍船50隻をひきいて海岸沿いに進んだ。そして岬をまわったところでローマ艦隊に遭遇し、50隻の大半を失った。ハンニバル自身もあやうく命を落とすところだった。

⇧広場に建てられたガイウス・ドゥイリウスの凱旋記念柱の復元図（19世紀の図）──捕獲されたカルタゴ船の舳先が柱にとりつけられている。スキピオ・アシーナがカルタゴに捕らえられたあと、ローマ軍を指揮したのがガイウス・ドゥイリウスだった。彼は「カラス」を考案し、紀元前260年のミュラエの海戦でローマ軍を勝利にみちびいたとされる。

名誉挽回

大失策をしでかしたアシーナだが、スキピオ家の人気には影響しなかった。その証拠に、翌年度の執政官に選ばれたのも、同じスキピオ家の人物——スキピオ・スカプラの息子——だった。スキピオ・アシーナは数年のうちにカルタゴ人捕虜との交換、あるいは身代金の支払いのいずれかによって解放された。そのころレグルス軍の生き残り兵を救出するために、北アフリカに艦隊が派遣されたが、帰国の途上で嵐に遭い、数百の船が沈没して数千人が亡くなった。この惨事のあと、先の失策で評判が落ちていたにもかかわらず、アシーナが紀元前254年の執政官に選出されている。

ローマ人の特徴は、容易に屈しないことだといわれている。この海難事故のあとも、その偉大なる特徴を発揮して新しい軍船を220隻も建造し、アシーナともうひとりの執政官に指揮を任せた。ローマの人びとはアシーナが今度こそ実力を証明すると考えたのかもしれない。

実際、アシーナはその実力を証明してみせた。兵士を上陸させてパノルムスを包囲し、絵に描いたような攻城戦を展開して、ただちに町の砦のひとつを破壊し、新市街と呼ばれた地区を占領したのである。パノルムスの町は、すべての要塞を崩されて降伏した。こうしてスキピオは名誉を挽回したが、アシーナという渾名は生涯、いや2000年後の今日まで消えることはなかった。

プブリウス・アッピウス・クラウディウス・プルクルス

生年	前288年ごろ
有名な祖先	アッピウス・クラウディウス・デケンウィリ
母	不明
父	アッピウス・クラウディウス・カエクス
地位	執政官、前249年
業績	ローマ艦隊を失う
子供 息子	アッピウス、クラウディウス（執政官、前212年）
没年と死因	前247年ごろ、おそらく自殺

プブリウス・アッピウス・クラウディウス・プルクルス

「アッピウス・クラウディウスは、宗教と国家のどちらをより強く侮辱したのか、私にはわからない。前者については古くからの習慣をおろそかにし、後者については立派な艦隊を失ってしまったのだから」

ウァレリウス・マクシムス著『名士伝』

ローマ海軍は、それまで地中海の覇者だったカルタゴ海軍に対し、互角の戦いをつづけるという大健闘を見せていた。しかし、もちろんおびただしい数の犠牲者も出し、船員の経験不足から艦隊をまるごと失ったこともあった。

ローマ海軍の惨事

　なかでも古代ローマ最悪の海難事故を引き起こしたとされるのが、レグルスのところで紹介したマルクス・アエミリウス・パウルス（⇨p.111）である。パウルスひきいるローマ艦隊は、レグルス軍の残存兵を乗せて北アフリカから帰還する途中に、専門家の忠告を無視してシチリア沖の風下の海岸を航行し、嵐に見まわれた。スキピオ・アシーナが起こした大惨事もすでに紹介したとおりだが、もうひとりローマ海軍に大惨事をもたらしたのが、ププリウス・アッピウス・クラウディウス・プルクルスだった。

　クラウディウス一族を代表する大政治家アッピウス・クラウディウス・カエクスには、3人の息子と5人の娘がいたとされる。その次男がププリウスであり、「ハンサム」を意味する「プルクルス」という渾名（あだな）をあたえられた最初の人物だった。

　名門クラウディウス家に生まれたププリウスは、出世コースを順調にのぼりつめていった。兄も弟も執政官を経験し、ププリウス自身も第1次ポエニ戦争中の紀元前249年に執政官となった。そのころローマ軍はリリバエム（現マルサラ）にあるカルタゴの海軍基地を包囲中だったが、この包囲戦で多数の犠牲者が出たため、ププリウスは人員不足のうえに安全航行に不安のある艦隊を引きつぎ、その再建にあたることになった。

　リリバエムの北方30キロに、カルタゴが支配するもうひとつの町ドレパヌム（現トラパニ）がある。ププリウスは約4万人からなる艦隊をひきいて、夜間にドレパヌムに向けて出発した。明け方にドレパヌム港に着いて、ローマ艦隊が補強したことを敵に知られる前に、攻撃に移る計画だった。ところがここでププリウスは、いかにも彼らしい行動をとった。脱落船がでないよう見張るために、みずからが乗船する旗艦を先頭ではな

⇨シチリアの港町トラパニ（古代名ドレパヌム）——この地でローマ軍が、カルタゴ軍に屈辱的な敗北を喫した。トラパニは現在も港町としてにぎわっているが、海岸線が変わったため古代の港はほとんど名残をとどめていない。

く最後尾につけたのである。

凶兆

　古代ローマには戦いの前に神意をたずねる習慣があり、このときも聖なるニワトリがもちいて占いが行なわれた。ニワトリにエサをやり、勢いよく食べれば、神々の加護があると考えられたのである。このときニワトリはまったくエサを食べようとしなかったが、ププリウスには作戦を変更する気などなかったため、エサを食べなかったと聞くと、それなら水を飲ませろといっただけだった。結局このニワトリは海に投げこまれ、ドレパヌムの戦いにおける最初の犠牲者となった。

　カルタゴ軍の司令官はアドゥヘルバルという非常に有能な人物だった。アドゥヘルバルはローマ艦隊が接近中と聞くと、ただちに自軍の艦隊を港の外に出撃させた。ププリウスは艦隊の最後尾にいたため敵の動きに気づかず、ローマ艦隊は適切な指揮を欠いて自滅してしまった。先に港に入った船が引き返し始めたのに、後続の船も次々に港に入りつづけ、いたるところで味方の船同士が衝突して、オールが折れる大混乱となったのである。

　さらに、ローマ軍が岸を背にして身動きがとれなくなったと

ころで、港の外からカルタゴ艦隊が攻め寄せてきた。混乱のうちに始まった戦闘は大惨事となって終結した。のちに、ある海軍司令官はこう語ったという。「あの不運なニワトリは、執政官の能力をよく知っていたのだろう」

無能の代償

　結局、ローマは120隻の軍船のうち93隻を失った。ププリウスは生きのびて、ローマに召還された。彼はこの大惨事にも動じていないように見えたが、ローマ市民は独裁官の擁立を求めた。このときププリウスはクラウディウス一族の男らしく、なんとも傲慢な行動に出た。執政官の立場を利用して、自分の元奴隷の息子であるクラウディウス・グリキアを独裁官にしようとしたのである。

　これには市民も怒りを爆発させ、謀反の罪でププリウスを告発した。謀反は無能による国事犯を問う罪名だが、冒瀆という意味合いも含まれていた。このとき死刑になる可能性もあったププリウスだが、どうやら罰金刑で事なきをえたようである。突然の雷雨のため、裁判が延期になったという説もある（ローマの主神ユピテルは雷神でもあったため、ローマ人は雷をユピテルのお告げと考えていた）。

　裁判が再開する前に（あるいは再開した直後に）、ププリウスは亡くなった。自殺の可能性が高いとされる。ところが、ププリウスは死後も妹のクラウディアをとおして、ローマ史にさらなるエピソードを残すことになった。それはププリウスの死から数年後の出来事だった。クラウディアはある競技を観戦した帰りに、群衆のせいで道が渋滞していることに苛立ち、大声でこういった。「ププリウスが生きていて、もうひとつ艦隊を失ってくれたらいいのに。平民たちの数をもっと減らす必要があるわ」

　このとんでもない発言のせいで、クラウディアも兄と同じく重い罰金を科されることになった。

ガイウス・ルタティウス・カトゥルス

ガイウス・ルタティウス・カトゥルス	
生年	前291年ごろ
有名な祖先	なし
母	不明
父	不明
地位	執政官、前242年
業績	凱旋司令官；第1次ポエニ戦争を終結させる
子供 息子	ルタティウス・カトゥルス（執政官、前220年）
没年	前220年ごろ

「ルタティウスは遠征の最大の目的を、一時たりとも忘れることはなかった。戦争を終結させるためには、どうしても海戦に勝つ必要がある。そこで彼は休む間もなく兵士たちを訓練した。戦闘にそなえて毎日、訓練と予行演習がくり返され、漕ぎ手たちも日々体を鍛え、演習に励んだ。こうして兵士たちは短期間のうちに、競技会への出場選手に匹敵するほどの腕前になった」

ポリュビオス著『世界史』

　紀元前242年、ルタティウス一族から初めて執政官が誕生した。その人物、ガイウス・ルタティウス・カトゥルスの「カトゥルス」という名前は、一説によると英語の「コーション」と共通の語根をもち、知恵、用心、賢明さを意味する。もしそれが事実なら、「カトゥルス」はたしかに彼にふさわしい名前だったといえる。

新艦隊

　紀元前242年は、第1次ポエニ戦争が始まってから22年目にあたる年だった。ププリウス・アッピウス・クラウディウスが海戦で敗北したあと、ローマは新たな艦隊を建造したが、それも嵐にあい、粉々に破壊された。度重なる大惨事にローマ人の不屈の精神もついにくじけ、制海権をあきらめて、シチリアでの陸上戦に全力を投入していた。

　しかし紀元前242年には、ふたたび海戦にのぞむ体制が整った。艦隊を指揮するのは執政官である。その執政官に就任したところをみると、カトゥルスが海戦を主張した人物のひとりであったことはまちがいない。そもそも彼が執政官に当選したのも、他の候補者たちが海戦で命を落とすことを恐れて、立候補を見あわせたからかもしれない。ちなみに、カトゥルスとともに執政官に選ばれたアルビヌスはマルス神の神官だったため、ローマを離れることができなかった。

　長びく戦争で国庫はとぼしくなっており、新たな艦隊はロー

⇧紀元前63年〜62年ごろにつくられたC・コンシディヌス・ノニアヌスの硬貨——描かれているのは、おそらくシチリアのエリチェにあるウェヌス神殿。この神殿は1930年代に発掘された。同名の山の近くにあるエリチェの町は、第1次ポエニ戦争中にカルタゴ軍によって破壊された。

マの貴族たちが資金を提供して完成にこぎつけた。カトゥルスはその年の法務官であるウァレリウス一族のファルトとともに艦隊をひきいてシチリアに急行した。そのころシチリア駐留のローマ軍は、いまなおカルタゴの支配下にある3つの地域——ドレパヌム、リリバエウム、エリチェ山の要塞——を攻撃中だった。エリチェ山の要塞を守るのは、ハミルカル・バルカという優秀なカルタゴの司令官である。カルタゴ軍は海上ルートで補給を受けていたため、カトゥルスはただちに港の封鎖にとりかかったが、みずから戦闘に参加したところ、脚に重傷を負ってしまった。

　カトゥルスの傷が回復するまで戦闘は休止となった。カトゥルスが動けなくては艦隊を動かせないし、水兵を陸上の包囲戦に投入して危険にさらすつもりはなかったからである。そこでカトゥルスは、ふたたびカルタゴ軍と衝突したとき対等に戦えるようにするため、この機会を利用して兵士たちを徹底的に訓練することにした。その結果、ローマ兵は敵と対等どころか、それ以上の戦いぶりを見せるようになったのである。

カルタゴ艦隊

　ローマ艦隊復活の知らせを受けて、本国カルタゴは大騒ぎとなった。海戦はすでに決着したものと考えられていたため、カルタゴ海軍は乗組員の任を解き、軍船も退役させていたからである。今度はカルタゴの方が、全力をあげて新しい艦隊を建造する事態となった。

　やがて司令官ハンノのひきいる新艦隊が、ローマ軍に包囲された味方に物資を届けるため、シチリアに向けて出発した。ハンノはカトゥルスの目を盗んで目的地に到着し、補給物資を降ろして、ハミルカル・バルカからベテラン海兵の一部を譲り受けるつもりだった。しかし、クラウディウスとちがって情報収集にすぐれていたカトゥルスは、リリバエウムの近くのアエガテス（アエグサ）でカルタゴ艦隊に追いついた。ところがその日、紀元前241年3月10日は、海が荒れていたため、カトゥルスはむずかしい選択をせまられることになった。カルタゴ艦

ローマ人と死

　古代社会に共通する傾向だが、ローマでも、死は老人よりも若年者にとって重大な問題だった。なぜなら40歳から60歳のあいだのローマ人の死亡率は、20世紀の同年代の人びとの死亡率とほとんど変わらなかったようだが、一方、赤ん坊と子供の死亡率は、病気や事故、その他の原因にとり、きわめて高かったからである。乳幼児の死亡率を計算すると、古代ローマではひとりの女性が子供を6人生まなくては、人口を維持できなかったことになる。

　幼児はかなり頻繁に死亡したため、現代人の目には無神経と思える形で遺体が処理されていた。一方、成人の葬式はおごそかに畏敬の念をこめてとり行なわれた。死は家族に穢れをもたらすと考えられたため、清めの儀式が行なわれた。

　遺体は死後約1週間が過ぎてから埋葬された。共和政初期には土葬が一般的だったが、後期になると火葬が主流となった。何事にも保守的なコルネリウス家は、遅くまで土葬をつづけたが、それでも紀元前78年以降は火葬を採用している。

　いつ始まったのかは定かでないが、共和政後期には葬儀の場で追悼演説が行なわれるようになっていた（共和政期の埋葬跡が見つからないことから、当時の葬儀は簡単なものだったと推測されている）。一家の年長者による追悼演説が終わると、葬列が城門に向けて出発した。

　城内に埋葬が認められることは滅多になく、ほとんどの墓が城外の道路沿いにつくられていた。ひとつの

⇩紀元前1世紀の石棺(サルコファガス)に描かれたローマの葬列（アミテルヌム出土）――中央の故人は、宴会で寝椅子にもたれかかっているようなポーズで描かれている。

墓に数世代が埋葬されたとする説もあるが、いずれにしてもローマを訪れる人びとは、生者の町に到着する前に死者の墓のあいだを通りぬけねばならなかった。

　葬列には俳優が加わり、偉大な祖先のマスクと、彼らがついていた公職の服装を身につけて、死者の最後の旅路につきそった。すぐれた功績をあげた人物が亡くなったときは、元老院から蝋(ろう)マスクの制作が認められた。遺族はこのマスクを邸宅の中央大広間に飾り、子孫の模範とした。

　埋葬されなかった死者は落ちつくことができず、生きている人びとに「とりつく」と考えられていた。逆に、ていねいに埋葬された死者は、家族と国家の精神的な支えになるとされた。

ローマ海軍

　ローマ人はもともと海洋民族ではなく、海に出るのは必要にせまられた場合にかぎられていた。古代の航海には危険がつきものだったが、地中海も例外ではなく、変わりやすい風や波のために多くの船が難破した。詩人のホラティウスはアドリア海の嵐を、ギリシア神話に登場するピュラの癲癇(かんしゃく)にたとえていた。どちらも、荒れ狂っているかと思えば、次の瞬間には穏やかになったからだ。ホラティウスも他のローマ人と同様に、「船などというとんでもないもの」には乗りたくないと語っていた。

　それでも航海が避けられない場合があった。イタリアとスペインのあいだは順風なら5日間の船旅だったが、陸路では1カ月以上もかかったし、アフリカへ行くには海上ルートのほかに交通手段がなく、しかも船に乗ればわずか2日で到着したからである。陸の旅は費用がかさんだため、古代の交易はおもに海を舞台にくり広げられた。ローマは比較的早い段階からシチリ

アに穀物を依存し、のちにエジプトからも輸入するようになった。

　船乗りは高度な航海道具がなければ海に出たがらず、小さな商船隊は夜間に接岸した。当時の海には海賊の脅威もあった。クロディウス（⇨p. 282）やユリウス・カエサルなど、海賊に捕らえられた人物を数えるときりがない。

　ローマ海軍の最大の敵は海であり、戦いの前に船が被害を受けてしまうことも多かった。しかし、なんとか無事に航海をつづけて、敵軍に対峙するところまで来れば、ローマ海軍はおおむね善戦した。陸地での戦いに絶対の自信をもっていたローマ人は、船を「海に浮かぶ戦場」とみなすことで、陸戦同様の戦いを展開することができたからである。

　第1次ポエニ戦争中にローマは、この発想をさらに発展させ、「カラス」という兵器を考案した。「カラス」とは、先端に鳥のくちばしのような大きな杭をつけた厚板である（⇨下図版）。ローマ兵は敵船に接近すると、これを相手の船側に倒して両方の船に「橋」をかけ、その上を通って敵船に乗り移り、敵兵に襲いかかったのである。このカラスをもちいた攻撃は大きな戦果をあげたが、やがてローマ軍はカラスの搭載を断念せざるをえなくなる。未熟な操船技術と、「カラス」を積んで船が重くなったことが原因で、悪天候のときなど大きな被害をこうむるようになったからである。

　ローマ艦隊は未熟な航海技術のせいで幾度も難破し、一度に数百の船と数千人の兵士を失ったこともあった。もし伝えられる数字が正しいなら、第1次ポエニ戦争におけるローマ海軍の死亡者数はナポレオン戦争、や第2次世界大戦など、後世のどの海戦の死亡者数をも上まわっている。

　第1次ポエニ戦争が終わると、ローマ軍は海から手を引き、ロドス島などの従属国に地中海の警備を任せるようになった。ところが、ロドス島の艦隊がローマの指示にそむいて破壊されると、多くの乗組員が海賊となってしまった。

　共和政後期になると、ローマはふたたび海に乗りだし、悪天候とセクストゥス・ポンペイウスのせいで幾度か艦隊を失ったものの、紀元前31年にオクタウィアヌス（のちのアウグストゥス帝）がアクティウムの海戦を制して、巨大帝国の支配者となった。この遠征が終わったとき、オクタウィアヌスのもとには約700隻の軍船が残されたが、その大部分は2度と遠征に出ることはなかった。

⇦共和政期の硬貨に描かれたローマの船──古代の船は奴隷ではなく、自由民が漕いでいた。

⇦ポンペイの壁画に描かれた軍船──第1次ポエニ戦争のあと、ローマ世界にはほとんど海戦が起こらず、紀元前31年のアクティウムの海戦のあとは皆無になった。しかしローマの民衆は、長く海戦にロマンをいだきつづけた。

⇦敵船に下ろされた「カラス」の図──戦闘では威力を発揮したが、「カラス」を積んだ船は悪天候の際に不安定になったため、廃止せざるをえなかった。

隊はローマ艦隊の脇を帆走してとおりぬけ、ハミルカルに合流しようとしていた。もし時化（しけ）がおさまるまで待てば、荷を降ろして軽くなり、経験豊かな兵士たちが加わったカルタゴ艦隊と戦うことになる。しかし、もしいま攻撃を開始すれば、敵の海域で強風に巻きこまれるのは目に見えていた。

戦争終結

　カトゥルスは悩んだ末に兵士たちを信じて戦闘を開始した。そしてまもなく彼の決断が正しかったことが証明される。ローマ軍は悪天候のなかで予想をはるかに上まわる力を発揮した。一方、カルタゴ側はどの船も重い荷を積み、未熟な新兵たちの力で北アフリカからシチリアにたどりついたばかりだった。結局、ローマ艦隊はカルタゴ船を50隻沈め、70隻を捕獲した。カトゥルスにとっては、脚の傷のためにウァレリウス・ファルトに指揮権（インペリウム）を渡さねばならなかったことが、唯一悔やまれたにちがいない。

　この敗北でカルタゴの態度が決まった。ハンノは磔（はりつけ）の刑に処せられ、和平交渉のためにカトゥルスのもとに使節が送られた。レグルスとちがってカトゥルスはこの機会を逃さなかった。彼が提示した講和条件は、ローマからの指示でわずかばかりきびしくなったが、カルタゴはその条件を受け入れて降伏した。こうして23年におよんだ第1次ポエニ戦争が、ようやく終結したのである。

　ところが、ローマに帰ると見苦しい争いが始まった。ウァレリウス・ファルトが、実戦で艦隊を指揮した自分こそ勝利の立て役者だと主張したのである。総司令官はカトゥルスであり、彼の入念な準備がなければ勝利はありえなかったのだから、カトゥルスの方が重要な役割をはたしたことはあきらかだった。しかし、ウァレリウスという名前がものをいい、結局2人そろって凱旋式の挙行を認められることになった。

⇩船の舳先（へさき）を描いたカルタゴの石碑——フェニキア人の建設した都市国家カルタゴは、地中海を舞台に幅広く交易を行ない、すぐれた航海術を誇っていた。しかし第1次ポエニ戦争では、海戦でローマ艦隊にやぶれて、敗戦が決定的になった。

　この写真のような石碑は古代世界のいたるところにあり、土地の境界や墓を示したほか、為政者の命令など、公（おおやけ）の通達を伝える手段としてももちいられていた。

↑クラウディウス・マルケルス——彼と同年代のローマ人はみな、生涯をとおしてカルタゴと戦いつづけた。ポエニ戦争は国家にも貴族階級にも、重大な影響をおよぼすことになった。

ガイウス・フラミニウス
紀元前265年ごろ〜217年

プブリウス・コルネリウス・スキピオ
紀元前260年ごろ〜211年

クイントゥス・ファビウス・マクシムス・ウェルコスス
紀元前275〜203年

クラウディウス・マルケルス
紀元前265年ごろ〜208年

ガイウス・フラミニウス

ガイウス・フラミニウス	
生年	前265年ごろ
有名な祖先	なし
母	不明
父	C・フラミニウス
地位	護民官、前232年 法務官、前227年 執政官、前223年、217年 監察官、前220年
業績	凱旋司令官；フラミニア街道とフラミニウス競技場を建設
妻	不明
子供 息子	ガイウス・フラミニウス（執政官、前187年）
没年と死因	前217年、トラシメヌス湖畔の戦いで戦死

「フラミニウスは就任後まもなく子牛を生贄(いけにえ)にした。ところが、ナイフを突き刺された子牛が祭司の手を逃れて走りまわり、周囲にいた人びとに血しぶきを浴びせかけた。そのため、あたりは騒然となった。（略）ほとんどの人はこの出来事を、災(わざわ)いが訪れる予兆と考えた」

リウィウス著『ローマ史』

　古代の歴史家たちによると、ガイウス・フラミニウスはつまらぬ家系に生まれた民衆扇動家であり、ローマに不必要な大敗をもたらした人物とされる。しかし、現代の歴史家たちの解釈はかなり異なっている。今日ではもちろん、名門の出身でなくても恥ではないし、民主主義的傾向があるからといって扇動家

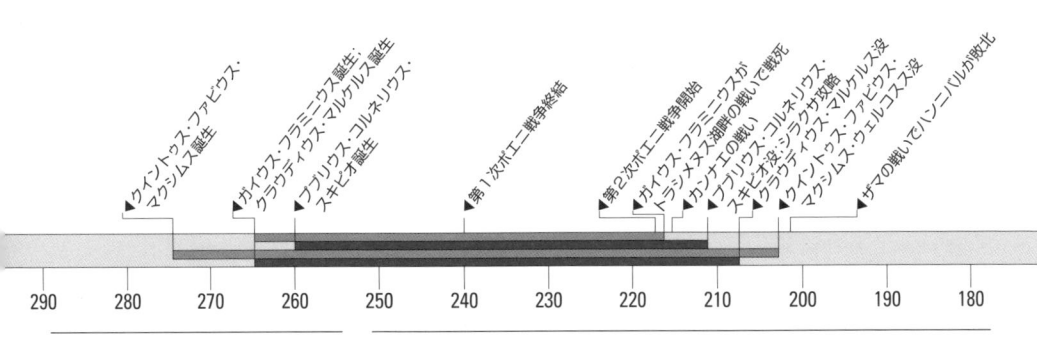

とも見なされない。実際にフラミニウスは政治家としても軍司令官としても有能な人物だった。ハンニバルには敗れたことは事実だが、それは何も彼にかぎったことではなかったのだから。

■民衆のための男

　フラミニウスの名前が初めて記録に登場するのは、紀元前232年である。この年にフラミニウスは護民官に就任し、ケルト人から獲得した土地を平民に分配した。元老院はこの行為に腹を立て、のちのちまでフラミニウスを敵視し、一時は公敵宣言をするという脅しまでかけた。批判の中心となったのは、のちにハンニバルを相手に善戦するクイントゥス・ファビウス・マクシムス（⇨p.130）だった。

　伝承によると、護民官時代のある日、フラミニウスは演壇から群衆に向かって演説をした（この演壇は捕獲した敵の軍船のへさきで飾られていたことから、へさきを意味する「ロストラ」と呼ばれた）。その急進的な内容にフラミニウスの父が驚き、もうそれ以上はやめてくれと懇願したところ、息子は父親の願いを聞き入れ、演説を切りあげたという。

　ローマはシチリアについでサルデーニャも併合したため、それら新たな領土を統治するため、紀元前227年に法務官を2名増員した。この年にフラミニウスは平民の支持に支えられてシチリア担当の法務官に選出され、見事な属州統治を行なった。30年後に彼の息子が按察官（⇨p.13）に就任したときも、シチリアの住民は父親のことをよくおぼえていたという。

■元老院との対立

　紀元前223年、フラミニウスは執政官に就任した。同僚の執政官は名門貴族のカミルス家出身のフリウスという人物だった。カミルス家は代々、有能な軍司令官を輩出したことで知られており、フリウスが執政官に選ばれたのも、そのころローマがケルト人と戦争中だったからだった。歴史家のポリュビオスは、この戦争の原因をフラミニウスが制定した土地法にあるとして

⇧ローマの中央広場（フォルム）にあった「演壇（ロストラ）」を描いたロリウス・パリカヌスの銀貨（紀元前47年ごろ）——側面を船の舳先（ロストラ）で飾ったことから「ロストラ」と呼ばれたこの演壇に立って、ローマの政治家は民衆に語りかけた。そのほか、近くの神殿の階段や元老院の階段から演説を行なう人びともいた。この演壇からアントニウスを弾劾する演説を何度も行なったキケロは、結局アントニウスによって殺害され、その頭と手を演壇にかかげられることになった。

⇧ガイウス・フラミニウスが建設したフラミニア街道——カルスラエの北門から北方をのぞんだところ。ウンブリア地方の主要な遺跡のひとつであるカルスラエには、このフラミニア街道のほかに、保存状態のよい神殿、浴場、円形闘技場が残されている。タキトゥスと小プリニウスも著作のなかでこの町にふれている。

いる。

　2人の執政官は軍団をひきいて戦地に向かったが、フラミニウスに手柄をあげさせたくない元老院は、ある予兆を理由に、執政官をローマに呼び戻さなくてはならないと主張した。しかし、ローマ軍はいままさに重大な戦いに突入するところだった。そこで2人の執政官はローマから届いた手紙の封を切らずに戦闘に突入し、勝利をおさめた。その後、フリウスはただちにローマに戻ったが、フラミニウスはケルト人の土地を破壊したのちにローマに帰還した。プルタルコスによると、このとき市民はいっせいにフラミニウスを批判したとされるが、彼がその後、凱旋式をあげていることを考えると、どうも信じがたい。民衆の支持がなければ、凱旋式を挙行できたはずがないからである。フラミニウスは凱旋式によってみずからの功績を人びとに示したのち、執政官の任期を終えた。

　一説によると、フラミニウスは紀元前221年に独裁官から副官に任命された（その独裁官とはクイントゥス・ファビウス・マクシムスだった可能性がある）。このときも元老院はフラミニウスの副官就任を阻止するために、縁起の悪いネズミが鳴いたという理由で、独裁官の擁立そのものを取り消した。しかし、その後まもなく監察官に選ばれているところを見ると、ローマ政界のなかに、フラミニウスを支援する勢力があったことはまちがいないだろう（スキピオ家の支援があったという説もある）。

　フラミニウスはこの監察官時代に、ふたつの大規模な土木事業を手がけている。ひとつは、キルクス・フラミニウスと名づけられたローマの円形闘技場の建設で、この競技場はその後、数世紀にわたり存在した。もうひとつは、ローマから北方へ伸びるフラミニア街道の建設である。エトルリアとウンブリアをとおり、アルティヌムにいたるこの街道は、現在でもその一部が残っており、実際に歩くこともできる。

　フラミニウスと元老院の対立は、その後もつづいた。紀元前218年にはフラミニウスの強力な後押しにより、元老院議員が所有できる貨物船の数を、2隻までに制限する法律が成立した。

ローマの政治をになう元老院議員が商売上の利害に影響されてはならないというフラミニウスの主張に、元老院議員の実態を知る平民たちはこぞって賛同した。一方、それまでもフラミニウスを嫌っていた元老院議員たちは、いまや彼を完全に憎悪するようになっていた。

トラシメヌス湖畔の戦い

　紀元前217年、フラミニウスは平民の支持に支えられてふたたび執政官に就任したが、今回は正式な就任の日を待たずに遠征に出発した。ぐずぐずしていると、元老院が何か口実を見つけて縁起が悪いと主張し、出発を邪魔するにちがいなかったからである。

　元老院のほかにも、フラミニウスが出発を急いだ理由があった。紀元前218年に第2次ポエニ戦争が勃発して以来、ローマはハンニバルひきいるカルタゴ軍に苦戦を強いられていた。そのためフラミニウスは、前年度の執政官ティベリウス・センプローニウス・ロングス（有名なグラックス兄弟の祖先）から急いで任務を引きつぎ、エトルリア地方を荒しまわるハンニバルに決戦を挑みたいと考えていたのである。しかし、戦闘におい

トラシメヌス湖畔の戦い

　紀元前217年6月21日、執政官フラミニウスのひきいる軍団が、朝霧に包まれたトラシメヌス湖畔にさしかかった。軍団はハンニバル軍を追って、湖と丘のあいだにある狭い道に入った。このときハンニバル軍は、フラミニウスが予想していたよりも近くにいた。

　突然、ハンニバル軍のスペイン兵とアフリカ兵が現れ、ローマ軍の行く手をふさいだ。大急ぎで戦列を整えようとしているところに、ケルト（ガリア）兵が丘から側面になだれこみ、騎兵隊が背後から襲いかかった。フラミニウスは必死に戦列を立て直そうとしたが、軍団はあちこちで分断され、態勢を整える間もなくローマ兵が虐殺されていった。追いこまれて湖に飛びこみ、溺死した兵士たちもいた。丘に逃れて助かった兵士もいたが、軍団の半数以上の約1万5000人が命を落とし、フラミニウスも戦死した。トラシメヌス湖畔の戦いは、古代を代表する伏兵攻撃として知られている。

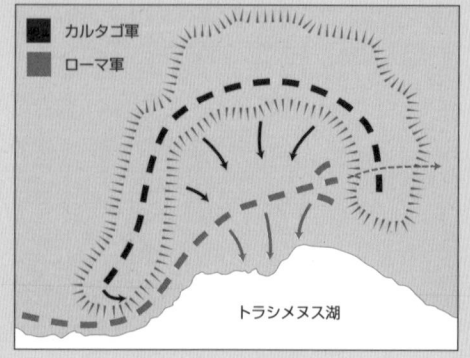

⇦ローマ軍とカルタゴ軍の動き——この図はのちに伝承にもとづいて作成されたものであり、戦闘が起こった正確な位置は特定できない。湖岸線もその後、かなり変化している。

てはハンニバルの方が一枚上手だった。ローマ軍が追ってくることを知ると、カルタゴ軍はトラシメヌス湖畔で待ち伏せる作戦をとった。紀元前217年6月21日の朝、ローマ軍は湖に到着したところをカルタゴ軍に不意打ちされ、逃げ場を失って大敗し、フラミニウスと1万5000人のローマ兵が戦死した。

この敗戦の知らせが届くとローマは大混乱となった。まもなく法務官が演壇(ロストラ)にのぼり、ローマ流のそっけない口調で市民に告げた。「われわれは大規模な戦闘で敗北した」。そしてこのあと、ローマ市民は同様の発表を何度も耳にすることになる。

ププリウス・コルネリウス・スキピオ

ププリウス・コルネリウス・スキピオ	
生年	前260年ごろ
有名な祖先	スキピオ・バルバトゥス(祖父)
母	不明
父	L・コルネリウス・スキピオ
地位	執政官、前218年 属州総督、前216〜211年
業績	イベリア半島でハシュドゥルバルをやぶる
子供 息子	スキピオ・アフリカヌス
没年と死因	前211年、戦死

「彼らは人間の姿をした亡霊だ。アルプスの山中で飢えと寒さと泥と孤独に打ちひしがれ、疲れはて、すっかり衰弱してしまったのだ。霜で体が縮み、吹雪で筋肉が落ち、寒さで手足が凍え、馬もまともに脚が動かず、武器は使いものにならなくなった。(略)これは軍隊ではない、軍隊の残骸だ」

(紀元前218年、ティキヌス川の戦いとトレビアの戦いの前にスキピオが語った言葉) リウィウス著『ローマ史』

ププリウス・スキピオは、クラウディウス・マルケルスと共にケルト人からミラノを奪ったグナエウス・スキピオの兄である。さらに、このププリウスの息子であるスキピオ・アフリカヌスが、のちにハンニバルを倒すことになる。

ハンニバルとの戦い

ププリウス・スキピオが執政官をつとめた紀元前218年に、第2次ポエニ戦争(〜紀元前201年)が始まった。第1次ポエニ戦争の終結後、カルタゴはイベリア半島(スペイン)に進出し、現地の諸部族を征服して、広大な領土を獲得していた。ローマは当初、そのイベリア半島でハンニバルと戦うつもりだった。ところが、イタリア半島の北方でケルト人が蜂起したた

⇧イベリア半島で鋳造されたカルタゴの硬貨——ハンニバルの弟であるマゴーネとハシュドゥルバル・バルカの横顔が描かれている。2人は兄と同じく名将として知られ、カルタゴのイベリア半島征服に貢献した。

め、新兵の徴収に追われ、スキピオの出発は予定より遅れてしまった。

スキピオがローヌ川に到着したとき、ハンニバルはすでに川を渡ったあとだった。そこで、弟のグナエウスにイベリア半島の攻略をまかせ、スキピオはイタリアに引き返すことになった。そしてティキヌス川でハンニバルに追いついたものの、戦闘で負傷を負い、プラケンティア（現ピアチェンツァ）に退却せざるをえなくなった。このときスキピオがカルタゴ軍に捕らえられなかったのは、ひとりの勇敢な兵士に助けられたからだとされる。伝承によると、その勇敢な兵士とは、のちにアフリカヌスと呼ばれることになるスキピオの息子だという（もっともリウィウスは、リグリア人奴隷のひとりだったとしている）。

やがて執政官のティベリウス・センプローニウス・ロングスが、2個軍団をひきいて到着する。センプローニウスはスキピオの忠告を無視し、全4個軍団をひきいてトレビアでカルタゴ軍と戦った。しかし結果は惨敗に終わり、少なくとも兵士の半数が命を落とした。スキピオは負傷中で動けなかったため、指揮をとったセンプローニウスが敗戦の責任の大部分を負わねばならなかった。

スキピオは怪我が回復すると、グナエウスが健闘をつづけるイベリア半島に向かった。そのころまでにグナエウスはエブロ川の河口でカルタゴ海軍に圧勝し、キッサの戦いでもカルタゴ軍をやぶっていた。

スキピオ兄弟

プブリウス・スキピオが到着したことで、イベリア半島における戦争は家族対家族の戦いといった様相を呈するようになった。ローマ側の代表は勇敢さで鳴るスキピオ兄弟、一方のカルタゴ側はハンニバルの義兄ハシュドゥルバルと、弟のマゴーネとハシュドゥルバル・バルカだった（この時期すでにハンニバル自身はイタリアに入っていた）。このころ、ハンニバルの弟のハシュドゥルバル・バルカが、カルタゴの元老院から、イタリアで戦うハンニバル軍に合流するよう命じられる。もしそれ

が実現すれば、イタリア半島で連敗をつづけているローマにとって、さらなる打撃になることはまちがいなかった。

しかし、ハシュドゥルバル・バルカのイタリア行きはスキピオ兄弟の活躍によってはばまれてしまう。紀元前216年あるいは215年にイベラ近郊でローマ軍がハシュドゥルバル軍に圧勝し、敵の野営地を略奪したからである。これで少なくとも当面は、ハンニバルのもとに援軍が駆けつける恐れはなくなった。

次にスキピオ兄弟はイベリア半島の征服に乗りだしたが、こちらの方は思いどおりにはいかなかった。カルタゴが領土を守りぬく体制を整えていたうえ、本国ローマが窮地に追いこまれていたため、じゅうぶんな補給物資が届かなかったからである。悪徳業者がわずかな物資を横領して、本国でスキャンダルとなったこともあった。

こうした悪条件にもかかわらず、スキピオ兄弟はイベリア半島で勝利をあげつづけた。一方、イタリアではハンニバルが快進撃をつづけていたが、スキピオ兄弟の健闘にローマ人も少しは勇気づけられていたようである。経験ではプブリウスよりグナエウスの方がまさったが、どちらも温厚な人柄で、ともに現地住民から親しまれ、協力を得ることができた。そのことは戦略的にも非常に重要な意味をもっていた。長らくイベリア半島を占領してきたカルタゴ軍は、もちろん現地の地理に精通していたが、ローマ軍は現地住民の助けを借りることで、そのカルタゴ軍に対抗することができたのである。

カルタゴの反撃

スキピオ兄弟の奮闘にはばまれて、カルタゴはイベリア半島経由でハンニバルに補給物資を送ることができず、新兵の徴収もままならなくなった。紀元前211年、カルタゴ政府はイベリア半島からローマ軍を一掃するために、ハシュドゥルバル、マゴーネ、ハシュドゥルバル・バルカを司令官とする3軍を編成する。さらに、マッシニッサという名の若い王子が指揮するヌミディア人の騎兵隊も送りこんだ。

一方のローマ軍は、イベリア半島でもっとも獰猛な戦士と恐

⇩スペインのオスナで発見されたケルト・イベリア兵のレリーフ（紀元前4世紀）──ケルト・イベリア人がローマとカルタゴのあいだで、あっちについたり、こっちについたりしたのは、どちらの側もケルト・イベリア人の利益を考えていないことを知っていたからだろう。

れられたケルト・イベリア人を2万人召集した。ププリウスが彼らをひきいてカルタゴ軍と戦う計画だったのである。ところが、ケルト・イベリア兵はカルタゴ側から賄賂をもらうと引きあげてしまった。ププリウスは残りの兵士たちとともにグナエウス軍に合流しようとしたが、兄弟のあいだにカルタゴの3軍が立ちはだかった。カルタゴの軽騎兵隊に悩まされたププリウスは、夜間に行軍して敵の軍団のひとつをやりすごそうとしたが、この捨て身の行軍も失敗に終わり、ププリウスは兵士たちとともに戦死した。グナエウスの軍団も、兵力、機動力ともにカルタゴ軍の敵ではなく、丘の中腹に砦を築いて最後の抵抗を試みたが、まもなく粉砕されてしまった。

　こうしてわずか1カ月のあいだに、ローマは2人の優秀な司令官を失い、イベリア半島を征服する見こみもなくなってしまった。生き残ったローマ兵たちはマルキィウスという有能な騎士を司令官に選び、エブロ川以北をなんとか平定したものの、エブロ川以南ではカルタゴ軍に完敗した。

クイントゥス・ファビウス・マクシムス・ウェルコスス

「ハンニバルは人望の点でも、司令官としての能力においても、ファビウスにかなわないことを悟った。そこでファビウスの人望を傷つける作戦にでた。いたるところで略奪をくり返す一方、ファビウスの土地だけには手を着けなかったのである。これを知ったファビウスは、みずからの土地を国家に寄進した。この高潔な行為によって、ファビウスは同胞から疑惑の目を向けられることなく、名誉を保ちつづけることができたのである」

フロンティヌス著『戦術書』

クイントゥス・ファビウス・マクシムス・ウェルコスス	
生年	前275年
有名な祖先	ファビウス・アンブストゥス、ファビウス・ルリアヌス
母	不明
父	クイントゥス・ファビウス
地位	カルタゴ派遣使節、前218年
	執政官、前233年、228年、215年、214年、209年
	監察官、前230年
	独裁官、前221年、217年
	主任卜占官、最高神祇官
業績	タレントゥム奪還
子供　息子	ファビウス・マクシムス（執政官、前213年）
没年と死因	前203年、老齢

　ローマ最古の名門のひとつであるファビウス一族は、本書のなかにもくり返し登場する。「ファビウス」という名前は「オオカミの猟師」を意味する言葉から来たものとされるが、伝承によるとファビウス一族は、ロムルスの弟レムスからこの名前を授かったという。

ハンニバル

　長いローマの歴史のなかでも、もっとも恐れられた敵将がハンニバルだった。なぜなら他の敵がローマの富や覇権をおびやかしたのに対して、ハンニバルは国家の存続そのものをおびやかしたからである。

　ハンニバルは紀元前247年にハミルカル・バルカの長男として生まれた。ハミルカルは第1次ポエニ戦争で活躍したカルタゴの名将だった。この戦争は23年におよぶ長期戦の末、海戦を制したローマ軍の勝利に終わったが、ハミルカルはその後もローマを恨みつづけ、まだ年若い息子にむかって、何があってもローマと和解しないことを誓わせたという。そしてハンニバルは父が亡くなったあとも、この誓いを忠実に守りつづけたのである。

　第1次ポエニ戦争が終わると、カルタゴはハミルカル・バルカをイベリア半島（スペイン）に派遣して、半島の征服に乗りだした。ハンニバルもまだ少年だったころにイベリア半島に渡り、山岳民との戦争をとおして司令官としての基礎を学んだ。やがて父と義兄が亡くなり、イベリア半島における最高指揮権がハンニバルにあたえられた。ほどなくしてハンニバルは、カルタゴ領の拡大を妨げる最大の敵が、ローマの同盟諸市であることに気づく。紀元前219年、ハンニバルはローマの同盟市であるサグントゥムを攻撃し、8カ月におよぶ包囲戦のすえに陥落させた。

　この攻撃をきっかけに第2次ポエニ戦争が始まった。ハンニバルは敵地での戦いを決意し、軍団をひきいてイベリア半島をあとにした。陸路を東進したハンニバル軍は2週間をかけてアルプスを越え、無事にイタリア半島に侵入した。このハンニバルのアルプス越えは、軍事史上に残る偉業として、現在でも高く評価されている。

　戦いはハンニバル軍の連勝で始まった。紀元前218年、パヴィア近郊のティキヌスで両軍が激突し、つづくトレビアの戦いでは、やや苦戦したものの、ハンニバル軍がふたたび勝利をあげた。その後、ハンニバルはエトルリア地方を荒らしまわり、紀元前217年にはトラシメヌス湖畔で執政官フラミニウスの軍団を待ち伏せて、フラミニウスと1万5000人のローマ兵の命を奪った。

　翌216年、ローマは態勢を立て直して、ふたたびハンニバル軍に挑んだ。2人の執政官がそれぞれ通常より大きな軍団をひきいて、カンナエの戦いにのぞんだのである。しかし、結果は古典的な側面攻撃で戦ったハンニバル軍の勝利だった。ローマはこの戦いで執政官のルキウス・アエミリウス・パウルスを失ったほか、トラシメヌス湖畔の戦いを上まわる損害をこうむった。2000年後に第1次世界大戦が起こるまで、単一の戦いとしては世界最大の戦死者を記録したとされる。

　こうして連戦連勝をつづけたハンニバルだったが、その弱点は戦場の外にあった。本国カルタゴから一向に補給が届かず、ローマの同盟市も期待とは裏腹にほとんど寝返らなかったのである。紀元前211年には、支配下においた南部の主要都市カプアが、ローマ軍の攻撃を受けて奪還されそうな状況に陥る。ハンニバルは軍団をひきいてローマをめざし、カプアを包囲するローマ軍に追走させようとしたが、ローマ軍はカプアの包囲を解かなかった。

　その後、ハンニバルはさらに南に追いこまれた。紀元前207年には、イベリア半島から到着した援軍がメタウルスで惨敗し、弟ハシュドゥルバルが殺されたという衝撃的な知らせが届く。紀元前202年、ハンニバルは北アフリカに上陸したスキピオ・アフリカヌスと戦うために、カルタゴ政府から呼び戻された。そしてついにザマで決戦が行なわれることになり、スキピオ軍がハンニバル軍に勝利した。

　カルタゴの降伏後、ハンニバルは政界に身を転じて、行政府の指導者（スフェズ）となった。莫大な賠償金を支払うために財政改革を行なうなど、国家の再建につとめたが、政敵からローマに謀反を企てているとの嫌疑をかけられ、紀元前195年にシリアのアンティオコス3世のもとに逃れた。5年後にハンニバルはシリア軍をひきいてロドス島の海軍と戦ったが敗れ、同じ年にアンティオコスがローマと和平を結んだため、ハンニバルはふたたび逃亡を余儀なくされた。このときハンニバルが頼ったのは、黒海の近くにあるビテュニア王国だった。ローマの使節がビテュニア王にハンニバルの引き渡しを求めたとき、ハンニバルは「たったひとりの老人に対する恐怖から、ローマを解放してやろう」といって自殺したという。

　古代を代表する名将として知られるとおり、ハンニバルは類いまれな策略家だったが、兵法面での欠点をついに解消できなかった。しかしローマの人びとはその後も、長らくハンニバルを忘れることができなかった。

⇗アルプス山中のグラン・サン・ベルナール峠——ハンニバルは過酷な気候から兵士と象を守るだけでなく、敵意をむきだしにする山岳民たちとも戦わねばならなかった。

⇨カプアで発見されたハンニバルのものと思われる胸像——ハンニバルの次にローマの存続をおびやかす敵が現れたのは、600年後のことだった。

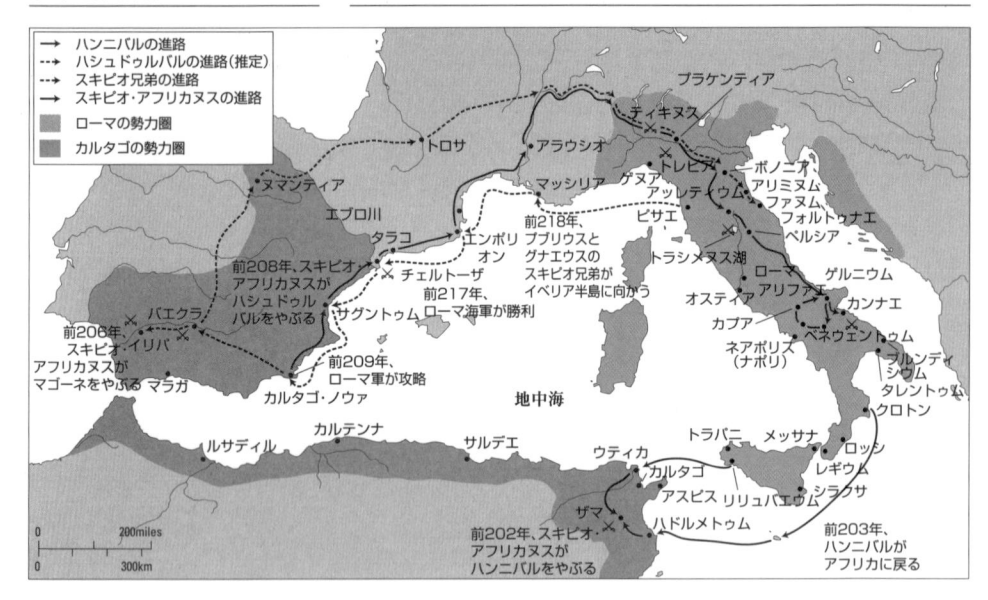

↑第2次ポエニ戦争における両軍の進路とおもな戦場——イベリア半島で勃発したこの戦争は、その後イタリア半島に舞台を移し、18年後にアフリカで決着した。このときローマ軍は、それまでの戦争とはちがい、カルタゴ軍におびやかされることなく海を渡ることができた。

静かな始まり

　ファビウスは、一族のなかでマクシムスという家族名をもつ3人目の人物であり、紀元前322年に執政官をつとめた偉大な祖父からこの名前を受けついでいた。ファビウスは穏やかで物静かだったため、「子羊」を意味する「オウンクラ」という渾名がついた。もうひとつの渾名である「ウェルコスス」は「イボ」の意味で、上唇にイボがあったことからつけられたものだった。

　ファビウスはまだ10代前半だった紀元前265年ごろに卜占官となり、生涯で5度にわたり執政官に就任した。初めて執政官をつとめた紀元前233年にはリグリア人と戦い、凱旋式挙行の栄誉を得ている。彼は保守的な性格の持ち主で、そのため民衆派のガイウス・フラミニウスとは対立関係にあった。紀元前230年に監察官となり、228年に執政官に再選され、221年には独裁官となり、選挙を監督したと思われる。

　以上のように、第2次ポエニ戦争が始まる紀元前218年までに、ファビウスはすでに輝かしい経歴を築いていた。第1次ポエニ戦争が終わったときはまだ若者だったファビウスも、第2次ポエニ戦争が始まる年には老齢にさしかかっていた。第1次ポエニ戦争後、イベリア半島はカルタゴの勢力圏に入っ

ていたが、そのなかでサグントゥムの町はローマと同盟関係にあった。ハンニバルがこのサグントゥムを攻撃したことが、第２次ポエニ戦争の発端となったのである。この攻撃がカルタゴ本国の決定によるものであったのかどうかを問いただすために、ローマはファビウスをカルタゴに派遣した。

カルタゴ政府がハンニバルとの関係を否定しなかったため、ついにファビウスが立ち上がり、胸元でトーガを握りしめて、ローマ人特有の劇的な口調でこういった。「私はいまこの手に、ふたつのトーガの襞(ひだ)をもっている。そのどちらを落とせばよいだろうか。平和を包んだ襞か、それとも戦争を包んだ襞か？」

カルタゴの代表は好きな方を落とせばよいとそっけなく答え、ファビウスは戦争への突入を決意した。

やがてハンニバルがイタリアに侵攻し、紀元前217年のトラシメヌス湖畔の戦いで、ファビウスの旧敵フラミニウスが大半の兵士とともに戦死した。この惨事のあとに独裁官に任命されたのがファビウスだった。ファビウスは戦術ではハンニバルにかなわないことがわかっていたのだろう。その点を埋め合わせるかのように、戦略面ですぐれた判断を下した。ハンニバルと直接戦うことを避けながら、離れずにつきまとい、物資の補給を妨害する作戦に出たのである。ハンニバル軍を物資不足に追いこむとともに、兵力の補充を妨げ、カルタゴ軍の消耗を待つのがねらいだった。

紀元前217年

しかし、この作戦はローマ人らしくなかったため、味方のあいだでも評判が悪く、ファビウスは「のろま」(コンクタトール)という不名誉な渾名をつけられてしまった。けれどもハンニバルの方は、さすがにファビウスの意図を見ぬき、反撃にでた。ファビウスの地元一帯を荒らしまり、そのなかでファビウスの領地にだけは脚を踏み入れず、略奪を防ぐために見張りまで置いたのである。ハンニバルのねらいどおり、ローマの民衆はファビウスへの怒りをいっそうつのらせていった。

こうした事態を受け、ローマはファビウスの副官を共同司令

↑『カルタゴの元老院を訪れたクイントゥス・ファビウス・マクシムス』(ティエポロ画、1730年ごろ)──アクイレイア総大司教ディオニシオ・ドルフィンが、ヴェネチアの宮殿に飾った戦争を主題とする絵画のひとつ。

官に格上げした。ミヌキウスという名の新司令官はただちに自分の軍団をひきいてカルタゴ軍に挑んだが、さっそくハンニバルの伏兵に惨敗を喫してしまう。これを見たファビウスがいった。「彼はあまりにも向こう見ずで衝動的だが、勇敢だし、忠誠心もある。われわれは彼のあやまちを将来にいかすべきだろう」。ファビウスはタイミングを見計らって出撃し、ミヌキウスを救って、ハンニバルの動きを阻止した。のちにハンニバルは皮肉たっぷりにこういった。「いつも思っていた。山々の頂に沿ってわれわれについてくる雲が、いつか激しい嵐を起こすかもしれないと」

「のろま」と呼ばれたファビウスも、あるときハンニバル軍を谷間に誘いこみ、挟み撃ちにしたことがある。ついに万事休すかと思われたところで、ハンニバルは角に松明をつけた牛の群れを反対方向に走らせた。これを見たファビウスは敵が攻撃を開始したと思いこみ、はさみ撃ちの体制をとっていた軍団を動かしてしまった。ファビウスがみずからの失策に気づいたときには、カルタゴ軍はすでに谷間の外に逃れていた。

晩年

紀元前216年、ローマ軍はふたたびハンニバルに会戦を挑んだ。歴史にその名を残すカンナエの戦いである。この戦いでローマ軍は屈辱的な敗北を喫し、おびただしい数の犠牲者を出すことになった。いわゆる「ハンニバル戦争」により、ローマ人男性の3分の1が命を落としたとされるが、本書でこれまでとりあげた軍司令官のなかでも、フラミニウス、マルケルス、

カンナエの戦い

プーリア州を流れるオファント川の右岸に、カンナエ（現カニー）という村があった。紀元前216年、ローマはファビウス流の持久戦法から方針を転換して、この村の近くでハンニバル軍に戦いを挑んだ。アエミリウス・パウルスとテレンティウス・ウァッロの両執政官に総勢8万5000人の大軍を託し、一気にハンニバル軍を壊滅させるつもりだったのである。

ハンニバルは正面からの戦闘を避け、戦いながら退却して敵を自軍の中央に引きこむという、古代の戦闘ではもっともむずかしい作戦をスペイン兵に命じた。その間にアフリカ兵がローマ軍の両翼をつつみこみ、騎兵隊が後衛を攻撃した。戦術的には、この時点で勝負が決まった。もはやローマ軍に勝ち目はなかったが、それでもほぼ一日じゅう戦闘はつづき、執政官ルキウス・アエミリウス・パウルスとローマ兵の大半が戦死した。この日の戦闘に匹敵する戦死者が出るのは、ヨーロッパでは第1次世界大戦を待たねばならなかった。

⇧カンナエの戦いの記念碑。

スキピオ兄弟が戦死しており、そしてカンナエの戦いでは執政官のルキウス・アエミリウス・パウルスが戦死者のリストに名前をつらねることになった。敗北のもうひとりの責任者である執政官ウァッロは逃げのびてローマに帰還したが、そのときファビウスもローマ市民もウァッロを非難しなかったという。それどころか、彼が生きてローマに戻ったことに感謝したのだった。

このころファビウスは主任卜占官となり、絶大な権力を背景に大神祇官にも就任した。このふたつの神官職を兼任する人物は、その後カエサルの時代まで現れなかった。ファビウスは紀元前215年と214年に2期連続して執政官に選出され、さらに213年には息子のファビウス・マクシムスが執政官に選出され、ファビウスは息子の副将となった。伝承によると、あるときファビウスが馬に乗って息子の方へ近づいてきた。そのとき息子は従者にこういったという。「執政官のそばに来るつもりなら、敬意を表して歩いてくるようにと、副官に伝えよ」。執政官の付き人たちは、徒歩で近よってくる老ファビウスを脅えながら見守った。ところが、ファビウスは息子をだきしめ、執政官としての立場をよく理解しているようだなと告げたという。

紀元前209年、ファビウスは5度目の執政官就任をはたし、イタリア半島南端の都市タレントゥムの奪還に成功した。この町は紀元前212年以来ハンニバルに占領されていたが、ローマ人の指揮官のもとで要塞だけはもちこたえていた。その指揮官が町を解放したのは自分であると主張すると、ファビウスはこういった。「たしかにそうかもしれない。あなたがいなかったら、そもそも町を奪われることはなかったのだから、私が奪還する必要もなかったわけだ」

ファビウスはアフリカ遠征を主張するスキピオ・アフリカヌスと激しく対立したが、スキピオの勝利を見る前に、紀元前203年に亡くなった。ローマ市民はファビウスの葬儀のためにすすんで寄付をした。ファビウス家が金に困っていたからではなく、市民たちは父に対するのと同じ気もちで寄付をしたのだった。

ファビウスのローマ人気質を物語るエピソードがある。紀元前211年にローマ軍がカプアを包囲した。このときハンニバルはカプアから敵軍を引き離すために、ローマに向けて進軍した。カピトリウムの丘からも、ハンニバル軍の野営の火が見えた。しかしファビウスは市民に落ちつくよう呼びかけ、カプアの包囲をつづけるべきであると主張した。市民たちはファビウスの言葉に従い、混乱は起きなかった。そのころローマは戦費を調達するために土地を売却しており、ハンニバル軍が野営中の土地も売られることになっていたが、その土地は通常の相場で売れたという。

↑カンナエの戦いにおける両軍の布陣──ローマ兵はカルタゴ軍に包囲されたあとも最後まで抵抗した。生き残った兵士たちは「カンナエ軍団」と呼ばれ、その後長らく惨敗の汚名を背負わねばならなかった。しかし、敗戦の責任は兵士ではなく、作戦面で敗北した指揮官にあった。

クラウディウス・マルケルス

「マルケルスの奉献物は、ローマにあるもの以外にも、シチリアのカターニャには体育場がある。またシラクサから持ち帰った彫像や肖像画は、サモトラケのカビーリ神殿とリンドスのアテナ神殿に奉献された。そこにあるマルケルスの彫像には、(略)次のような碑文が刻まれていたという。
『旅人よ、これこそはローマの神聖なる星、ローマの名門に生まれたクラウディウス・マルケルス〔の像〕である』」

プルタルコス著『マルケルス伝』

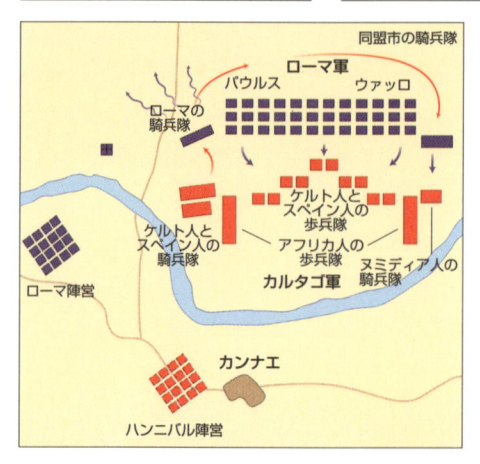

↑紀元前380年〜345年ごろにタレントゥムでちいられたギリシアの貨幣──町の象徴である少年がイルカに乗っている。タレントゥムは南イタリアにあるギリシア植民市のひとつだった。紀元前209年、ローマがハンニバルからこの町を奪還し、約3万人の住民を奴隷にした。

ローマの名門一族も、栄枯盛衰の定めをまぬがれることはなかった。市民からの支持を失い、数世代にわたって低迷した一族もあれば、ホラティウス家のように滅亡した一族もあった。

クラウディウス一族内の平民

ポエニ戦争で多くの戦死者が出た結果、重要な役割をはたすことになったのが、クラウディウス一族に属するマルケルス家である。マルケルス家は平民であり、大貴族であるアッピウス・

クラウディウス・マルケルス	
生年	前265年ごろ
有名な祖先	C・マルケルス（執政官、前331年）
母	不明
父	C・マルケルス
地位	執政官、前222年、215年、214年、210年、208年　ト占官
業績	スポリア・オプティマ（最上戦利品獲得者）；凱旋司令官；小凱旋式
子供　息子	クラウディウス・マルケルス（執政官、前216年）
没年と死因	前208年、戦死

⇩クラウディウス・マルケルス像——この彫像ではトーガを着用しているが、マルケルスは元老院より戦場を好んだ。ハンニバル戦争がなければ、おそらくマルケルスは歴史の表舞台に登場しなかっただろう。

クラウディウス一族と深い関係があったわけではない。マルケルス家から初の執政官が誕生したのは、コルネリウス一族のコルネリアたちが有力候補の多くを毒殺した紀元前331年だった（⇨ p.100）。この年に執政官となったクラウディウス・マルケルスの曾孫が、ここに登場するマルケルスである。

マルケルスは紀元前265年ごろに生まれた。軍事訓練をのぞけば教育らしい教育を受けたことがなく、一説によると読み書きもできなかった。第1次ポエニ戦争で活躍し、兄弟の命を助けたことで勲章を獲得した。しかし、彼の場合は戦場での活躍が出世には役立たず、紀元前226年の時点で按察官に就任したにすぎなかった。この按察官時代にマルケルスは、息子を不当に攻撃されたとして、同僚のスカンティニウス・カピトリヌスを告発した。元老院はスカンティニウスに重い罰金を科した。マルケルスは私利を得るために告発したのではないことを示すために、この罰金を神々に寄進したという。

マルケルスは政治面では貴族派に属した。そのかいあってか、エリート神官であるト占官に任命された。紀元前222年には執政官に選出され、ガイウス・フラミニウス（⇨ p.123）とP・フリウスが撃破したばかりのケルト人を再度攻撃している。ケルト人は和平を望んだが、マルケルスと同僚のグナエウス・コルネリウス・スキピオ・カルヴス（「禿頭のコルネリウス」の意味）は、ケルト人の申し出をはねつけた。

アルプスの近くで戦闘が始まり、ローマ軍がふたたびケルト軍をやぶった。このときマルケルスは一騎打ちで敵の司令官を殺し、その武具を奪うという、ローマの軍司令官にとって最高の武勲（「スポリア・オプティマ」と呼ばれた）を達成した。この栄誉を達成したのはローマ史上たったの4人であり、マルケルスがその最後の軍司令官となる。さらにマルケルスは、スキピオとともにケルト人の都ミラノを攻略したのち、ローマに凱旋した。

マルケルスとシチリア

紀元前216年、法務官としてシチリアに向かう途中のマルケ

ルスのもとに、ローマ軍がカンナエで大敗したという知らせが届いた。この非常事態を受けて、ルキウス・ユニウス・ブルートゥスの子孫であるユニウス・ペラが独裁官に任命され、副将にはセンプローニウス・グラックスが選ばれた。マルケルスはカンナエにもっとも近い場所にいたため、可能なかぎり秩序を回復することを命じられた。さらに翌215年にも執政官が戦死したため、マルケルスが後任に選ばれた。しかし、この選出はまもなく取り消された（あるいは執政官がふたりとも平民だったため、好ましくないと判断されたのかもしれない）。

翌214年にマルケルスはクイントゥス・ファビウス・マクシムスとともに執政官に就任した。ふたりはカンパニアにある戦略上の要地カシリーナの奪還に成功する。このとき敵の守備隊がファビウスに降伏したにもかかわらず、マルケルスは情け容赦なく敵兵を虐殺した。紀元前213年には前執政官として、不穏な情勢がつづくシチリアに派遣された。暴動を鎮圧するために急行したレオンティーニの町で、マルケルスは首謀者のひとりを逮捕したほか、約2000人にのぼるローマ軍の脱走兵を見つけて殺害した。しかし、このきびしい措置が、大規模な反乱を誘発する結果となった。

次にマルケルスは艦隊をひきいて陸と海の両方からシラクサを包囲した。ギリシア系の都市国家だったシラクサは、かねてからカルタゴの支配下にあったが、ローマがシチリアに勢力を伸ばすうえで、なんとしても獲得する必要のある都市だった。

⇩アルキメデスが考案した兵器の想像図——実態はよくわかっていないが、アルキメデスがシラクサを守るために考案した一連の大型兵器は、科学技術が戦争で大きな役割をはたすことを後世まで示した。

この町の防衛に大きく貢献していたのが、古代屈指の数学者アルキメデスである。ローマの軍船は、アルキメデスが考案した時限爆弾によって海底に沈められたり、空中高く放り上げられたりした。ローマ軍も「サンボカ」（同名の楽器に似ていたため、この名前がつけられた）と呼ばれた攻城用の複雑な装置で攻撃にでたが、城壁に到着する前にアルキメデス考案の兵器によって粉々に破壊された。

兵士たちが怖じ気づいて町に近づけな

くなったため、ローマ軍には封鎖作戦しか方策がなくなり、マルケルスは意気消沈して、次のようにいった。「アルキメデスはまるでワイングラスを鉢に沈めるように、私の船を海底に沈め、パーティー用に送ったサンボカ楽団も、はじき飛ばしてしまった」

　最終的にシラクサは、内通者がでたために陥落した。虐殺は行なわれなかったが、町じゅうが略奪された。このときマルケルスは、アルキメデスがローマ兵に殺害されたことを知り、非常に残念がったという。

⇧アルキメデスの最期を描いた紀元2世紀のモザイク画──共和政末期になるころには、シラクサが生んだこの偉大な科学者の存在は、すっかり忘れ去られていた。財務官としてシラクサに赴任したキケロがアルキメデスの墓を探したところ、生い茂る雑草の下からようやく見つかったという。

ハンニバルとの対決

　マルケルスは紀元前210年に4度目の執政官就任をはたし、同僚の執政官には貴族出身のウァレリウスが選ばれた。先の戦いで恐れをなしたシチリア住民が反発したため、マルケルスは今回はシチリアではなく、イタリア半島内で戦うことになった。ハンニバルはなおイタリア中部にとどまり、ローマ軍をよせつけなかったが、決定的な勝利をあげることもできずにいた。マルケルスとハンニバルも、3度対戦したが決着はつかなかった。ハンニバルはマルケルスを評して、こうのべている。「ファビウスはまるで教師のようだが、マルケルスはまったくの敵だ。ファビウスは私が失策をすると罰をあたえる。ところが、マルケルスときたら、いつも私に危害を加えようとしている」

　3度におよぶ戦いでマルケルス軍の兵士たちは疲弊し、なお戦力を保つハンニバル軍を相手に、もはや戦うことができなくなってしまった。マルケルスはローマに呼び戻されたが、そこで見事な演説を行ない、翌年にはふたたび執政官として戦場に戻った。ところが、ヴェヌシア（現ヴェノーザ）近郊の丘を偵察中に、待ち伏せしていたハンニバル軍のヌミディア騎兵隊によって殺害されてしまったのである。

　ローマ市民はファビウスを「ローマの盾」、マルケルスを「ローマの剣」と呼び、後世までふたりの功績をたたえた。

第3章 共和政中期

プブリウス・コルネリウス・スキピオ・アフリカヌス

紀元前236〜紀元前185年

⇨スキピオ・アフリカヌスの肖像（青銅製、ヘルクラネウム出土）——彼は、紀元前202年のザマの戦いでハンニバルをやぶり、ローマの勝利を決定的にした名将である。しかしその輝かしい軍功にもかかわらず、スキピオ・アフリカヌスはのちに政敵カトー（大カトー）から弾劾を受け、追われるようにローマを離れて、海沿いの地リテルノの別荘で寂しい最期をむかえた。彼は聡明で、情け深く、豊かな教養を身につけていた人物であり、ローマで最初にギリシア文明に心酔したことでも知られる。

プブリウス・コルネリウス・スキピオ	
生年	前236年
有名な祖先	スキピオ・スカプラ
母	不明
父	プブリウス・スキピオ
地位	執政官、前205年、194年 監察官、前199年
業績	ハンニバルを倒す；凱旋司令官
妻	アエミリア
子供　息子	プブリウス、ルキウス；娘：コルネリア・プリマ、コルネリア・セクンダ
没年と死因	前185年、隠遁先で死亡

「スキピオがイベリア半島にいたころ、ひとりの捕虜が彼のもとにつれてこられた。その捕虜は貴族の娘であり、その場にいた人びとがみな目を見張るほど美しい女性だった。しかしスキピオはこの娘を婚約者のもとに返してやり、（略）さらに娘の両親が身代金として差し出した金を結婚祝いとして届けてやった。娘の属していた部族はスキピオのふるまいに感激し、みずからローマに忠誠を誓った」

フロンティヌス著『戦術書』

ハンニバル戦争が始まったのは、プブリウス・コルネリウス・スキピオがまだ10代のころだった。そしてローマをもっとも

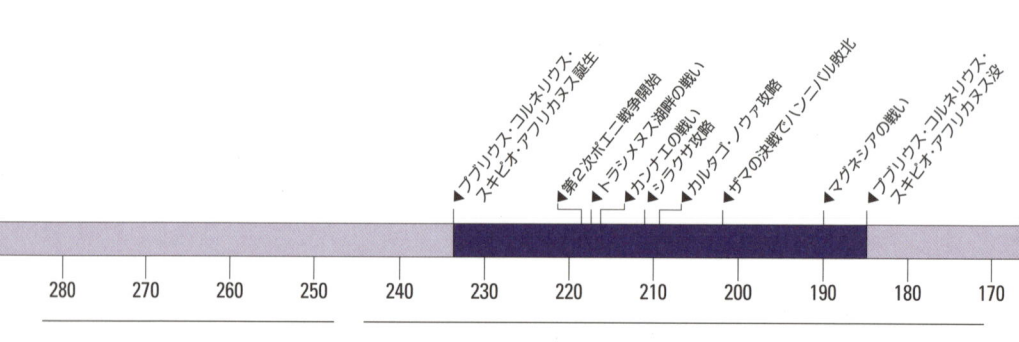

- プブリウス・コルネリウス・スキピオ・アフリカヌス誕生
- 第2次ポエニ戦争開始
- トラシメヌス湖畔の戦い
- カンナエの戦い
- シラクサ攻略
- カルタゴ・ノウァ攻略
- ザマの決戦でハンニバル敗北
- マグネシアの戦い
- プブリウス・コルネリウス・スキピオ・アフリカヌス没

280　270　260　250　240　230　220　210　200　190　180　170

苦しめたこの男との戦いに、スキピオはその後、十数年間をついやすことになる。カルタゴ軍の騎兵隊から父を救ったとされるティキヌス河畔の戦いが、スキピオの最初の戦争体験だった。

その2年後の紀元前216年にスキピオは、上級将校としてカンナエの戦いの生き残り兵を召集した。紀元前213年には按察官となったが、その2年後にイベリア半島から父と叔父の訃報が届き、スキピオは若干24歳で名門コルネリウス一族の長となったのである。

イベリア半島

イタリアでの戦いは、情勢が好転したとはいえないまでも、少なくとも五分五分の様相を呈するようになっていた。そこで元老院は新たに2個軍団を編成し、イベリア半島における勢力挽回に乗りだした。最初に指揮権をあたえられたクラウディウス・ネロは、アッピウス・クラウディウス・カエクス（⇨p.95）の子孫であり、堅実な人物だったが軍司令官としての力量には欠けていた。その代わりに司令官に選ばれたのが、スキピオだったのである。

スキピオの司令官起用は、ローマにとって前例のない出来事だった。まだ20代で、しかも按察官しか経験したことのないスキピオに、執政官代理の指揮権があたえられたからである。しかしスキピオの起用は、綿密な計算にもとづいたものでもあ

⇩スペインにあるエンポリオン（現アンプーリアス）の遺跡——この町はローマ軍の重要な基地のひとつだった。紀元前210年、スペイン戦線の司令官に抜擢された25歳のスキピオが、総勢1万人の歩兵隊と1000人の騎兵隊、30隻の五段櫂船をひきいてこの町に到着した。

った。まず、父と叔父の敵討ちという意味でローマ市民たちの情感に訴えることができた。さらに、父と叔父が現地住民とのあいだに友好的な関係を築いていたため、スキピオという名前が好意的に受けとめられる可能性が高かった。そこにスキピオ本人の魅力的な人柄が加われば、ふたたびローマに忠誠を誓う部族が現れるにちがいない。その意味でスキピオの司令官起用は、何重もの意味をもつ見事な決断だったといえるだろう。

スキピオ本人はこの任務を喜んだようだが、リウィウスによれば、イベリア遠征を望む指導者はほかにあまりいなかったという。本国から援軍も物資もほとんど届かないうえに、イタリア半島内で戦果をあげる方が選挙にも有利だったからである。しかしスキピオはただちに、綿密な作戦を練りあげた。のちに彼は、マケドニア王フィリポスに宛てた手紙のなかで、イベリア半島に到着したときにはすでに戦略が決まっており、あとは細部を調整するだけだったと記している。ポリュビオスによると、スキピオは紀元前210年にイベリア半島に到着し、出会う人すべてに現地の事情と住民の動向をたずね、収集した情報をもとに作戦の詳細を練ったという。

⇩イタリカ（現サンティポンセ）の遺跡——スキピオが紀元前206年に建設した戦略基地。のちにこの町で、トラヤヌス帝とハドリアヌス帝が生まれた。帝政末期に西ゴート族が移住したころも、まだ町は繁栄していた。

スキピオが最初の攻撃目標に選んだのは、カルタゴ軍の主要な補給基地であるカルタゴ・ノウァ（現カルタヘナ）だった。この町を急襲すれば、カルタゴ軍が急いで駆けつけても間にあわないことが、収集した情報からわかっていた。スキピオは兵士たちに向かって、ネプトゥヌス神が夢に現れたこと、そして守護を約束してくれたことを告げた。スキピオはかねてから頻繁に祈りを捧げ、神からお告げを受けることも多かったため、兵士たちはこの夢の話にもまったく疑問をいだかなかった。

兵士たちは町の前に広がる潟を歩いて渡り、もっとも重要な城門を押さえて、カルタゴ・ノウァを陥落させた。スキピオは地元の猟師たちから、引き潮のときはその潟を歩いて渡れることを聞きだしていたのである。神々がもたらした勝利

⇨『スキピオの自制』（プサン画、1640年）——フロンティヌスが記した美しい捕虜の娘とのエピソード（⇨p.140）は、のちに多くの芸術作品の題材としてとりあげられることになった。

と思われたものも、実はスキピオの情報収集能力と入念な計画の結果であったと、ポリュビオスは記している。いずれにしても、このカルタゴ・ノウァでの勝利から、スキピオ伝説が始まることになった。

バルカ家の打倒

その後の戦いはスキピオにとって、父と叔父の恨みをはらす報復戦となった。紀元前208年、スキピオはバエクラでカルタゴ軍に圧勝し、敗れたハシュドゥルバルはイタリアに向かい、兄ハンニバルに合流しようとした。けれどもスキピオはその思惑を知りながら、ハシュドゥルバルの動きを阻止しようとしなかった。ハシュドゥルバルがイベリア半島からいなくなるのはありがたいし、そのころにはローマもイタリアでハシュドゥルバルを迎え撃つだけの力を回復していたからである。実際、ハシュドゥルバルの到着を知っても、本国ローマはあわてなかった。

このときハンニバルと戦っていたのは、スキピオと交替する形でイベリア半島からイタリアに戻ったクラウディウス・ネロだった。ハシュドゥルバルがイタリアに到着すると、ネロは南部の前線を離れて半島を大急ぎで北上し、メタウルスで同僚の執政官と合流して、ハシュドゥルバルを戦死させた。こうしてローマが恐れていたバルカ兄弟の共闘はなくなり、ネロはハンニバルのいる南部に引き返した。このときハンニバルはハシュドゥルバルの生首を野営地に投げこまれて、初めてことの次第を知ったという。

⇧ヌミディア王マッシニッサを描いた青銅製の硬貨──彼は当初、ローマに敵対したが、のちにスキピオの同盟者となった。

一方、イベリア半島では紀元前206年にスキピオがイリパの戦いでバルカ兄弟の末っ子マゴーネをやぶった。掃討作戦がしばらくつづいたものの、イベリア半島は完全にローマの支配下に入ることになった。同じころ、スキピオはヌミディア人の王族マッシニッサに会談を申し入れている。彼はスキピオの父を死に追いこんだ騎兵隊の司令官だった。しかし、そのマッシニッサが、やがてローマの重要な同盟者に転身するのである。

カルタゴの敗北

ローマに凱旋したスキピオは、アフリカ遠征を公約にかかげて執政官に立候補した。あくまで消極戦法を主張するファビウスはこのとき、大敗したレグルスの例をあげて、スキピオと激しく対立した。もしもアフリカに渡ってカルタゴ軍を倒したとしても、そのときはハンニバルが援軍に駆けつけることになるというのである。結局、スキピオは紀元前205年の執政官に選出されたものの、元老院はスキピオに兵士を提供しなかった。アフリカに遠征してもかまわないが、その場合は自分で志願兵を集めること。元老院はスキピオにそう言い渡したのである。

しかし、スキピオは難なく兵士を集めることに成功し、アフリカに到着したあと、まずウティカの町を包囲した。このときヌミディア人の王族シファチェが、カルタゴ軍とともにウティカに駆けつけた。ライバルであるシファチェがカルタゴと行動をともにしたことが、マッシニッサのローマ支援を決定的なものにした。両軍は大平原に場所を移して激突し、最初の会戦はローマの勝利に終わった。その結果、ローマ軍はカルタゴまでわずか120キロの地点にせまることになった。

スキピオはチュニスの攻略にも成功したが、カルタゴ軍の奇襲を受けて輸送船を破壊された。カルタゴから講和の申し入れが届いたとき、スキピオはレグルスのことを思いだしたのか、ローマの元老院に休戦を提案し、元老院もこれを承認した。このときカルタゴが講和を提案したのは、実はハンニバルを無事に帰還させるための策略だったのかもしれない。その証拠に、カルタゴはハンニバルが到着するとすぐにローマの軍船への攻

⇧ヌミディア人の部族王シファチェ──彼は当初、ローマとカルタゴのあいだで中立を保ったが、ソフォニスバという美女を妻として贈られたことで、カルタゴ側についた。一方、それを知ったライバルのマッシニッサは、ローマと手を組む決心をした。

撃を再開した。スキピオが抗議のために派遣した使節団も攻撃され、紀元前202年には戦争が再開することになった。

こうしてついに両軍は、ザマで決戦のときをむかえた。カルタゴ軍はハンニバルのひきいる古参兵を主力としていたが、マッシニッサの援護を得たローマ軍が、結局はこの決戦を制すことになり、カルタゴが莫大な賠償金を支払うことを条件に和平が成立した。長くつづいた第2次ポエニ戦争を終わらせたスキピオは、「アフリカヌス」という渾名を獲得し、平民からの歓呼と貴族からの羨望にむかえられてローマに凱旋した。ハンニバルはザマの戦い後も生きのび、ローマが提示した講和条件を受け入れるようカルタゴ政府を説得した。

東方遠征

第2次ポエニ戦争の終結後、スキピオは紀元前199年に監察官、194年に執政官に就任した。前執政官（プロコンスル）として赴任を希望したのはギリシアだったが、実際は北イタリアに派遣され、アルプスの諸部族と戦ったものの、大きな成果をあげることはできなかった。紀元前193年にマッシニッサとカルタゴの仲介役を求められたこともあったが、マッシニッサ側にあきらかに非があったためか、仲介は失敗に終わった。

紀元前190年、スキピオは弟ルキウスの副官として、念願の東方遠征に参加し、アンティオコス3世がひきいるシリア軍と戦った。このとき従軍していたスキピオの息子がシリア軍に捕らえられたが、やがて解放された。それに恩義を感じたのか、あるいは病気になったのか、ローマ軍がシリア軍をやぶったマグネシアの会戦にスキピオは参加しなかった。

一方ローマでは、スキピオ兄弟の遠征中に大カトーを中心とする反スキピオ派が勢力を伸ばしていた。そしてスキピオが帰還するとまもなく、使途不明金を理由に兄弟を告発した。有罪にこそならなかったものの（センプローニウス・グラックスの介入があった）、スキピオはカンパニアのリテルノに逃れ、翌年に当地で亡くなった。

⇨ザマの戦いの布陣——スキピオは各歩兵隊の間隔を通常より広くとり、ハンニバル軍の象の突進をかわした。象の一部が両翼に押し戻された結果、ハンニバル軍の騎兵隊の隊形が乱れた。やがてローマの騎兵隊がカルタゴの騎兵隊を撃破し、敵の後衛に突撃して戦いを制した。

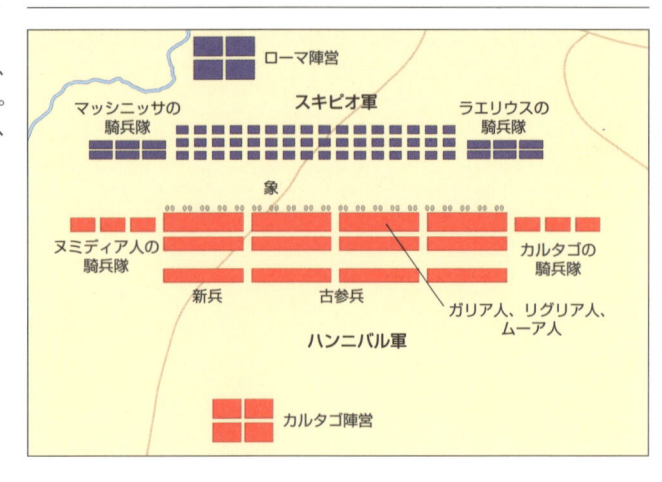

（図：ザマの戦いの布陣）
ローマ陣営／マッシニッサの騎兵隊／スキピオ軍／ラエリウスの騎兵隊／象／ヌミディア人の騎兵隊／新兵／古参兵／ガリア人、リグリア人、ムーア人／カルタゴの騎兵隊／ハンニバル軍／カルタゴ陣営

スキピオの遺産

　スキピオ・アフリカヌスについて今日知られていることがらは、大部分がポリュビオスの記述にもとづくものである。ポリュビオスはスキピオの孫アエミリアヌスの被護民であり、スキピオを一貫して賞賛し、失策には触れなかった。ただし、公平な目で見ても、スキピオには賞賛すべき点が数多くあった。知性があり、情け深く（当時の基準から考えれば）、洗練された人物だった。神がかり的な性格の持ち主ではあったが、神はみずから助ける者を助けるとの考えに立ち、軍事行動に際しては周到な情報収集と入念な計画を怠らなかった。

　スキピオはまた、ローマ人のなかで最初にギリシア文明に心酔した人物のひとりだった。スキピオのギリシアびいきは、のちに「ローマ女性の鑑（かがみ）」とうたわれた娘のコルネリアに受けつがれた。そのコルネリアはスキピオの同志だったセンプローニウス・グラックスと結婚したが、この夫婦のあいだに生まれた2人の息子が、やがてローマを大きく揺るがすことになる。

⇩リテルノの神殿と広場——ローマを離れたスキピオが移り住んだときは、まだ建設されてまもない植民市だった（建設されたのは紀元前194年）。のちに周辺一帯でマラリアが流行したため、リテルノの町は放棄された。

⇨ デルフィで発見されたティトゥス・クインティウス・フラミニヌスの彫像（紀元前180年ごろ）――フラミニヌスはギリシア諸都市をマケドニア支配から解放し、ギリシア人からの尊敬を獲得した。

ティトゥス・クインティウス・フラミニヌス
紀元前229年ごろ～174年

マルクス・ポルキウス・カトー
紀元前237～149年

アエミリウス・パウルス
紀元前229～160年

ティトゥス・クインティウス・フラミニヌス	
生年	前229年ごろ
有名な祖先	クインティウス・カピトリヌス、キンキナートゥス
母	不明
父	クインティウス
地位	執政官、前198年 監察官、前189年
業績	キュノスケファライの戦いで勝利；凱旋式司令官
子供 息子	ティトゥス（卜占官、前167年）
没年と死因	前174年、病死

ティトゥス・クインティウス・フラミニヌス

「〔ギリシア諸都市の自由を宣言したフラミニヌスに対し、ギリシアの〕人びとは、歓喜と感謝のあまり、あやうくフラミニヌスを殺してしまうところだった。フラミニヌスの顔を見て感謝を伝えようとする人びと、手を握ろうとする人びと、花冠や花輪を投げかける大勢の人びとで、フラミニヌスの身体はあわや引き裂かれてしまうところだった」

ポリュビオス著『世界史』

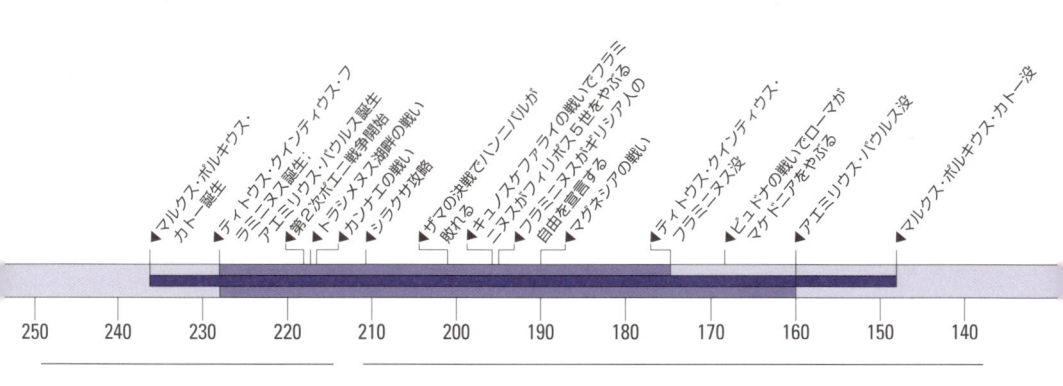

▼マルクス・ポルキウス・カトー誕生
▼ティトゥス・クインティウス・フラミニヌス誕生
▼アエミリウス・パウルス誕生
▼第2次ポエニ戦争開始
▼トラシメヌス湖畔の戦い
▼カンナエの戦い
▼シラクサ攻略
▼ザマの決戦でハンニバルが敗れる
▼キュノスケファライの戦いでフラミニヌスがフィリポス5世をやぶる
▼フラミニヌスがギリシア人の自由を宣言する
▼マグネシアの戦い
▼ティトゥス・クインティウス・フラミニヌス没
▼ピュドナの戦いでローマがマケドニアをやぶる
▼アエミリウス・パウルス没
▼マルクス・ポルキウス・カトー没

250　240　230　220　210　200　190　180　170　160　150　140

↑マケドニア王フィリポス5世（紀元前190～180年ごろの銀貨）――フィリポスとローマの指導者たちは戦争中も、たがいに敬意を示しあっていた。ポリュビオスは、「彼は窮地にあるときもみずからの責任を忘れず、真の王としてふるまった」と記している。

畑仕事をしていたルキウス・クインティウス・キンキナートゥス（⇨p.77）が、国を救うために独裁官となってから、すでに250年が経とうとしていた。そのあいだに、ローマは大きく変貌していた。いまやその子孫たちが南イタリアに遠征し、さらにはアドリア海を越えてギリシアに進軍しようとしていたのである。

野心家の青年

ティトゥス・クインティウス・フラミニヌスは、紀元前229年ごろに生まれた。子どものころから競争心が強く、プルタルコスによると、「彼はつねに、自分を助けてくれそうな人より、自分の助けを必要とする人に親切にした。前者〔のような能力のある人びと〕は、競争相手と見なしていたからである」という。

フラミニヌスはポエニ戦争中にクラウディウス・マルケルス（⇨p.136）のもとで上級将校をつとめ、ファビウス（⇨p.130）がタレントゥムを奪還すると指揮官に任命された。このとき、イタリア中部の要衝の諸都市にローマ人を移住させたのが、フラミニヌスである。巧みな統治で知られるようになったフラミニヌスは、財務官より上の公職経験がないにもかかわらず、紀元前198年の執政官に立候補した。ローマ市民はこのがむしゃらな若者に興味をいだき、それまでの執政官たちより10歳も若いフラミニヌスに票を投じた。

第2次ポエニ戦争の終結後まもなく、ローマはマケドニアに派兵し、フィリポス5世を相手にだらだらとした戦いをつづけていた。フラミニヌスは前任者たちのように、就任後半年間ローマにとどまることをせず、兄弟のルキウスとともに、ただちにギリシアに出発した。

まもなくフラミニヌスはアカイア同盟（ギリシア人の都市国家の同盟）の諸都市をマケドニアの支配から解放した。それでもフィリポスは、なおもギリシア支配の野望を断念しなかったため、フラミニヌスは親しい元老院議員たちに働きかけ、指揮権(インペリウム)の延長をはかった。さらにその際、指揮権が別の軍隊責任者に移る場合は（スキピオ・アフリカヌスが指揮権の獲得を

めざしていた)、和平を提案してほしいとつけ加えていた。戦争終結の栄誉を、何としても自分のものにしたかったからである。

結局、フラミニヌスは指揮権の延長を認められ、元老院の信頼に応えて、紀元前197年にキュノスケファライでマケドニア軍をやぶった。副官のクラウディウス・ネロが敵の名高い重装歩兵団を巧みにだしぬいたことが、勝利の大きな決め手となった。

ギリシアの解放

マケドニアを倒したあとは、シリアとの戦争が待っていた。そこでフラミニヌスはギリシア諸都市を味方につけるため、紀元前196年のイストミア祭の競技会に出席して、ギリシア人の自由を宣言した。そして事実、約束を守って、ローマ軍はまもなくギリシアから撤退したのである。

このころフラミニヌスはシリア王アンティオコスに対し、ある提案を行なっている。アジアにあるシリアの領土は保証するかわりに、ヨーロッパにある領土は放棄するよう求めたのであ

⇨イストミア祭のスタートライン——フラミニヌスはこの祭りの場で、ギリシア人の自由を宣言した。イストミア祭は都市国家コリントが、ポセイドンに捧げる競技会として主催していたものだが、ギリシア人なら誰でも参加することができた。運動競技、戦車競争、音楽のコンテストなどが行なわれていた。

⇧アンティオコス3世——シリアはローマのほかにも、さまざまな外敵におびやかされたが、アンティオコス3世が次々に敵をしりぞけ、衰退しつつあったセレウコス帝国の再建に成功した。

る。反発したアンティオコスが使者にもたせた回答は、シリア軍の槍騎兵、矛兵、槍兵、弓兵の名簿だった。それを見たフラミニヌスは、いろんな皿がならぶが、実際は豚肉料理しかない夕食のようだなと答えたという。

その後の数年間は、熾烈な政治的駆け引きと軍事的駆け引きの応酬となった。この間にフラミニヌスはギリシア人の司令官フィロポイメンと同盟して、スパルタのナビス王を倒した。当時としてはまだ珍しかったが、フラミニヌスは支配下においた都市とクリエンテス関係（保護者と庇護民の関係）をむすび、フラミニヌスに対する支持と引き替えに、これらの都市を保護下に置いた。

フラミニヌスは知的でギリシア文化に精通し、雄弁さでも策略でもギリシア人に引けをとらなかった。あるとき彼は、マケドニアと同盟関係にあるが、ローマの交戦国ではなかったテーベを訪れた。テーベ市民は城壁の外でフラミニヌスを出むかえたが、町の有力者たちが引き返すときになると、フラミニヌスもいっしょに歩き始めた。フラミニヌスがあまりにも雄弁にしゃべりつづけたため、有力者たちが口をはさむ間もないままに、テーベ市民とともにローマ兵たちまで城内に入ってしまった。この出来事以降、テーベはしぶしぶローマ軍の占領を受け入れることになった。

ハンニバルの最期

ローマに帰還したフラミニヌスは、紀元前189年にクラウディウス・マルケルスの息子とともに監察官に就任した。その後ギリシアに戻り、ビテュニア王にハンニバルの引き渡しを要求した。ハンニバルはローマ人の手に渡ることを嫌って自殺した。

フラミニヌスはこの狭量な行為のせいで、大カトーとの熾烈な政争が始まったばかりの時期に、多くの支持者を失うことになった。フラミニヌスの兄弟ルキウスも、カトーにスキャンダルを取り沙汰されて元老院から追放されていた。フラミニヌスはルキウスの元老院復帰をはたせないままに、紀元前174年に亡くなった。

⇧マケドニア戦争の記念硬貨——馬の尾の下にマケドニア兵の兜が見える。この硬貨には騎兵が描かれているが、キュノスケファライの戦いを勝利にみちびいたのは歩兵隊だった。ただし、騎兵隊は敗走する敵軍に大きな損害をあたえた。

マルクス・ポルキウス・カトー(「大カトー」)

マルクス・ポルキウス・カトー	
生年	前237年ごろ
有名な祖先	カトー(祖父)
母	不明
父	不明
地位	法務官、前198年
	執政官、前195年
	監察官、前184年
業績	凱旋司令官;『農業について』執筆
妻	リキニア;サロニア
子供 息子	マルクス・リキニウス、マルクス・サロニウス
没	前149年、老齢

「あのギリシア人たちの正体を教えてやろう、わが息子マルクスよ。(略)彼らは堕落した手に負えない民族だ。彼らの学問がわれわれのもとに伝われば、何もかもだいなしにされてしまうだろう。医者を送ってきたとすれば、なおさらだ。彼らは薬ですべての野蛮人を殺そうと企んできたのだから。しかも、その罪をわれわれになすりつけようとするのだ! 彼らはわれわれのことをいつも野蛮人と呼び、口汚くののしる。(略)われわれのことをオピキ[オスク人]などと呼んでいるのだ」

(カトーの言葉)
プリニウス著『博物誌』

カトーは自分の家は古い名門であると口癖のようにいっていた。ただローマの出身ではないだけだと。カトーはローマ近郊にある古くからの同盟市、トゥスクルムの出身だったが、父が亡くなるとサビニ人の国にあった小さな農場を相続し、そこに移り住んで農場主となった。

従軍と農業

カトーが初めて従軍したのは、紀元前217年のことだった。しかし、執拗なまでの自己宣伝の性癖をもつカトーは、自分が初めて戦場に出たのは、わずか17歳のときだったと自慢していた。その後カトーは第2次ポエニ戦争中にクイントゥス・ファビウス・マクシムス(⇨p.130)と親交を深め、タレントゥム奪回の際も行動をともにした。さらに、ハシュドゥルバルを倒したメタウルスの戦いにも参戦した。

遠征に出ていないときは農場で働き、農民たちと同じものを食べ、同じように暮らした。すぐれた常識と見識(「カトー」は常識を意味する)の持ち主として知られ、やがて近隣に地所をもつウァレリウス家のフラックスの目にとまった。フラックスはカトーの政治家としての才能を見ぬき、ローマにつれ帰った。

カトーは紀元前205年度の財務官に就任し、シチリアに赴いてスキピオ・アフリカヌスの軍団を視察したが、スキピオのおおらかな性格や、ギリシアびいきや、規律に甘いところに反発をおぼえたらしい。一説によると（おそらく誤った伝承だと思われるが）、カトーがわざわざローマに戻って苦情を申し立てたせいで、スキピオに対する調査委員会が組織されたという。結局、アフリカ遠征の準備に問題点はないとされたが、いずれにしてもこの伝承は、カトーとスキピオがかなり早い段階から犬猿の仲だったことを物語っている。

当然ながらカトーには、アフリカ遠征で功をあげる機会があたえられなかった。そのためサルデーニャ経由で帰途についたが、その途中でカトーはローマ最初期の詩人エンニウスを見いだしている。

行政官カトー

紀元前199年、カトーは按察官（あんさつかん）となり、同僚の按察官とともに平民のための競技会を復活した。翌年には法務官に選出され、シチリアに赴任した。カトーは公費を無駄づかいすることも、汚職に手を染めることもいっさいなく、申し分ないまでに公正で、冷酷なまでに正義をつらぬく人物だった。

紀元前195年、カトーは後援者のウァレリウス・フラックスとともに執政官に就任した。ちょうどそのころ、紀元前215年に制定されたオッピウス法の廃止を求める声が高まっていた。これは女性が1ポンド以上の金を所有することや、色鮮やかな服を着用すること、町から1マイル以内の移動で馬に乗ることを禁じた贅沢（ぜいたく）禁止法である。戦争が終わり繁栄をとり戻したいま、この法律はあきらかに時代遅れだったが、女嫌いのカトーは法律の存続を主張した。結局、常識的な意見が大勢をしめてオッピウス法は廃止されたが、カトーはその鬱憤（うっぷん）をイベリア半島（スペイン）に向けることになった。

イベリア半島における戦勝は、カトーの最大の功績のひとつとされている。この戦いでカトーは司令官として非の打ちどころのない采配（さいはい）を見せ、率先して勇敢な戦いぶりを示し、敵を情

⇧大カトー像——カトーは、さしたる業績のない人物の彫像が建てられることを、快く思っていなかった。「私なら、亡くなったあとに、なぜ私の彫像があるのかとたずねられるよりも、なぜ私の彫像がないのかとたずねてもらう方がよほどうれしい」

ローマの農業

　ローマの町はかなり広かったが、市民の大半は農村部で暮らしていた。ローマ周辺の土地は砂を多く含んでおり、雨が降ると地盤が不安定になった。作物が病気や寄生虫の被害を受けることも珍しくなかった。簡単な貯蔵設備しかなかったため、豊作の年も作物を蓄えることができず、また交通手段が発達していなかったので、他の地域に運ぶこともできなかった。

　ローマの農場ではおもに大麦、小麦、オリーブ、ワインが栽培された。それらの作物に加えて、豚や鳥などの家畜をわずかばかり飼育する農家が多かった。耕作に適さない高地では羊の放牧が行なわれた。換金作物を栽培する農場はほとんどなく、収穫物の大半はそれぞれの農場で消費され、ほんの一部だけが地元の市場で売買されていた。

　共和政期のローマの軍隊は、農民を主力とする徴兵軍だったため、政府は軍隊を維持するためにも、小規模農家の存続につとめた。そのため町の外には小さな正方形の耕作地がずらりとならんでいたが、今日も一部の町の郊外の通りには、このローマ特有の区画割のなごりがとどめられている。

　共和政末期になると、ウィラ（富裕者の邸宅）を中心とする農場経営が発達した。そうした農場は約70ヘクタールの広さをもち、主要作物のほかに、果物と野菜を栽培してローマに運んだ。帝政期に入ると、「ローマの平和」が訪れて社会が安定したおかげで、農業技術が進歩し、耕作地も増加した。

　共和政後期には、南イタリアを中心に、奴隷労働を基本とする大規模農場経営（ラティフンディア）が広まった。ただし近年の発掘により、ローマから小規模農家が姿を消したわけではなかったことが確認された。ラティフンディアが登場したのちも、共和政期の農業は家族単位の小規模農場に支えられていた。そうした農場もまた、奴隷に基本的な労働を頼っており、繁忙期になると周辺から貧しい人びとが集まってきた。

⇩紀元4世紀のモザイク画に描かれたローマの農場——チュニジアのタバルカで発見されたもの。邸宅をかこむ壁の周囲で、各種の農作業が行なわれている（現在もトスカナ州でこの種の農園を見ることができる）。穀物栽培、果物栽培、狩猟など、ひとつの農場でさまざまな生産活動が行なわれていたことがわかる。共和政期の農場は、これとほぼ同様の形で経営されていた。

ローマの領土拡張

ローマが領土を拡大したのは、防衛戦争の結果だったと考えられた時期があった。国境周辺で敵対する部族を征服したところ、新たにできた国境の周辺で別の部族との衝突が生まれ、さらに征服した。そのくり返しだったというわけである。1850年代にこの説を強力に主張したのが、ドイツの偉大な歴史家モムゼンだった。しかし、ローマが「ミッション・クリープ（任務の自然増殖）」にもとづいて地中海世界を征服したという考えは、その後の歴史家たちには受け入れられず、モムゼン説は現在ではおおむね否定されている。

ハリスを筆頭とする今日の歴史家たちは、ローマは共和政期のほとんどの時代を通じて、高度に軍国化された国であったことを指摘している。ローマの貴族はみな軍人であり、高位の行政官は軍の指揮官でもあった。ローマでは軍功がなければ社会的にも政治家としても出世が見こめず、ローマ経済を支えたのは次々に獲得される新しい領土だった。このような社会が純粋に防衛に徹していたとは考えにくい。

属州に赴任した指揮官（属州総督）たちは、民事と軍事の両方の権限をあわせもっていた。「プロウィンキア（属州）」という言葉は、そもそも地理的な範囲を示すものではなく、指揮官の職務領域をあらわす言葉だった。したがって「プロウィンキア」の対象となる地域には、ローマ領でない地域や、将来もそうなる予定のない地域も含まれていた。

紀元前2世紀初めのギリシア進出を機に、ローマは領土拡張の方法を変更した。従来は軍隊が出動して敵を服従させることが多かったが、紀元前2世紀以降は条約を結んだり、従属国をつくるなど、目に見えない形で支配力を行使するようになった。それはローマの覇権が弱体化したわけではなく、より効率的な支配方法に転換したと表現する方が適切だろ

け容赦なく処分した。さらに金鉱と銀鉱を開発して、ローマに莫大な富をもたらした。ローマにつれ帰る費用を節約するため、自分の軍馬を売り払ったというエピソードまで残されている。そしてローマに戻ると凱旋式を挙行し、兵士たちに平均以上の報奨金を支払い、翌年には勝利を記念してウィルゴ・ウィクトリアに小さな神殿を献じた。

政治家カトー

ギリシア遠征ではグラブリオの副官として、アンティオコス3世ひきいるシリア軍と戦った。本人が語ったところでは、カトーの知恵と勇気のおかげで、ローマ軍はテルモピュライで戦況を逆転したのだという。そしてグラブリオはカトーに最高級の称讃と謝意を伝えたというというのだが、グラブリオ本人の話はカトーの話とはまったく異なったものだった。

再度ローマに帰還したカトーは、イベリア半島から戻った後任の司令官の凱旋式に反対し、その結果この人物は式を挙行できなかった。カトーは誰の凱旋式であれ邪魔しただろうと考える人もいるし、それほど能力のない軍司令官の自己宣伝を阻止したのだと考える人もいる。また、スキピオ・アフリカヌスとルキウスの失脚を画策したのもカトーだったとされる。カトーとスキピオ兄弟の確執は、第2次ポエニ戦争後のローマ政界をもっともさわがせた出来事だった。

紀元前189年の監察官選挙に立候補した際には、対立候補となった元上官のグラブリオを、汚職と使いこみにかかわったとして激しく非難した。しかし、この攻撃のせいでグラブリオとともにカトーも市民の支持を失い、両者ともに落選した。カトーは紀元前184年に再度監察官に立候補し、スキピオ兄弟を中心とした反カトー運動にもかかわらず、ウァレリウス・フラックスとともに当選をはたした。

監察官時代とその後

監察官時代のカトーの仕事ぶりは、政敵が恐れていたとおり、

う。たいていの敵は、ローマが軍事力をちらつかせるだけで和議に応じ、実際に軍隊を動かす必要はなかったからである。

そして支持者が期待していたとおりの内容となった。大規模な建設事業・補修事業を手がける一方で、業者をきびしく監視した。贅沢品は課税されるようになり、カトーに不要と判断された彫像は公共の場から撤去された。カトーは英雄フラミニヌスの兄弟を元老院から追放し、さらに別の議員も娘の目の前で妻にキスをしたという理由で除名にした（「キス以上のこと」をしていたという伝承もあるが）。このころ騎士がもちいる馬の費用は国家が負担していたが、カトーはある人物が太りすぎていて騎兵として戦えないという理由で、馬をとりあげたこともあった。ルキウス・スキピオの馬も、彼がスキピオ家の人物であるという理由でとりあげられた。しかし、市民たちはカトーの仕事ぶりを高く評価し、任期の終了後に彫像の建立を決定した。

しかし、カトーは監察官時代にあまりにも多くの敵をつくったため、多くの訴訟をかかえこむことになった。たとえばティトゥス・クインティウス・フラミニヌスは、カトーを告発して、2タラントの罰金刑を勝ちとっている。けれどもカトーがかかわった約45の訴訟のうちで、彼が敗訴したのはこの1件だけだった。人間の評価は、その人物がもっている敵の多さで決まるというのが、カトーの考えだった。もしこの考えが正しいなら、カトーはまちがいなくローマでもっともすぐれた人物だったといえるだろう。カトーは政治家を容赦なく告発したために恐れられており、紀元前171年には、現地の住民を抑圧した罪で属州ヒスパニア（イベリア半島）の総督たちを告発し、追放処分にしている。

カトーが最後に被告となったのは、紀元前153年のことだった。結果はカトーの勝訴に終わったが、さすがのカトーも、新しい世代を相手にみずからを弁明するのはむずかしいとの言葉を残している。それでもカトーは85歳になっても告発をつづけた。最後に告発したのはヒスパニアの総督だったが、この人物は実際に罪を犯していたにもかかわらず、有罪にすることができなかった。

カトーは当時のローマ社会に広まっていたギリシアかぶれの風潮を嫌い、きびしく批判しつづけた。ギリシア人を軽蔑して

⇧アエミリウス会堂を描いた硬貨——この会堂は、紀元前179年に監察官のM・アエミリウス・レピドゥスによって建設され、裁判所として使用された。ちなみにローマ最古の会堂は、紀元前184年に大カトーが自費で建設したポルキウス会堂とされるが、この会堂は紀元前52年の火災（⇨p.284）で焼失した。

いるように振るまい、当時の医者の大半がギリシア人であったことから、息子に医者に近づいてはならないと警告した（カトー自身は健康的な暮らしをしていたので、医者にかかる必要がなかったのだが）。時代の流行にあらがうことはできず、カトーも晩年にはギリシア語を学び始めたが、そのほかの点では態度を変えなかった。同盟国であるペルガモン王国のエウメネス2世がローマを訪れたときも、「王というのは生まれながらに肉食獣のようなものだ」といって、会談に応じなかった。

　すでに年老いていたが、カトーはローマの使節団の一員としてカルタゴに渡り、カルタゴ政府とマッシニッサの仲介を試みた。このときカトーはカルタゴの町を見て、その大きさと豊かさに驚嘆し、ローマの脅威となる前に滅ぼさねばならないことを確信した。カトーはローマに戻ると元老院に出向き、カルタゴからもち帰った新鮮なイチジクをかかげて、このような見事な果物を生産する国が、ローマからわずか3日の距離にあるのだとカルタゴの脅威を訴えた。これ以降、カトーはどのような内容の演説もすべて、「カルタゴは滅ぼされねばならない」という言葉でしめくくったという。一方、スキピオ家はカトーの考えに反対し、スキピオ・ナシカ・コルクルムはすべての演説を、「カルタゴに手をだしてはならない」という言葉でしめくくった。結局カルタゴはカトーの主張どおりに滅ぼされたが、それはカトーが亡くなったあとのことだった。そして皮肉にもローマを勝利にみちびき、カルタゴを滅亡させたのは、スキピオ家の人物、スキピオ・アエミリアヌスだったのである。

ローマの偶像

　ローマ人からは広く尊敬されていたものの、今日のカトーに対する評価は賞賛だけとはいえない。彼が公正で、清廉潔白で、正直な人物だったことはまちがいない。しかし、奴隷や敵に対してはかなり冷酷だったし、政治家としてのカトーはたんなる個人的な恨みから行動していた部分が大きい。実業家、投資家、農場経営者としても、有能であるとともに抜け目がなかった。

　文化面での功績としては、一部現存する農業指南書『農事論』

を著したほか、ラテン語で書かれた最初のローマ史『起源論』も執筆している。

カトーは子どもたちに対しては、想像以上にあまかった。2度結婚し、どちらの結婚でも息子をもうけたが、これらの結婚の経緯そのものからも、彼の人柄の一端を知ることができる。政治家として野心に燃えていたころ、カトーが最初に結婚した相手は、貴族のリキニウス家の女性だった。この女性が亡くなったときには、すでに政治家としての地位が確立していたため、解放奴隷の娘と結婚して物議をかもしている。

多種多様な人物が共和政期に活躍したが、そのなかでもカトーは特異な存在だったといえる。ローマ人はカトーの高潔な理想を熱烈に支持するふりをしたが、実は少なからぬ人びとが、かげで迷惑がっていたという意見もある。

アエミリウス・パウルス

アエミリウス・パウルス	
生年	前229年ごろ
有名な祖先	ヌマ王（？）
母	不明
父	アエミリウス・パウルス
地位	法務官、前191年
	執政官、前182年、168年
	監察官、前164年
業績	ト占官；凱旋司令官
妻	パピリア；不明
子供　息子	ファビウス・アエミリアヌス、スキピオ・アエミリアヌス（他に2人いたが、幼くして死亡）
娘	アエミリア・プリマ、セクンダ、テルティア
没年と死因	前160年、病死

「アエミリウス・パウルスは古くからの習慣に従い、凱旋式の前日に城壁の外で開かれた集会で、みずからの業績を説明した。そして、もし神が彼の業績や幸運をねたむなら、ローマではなく彼に怒りを向けてほしいと祈った。祈りは予言となり、やがてパウルスは大きな代償を支払うことになった」

ウェレイウス・パテルクルス著『歴史』

かつてヌマ王の息子として生まれたマメルクスは、よどみなく話す人物だったので、アエミリウス（「口のうまい人」の意）という渾名がついたと伝えられている。これが、アエミリウス一族の名前の由来である。紀元前216年にカンナエの戦いで戦死した執政官は、このアエミリウス家の人物だったが、彼の娘がスキピオ・アフリカヌスと結婚したことから、執政官の息子アエミリウス・パウルスとスキピオ家のあいだには密接な関係が生まれることになった。

初期の遠征

パウルスは紀元前192年に、エリート神官である卜占官(ぼくせんかん)に任命され、翌年には法務官となった。下ヒスパニアの指揮権(インペリウム)をあたえられ、はじめは苦戦したものの、3年にわたる戦いで大きな成果をあげた。

このころローマは急速に領土を拡大していた。そのためパウルスも、イベリア半島の次は小アジアに派遣され、スキピオ・アフリカヌスとルキウスがアンティオコス3世をやぶったあとの処理を引きついだ。

紀元前182年に執政官に就任すると、パウルスはイタリア北東部に遠征してリグリア人と戦い(現在でもイタリアにはリグリアという名の地方がある)、一時は陣営を包囲されながらも、最終的にリグリア人を制圧した。

紀元前171年、パウルスは圧政に苦しむヒスパニアの住民のために、ローマから派遣された総督を告発した。その後、執政官に立候補するが落選し、神官職と家庭生活で満足することに決めた。プルタルコスによると、パウルスは「ローマでもっとも愛情深い父親」だったという。

といっても、再婚した際には最初の結婚でもうけた2人の息子を、ファビウス・マクシムスとププリウス・コルネリウス・

⇧アエミリウス・パウルスの胸像——誠実で教養にあふれ、軍事にも長けたパウルスは、模範的なローマ貴族だった。

⇩デルフィにあるアエミリウス・パウルスの戦勝記念碑のレリーフ——この記念碑は、おそらくピュドナの戦いを描いたものと思われる。もとはアポロ神殿の正面を飾っていたが、レリーフをほどこしたフリーズのみが現存し、当地にある博物館に収蔵されている。

ギリシア文明の影響

「とらえられたはずのギリシアが、逆に野蛮な征服者をとらえ、未開のラティウムに文明をもたらした」
ホラティウス著『書簡詩』

ローマにギリシア化の波が押し寄せたのは、長らく第2次ポエニ戦争（紀元前218〜202年）のころだったと考えられてきた。しかし、実際はそれよりもはるかに古い時期から、ローマにはギリシア文化が流入していた。

ローマは当初、エトルリア経由でギリシア文化を吸収していた（伝承によると、5代目の王タルクィニウス・プリスクスはギリシア人の子孫であり、エトルリア人の町からローマに移住した人物だったという）。タルクィニウス傲慢王が神託を求めて息子たちを派遣したのがギリシアのデルフィであり、十二表法（⇨p.86）を作成するに際し、ローマが使節を派遣したのもギリシアだった。

紀元前282年にローマの使節ポストゥミウスがギリシア人の都市タレントゥムを訪れたとき、ポストゥミウスはギリシア語で住民と会談したという。また歴史家のファビウス・ピクトルは、ローマ初の歴史書をギリシア語で執筆した。

しかしローマ人が、ラテン文化より高度で豊かなギリシア文化を直接目のあたりにしたのは、紀元前2世紀初めに起こったマケドニア戦争においてだった。この戦いでローマはギリシア支配を確固たるものとしたが、その一方でローマの貴族たちはギリシア文化のとりことなった。教育から建築、音楽にいたるまで、当時のローマでギリシア文化の影響を受けないものは何ひとつなかったのである。

⇗『円盤を投げる人』——ギリシア人の彫刻家ミロンが紀元前450年ごろに制作した青銅像を、ローマ人が大理石で模刻したもの。ミロンによるオリジナルは現存しない。この作品のほかにも、オリジナルは紛失したが、ローマ人のコピーによって後世に伝えられたギリシア彫刻が数多く存在する。

⇨『ラオコーン』——ギリシア神話によれば、ギリシアとトロイアの戦争において、神官ラオコーンはギリシアの木馬作戦（「トロイの木馬」）をトロイア住民に伝えようとしたため、海蛇に襲われたという。これは紀元前2世紀あるいは紀元後1世紀に、ロドス島の3人の彫刻家が制作した作品。ローマにあるティトゥス帝の宮殿で発見された。

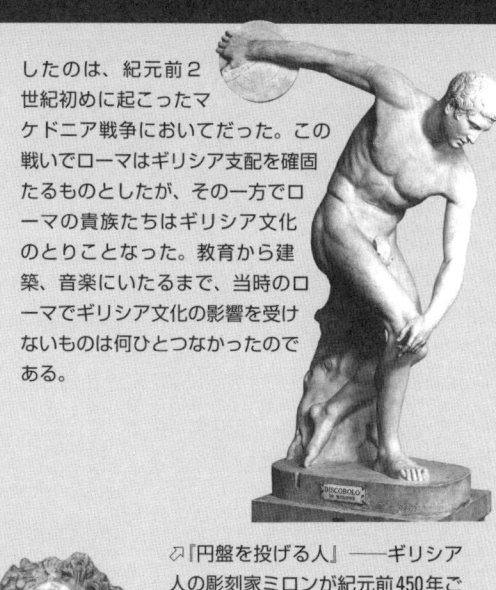

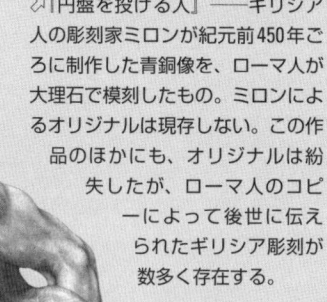

↑パウルスの記念硬貨（紀元前55年ごろ）──中央に描かれているのは、戦勝記念碑。当時、勝者が打ちやぶった敵の鎧(よろい)で記念碑をつくり、戦場に立てる習慣があった。

スキピオのもとに養子にだしている。次男はスキピオ・アエミリアヌスという両家の姓をあわせた名前をあたえられ、その偉大な名前に恥じない人生を送ることになる（⇨p.165）。

マケドニア戦争

　紀元前197年にキュノスケファライでローマ軍に敗れて以来、マケドニアのフィリポス5世はひそかに報復の準備を整えていた。王は計画を実行する前に亡くなったが、後継者のペルセウスに強力な軍隊をのこした。こうしたマケドニアの脅威に立ち向かうため、紀元前168年度の執政官に選ばれたのが、いったんは落選したアエミリウス・パウルスだったのである。

　まもなく戦争が勃発(ぼっぱつ)し、紀元前168年にマケドニアのピュドナで決戦のときをむかえた。ローマ兵たちは、槍で武装するマケドニアの強力な重装歩兵団に真っ向から戦いを挑んだ。のちにパウルスは、戦いから数年を経たのちも、槍を構えて突進してくる重装歩兵を思いだすと冷や汗がでたと告白している。パウルスは陽ざしが敵兵たちの目に入る午後まで、戦闘の開始を遅らせた。戦いが始まると、重装歩兵団がローマ軍を圧倒したが、やがて足並みが乱れ始め、反撃に転じたローマ軍が敵軍のなかに突入した。接近戦となれば長槍より、短い剣の方が威力を発揮する。一時間のうちに戦場は血の海と化した。

　マケドニア軍が数万人もの犠牲者をだしたのに対して、ローマ軍の戦死者はわずか100人程度だった。父とともに戦場に出たスキピオ・アエミリアヌスが行方不明になり、安否が気づかわれたが、夕刻になって無事帰還した。大カトーの息子のカトーは小競り合いで剣を失い、友人たちとともに戦闘の最中に引き返して、剣を見つけだした。スキピオ・ナシカ・コルクルムもこの日の戦いに加わり、めざましい活躍を見せた。のちに、息子の方のカトーはパウルスの娘と結婚するが、パウルスはスキピオ家と親しい関係にあったため、この結婚によってカトー家とスキピオ家の反目が少なくとも休戦状態に入ったものと思われる。

晩年

ローマに戻ったパウルスは、栄光と悲劇を同時に体験することになった。凱旋式が盛大に行なわれ、おびただしい量の戦利品がならべられた。人質のなかには、ローマ艦隊に逃亡をはばまれたマケドニアのペルセウス王もいた。しかしその一方でパウルスは、凱旋式の1週間前に息子のひとりを亡くしており、さらに1週間後にはもうひとりの息子も亡くしてしまった。長男と次男は養子にだしていたので、パウルス家には家名をつぐ人物がいなくなってしまったのである。

紀元前160年度の監察官に就任したころから健康状態が悪化したパウルスは、海辺の保養地ウェリアに移り住んだ。ところが、3年後にはなぜかローマに戻り、結果的にこれが命とりとなって、まもなく病死した。

パウルスは根っからの貴族派として、元老院の権威にもとづく支配体制を支持していた。ギリシア文化を好み、息子たちにはローマの伝統的な教育とともに、ギリシア式の教育もほどこした。清廉潔白で知られ、マケドニア戦争の戦利品によってローマ市民が納税を免除されたときも、パウルス自身が手に入れたのはフィリポス王の蔵書だけだった。彼が亡くなったとき、残された資産では、妻の持参金を払い戻すこともできなかったという。

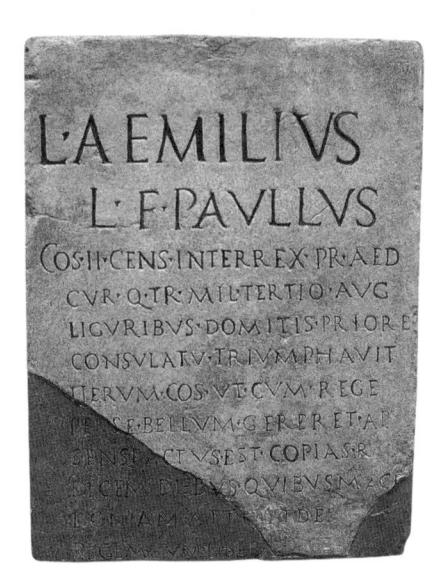

⇨アエミリウス・パウルスの業績と殊勲をたたえる碑文——これはアレッツオで制作されたもの。パウルスは執政官を2期、監察官、選挙期間中の執政者(インターレックス)をつとめたという内容で始まる。

第3章　共和政中期

セルウィウス・スルピキウス・ガルバ
紀元前190年ごろ～136年

スキピオ・アエミリアヌス
紀元前184年ごろ～129年

ティベリウス・センプローニウス・グラックス
紀元前210年ごろ～150年

グナエウス・セルヴィリウス・カエピオ
紀元前181年ごろ～112年

⇨スキピオ・アエミリアヌスの胸像——彼の兵士たちは指揮官に対しても国家に対しても忠実だったが、その後の司令官たちは兵士たちから忠誠を獲得するのに苦労することになった。

セルウィウス・スルピキウス・ガルバ	
生年	前190年ごろ
有名な祖先	なし
母	不明
父	スルピキウス（？）
地位	法務官、前151年 執政官、前144年
業績	告発を逃れる
子供　息子	スルピキウス・ガルバ
没年	前136年

セルウィウス・スルピキウス・ガルバ

「ガルバが集まった人びとの気もちをやわらげたため、ローマ市民は（略）不当なまでに寛大な判決を下した。（略）誰もが彼の有罪を確信していたにもかかわらず、有罪票を投じた人はほとんどいなかった。正義よりも哀れみが審理を左右した。本来ならありえない無罪が言い渡されたのは、彼の子供たちに同情が寄せられたからだった」

ウァレリウス・マクシムス著『名士伝』

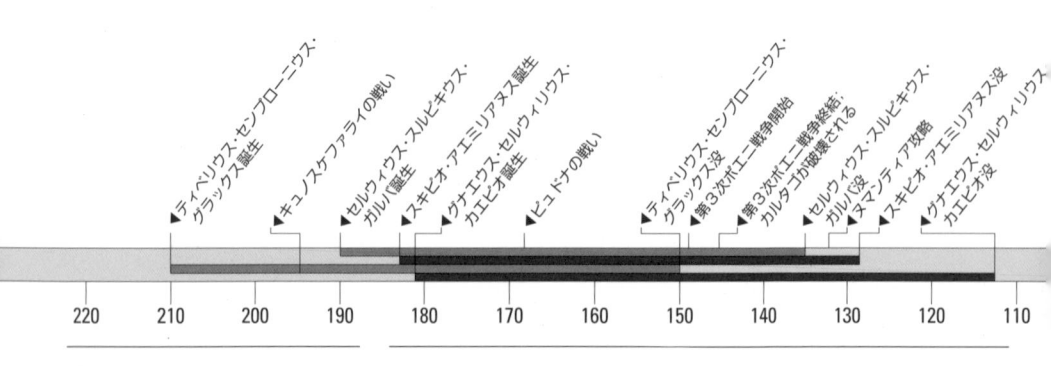

セルウィウス・スルピキウス・ガルバは、のちの紀元69年に即位したガルバ帝の祖先にあたる人物である。ガルバ家はもともと古い家系だったが、第2次ポエニ戦争中の活躍で新たに名声を獲得し、次の世代があいついで高位の公職に当選した。そのうちのひとりは市民係法務官となり、別のひとりはクイントゥス・ファビウス・マクシムス（⇨p.130）の死亡によって空席となった神官職についた。

貪欲な男

セルウィウス・スルピキウス・ガルバは、アエミリウス・パウルスの下で上級将校をつとめ、紀元前168年のピュドナの戦いに参加した。貪欲なことで有名だったガルバは、戦勝後にアエミリウスが配った報奨金が少なかったことに激怒した。さらにアエミリウスの成功をねたんで、凱旋式の挙行を妨害しようとした（結局、凱旋式を阻止することはできなかったが）。

ガルバには友人ができず、人を動かす力もなかったせいで、出世にはやや手間どった。それでも紀元前151年度の法務官に選出され、ルシタニア人の反乱を鎮圧するために、イベリア半島に遠征した。しかし緒戦こそ制したものの、その後の動きは

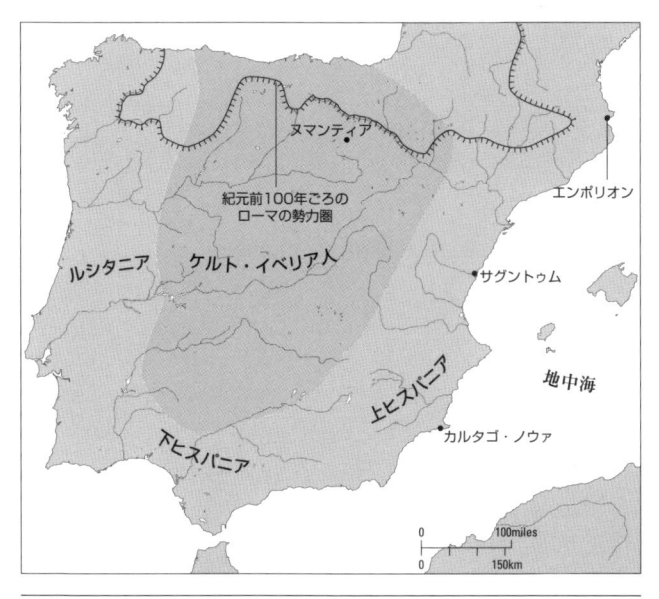

⇨イベリア半島のおもな町と部族——困難な地形と現地民の抵抗のために、ローマはイベリア半島で思いどおりに領土を拡大することができなかった。また、指揮官の多くが欲深く無能だったせいで、征服した土地を維持できないこともあった。しかし、一度支配が確立したあとは、イベリア半島は帝国領内でもっとも平和で豊かな地域となった。

緩慢なものになる。アエミリウスの「過酷な」規律を批判したガルバだったが、彼自身は兵士を統率できなかったのである。疲弊して統制を失ったローマ軍に、ふたたび結集したルシタニア人が襲いかかり、7000人のローマ兵が戦死した。ガルバ本人は近くの要塞都市に逃げこみ、別の司令官ルクルスが救出に駆けつけるまで、一歩も外に出ることができなかった。

しかし翌年になると、ルシタニア人の方からガルバに和平を申し入れてきた。ルシタニア人の土地はやせているため、飢えが目前にせまっていることをガルバは見ぬいていた。そこで、降伏と引き替えに、より豊かな土地を提供することで和平が成立したのである。

虐殺

ところが、ルシタニア人は新たな土地に到着するとすぐに武器をとりあげられ、囲いのなかに入れられて、数千人もの人びとが虐殺された。彼らの持ち物はすべてガルバが独り占めしたとされる。すでに大金持ちであるにもかかわらず、ガルバは金を得るためなら嘘をつき、人をだまし、偽証をすることもいとわなかったが、のちにローマはこのガルバの蛮行の代償を支払わされることになる。ウィリアトゥスという名の羊飼いが虐殺を逃れ、ゲリラの指導者となり、ローマを悩ませつづけることになったのである（⇨p.176の図版）。さらに、この虐殺のせいでローマに対する不信感が半島全土に広まり、その後50年以上にわたり不穏な状態がつづいた。

紀元前149年にローマに帰還したガルバを、護民官たちが告発した。88歳のカトーも、彼にとって最後となった公(おおやけ)の演説で、ガルバの行なった虐殺を非難した。しかし、ガルバは弁が立ったうえに（キケロによるとガルバの口調は古くさかったというが）、巨額の資産にものをいわせて、貴族たちを買収することに成功した。さらに審理に息子たちをつれてきて、この子たちのために慈悲を示してほしいと懇願した（息子のひとりはのちに、ローマで初めて汚職で有罪を宣告された神官となる）。

その結果、ガルバは予想どおり無罪を勝ちとり、紀元前144

年には執政官に就任した。ところが、イベリア半島の指揮権（インペリウム）をめぐって同僚の執政官と激しく対立したため、スキピオ・アエミリアヌスが介入して、兄のファビウス・マクシムス・アエミリアヌスに指揮権をあたえた（のちにガルバの息子は法務官となり、イベリア半島に遠征している）。

　紀元前138年にもう一度、ガルバの名前が記録に登場する。このときガルバは、徴税請負人たちの弁護を担当し、勝訴したようである。リウィウスによれば、ガルバは「あらゆる人びとから憎まれ、ののしられた」というが、その反面、彼は物事を自分の思いどおりに運ぶ、傑出した能力の持ち主だったのである。

スキピオ・アエミリアヌス	
生年	前184年ごろ
有名な祖先	ヌマ王（伝承による）、アエミリウス・パウルス（執政官、カンナエで戦死）
母	パピリア
父	アエミリウス・パウルス
地位	執政官、前147年、134年　監察官、前142年
業績	城壁冠、草冠の栄誉；凱旋司令官（2度）
妻	センプローニア
没年と死因	前129年、心臓発作または暗殺

スキピオ・アエミリアヌス（小スキピオ）

「しかし、スキピオの生涯が栄光に満ちたものであったことを否定できる人がいるだろうか？　永遠の生命（彼はそのようなものをほしがらなかったが）を別にすれば、人間が望んでしかるべきもののなかで、彼の手に入らなかったものがあるだろうか？
　（略）彼は執政官に2度選出され、（略）ローマと激しい敵対関係にあった都市をふたつ滅ぼし、現在の戦争だけでなく未来の戦争にも終止符を打ったのである」

キケロ著『友情について』

　アエミリアヌスは、スキピオ家を代表する人物のひとりだが、コルネリウス一族の生まれではなく、マケドニアを征服したアエミリウス・パウルスの次男として、紀元前184年（あるいは185年）に生まれた。パウルスは再婚する際に、最初の結婚で生まれた2人の息子をファビウス家とスキピオ家に養子にだしたのである。ローマの貴族のあいだでは、こうした養子縁組は珍しいことではなかった。

スキピオ伝説

スキピオは若くして参戦したピュドナの戦いで、ある騒動を起こしている。戦闘が終わりに近づいたころ、行方不明になり、ローマ陣営を大騒ぎさせたのである。あとでわかったところでは、敗走するマケドニア兵を数名の兵士とともに深追いし、味方の陣営と連絡がとれなくなってしまったのだった。

この遠征の経験から、いずれスキピオはマケドニアに赴任するものと思われていたが、スキピオ自身はイベリア半島に赴任することを選び、上級将校としてリキニウス・ルクルスの軍団に加わった。このイベリア半島でスキピオはめざましい活躍を見せ、敵の城壁に一番乗りして軍旗を立てた兵士にあたえられる「城壁冠(コロナ・ムラリス)」を獲得した。

次にスキピオは、スキピオ・アフリカヌスの旧友であるヌミディア王マッシニッサを助けるためにアフリカに渡った。スキピオはカルタゴとマッシニッサの仲介役をかってでたが、ローマの元老院が露骨にマッシニッサ側に立っていたため、仲介は失敗に終わった。紀元前150年、マッシニッサに悩まされつづけたカルタゴが、ついにヌミディアに侵攻した。マッシニッサはカルタゴ軍を撃退したが、この一件が老齢にこたえて、まもなく死亡した。スキピオが見まもるなか、マッシニッサの領土は故人の希望どおりに相続人たちのあいだで分割された。

ローマはカルタゴが同盟国ヌミディアを攻撃したことを口実に、一気に強硬な姿勢にでた。元老院がカルタゴ政府に対し、現在の町を放棄して、海から16キロ以上離れた場所に移るよう要求したのである。しかしカルタゴ側はこれを拒否し、第3次ポエニ戦争が始まった。カルタゴ軍は数では劣勢ながら必死のねばりを見せ、ローマ軍に抵抗した。スキピオも果敢な戦いぶりを見せ、カルタゴ軍の司令官を投降させたことで政治的にも名をあげた。

紀元前147年に、スキピオはいったんローマに戻った。表向きは按察官(あんさつかん)に立候補するためだったが、実は執政官就任に向けて、世論に働きかけるためだった。結局、元老院もスキピオの絶大な人気に負けて、特例としての執政官就任を認め、スキ

⇧マケドニアのペルセウス王──彼はフィリポス5世の長男だったが、ローマと同盟を組むペルガモン王国のエウメネス2世と敵対したために勢力が衰え、ローマの捕虜となって亡くなった。

⇨カルタゴのビュルサの丘にならぶ住居跡──カルタゴがローマの植民市として再建されたとき、この丘が新しい町の中心となった。古い町の遺跡は大部分が破壊された。

ピオにアフリカ戦線の指揮権(インペリウム)をあたえた。

カルタゴ滅亡

　戦地に戻ったスキピオは、前任の司令官たちをしのぐ戦いぶりを見せた。紀元前146年、激しい市街戦ののちに、ついにカルタゴが陥落した。町は略奪され、住民は奴隷として売り飛ばされた。1世紀以上にわたりローマと争ってきたカルタゴの町は、跡形もなく破壊され、土地を永遠に不毛の地とするために塩がまかれた。こうしてかつてカトーが願ったとおりに、カルタゴは滅亡したのである。

　ローマに帰還したスキピオは、ローマ最大の敵を滅ぼした司令官として、盛大に凱旋式を挙行した。その後スキピオはアフリカに戻り、新たな属州の設置を監督した。つづいて紀元前144年から143年にかけて小アジアを歴訪した（公的な使節の一員だったようだが、歴訪の目的はよくわかっていない）。

　紀元前142年にはふたたびローマに戻り、監察官に立候補した。監察官となったスキピオはカトーにならって厳格に任務を遂行しようとしたが（スキピオ家と対立していたカトーも、スキピオ・アエミリアヌスの

⇩ローマ軍がカルタゴを包囲攻撃した際に使用した石──こうした球形の石を、ローマ軍はオナガーと呼ばれた投石器を使って投げたものと思われる。敵を荒っぽく蹴る野生のロバ（オナガー）にちなんで、この名前がつけられた。各軍団が10個のオナガーをもっていたとされる。

勇気と道義心は高く評価しており、生前は親交を結んでいた）が、彼のきびしい提案は同僚の監察官たちに退けられたり修正されたりした。その結果、スキピオは古いタイプの厳格な男という評判こそ広まったものの、敵をつくるほどの仕事は何ひとつできなかった。もっとも実はそれこそが、賢明なスキピオの意図したことだったのかもしれないのだが。

実際に監察官時代のスキピオは、カピトリウムの丘の開発を進めたことと、紀元前179年に完成したローマ初の石橋を補修したことのほかに、大きな業績を残していない。スキピオにとって、アエミリウス橋と名づけられたこの橋を補修することは、アエミリウス一族に忠誠を示す行為に他ならなかった。

ヒスパニア遠征

このようにスキピオ・アエミリアヌスは、すでに同世代の政治家のなかで最大の業績を残していたが、彼の活躍はさらにつづいた。ふたたび戦争が勃発したイベリア半島で、ローマ軍が敵の罠にかかったとき、司令官のガイウス・オスティリウス・マンキヌスは軍団を救うために和平に応じた。ところが、ローマではスキピオがこの不名誉な和平を拒否するよう元老院を説きふせることに成功した。

選挙運動をするまでもなく、スキピオが新年度の執政官に選ばれ、復讐戦に乗りだすことになった。このころのローマは兵力が不足していたため、スキピオが友人と被護民を集めて軍団を編成した。ファビウス一族がウェイーと戦って以来、このような形で軍団が編成されたことはなかった。とはいえ、スキピオは人を見る目をもっており、このときの将校の多くが次の世代の指導者となった。

ローマ軍は情け容赦なく現地住民に襲いかかり、ついに要衝の町ヌマンティアを包囲した。約4000人の屈強なケルト・イベリア人が過酷な状況のなか、圧倒的な兵力をもつローマ軍対して抗戦をつづけた。しかしスキピオは町のまわりに壁を築き、包囲戦によって住民を飢餓状態に追いこみ、降伏させた。この遠征ののちに、スキピオは「アフリカヌス」に次いで、「ヌマ

ンティヌス」という非公式の称号も獲得した。

スキピオとグラックス兄弟

　スキピオは、冷静沈着で穏やかな人物だったとされている。また彼は、ローマで初めて毎日ヒゲをそった人物としても知られる。ギリシア人の歴史家ポリュビオスと親交を深め、その理論に感化されて、ローマの統治は、執政官のもつ王政的要素、元老院のもつ貴族政的要素、護民官に代表される民主政的要素のバランスを保つことが重要と考えていた。そのため、義弟のティベリウス・グラックスが平民の先頭に立って反国家的な動きを見せたときは、みずからの信念と一族に対する忠誠心のあいだで苦しむことになった。そしてティベリウスが殺されたときも、スキピオはどうしても犯人たちを非難することができず、平民の支持を失ってしまう。ティベリウスの支持者の多くは、新たに市民となった人びとや解放奴隷だったが、あるときスキピオは彼らに向かってこう言い放ったという。「私は戦場で、全力で立ち向かってくる敵の兵士たちを何度も見てきた。ローマの継子たちよ、その私が君たちを恐れるはずがないだろう」

　スキピオはその後まもなく就寝中に急死した。妻のセンプローニアはティベリウスの姉であったことから、彼女が夫を殺したのではないかと噂された。スキピオの訃報が伝えられると、政敵たちでさえ、傑出した軍司令官と政治家を失ったことを惜しんだ。のちにキケロも、スキピオを評して「ローマの理想的な政治家」であると位置づけている。

↑ポリュビオスと思われる人物のレリーフ（アルカディア出土）──ポリュビオスはギリシアのアルカディア地方にあるメガロポリスの町で、紀元前208年ごろに生まれた。のちにアエミリウス・パウルスによってローマに連行され、パウルスの息子たちの教師となった。息子のひとりがスキピオ・アエミリアヌスだった。

ティベリウス・センプローニウス・グラックス

「彼は監察官を1期つとめ、執政官に2度選出された。凱旋式も2度にわたり挙行した。しかし、彼を有名にしたのはそうした名誉ではなく、彼の高潔な人柄だった」

プルタルコス著『ティベリウス・グラックス伝』

　センプローニウス一族は、古くからつづく平民の家系だった。

ティベリウス・センプローニウス・グラックス	
生年	前210年ごろ
有名な祖先	センプローニウス（執政官、前215年）
母	不明
父	センプローニウス
地位	法務官、前180年
	執政官、前177年、163年
	監察官、前169年
業績	凱旋司令官
妻	コルネリア
子供　息子	ティベリウス、ガイウス（他の息子たちは幼くして死亡）
娘	センプローニア
没年と死因	前150年ごろ、災厄（？）

ティベリウス・センプローニウスは、第2次ポエニ戦争でめざましい活躍を見せたグラックス家に生まれた人物である。

スキピオ家との関係

ティベリウス・センプローニウス・グラックスは、紀元前210年ごろ生まれた。スキピオ・アフリカヌスの弟のルキウス・スキピオ（「アシアティクス」）とともに、アンティオコス3世ひきいるシリア軍（⇨p.145）と戦ったことから、スキピオ家と生涯にわたり関係をもつことになる。センプローニウスは政治的にはスキピオ・アフリカヌスと対立したが、紀元前187年にカトーとその取り巻きがスキピオを告発した際には、法廷でスキピオ弁護の熱弁をふるった。

あるときスキピオ・アフリカヌスは友人たちから、娘のコルネリアの結婚相手はもう決まったかとたずねられた。まだ決めていないと答えると、それでは誰にするつもりかと質問がつづいた。何気ない会話が真剣な話し合いとなり、スキピオは娘の結婚相手を決めたことを、妻に報告せねばならなくなった。スキピオの妻はアエミリウス一族のパウルス家に生まれた女性だった。彼女はコルネリアをセンプローニウス・グラックスのような人物と結婚させるつもりでいたと腹立たしげにいった。それを聞いたスキピオは胸をなでおろした。センプローニウス・グラックスこそ、彼が選んだ人物だったのである。

センプローニウス・グラックスは紀元前182年に按察官となった。この官職につくと、建築事業と各種の競技会の開催のために多額の資金を用意しなくてはならない。センプローニウスは金持ちではなかったが、被護民と配下の諸部族から実に巧みに大金を調達した。その額があまりにも大きかったため、のちに元老院が按察官の支出額に上限をもうけることになった。

つづいてセンプローニウスは紀元前180年度の法務官に選出された。彼は遠征経験のある小アジアへの赴任を望んでいたようだが、実際に指揮をとることになったのは、ケルト・イベリア人が不穏な動きをつづけるイベリア半島だった。そしてセンプローニウスは、この屈強な戦士たちの土地を完全に平定する。

⇧『ティベリウス・グラックス』──シニョレリ（1450年ごろ～1523年）の工房の作品。妻を守った男性の象徴として描かれ、作品にとりあげられている。ティベリウスは妻コルネリアを救うために命を落としたとされる（⇨p.173）が、そのときの予兆の蛇が足もとに描かれている。

⇨サルデーニャ島のトラルバ遺跡——この遺跡には、紀元前1世紀のローマの建築物と「聖アンティヌスのヌラーゲ」が残されている。「ヌラーゲ（塔状の石造建築）」は古代にサルデーニャ島のあちこちに建てられていた要塞化した家屋で、なかには高さ20メートル以上のものもある。

ケルト・イベリア人

ケルト・イベリア人は、イベリア半島（スペイン）のエブロ川流域を拠点とする勇敢な部族だった。この地方には、ほかにも多くの部族が暮らしていたが、ケルト・イベリア人が独特の言語と服装で目を引いたため、ローマ人はすべての部族をまとめてケルト・イベリア人と呼んだ。

名前が示すように、ケルト・イベリア人の文字と宗教にはケルト人（ガリア人）の影響が色濃く見られた。さらに、ケルト人と同様に半抽象的な絵を好み、服にも武器にもふんだんに装飾をほどこしていた。

ケルト・イベリア人は町を建設するかわりに、丘の頂上に砦をめぐらせて暮らしていたが、これは戦乱の時代に適した暮らし方だったといえる。ケルト・イベリア人は勇敢な戦士として知られ、ゆるやかにカーブした片刃の剣と、重い投げ槍をおもな武器として、軽装で戦った。

紀元前2世紀前半に初めてローマ軍と戦って以来、ケルト・イベリア人はゲリラ戦に転じて、ローマを悩ませつづけた。さらにローマから派遣された総督がことごとく無能だったため、ローマはイベリア半島を平定するのに200年を要した。やがてケルト・イベリア人はローマ帝国に吸収され、その後は半島の平和と繁栄に貢献した。

⇧ケルト人が戦争で使ったホルンの先端——オオカミの頭部をかたどったもの。ホルン全体の長さは1.8メートル以上もあった。

⇨カエトゥラティ族と思われる戦士のレリーフ（オスナ出土）——軽装で丸い小さな盾をもち、乾燥させた腱でつくった兜をかぶっている。

本人は約300の町を降伏させたと豪語したが、歴史家のポシドニウスによれば、そのなかには単独の要塞や砦をめぐらせた丘なども含まれていたという。センプローニウスはきわめて公平な内容の講和を結び、ローマ人の貪欲さと裏切りに慣れっこになっていた現地住民を仰天させた。その結果、この講和条約はその後25年間にわたり守られることになった。

クラウディウス一族とのつながり

ローマに帰還したセンプローニウスは、凱旋式を行なったのちに、紀元前177年度の執政官に就任した。貴族側の執政官にはC・クラウディウス・プルクルスが選出された。まもなく2人は意気投合し、のちにプルクルスの娘のクラウディアがセンプローニウスの息子のティベリウスに嫁いでいる。センプローニウスの娘のセンプローニアはスキピオ・アエミリアヌス（⇨p.165）と結婚し、グラックス家はまたも名門一族と親しい間柄となった。

執政官時代のセンプローニウスはサルデーニャに遠征し、2度の短期戦で島を平定した。このとき、あまりにもおおぜいの島民を奴隷にしたため、奴隷市場が暴落したという。この出来事をきっかけに、非常に安いことを意味する「サルデーニャ人売ります」という言葉が、ローマの慣用句に加わることになった。

ローマの家畜市場の近くにある神殿に、センプローニウス・グラックスの戦歴の一覧表が設置された。それは彼の輝かしい軍功を後世に伝えるためのものだったが、実際の遠征はしだいに政治的な意味合いが色濃くなっていった。紀元前169年、センプローニウスはふたたびクラウディウス・プルクルスとともに監察官となった。2人は騎士階級の人数を容赦なく削減し、徴税請負人（⇨p.193）の賄賂や不正をきびしく取り締まった。またセンプローニウスは広場に隣接したスキピオ・アフリカヌスの邸宅の跡地を買いとり、センプローニア会堂も建設している。

2人の任期が終了すると、改革によって損害を受けた人びとが、法廷と演壇を舞台に報復を開始した。センプローニウス

は平民に人気があったが、クラウディウス一族は伝統的に評判が良くなかった。それでもセンプローニウスはクラウディウスと袂(たもと)を分かとうとはしなかった。

儀式と前兆

センプローニウスは紀元前163年にふたたび執政官に選出された。ただし、今回もっとも注目を集めたのは任期の終了時だった。センプローニウスは後任の執政官たちが気に入らなかったため、次の執政官への引きつぎが終わってから数週間後に、引きつぎの儀式の一部が行なわれていなかったことを「思いだした」。その結果、新しい執政官たちは辞任せざるをえなくなり、選挙もやり直しとなった。

その後、センプローニウスは準公的な使節団の一員として、ようやく小アジア再訪をはたし、当地の裕福な王たちと親交を深めた。センプローニウスが亡くなると、エジプトのプトレマイオス朝の王（どの王だったかは不明）が生前のセンプローニウスとの親交を理由に、未亡人となったコルネリアに結婚を申しこんだという。

センプローニウスの死は、謎につつまれている。伝承によると、彼は子どもたちの部屋で2匹の蛇を見つけた。何かの予兆にちがいないと考えたセンプローニウスは、占い師たちに相談した。すると占い師たちは次のように答えた。「2匹とも逃げるか殺された場合は、家族全員に災いがふりかかる。もしオスの蛇だけが死ねば、センプローニウスが亡くなり、メスの蛇が死ねば、コルネリアが亡くなるだろう」。それを聞いたセンプローニウスは、メスの蛇を逃してオスの蛇を殺し、予言どおりにまもなく亡くなったという。

センプローニウスはローマの貴族の例にもれず冷酷だったが、その一方で正直で公正な人物でもあった。蛇の伝説は作り話だとしても、良き家庭人としてのセンプローニウスの人柄を伝えている。そして政治家センプローニウスの傑出した力量は、彼の息子たちにも引きつがれることになったが、それがどのような実をむすんだのかという点については、大きく意見の分かれ

るところである。

グナエウス・セルウィリウス・カエピオ

グナエウス・セルウィリウス・カエピオ	
生年	前181年ごろ
有名な祖先	なし
母	不明
父	セルウィリウス・カエピオ（執政官、前169年）
地位	執政官、前140年
業績	ルシタニア人をやぶる
子供　息子	セルウィリウス・カエピオ（執政官、前106年）
没年	前112年

「カエピオは敵に打撃をあたえることができないばかりか、部下の兵士たちにおびただしい傷を負わせ、ついには味方によって殺されそうになった。というのも、彼はすべての兵士に対して、なかでも騎兵に対して、情け容赦なく残酷だったため、彼を嘲笑する冗談が夜な夜な語られる始末だったのである」

カシウス・ディオ著『歴史』

　セルウィリウス・カエピオがルシタニア戦争の司令官に任命されたのは、ローマの貴族たちが婚姻関係により、複雑かつ密接につながりあっていたことが原因だった。

家族関係

　紀元前144年、弟のスキピオ・アエミリアヌスの計らいにより、ファビウス・マクシムス・アエミリアヌスがイベリア半島の指揮権を獲得した。兄弟はアエミリウス家に生まれたが、ファビウス・マクシムス家とスキピオ家の養子となっていた。やがてファビウス・マクシムス・アエミリアヌスにかわり、ファビウス・マクシムス・セルウィリアヌスがイベリア半島に赴任する。この男もまた、ファビウス・マクシムスがセルウィウス一族から養子にむかえた人物だった。

　紀元前140年、セルウィリアヌスにかわり、兄弟のグナエウス・セルウィリウス・カエピオが指揮権を獲得し、ルシタニア人との戦いに臨んだ。セルウィリアヌスではなくセルウィリウスという名前が示すとおり、彼は生家にとどまった息子だった。

　一方のルシタニア軍をひきいたのは、セルウィウス・ガルバによる虐殺を生きのび、すぐれた武将に成長したゲリラの闘将ウィリアトゥスだった。ファビウス・アエミリアヌスとこのウィリアトゥスの戦いは一進一退をつづけたが、ファビウス・セ

⇨サグントゥムにある紀元3世紀の劇場——サグントゥムはローマ軍のイベリア戦争で、つねに重要な役割をはたした。第2次ポエニ戦争が始まったきっかけも、ハンニバルがサグントゥムを攻撃したことだった。のちにこの町は有名なゲリラの闘将のウィリアトゥス（⇨p.176図版）との戦いの舞台のひとつとなった。その後、クイントゥス・セルトリウスがこの町を占領したこともあったが、メテルス・ピウス（⇨p.242）によって駆逐された。

ルウィリアヌスは惨敗してしまった。しかし、数に勝るルシタニア軍に包囲され、虐殺を覚悟したそのとき、ウィリアトゥスが思いがけず講和に応じたため、最悪の事態は免れることができた。

不名誉な勝利

敗退した軍司令官の兄弟を後任に任命するということは、敵に対する報復を宣言するようなものだった。事実、カエピオは最初はひかえめに、それでは効果がないとわかると、あからさまにルシタニア人と衝突を起こそうとした。しかし、ルシタニア人側が挑発に乗らなかったため、ついにみずから宣戦を布告した。それでもなおウィリアトゥスは交渉をつづけるために、信頼する副官を2人、ローマ陣営に派遣した。ところが2人はカエピオにいいくるめられ、ルシタニア陣営に戻ると、就寝中のウィリアトゥスを殺害してしまった。

2人がウィリアトゥスを裏切ったのは、カエピオから莫大な報酬を約束されたからだったが、暗殺が成功しても報酬は支払われなかった。こうしてローマはイベリア半島にもうひとつ不名誉なエピソードを残すことになった。ルシタニア人はサグントゥムから追い払われ、ローマ軍に執拗に追いかけられた末に、ついに和平を申しでた。ここでカエピオはガルバと同じま

⇧『ウィリアトゥスの死』——マドラーソ（1815〜94年）の作品。ナポレオンに抵抗したスペイン人ゲリラの話を聞いて育ったマドラーソは、この絵を彼らに対する敬意を表現するために制作した。

ちがいを犯さなかった。ルシタニア人から武器をとりあげると、2度と山賊に戻る必要のないように、約束どおり彼らに農耕に適した土地をあたえたのである。

　カエピオは厳格で情け容赦がなかったため、兵士たちから憎まれていた。みずからの騎兵隊に殺されそうになったこともある。ローマに戻ったカエピオを待ち受けていたのも、数々の告発だったが、彼は弁論はまるで得意でなかったため、もっぱら人脈を頼りに訴訟を切りぬけた。のちにカエピオの息子もイベリア半島で指揮をとるが、この息子は傲慢で名誉欲が強く、そのせいでキンブリ族を相手に大敗を喫してしまうことになる。

ティベリウス・グラックス

紀元前163年ごろ～紀元前133年

ティベリウス・グラックス	
生年	前163年ごろ
有名な祖先	センプローニウス（執政官、前215年）
母	コルネリア
父	センプローニウス・グラックス
地位	護民官、前133年
業績	城壁冠；土地法；卜占官
妻	クラウディア
子供　息子	L・エクイトゥス（?）
没年と死因	前133年、暴動により殺害される

「彼［ティベリウス・グラックス］は、ほかのあらゆる点において、非のうちどころのない人生を送った。すぐれた知性と誠実さはいうにおよばず、生まれもった長所と、訓練によって獲得した能力を兼ねそなえた人物、およそ人間がもちうる最高の美徳に恵まれた人物だった」

ウェレイウス・パテルクルス著『歴史』

⇧コルネリアとグラックス兄弟の像――カウェリエール（1814～94年）の作品。コルネリアは、「スキピオの娘としてではなく、ティベリウスとガイウスの母として有名になりたい」と語ったとされている。

　ティベリウス・グラックスの少年時代に、ローマは地中海の覇権を確立した。ただし、その方法は決して真っ当なものとはいえなかった。カルタゴは第2次ポエニ戦争のあと、思った以上に順調に復興したというだけの理由で、紀元前146年に滅ぼされてしまった。ギリシアのコリントも、あれこれと策略を講じたためにローマの怒りにふれ、同じく紀元前146年に破壊された。しかし、ローマがもっとも傲慢な態度を見せたのは、紀元前168年の出来事だろう。この年にシリアのアンティオコス4世がエジプトを攻撃したとき、ローマはエジプトに使節を派遣してシリア軍の撤退を要求した。王が考える時間をほしいというと、ローマ側のポピリウス・ラエナスは砂の地面に円を引いて王を囲み、考えが決まれば円の外に出てよいと告げた。

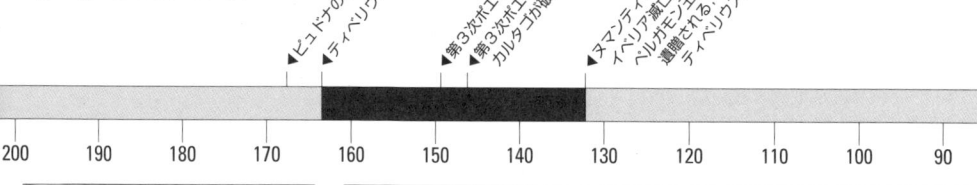

王はラエナスの意図を推しはかり、撤退を決意した。これが「砂に描かれた線」という表現の由来となったエピソードである。

新しい世界秩序

ローマ世界の拡大を反映して、ティベリウスの教師陣にも、雄弁術を教えたミュティレネのディオフォロスやストア学派の哲学者クマエのブロッシウスなど、国際色豊かな顔ぶれがならんだ。母親のコルネリアはスキピオ・アフリカヌスの娘であり、ティベリウスとガイウスにすぐれた教育をほどこしたことで知られる。のちに母子3人がならぶ彫像がつくられ、「グラックス兄弟の母、コルネリア」と刻まれたこともある。

ティベリウスは物静かで思慮深い若者だった。倹約家で整理整頓がゆきとどき、つねに冷静できちょうめんだった。こうした特徴は、彼の冷静で理路整然とした説得力ある話しぶりによくあらわれていた。その一方、彼もまたローマ人のひとりとして、勇敢な精神と冷徹な一途さをもちあわせていた。

ティベリウスはまだ10代なかばのころ、父のあとをついで卜占官(ぼくせんかん)となった。スキピオ家との親交も引きつぎ、スキピオ・アエミリアヌスの軍団に加わって第3次ポエニ戦争に従軍した。このときカルタゴの城壁に一番乗りした兵士のひとりとして、城壁冠(コロナ・ムラリス)を獲得している。

マンキヌスとケルト・イベリア人

次にティベリウスは、ポンペイウス（三頭政治(さんとうせいじ)を行なった大ポンペイウスの祖先）からイベリア半島の指揮権を引きついだガイウス・オスティリウス・マンキヌスの軍団に入った（この戦争の際に、執政官が戦争シーズンの到来とともに戦場に到着できるように暦が修正され、現在の1月1日が年の始まりとなった）。

ローマ軍はケルト・イベリア人を相手に苦しい戦いを強いられることになった。あるとき敵の領地内の奥深くで、夜間に陣営を移動しようとしたところ、総勢2万の軍団が敵にまんま

と包囲されてしまった。ローマ軍には和平を求める以外に道がなかったが、ローマに何度もだまされ、約束を破られてきたケルト・イベリア人は、簡単には交渉に応じなかった。ところが、ローマ軍にセンプローニウス・グラックスの息子がいると知ると、その人物を交渉役に立てるなら話し合いに応じると告げてきた。

こうしてティベリウスの働きで和平が成立し、ローマ兵たちは武器をとりあげられたものの、無事に退却することができた。このときティベリウスは、武器とともに財務官としてたずさえていた会計帳簿を失ったが、後日、帳簿をとり戻すためにケルト・イベリア人の都ヌマンティアに赴いた(おもむ)ところ、無事に帳簿を見つけただけでなく、暖かい歓迎を受けることになったという。

ところがローマに戻ると、まるで様子が異なっていた。勝利の報告に慣れっこになっていたローマで人にとって、ティベリウスがローマ軍を窮地から救ったことは、何ら賞賛には値しない行為だったのである。結局、講和は破棄され、マンキヌスはケルト・イベリア人に引き渡されることになった（ケルト・イベリア人はその受け入れを拒否したが）。長びく戦いに決着を望む声が高まった結果、スキピオ・アエミリアヌスがイベリア半島に乗りこみ、ヌマンティアの戦いに勝利して、積年の抗争に終止符を打った。このとき民族としてのケルト・イベリア人は消滅した。

あるいはこの戦いでスキピオは、甥(おい)にあたるティベリウス・グラックスに向けられた非難を解消したつもりだったのかもしれない。しかし、ティベリウス本人はまったく逆の受けとり方をした。先の敗戦で評判が下がっただけでなく、いまや彼の個人的な名誉までがうち砕かれた。ローマが無神経にも破棄した講和は、ティベリウスがみずからの名においてケルト・イベリア人とむすんだものだったからである。この1年ともたなかった和平の屈辱が、ティベリウスの人生を、そしてローマの歴史を変えたのだと、古代の歴史家たちは口をそろえている。

ティベリウスの支持者たち

　ヌマンティアが破壊され、ケルト・イベリア人が滅亡した紀元前133年は、ティベリウス・グラックスが護民官に選出された年でもあった。この年の護民官のなかでは、ティベリウスが傑出した存在だった。なんといっても、彼はティベリウス・センプローニウス・グラックスの息子であり、しかもスキピオ・アフリカヌスの孫だったからである。さらには紀元前144年の執政官セルウィウス・スルピキウス・ガルバの支持を得ていた可能性があるし、同じく元執政官のマルクス・フルウィウス・フラックスの支援を受けていたことはまちがいない。名門のムキウス一族のスカエウォラ兄弟や、カトー家のガイウス・ポルキウス・カトーも、ティベリウスの後援者だった。

　センプローニウス・グラックスの同僚の息子で、紀元前143年度の執政官をつとめたアッピウス・クラウディウス・プルクルスも、ティベリウスを支えたひとりである。クラウディウス一族の例にもれず、プルクルスもかなり横暴な人物だったようだが、そのことをうかがわせるエピソードが残されている。プルクルスはアルプスでケルト人と戦ったが、凱旋式は認められなかった。ところが、ウェスタの処女であった自分の娘といっしょに戦車に乗りこみ、無理矢理に式を行なってしまった。神聖なウェスタの処女が戦車に同乗していたため、誰も式をとめることができなかったのである。

　さらに、ププリウス・リキニウス・クラッスス〔三頭政治を行なったクラッスス（⇨p.249）の祖先〕もティベリウスを支援していた。かつてローマに初めて護民官が誕生したとき、リキニウス家の人物がそのひとりに選ばれた。それ以来、リキニウス家は一貫して平民の権利を擁護しており、200ヘクタール以上の公有地の個人所有を禁じる法律を制定したのもリキニウス家の人物だった。その後有名無実と化したこの法律を復活させ、さらに内容を強化しようとしたのがティベリウス・グラックスだったのである。

　そのころ、ローマが直面する最大の課題は土地改革にあった。第2次ポエニ戦争以来、兵役期間が長くなり、農民が長期間

農地を離れねばならなくなった。このころから裕福な貴族たちが、盗みや強要、売買など、あらゆる手段をもちいて農民の土地を奪い、安価で兵役の必要もない奴隷を使って、ラティフンディアとよばれる広大な農園を経営するようになったからである。貴族たちは公有地にも進出し、数世代にわたって公有地を、まるで私有財産のように占有し、貸し借りしたり、持参金としてもちいるようになっていた。ただし、発掘結果が示すように、自作農がまったくいなくなったわけではなかった。ウェイーなどいくつかの地域では、小規模の土地所有がなお一般的だったが、いずれにせよ、ローマ軍を支える自作農の数が激減したことはまちがいなかった。

土地改革

　ティベリウスは土地を奪われた農民に対して、公有地やリキニウス＝セクスティウス法にもとづいて没収した土地をあたえる計画を発表した。一家族につき約30エーカーの土地を分配し、売却その他いかなる方法によっても所有権を移転することを禁止する。これは富裕層による大土地所有を制限し、自作農の人口の回復をはかった改革案だった。

　この法案が成立すれば、ティベリウスはローマにはかり知れない発展をもたらすとともに、ケルト・イベリア人との和平を破棄した元老院に復讐をはたし、スキピオをしのぐ評価を勝ちとることができただろう。しかしティベリウスの動機は、そうした野心というよりも、歴史家のアッピアノスによれば、もっと純粋なものだったようである。アッピアノスはティベリウスの言葉を引用して、その点を次のように説明している。

「イタリアに住む野獣たちでさえ、体を休めるねぐらをもっている。それなのにイタリアのために戦い、死んでゆく人たちには、空気と日光のほかに何もない。（略）彼らは世界の支配者と呼ばれるローマの一員であるにもかかわらず、自分のものといえる土地は土くれほども、もっていないのだ」

　ティベリウスの提出した土地改革法案は、一分の隙もない見事なものだった。紀元前133年の執政官は保守派のピソ・フル

ギと法学者のスカエウォラだったが、法学者であるそのスカエウォラの前に出しても、申し分のない内容だったようである。ティベリウスが求めたのは理にかなった法律であり、彼の考えた法案は、道徳的にも法的にもじゅうぶんな正当性をもっていた。さらにティベリウスには強力な支持者もいたため、法案の成立を妨げるものは何もなさそうに見えた。反対しているのは、正当な理由もないままに、私利私欲を守ろうとしている人びとだけだったからである。

ティベリウス対オクタウィウス

ところが、護民官のひとりであるマルクス・オクタウィウスが、民会に提出された法案を拒否した。ポリュビオスの言葉を借りれば、護民官は「平民が命じることをすべて行なう」ことを任務としている。にもかかわらずオクタウィウスがこの法案を拒否したのは、当時の護民官が寡頭政治の弊害にすっかり汚染されていたことを示している。

このときティベリウスは敗北を一度受け入れ、ふたたび法案を提出する機会を待つべきだったかもしれない。あるいは、土地改革をあきらめて、政治家として輝かしい人生を歩むべきだったかもしれない。しかし、ケルト・イベリア問題における屈辱につづいて、法案成立にも失敗したことで、ティベリウスはもうあとには引けなかった。その結果、没収地に対する補償を撤回して、問題をさらに大きくしてしまったのである（ただし、オクタウィウスに対してだけは、私財を投じて補償を行なった。それはオクタウィウスが土地改革に個人的に利害をもっていることを公に示すための行動だった）。

オクタウィウスが拒否権を行使できたように、ティベリウスもまた護民官として同じ手段に訴えることができた。そして実際に、彼がローマの公的な手続きのすべてに対して拒否権を行使したせいで、財政、立法、司法の各機能が停止した。それでもオクタウィウスはティベリウスの法案を拒否しつづけた。そこでティベリウスはふたたび民会を召集して、最終提案を提出した。それはオクタウィウスが拒否を撤回しないなら、彼を罷

護民官（トリブーヌス・プレブス）
「護民官は、平民のあいだから誕生した職務であるから、平民の代表としての役割が何よりも重要である。護民官は自分を他の平民より偉いと考えてはならない。容姿、服装、暮らしぶりなど、すべての点において、一般市民と同様であることが重要である。執政官と法務官なら威風堂々としているのもふさわしいが、ガイウス・クリオがよく口にしたように、護民官は人びとの下に存在するべきであって、尊大にふるまったり、近寄りにくい存在であってはならない。護民官はつねに他の人びとのために働き、民衆が近よりやすい相手でなくてはならない。したがって、護民官はたんに家の扉を閉ざしてはならないだけでなく、避難する場所を必要とする人びとのために昼夜を問わず開けておかなくてはならない。身なりは質素なほど権威が増す。ローマの人びとは、護民官が貧しい人びとに手をさしのべ、祭壇のように誰でも近づける存在であってほしいと望んでいる。護民官は人びとからあたえられる人望によって、尊く神聖な不可侵の存在となるのである」
プルタルコス著『ローマをめぐる諸問題』（『倫理論集』所収）

免するという内容のものだった。

投票が行なわれ、あと1票でティベリウスの動議が過半数を獲得するというところで、ティベリウスは再度オクタウィウスに拒否を撤回するよう求めた。しかし、オクタウィウスは態度を変えず、投票の結果、護民官を罷免された。

このような罷免は前例がないばかりか、違法だった可能性もある（キケロにいわせれば、「治安攪乱行為」だった）。ティベリウスの支持者たちでさえ戸惑い、政敵たちは任期の終了とともにティベリウスを告発するかまえをみせていた。結局、土地法案は成立したものの、元老院は土地分配事業への資金の提供を拒否した。

さらに、スキピオ家から新たな敵が出現した。紀元前138年の執政官スキピオ・ナシカである。ナシカは広大な公有地を占有しており、それを手放す気など毛頭なかった。このナシカの傲慢さを物語るエピソードがある。あるときひとりの農夫と握手をしたところ、その農夫の手にはタコがたくさんあった。そのことに気づいたナシカは、農夫に対し、君は足ではなく手で歩いているのかとたずねたという。これが原因でナシカはその年の選挙に落選した。

挫折

さらに事態を悪化させる出来事が東方からもたらされた。小アジアのペルガモン王国（小国ながら豊かな王国だった）の国王アッタロス3世が、王国をローマに遺贈すると言い残して亡くなったのである。ティベリウスはこのペルガモン王から遺贈された資産を、土地分配事業にあてるための法律を制定した。この行為に元老院が激怒し、護民官がローマの外交政策を蹂躙していると非難した。ペルガモンの使者が真っ先にティベリウスのもとを訪れたことも、事態を複雑にしていた。アッタロスはティベリウス・センプローニウス・グラックスの友人だったから、その息子のもとを訪れるのは当然のことだったのだが、人びとは東方から来た使者が、ティベリウスに王冠と紫衣をさしだして、ローマ王を名のるようにすすめたと噂するようにな

カピトリウムの丘

ティベリウス・グラックスが最後の集会を開いたことで知られるカピトリウムの丘は、ローマが建国される前から宗教的な機能をもっていた。このことは古代の伝承や文献でふれられていたが、近年、青銅器時代の建造物の跡が確認されたことで、考古学的な裏づけが得られることになった。

タルクィニウスが「最善最大の神」ユピテル・オプティムス・マクシムスをまつる大神殿を建立したことで、カピトリウムの丘はローマの宗教の中心地としての役割を確固たるものとした。この大神殿は紀元前83年に火災で焼失したが、第1次ポエニ戦争で活躍した司令官カトゥルスの子孫であるルタティウス・カトゥルスによって再建された。その後、紀元69年の戦闘で破壊され、神殿の基礎を残すのみとなった。

ローマが共和政に移行した年に、カピトリウムの丘はユピテル、ユーノー、ミネルウァの三神にささげられた。このことから、これらの神を「カピトリウムの三神」と呼ぶ。地中海世界の各地に建設された数多くの植民市でも、ローマの町にならって神殿と三神像が建立された。

カピトリウムはローマにある有名な7つの丘のなかで、もっとも小さい丘である。2つある頂上のあいだに、ロムルスが神殿を建て、聖域にしたとされる。広場に面した絶壁の上には、罪人を投げ落として殺した「タルペイアの岩」がある。その他、丘には神官が占いを行なった質素な小屋もあった。

ローマの新年は、執政官がカピトリウムの丘で生贄(いけにえ)をささげることで始まった。総督が属州に出発する前に誓いをたてたのも、このカピトリウムの丘だった。そして総督が戦争で勝てば、凱旋式の行進の最後に、やはりこの丘に到着して生贄をささげたのである。

のちの帝政期、ローマ帝国の中心は皇帝の暮らしたパラティヌスの丘だったが、共和政ローマの中心は、このカピトリウムの丘だった。だからこそ、ローマがケルト人に占領されたとき、ローマの人びとはこの丘を最後まで守りぬいたのである。もっともそれは伝承にすぎず、実際はこの丘もケルト人の手に落ちた可能性もあるが、いずれにしても、ローマにある丘のどれかひとつを守るとすれば、カピトリウムであったことはまちがいない。

⇨カピトリウムのユピテル神殿の前で生贄をささげるマルクス・アウレリウス帝──共和政期の神殿は紀元69年に破壊されたが、カピトリウムの丘で行なわれる生贄の儀式は約1000年間変わることなくつづけられた。

トーガ

　ローマ市民を他の人びとと区別するうえで、おそらくもっとも役に立ったのが、トーガと呼ばれる独特の衣服だろう。ところが、実際にローマ市民がどれくらいの頻度でこのトーガを着用していたのか、詳しいことはわかっていない。

　ローマ市民が公の場でトーガを着用していたことは、まちがいない。トーガを着た彫像が数多く残されているのもそのためである。しかし、留め具などがいっさいないトーガを着て、幾重にも重なった優雅なドレープ（ひだ）を保つためには、つねに左腕を曲げておかなくてはならず、まったく実用的な服とはいえなかった。

　トーガは羊毛でつくられており、特別な場合をのぞいて、染めずに白色のまま着用した。公職に立候補した人は、染めていないことを示すために、さらに漂白することさえあったようである。今日の「立候補者（キャンディデート）」という言葉は、その「漂白したトーガ（トーガ・カンディダ）」を語源としている。一方、色のついたトーガの用例としては、凱旋式で司令官が紫色に染めたトーガを着用したほか、一部の公職で、ふちだけを紫色に染めたトーガの着用が認められていた。

　ローマの人びとは、哀悼や悲しみをあらわすときのために、濃い色の羊毛でつくったトーガも用意していた。裁判に出廷するときや、国家に災難が起こったとき、家族が亡くなったときなどに、濃い色のトーガを着用した。

　トーガを着るのは、生まれながらの自由民であるローマ人の男性にかぎられていた。トーガはエトルリアからローマに伝わったものとされるが、エトルリアでは男女ともにトーガ、あるいはそれによく似た衣服を着用していた。

　トーガは半円形の大きな一枚布で、その外周は約6メートルにもおよぶ。着用する際は、まず片端を背後から左肩にかけて、体の前面に垂らした。その後、複雑なドレープをいくつもつくり、すべてのドレープを曲げた左腕の上にまとめた。

　帝政後期までにトーガはほとんど着用されなくなった。共和政末期にはすでに、アウグストゥス帝が市民に対して、トーガをめったに着用しないことについて苦情をのべるまでになっていた。しかし市民たちにとっては、公式な場でも私的な場でも、簡便なチュニックの方がありがたかったのはまちがいない。さらに、羊毛を何重にも体に巻きつけるこの服は、冬ならともかく、夏にはかなりの苦痛に感じられたことだろう。

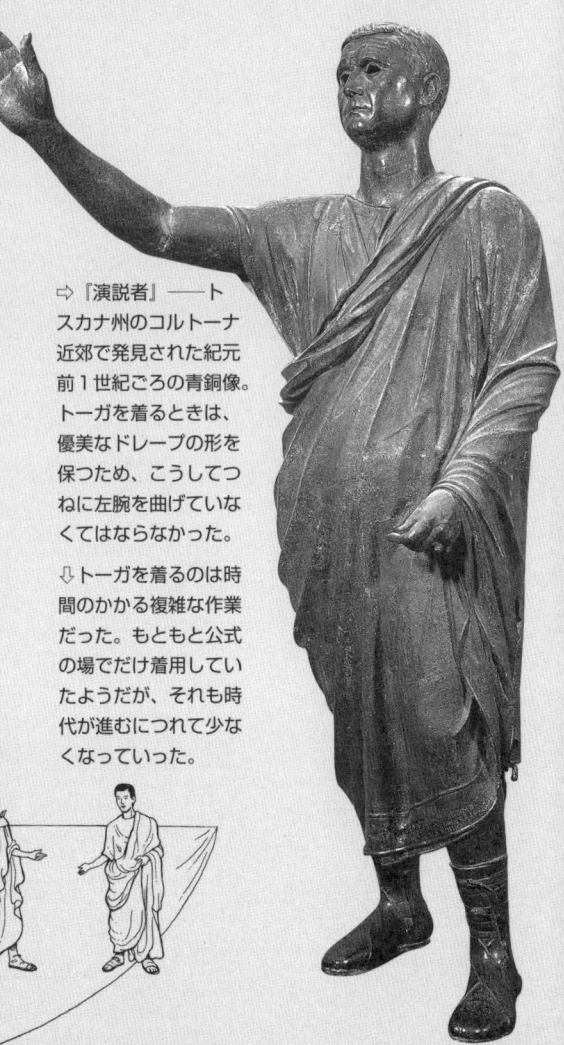

⇨『演説者』——トスカナ州のコルトーナ近郊で発見された紀元前1世紀ごろの青銅像。トーガを着るときは、優美なドレープの形を保つため、こうしてつねに左腕を曲げていなくてはならなかった。

⇩トーガを着るのは時間のかかる複雑な作業だった。もともと公式の場でだけ着用していたようだが、それも時代が進むにつれて少なくなっていった。

⇧『ペルガモンの大祭壇』──トルコ西部の町、ペルガモンのアクロポリスにあったゼウスのための大祭壇。神々と巨人の戦いになぞらえて、ペルガモン王国とガラテヤ人（ケルト人の一部族）の戦いを表現している。1879年にドイツ人の考古学者フーマンが発見し、ベルリンにある美術館にもち帰った。

ったのである。

　政敵からの告発を逃れるために、ティベリウスは再度護民官に立候補した。しかし、これは慣例に反する行為だったため、ただちに批判の声があがった。7月下旬という時期もティベリウスにとって不運だった。支持者の大半が農作業に従事し、ローマを留守にしていたからである。まもなく黒衣に身をつつんでローマの町を歩きまわるティベリウスの姿が見られるようになった。彼は、もし自分が護民官再選をはたせなかった場合は、どうか母と幼い息子の面倒を見てほしいと、目に涙を浮かべながら訴えていた。

　選挙は手続きをめぐって紛糾し、実施されなかったが、ティベリウスは同僚の護民官たちから完全に見放された。その日、ティベリウスはカピトリウムの丘で夜がふけるまで支持者を呼び集めた。翌日の占いは凶と出たため、ティベリウス（彼自身もト占官(ぼくせんかん)だった）は引き下がることも考えたが、事態はすでにあと戻りのできない段階まで進んでいた。そのころ元老院ではスキピオ・ナシカが、ティベリウスを制止しなくてはなくて

はならないと訴えていた。これに対して、グラックス派の執政官ムキウス・スカエウォラが、元老院は平民の問題に介入できないと反論していた。

流血の最期

それを聞いたナシカが立ちあがり、祭司が生贄（いけにえ）を捧げるときと同じように、トーガの先端を頭にかけた。大神祇官（だいじんぎかん）であるナシカが示したこの行為は、ティベリウスに対する暴力の承認を意味していた。ナシカは支持者たちを引きつれて、ティベリウスが集会を開いているカピトリウムの丘に向かった。まもなく殺戮（さつりく）が始まり、数百年にわたって交渉と議論で内紛を解決してきたローマで、暴力による決着が復活した。

勝ったのはナシカだった。グラックス派はティベリウスを含む百人以上が殺害され、遺体はテヴェレ川に投げ捨てられた。

こうして貴族側が勝利をおさめたが、その代償は大きかった。この事件以降、ローマはグラックス派と反グラックス派に分裂した。そして、どちらもティベリウスの弟のガイウス・グラックスに注目した。ガイウスは兄の死を警告と受けとるだろうか、それとも挑戦と受けとるのだろうかと。

ガイウス・グラックス

紀元前153年ごろ～紀元前121年

ガイウス・グラックス	
生年	前153年ごろ
有名な祖先	センプローニウス（執政官、前215年）
母	コルネリア
父	センプローニウス・グラックス
地位	護民官、前123年、122年
業績	各種の法律
妻	ユニア（？）、リキニア
子供	少なくとも2人、詳細は不明
没年と死因	前121年、自殺

「ひとつだけ希望をのべるとするなら、この乱世のなかでどうか私に静かな暮らしをさせてほしい。なぜなら、私の家族はもっとも高貴な家系であるが、あなたがたのために兄を失い、いまやスキピオ・アフリカヌスとティベリウス・グラックスを祖先にもつこの家系には、私と幼い少年ひとりしか残っていないのだから」

ガイウス・グラックスの演説

　ティベリウス・グラックスが殺害されたことで、ローマは内乱寸前の状態となった。激怒する平民をなだめるため、元老院はティベリウスが提案した土地分配事業を容認した。

ティベリウスの遺産

　ある人物が証言しているとおり、「元老院は護民官を罰したが、彼の法律は存続させた」ことはたしかである。幸いにも、ティベリウスの土地法にもとづいて土地を分配した際の境界石碑が、現在も残されているのである。

　紀元前132年、反グラックス派に属する2人の執政官が、残忍な魔女狩りを始めた。ある人物は毒蛇のいる檻に投げこまれて殺された。ウェティウスという人物は死刑を宣告されたが、そのころ20代になったばかりだったガイウス・グラックスが

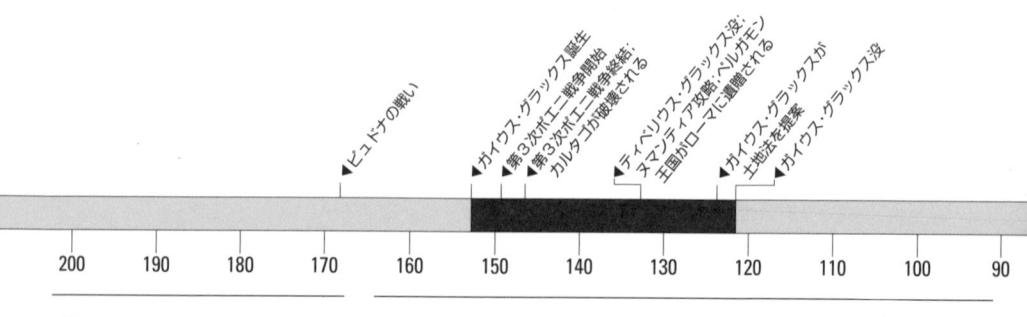

必死に弁護したおかげで、刑の執行を免れることができたという。

ガイウスは兵士の最低年齢である16歳で入隊した。その後、叔父にあたるスキピオ・アエミリアヌスのもとでヌマンティア攻略に参加し、紀元前126年に財務官に就任した。ガイウスは高潔さにおいても品行においても、グラックス家の名に恥じない優秀な軍人だった。のちに彼は、グラックス派の支持者クラッススの娘リキニアと結婚している（ガイウスの死後、リキニアはブルートゥス家の男性と再婚する。この人物は政治的にはガイウス・グラックスと対立する立場だったが、道徳的にすぐれている点では共通していた）。

ガイウスが隠者のような静かな暮らしを好んだのは、兄が殺害されたせいだと噂されていた。しかしガイウスは、紀元前131年に行なった演説で、みずからの意思をはっきりと語り、ローマ市民を驚かせることになった。「最高の兄であったティベリウスを殺した悪党どもよ。私が同様のやり方でお返しをするのを、しっかりと見とどけるがいい」

権力の座へ

ガイウスは、中核となる支持層をもたなかったことがティベリウスの最大の弱点だったと考えていた。そこでガイウスは騎士階級ならびにイタリア各地の諸部族との連携を深めていった。とくに後者はこの時期、ローマの横暴な態度に耐えかねて不穏な動きを見せており、かつてローマと緊密な関係にあったリリ川沿いの町フレゲッラエなどはローマの圧政に追いつめられたあげく反乱を起こし、法務官オピミウスに容赦なく破壊されてしまった。

ガイウスが護民官への出馬を表明すると、元老院はガイウスがシチリアに遠征中であることに目をつけ、現地の司令官の任期延長を決定した。このような場合は若手の将校たちも司令官とともに任地にとどまらねばならない。ところがガイウスは慣例を無視してローマに帰ってきた。監察官の前に呼びだされたガイウスは、すでに自分が12年間も軍役に服していることを

↑土地の境界を示す石碑（紀元前132/1年ごろ）──C（ガイウス）・センプローニウス、Ap・クラウディウス、P・リキニウスの3人の名前が刻まれている。この種の石碑が各地に残ることから、グラックス兄弟が命がけで達成しようとした土地改革が、おおむね実現を見たことがわかる。

訴えた（必要とされる兵役期間は10年だった）。さらに、法律上はひとつの任地に1年以上とどまる必要はないが、ガイウスはシチリアにすでに3年間滞在していた。

こうしてガイウスは、元老院の妨害をはねのけて紀元前123年度の護民官に選出された。ガイウスの性格は兄のティベリウスとは正反対で、冷静で思慮深かったティベリウスに対し、ガイウスは感情的で激しやすかった。しかし、ティベリウスが衝動的になったり頑固になったりした部分で、ガイウスは思慮深さを見せた。弁論家としての才能にも特筆すべきものがあり、グラックス兄弟とは意見を異にしたキケロも、のちにガイウスの死について、ラテン文学にとって「計り知れない損失」だったと語っている。ただし、ガイウスはつねに上品な言葉使いに終始したわけではない。たとえば、母親を侮辱されたときなどは相手に激しくかみついた。

ガイウスは激しやすい性格であることを自覚しており、奴隷に笛をもたせて、興奮しすぎたときは合図を送らせるようにしていたという。私生活では真面目で人を説得する力があったというが、遊び好きで、まともなローマ人なら眠りについている時刻に騒々しく帰宅していたという同時代人の記述も残されている。

国家の立て直し

しかし、夜遊びが日中の激務に支障をきたすことはなかった。ガイウスは卓越した行政手腕を発揮して、国家の組織を上から下まで再編した。細部に気を配りながらも、問題の大筋を見失うことは決してなかった。おそらく護民官に就任するまでの10年間に、周到に計画を練っていたのだろう。

ガイウスが真っ先に行なったのは、復讐と警告だった。彼が通した法案により、平民の前で裁判を行なわずにローマ市民を処刑することは違法となった。この法律は遡及法であったため、紀元前132年に前述の魔女狩りを行なった執政官ポピリウスが亡命に追いこまれた。また、平民から罷免された者はその後いっさいの公職につけないとする法案は、あきらかにオクタウィ

アヌスを念頭においたものだったが、これは母コルネリアに反対されて撤回した。

　ところで、当時のローマは穀物を輸入に頼っていたが、天候や奴隷の暴動、ときにはイナゴの大量発生などによって、価格が大きく変動していた。ガイウスはこの問題を解決するために、政府が毎年、一定量の穀物を買いあげて、手ごろな価格で住民に供給する制度を導入した。キケロが「（平民への）大胆な賄賂」と呼んで非難したこの制度により、ガイウスは平民からの支持をたしかなものにしたが、元老院議員たちは国家財政が圧迫されることを懸念して反発した。あるときガイウスは反対派の指導者ピソ・フルギが穀物の配給の列にならんでいるのを見つけた。驚くガイウスに向かってピソはこういった。「私の財産を盗んで平民に分配するというなら、少しでもそれをとり戻すために、こうして列に加わるまでだ」

　しかし、ピソたちの心配は杞憂に終わった。ガイウスは小アジアから莫大な富を吸いあげることで、財政問題を一気に解決したのである。ガイウスはその方法として、属州における徴税を民間人の運営する「会社」に委託する制度を導入した。この徴税請負制度は、共和政が終焉をむかえるまで実施されることになる。元老院議員はこれらの「会社」の運営に関与することを禁じられたため、騎士階級が属州の徴税業務を独占して、莫大な利益をあげることになった。

　ガイウスは司法面でも、元老院の力をおさえ、騎士階級の台頭をうながした。属州総督による不正利得を審理する陪審団から、元老院議員を排除し、騎士階級だけで陪審団を組織することを提案したのである。野心家の元老院議員なら誰でも属州総督になりたがったから、騎士階級から嫌われることは致命的な痛手となる。元老院はもちろん激しく抵抗したが、ガイウスの陪審改革法案は一票差で可決された。ここにローマ史上初めて、元老院による権力の独占が崩れたのである。ある人物は次のように語っている。「騎士階級は護民官を支持する見返りに、望むものをすべて手に入れ、元老院議員たちをふるえあがらせた」

　この法律の一部、あるいはこの法律にもとづく別の法律を刻んだ真鍮製の碑文が現存しており、90行におよぶラテン語

⇧穀物の測量——オスティアの同業組合広場の床に描かれたモザイク画。紀元2世紀のもの。グラックス兄弟の時代、ローマは約25万人の人口をもち、食料の大半を輸入に頼っていた。そうした状況のなか、ティベリウスは貴族による土地の独占を是正するための「土地法」を、ガイウスは小麦を貧困層へ供給するための「小麦法」を提出した。

（かなり損傷しているが）から、ガイウスの改革案を細部まで知ることができる。

元老院の反撃

さらに、元老院が執政官に求める仕事の内容は、選挙前に決定されるという新たな制限が課された。その結果、元老院の政策への関与は、かなり間接的なものとなってしまった。

このようにガイウスの改革は非常に多岐にわたったため、31歳の若さで精力的に働いても、1年の任期では時間が足りなかった。しかし、ガイウスは再出馬の意思がないことを表明し、かわりに同志の元執政官フルウィウス・フラックスを応援した。執政官経験者が護民官に立候補するのは、前例のない出来事だった。

しかし投票の結果、ガイウスは立候補しなかったにもかかわらず護民官に当選した。プルタルコスによれば、それは「本人が望んだわけでも求めたわけでもなく、平民の自発的な投票による」当選だったという。2期目をむかえたガイウスは旧カルタゴの地に大規模な植民都市を建設することと、同盟市の住民にローマ市民権をあたえることの2点に全力を傾けた。どちらの計画にも賛否両論が巻き起こるなか、ガイウスは植民市建設を視察するためにカルタゴに渡った。しかし元老院はこのチャンスを逃さなかった。ハンニバルが痛感し、のちにユリウス・カエサルが思い知らされるように、ローマの元老院議員たちほど、執拗に恨みを持続できる人びとはいなかったのである。

元老院のデマ

元老院は平民をガイウスから離反させるために、やはり護民官だったリウィウス・ドゥルーススと手を組んだ。ドゥルース

徴税請負業者（プブリカニ）

　共和政ローマの領土は、最盛期には、西は大西洋から東は黒海沿岸にまでおよんだ。そうした広大な領土を、現代の中規模程度の都市と同じくらいの数の役人で統治していたのである。

　なぜそのような少人数で広大な領土を統治できたかといえば、ローマが国家の機能のほぼすべてを民間人や、民間人が集まって組織した「会社」に委託したからだった。プブリカニと呼ばれるそうした民間人は、監察官から公共事業（道路や水道橋など）、物資の調達（馬や鎧）、サービス（とくに徴税）などを受注し、国庫から報酬を受けとっていた。

　各事業の請負業者は公的な入札によって決定された。もっとも低い入札価格を提示した業者が事業を請け負ったが、報酬がかなり低いときは、契約が成立したのちに再交渉を求める場合もあった（大カトーの時代にもそうしたことがよくあったが、業者たちはカトーから冷たくあしらわれたという）。

　ポエニ戦争の際も、プブリカニは兵器調達という重要な仕事を請け負ったが、暴利をむさぼったり、質の悪い品物を提供して、問題となったこともあった。ポエニ戦争が終わると、プブリカニはイベリア半島の銀鉱を再建して大もうけし、国家にも巨額の富をもたらした。それほどの富をつくりだすことができたのは、奴隷を過酷な条件で酷使したからだったとされる。

　共和国の発展とともに、各種の間接税が導入されると、プブリカニは会社を組織して、入港税や道路通行料の徴収を代行するようになった。またガイウス・グラックスの法律によって、属州アシアで十分の一税を徴収する権利を獲得したあとは、プブリカニは富と勢力を一気に拡大していった。ローマ領内でもっとも豊かなアシアで税を徴収することで、巨額の富を得ることができたからである。一方、現地の住民がプブリカニの過酷な取り立ての犠牲となったことはいうまでもない。

　こうした請負業は、事実上、騎士階級に独占され（元老院議員は商業活動に関与することを禁じられていた）、さらにプブリカニとなった騎士たちが、騎士階級全体を支配するようになった。騎士には属州総督の不正を審理する裁判権もあたえられており、そのためプブリカニによる搾取を抑制しようとした総督は、逆に法を無視した裁判で有罪を宣告されるおそれがあった。この種の裁判の犠牲となったのが、ルティリウス・ルフスである。ルフスは暴利をむさぼるプブリカニを取り締まろうとしたために、不正行為をでっちあげられ、ローマから追放されてしまったのである（その後、ルフスは属州に戻り、彼が搾取したとされた住民たちのあいだで、英雄としてあつかわれて暮らした）。

　属州総督時代のキケロの手紙を見ると、彼がプブリカニからの要求と住民の暮らしを両立させるために、たいへんな努力をしたことがわかる。しかし、キケロのようなケースは例外であり、プブリカニとともに搾取に励む総督も少なくなかった（一般にプブリカニより総督の方が、より大規模な搾取を行なっていた）。

　共和政末期の内戦は、プブリカニにとって致命的な打撃となった。属州での収入は軍事力をもつ実力者たちに奪われ、豊かな業者は処刑者名簿に乗せられたからである。帝政期が始まるころには、プブリカニはすっかり力を失い、かつて彼らが行なった仕事は少しずつ国家に移管されていった。

⇨生贄（いけにえ）の儀式にむかう騎士階級の人びと（紀元前2～1世紀、ウェラトリ出土）——ガイウス・グラックスの法律の成立後、属州で経済活動を始めた騎士階級は、しだいに属州の行政を担当する元老院議員と対立するようになった。

グラックス兄弟

「グラックス家の人びとは、ポエニ戦争をはじめとする戦争で、国家のために大きな貢献をはたした。そのグラックス家出身のティベリウスとガイウスが、平民の自由を確立して、貴族の犯罪的行為を暴こうとしたとき、身におぼえのある貴族たちは恐怖におののき、考えうるかぎりの手段で兄弟の試みを妨害した。あるときは同盟市のイタリア人やラテン人を利用し、またあるときは貴族と同様の特権をあたえると見せかけて、騎士階級を平民から引き離した。その結果、まずティベリウスが護民官在任中に惨殺され、数年後にはガイウスも兄にならったために同じ運命をたどった」

サルスティウス著『ユグルタ戦争』（同書は、グラックス兄弟の時代から90年後に執筆された著作）

⇧父の彫像の前で涙を流すガイウス・グラックス（バルロチーニ画、1849年）——グラックス兄弟は、父から政界の人脈や財産、被護民を受けついだ。理想に燃える兄弟は、それらの遺産をすべて使って既存の体制に戦いを挑んだ。

スは官職貴族（ノビリス）であり、カンナエで戦死したアエミリウス・パウルスの曾孫（ひ）だったともいわれる。ドゥルススは、ガイウスがローマの平民に約束したことをすべて引きついだうえに、それ以上のものを提供した。しかしその一方で、市民権の拡大については、すでにローマ市民である人びとには何の利益もないとして、ガイウスの提案をきびしく批判した。こうしてドゥルススは平民の権利を擁護するふりをしながら、ガイウスの法案を次々に拒否していったのである。

この間にカルタゴでは災いを予兆する不吉な出来事があいついでいた（誰かが意図的に仕組んだ出来事だったことはまちがいない）。カルタゴが呪われた町であったことが人びとの記憶によみがえり、植民市建設を支持する声が急速に衰え始めた。翌年度の公職選挙の日が近づくと、執政官は投票権をもたない人びとをローマ市外に退去させた。ガイウスにはもはやこの命令を拒否する力も、命令に反抗する人びとを守る力もなく、3選をはたすことはできなかった。しかも翌年の執政官は、フレゲッラエの反乱を容赦なく制圧したファビウスとオピミウスと決まった。

ガイウスは残りの任期のあいだに大規模な建築事業と道路建設にとりくみ、イタリア全土の発展に尽力した。けれども彼の任期の終了とともに、元老院が復讐を開始することは、火を見るよりもあきらかな状況にあった。

ガイウスの任期が終わると、元老院は旧カルタゴにおける植民市建設の中止を提案した。ガイウスはもちろん提案に反対し、支持者たちは何があってもガイウスを守りぬく覚悟を決めた。ところが、その覚悟がまもなく裏目にでる。ある日、ガイウスが間近に寄ってきた元老院派の人物を押しのけたところ、支持者たちが過剰に反応して、その男を刺し殺してしまった。ガイウスはすぐに事件にかかわりのないことを説明したが、この事件をきっかけに事態は一気に進展することになった。

元老院最終勧告

ガイウスがすでに事態を収拾していたにもかかわらず、元老

↑コンコルディア神殿を描いた青銅製の硬貨——この硬貨は、ティベリウス帝の治世だった紀元34年から37年に発行されたもの。最初のコンコルディア神殿は、貴族と平民の抗争がひとまず終結した紀元前367年に建設され（コンコルディアは平和と和解の女神）、その後、紀元前121年にガイウス・グラックスが亡くなったあとに再建された（キケロがこの神殿でカティリナに対する弾劾演説を行なったことで知られる）。ティベリウス帝の治世に大規模な改築が行なわれ、それを記念して上の硬貨が発行された。

↓西側から見たコンコルディア神殿の遺構——当時は豪華な芸術品の数々で飾られており、この神殿で元老院が召集されることもあった。ガイウスの死後、執政官のオピミウスによって再建された。そのとき近くにオピミウス会堂もつくられたが、のちに跡形もなく崩壊した。

院は緊急会議を招集して、殺傷事件を動乱の前ぶれと断定し、有名な「元老院最終勧告」を決議した。この最終勧告には別に法的拘束力はなく、内容は元老院が執政官に対し、国家の安全をはかるよう求めるだけだった。ただしその場合には、執政官は目的をはたすためにどのような手段をもちいてもかまわないことが、暗黙のうちに了解されていたのである。

執政官から呼び出されたとき、ガイウスとフルウィウス・フラックスはことの重大さをよく理解していた。ガイウスは呼び出しに答えるべきだと考えていた。何ひとつ違法なことはしていないし、じゅうぶんに弁明できると確信していた。しかし、そこまで自信がなかったフルウィウスがガイウスを説得し、結局呼び出しに応じないことになった。2人はアウェンティヌスの丘にあるディアナ神殿に立てこもり、フルウィウスの息子を交渉役として送りだした。しかし、執政官オピミウスは話し合いを拒否し、グラックス派のいるアウェンティヌスの丘に武装軍団を送りこんできた。

戦いは短時間のうちに決着したというが、ガイウスはあまり真剣に戦わなかったようである。勝敗が決したあとも、支持者たちはガイウスを説得して逃亡させ、死に物狂いで追っ手と戦った。皮肉にもその場所は、かつてホラティウスがエトルリア人と戦ったスブリキウス橋だった（⇨p.68）。しかし、支持者たちの命がけの戦いも長くはつづかなかった。ガイウスはテヴェレ川近くの小さな森に入ると、召使いの助けを借りて自害した。その日、約250人のグラックス支持者が殺害されたが、その後の粛清でさらに多くの人びとが命を落とすことになった。

オピミウスはコンコルディア神殿を再建し、秩序が回復したことを宣言しようとした。伝承によると、この神殿はフリウス・カミルスが身分闘争の終息を祝って建てたものだったというが、このときオピミウスが再建した神殿はコンクリートを大量に使用していたため、基礎部分は現存している。しかし神殿とは対照的に、元老院の勝利は長つづきしなかった。

マルクス・アエミリウス・スカウロス

紀元前163年ごろ～89年

クイントゥス・カエキリウス・メテルス・ヌミディクス

紀元前150年ごろ～91年

マルクス・アエミリウス・スカウロス	
生年	前163年ごろ
有名な祖先	ヌマ王（？）
母	不明
父	不明
地位	執政官、前115年 監察官、前109年
業績	凱旋司令官；アエミリア・スカウリ街道建設
妻	メテラ
子供	息子　マルクス・スカウロス（法務官、前56年）
没年と死因	前89年、老齢

マルクス・アエミリウス・スカウロス

「アエミリウス・スカウロスは、進取の気性に富む貴族であり、金銭欲、権力欲、出世欲に駆られた策略家だった。しかし彼は、みずからの欠点を隠す狡猾さも、もちあわせていた。（略）〔ヌミディア王〕ユグルタが恥ずかしげもなく、大っぴらに賄賂を申し入れてきたときは、民衆の怒りを買うことが目に見えていたため、スカウロスは生来の貪欲さを自制した」

サルスティウス著『ユグルタ戦争』

　アエミリウス一族はローマの名門貴族だが、すべての家が同じような運命をたどったわけではない。アエミリウス・パウルスが名声を得たころ、スカウロス家は衰退しつつあった。のちにマルクス・アエミリウス・スカウロスは自伝（ローマ初の自伝として知られる）のなかで次のように語った。自分はまるで「新参者」(ホモ・ノヴス)（一家のなかで初めて元老院議員となった人物）のように懸命に努力しなくてはならなかった、と。

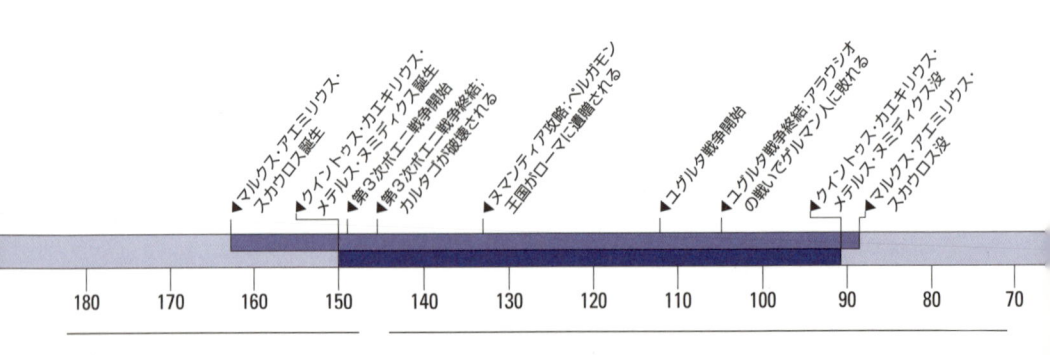

政治家スカウロス

スカウロスは狡猾で節操をわきまえず、どんな状況においても敗者側には立たない人物だった。彼は当時台頭しつつあったカエキリウス・メテルス家と親密な関係にあった。このカエキリウス・メテルス家は、家系としては古い歴史をもっていたが、表舞台に登場したのはようやく紀元前2世紀末になってからのことだった。スカウロスはこの家のカエキリアと結婚したのである。

スカウロスは財産を築き（まともに手に入れた金は少なかったようだが）、政治家として着実に出世して、M・カエキリウス・メテルスとともに紀元前115年度の執政官に就任した。しかし貴族たちの多くが、スカウロスの金銭欲を軽蔑していることは本人も承知していた。

執政官になって間もないころのエピソードに、こんな話がある。スカウロスが法務官のププリウス・デキウスの前をとおりかかったところ、デキウスは立ち上がらなかった。腹を立てたスカウロスは起立を命じるとともに、デキウスの服を破り、法務官の椅子をたたき壊した。さらに、訴訟当事者にデキウスの法廷に出廷することを禁じるという徹底ぶりだった。

そうした癇癪の持ち主でもあったが、スカウロスは富を見せびらかすことを禁じる贅沢取締法を制定し、解放奴隷の投票権を改めてもいる。軍事面ではアルプス西部に遠征してローマの旧敵リグリア人と戦い、凱旋式挙行の栄誉を得た。そしてスカウロスの名を後世までとどめることになったのが、ふたつの大幹線道路（ポストゥミア街道とアウレリア街道）をむすぶアエミリア・スカウリ街道の建設だった。

紀元前109年、スカウロスは、かつて元老院にあやつられてガイウス・グラックスを攻撃したマル

⇧ウェスタ神殿を描いたQ・カシウスの硬貨（紀元前55年ごろ）——中央下に執政官や法務官などがもちいた折り畳み式の椅子、左手に投票にもちいられた壺、右手に「囚人を釈放する」を意味するACという文字が描かれている。

⇩サルスティウスの『ユグルタ戦争』を記した紀元4世紀のパピルス——『ユグルタ戦争』のパピルスとしては、現存する最古のものである。古代のパピルスは大量に現存するが、ラテン語で書かれた文章は数少ない。この『ユグルタ戦争』のパピルスのほかには、キケロとリウィウスの文章を記したパピルスなどが発見されている。

クス・リウィウス・ドゥルースス（⇨p.192）とともに監察官となった。ところが、ドゥルーススがまもなく亡くなったため、慣例に従ってスカウロスも監察官を辞任しなくてはならなくなった。スカウロスはかなりしぶった末に、護民官から逮捕すると脅されてようやく辞任した。

　しかし、その埋めあわせとして、スカウロスはメテルス家出身の後任の監察官から、「元老院の第一人者」という名誉ある肩書きをあたえられた。また紀元前105年に、スカウロスはアプレイウス・サトゥルニヌス（⇨p.206）から穀物配給の仕事をむりやり引きついでいる。穀物配給の担当者は、民衆の人気を獲得しやすかったからである。このことに腹を立てたサトゥルニヌスは、グラックス兄弟にならって改革派の護民官となったが、のちにグラックス兄弟と同様に非業の死をとげることになる。このときサトゥルニヌスに対する「元老院最終勧告」を発議したのが、ほかならぬスカウロスだった。

　その後、スカウロスはローマ使節としてアフリカとアジアを訪れ、おおぜいの被護民と従者たちを獲得した。このころのスカウロスを評して、のちにキケロは「彼がうなずくだけで、ほぼ全世界が支配された」と語っている。スカウロスは、監察官時代の同僚の息子であるリウィウス・ドゥルースス（⇨p.226）という腹心の友も得ていた。

告発

　スカウロスはたびたび告発されたが、法廷で有罪を宣告されたことは一度もなかった。そのスカウロスも、ローマとヌミディア王ユグルタのあいだで和平が成立したときは、窮地におちいることになった。北方でゲルマン人の動きが活発になったことを理由に（⇨p.215）、スカウロスは積極的に和平を推進したのだが、いざ和平が成立すると得をしたのはユグルタだったため、ユグルタがローマの重要人物に賄賂を贈ったと考えられた。ローマに来て賄賂を贈った相手を証言すれば、ユグルタは罪を免責されることになった。しかし、ユグルタが証言する前に、護民官のひとり（彼も賄賂を受けとったことはまちがいない）

が一連の手続きに拒否権を行使し、戦争が再開した。

　ローマではユグルタの協力者探しが始まり、調査委員会が組織されて、著名な人物が数名、国外に追放された。かつて反ガイウス・グラックスの先頭に立った元執政官オピミウスも、そのうちのひとりだった。しかし、スカウロスはすばやく対策を講じたおかげで、調査委員会の聴取も難なく終了し、何ひとつ嫌疑をかけられなかった。もっともスカウロス自身が調査委員会の委員長だったのだから、それは当然の結果だったといえるだろう。

　スカウロスは72歳のときに、ふたたび告発された。このときは、リウィウス・ドゥルーススがイタリア内の同盟市の住民に好意的な態度を示すのを助長したことが問題とされた。スペイン生まれのローマ人、クイントゥス・ウァリウスが、同盟市が反乱を起こしたのは、ドゥルーススが投票権獲得への期待をもたせておきながら、それが実現しなかったからであり、故にスカウロスが間接的に反乱を誘発したと告発したのである。

　しかし、このときのスカウロスの弁明は、簡潔で反論の余地がないものだった。「スペイン人のクイントゥス・ウァリウスが、元老院の第一人者マルクス・アエミリウス・スカウロスを反乱誘発の嫌疑で告発している。一方、元老院の第一人者マルクス・アエミリウス・スカウロスは、嫌疑を否認している。証人はいない。ローマの民衆よ、この2人のうち、どちらを信じるのだ？」

　こうしてスカウロスは無罪となったが、彼の怒りはおさまらなかった。その結果、今度はクイントゥス・ウァリウスがスカウロスと同じ嫌疑でスカウロスの法廷に立たされ、有罪を宣告された。スカウロスの没年ははっきりしないが、妻が再婚した年から推定すると、紀元前89年だっものと推測される。

クイントゥス・カエキリウス・メテルス・ヌミディクス

「子どものころに父から聞いた話がある。ルキウスの息子のクイントゥス・メテルスが、不法利得の疑いで起訴された。（略）彼が法廷に立ち、記載事項を確認するために帳簿が回覧されたと

クイントゥス・カエキリウス・メテルス	
生年	前150年ごろ
有名な祖先	L・メテルス（執政官、前251年）
母	不明
父	メテルス・カルヴス
地位	執政官、前109年 監察官、前102年
業績	凱旋司令官
妻	不明
子供	息子：メテルス・ピウス
没年と死因	前91年、老齢または毒殺

き、目をそむけない裁判官、あるいは背をむけてしまわない裁判官はひとりもいなかった。それは、メテルスほどの人物が公（おおやけ）の帳簿に記載した内容を、疑っているとは思われたくなかったからだった」

キケロ著『バルブス弁護』

カエキリウス・メテルス家は、紀元前251年に第1次ポエニ戦争で活躍した執政官を出したほかは、長らく目立たない存在だった。しかし、紀元前133年以降は一気に政界に進出する。紀元前142年に執政官をつとめたメテルス・カルヴスには、デルマティクスとヌミディクスという2人の息子がいて、いずれも執政官と監察官に就任した。さらにはデルマティクスの4人の息子とヌミディクスの2人の息子も、あいついで執政官となったのである。

ユグルタ戦争

この政治家一家のなかで、もっとも人びとの尊敬を集めたのがヌミディクスである。ヌミディクスは根っからの元老院派（元老院と貴族の利益の擁護者）だったが、その誠実さと高潔さは平民からも高く評価されていた。

ヌミディクスは紀元前109年に執政官となり、すでに戦いが始まっていたユグルタ戦争の総指揮を任されることになった。狡猾（こうかつ）で政治手腕に長けたユグルタと、無能で欲深いローマの司令官たちの戦いは、ヌミディア軍の有利に展開していたのである。

前任者のアルビヌスが残していったローマ軍の有様に、ヌミディクスは我が目を疑った。訓練をおろそかにし、規律が乱れ、戦闘意欲をなくした兵士たちが、ローマ軍の支配地域で我が物顔にふるまっていたからである。ヌミディクスはローマから新たにつれてきた兵士たちの力を借りて、堕落した兵士たちの士気の回復にとりくんだ。陣営内での贅沢（ぜいたく）を禁止し、兵士たちを砂漠につれだして、長距離を行進させて訓練した。

ローマ軍の変化を察知したユグルタは、ヌミディクスが賄賂

の通用しない有能な司令官であるとわかると、和平工作に方針を変更した。ヌミディクスは関心のあるふりをしたが、それはユグルタのやり方をまねていただけだった。ユグルタはしばしば和平交渉を申し出ては時間を稼ぎ、その間に新たな戦いの準備を整えていたのである。

両軍はムトゥル川のほとりで激突した。戦場は混乱し、両軍ともに多数の死傷者が出たが、会戦で勝てないことを悟ったのはユグルタだった。これ以降ユグルタはゲリラ戦に転じ、ヌミディクスは町や都市の攻略にねらいを定めた。

ヌミディクスとマリウス

ヌミディクスの副官に、マリウス（⇨p.211）という有能な男がいた。マリウスは執政官選挙に出馬するために、軍団を離れてローマに戻りたいと申しでた。しかしそのころ執政官職は、1世紀以上にわたって貴族に独占され、「新参者(ホモ・ノヴス)」が入りこむ余地はないのが実状だった。ヌミディクスはこの点を指摘して、マリウスに告げた。「もしどうしても執政官に立候補したいなら、私の息子が成長して、君とともに立候補できるようになるまで待ちたまえ」

おそらくヌミディクスはマリウスを手助けするつもりだったのだろう。メテルス家の人物とともに立候補することが、マリウスのためになることはまちがいなかった。しかし、マリウスはヌミディクスの言葉を侮辱と受けとった。ヌミディクスの息子が執政官の資格年齢に達するのは20年先のことだったからである。マリウスはこのときすでに48歳だった。

なんとか許可を得てローマに戻ったマリウスは、ヌミディクスが手柄をあげるために戦争を引きのばしているという噂を広め始めた。さらにはマリウス以外に戦争をすみやかに終結させることのできる人物はいないという宣伝を、つけ加えることも忘れなかった。ユグルタがウァガの町を奪還したことも、マリウスにとっては好都合だった。ヌミディクスはウァガの駐屯軍の司令官を反逆罪（あるいは重過失罪）で処刑せざるをえなかったからである。

巧みな選挙戦を展開したマリウスは、紀元前107年度の執政官に当選するとともに、アフリカ戦線の指揮権(インペリウム)も獲得した。怒り心頭のヌミディクスは、軍団のひきつぎを側近のルティリウス・ルフスにまかせて、予定より早くローマに帰還した。彼はマリウス派からの非難を覚悟していたが、予想に反して、平民からも貴族からも暖かくむかえられ、紀元前102年には監察官就任の名誉を得た。

■サトゥルニヌスとの対立

監察官時代のヌミディクスは、グラックス兄弟を崇拝する護民官のサトゥルニヌス（⇨p.206）と激しく争った。サトゥルニヌスはエクイティウスという男を、ティベリウス・グラックスの息子であると主張した。一方、ヌミディクスはこの男をローマ市民と認めなかったため、少なからず人気を落としたが、グラックス兄弟の姉妹のセンプローニアがエクイティウスを偽者(にせもの)と断言したことで問題は決着した。

その後、ヌミディクスはサトゥルニヌスと腹心のグラウキアを元老院から除名しようとした。しかし、ヌミディクスの同僚であり従兄弟でもあるメテルス・カプラリウスが拒否したために、除名は実現しなかった。その後まもなくサトゥルニヌスが土地法を提案し、この法案の受け入れを宣誓しない者には巨額の罰金が科されることになった。

これはあきらかにヌミディクスを追いつめるための方策だった。ヌミディクスはそのような宣誓を受け入れる人物ではなかったからである。しかし、サトゥルニヌスは、群衆をけしかけ、ヌミディクスに石を投げつけて殺害しようとしたことがあったほど単純な人物である。そのサトゥルニヌスがこのような巧妙な手段を思いつくはずはないから、おそらくマリウスが考えたことだったのだろう。ヌミディクスは予想どおり、宣誓を拒否し、その結果、反逆罪で告発されて国外追放となった。一部の元老院議員が力ずくで追放を阻止しようとしたが、ヌミディクスはそれを制止したという。

⇧Q・カエキリウス・メテルスの凱旋式の記念銀貨（紀元前125〜120年ごろ）──象に引かせた戦車に乗るメテルスと、その上を飛ぶ勝利の女神ウィクトリアが描かれている。アフリカ遠征の指揮権がマリウスに移ったあとも、メテルスの人気が衰えることはなかった。

⇨メテルス家の業績を記した大理石製の銘板の断片──「執政官（cos）」と「前執政官（pro cos）」という言葉が頻繁に登場するのは、共和政末期にメテルス家がこのふたつの公職をほぼ独占していたからである。

追放と帰還

　亡命中のヌミディクスは、哲学者たちの著書を読み、彼らの話を聞きながら静かな日々をすごした。ローマにいる息子は父の帰還を懸命に訴えつづけたことから、「ピウス（献身的で敬意に満ちた）」という渾名をあたえらることになった。

　サトゥルニヌスはまもなくマリウスと袂を分かち、その後、復讐に燃える元老院議員の手にかかって死亡した。一方、マリウスはヌミディクスのローマ帰還を阻止しようとしたが、メテルス一族の勢いにはかなわなかった。紀元前99年、護民官のカリドゥスがヌミディクスの帰還を認める法案を成立させ、ヌミディクスはローマ市民から英雄としてむかえられた。

　その後のヌミディクスは政治から遠ざかり、芸術に没頭して、詩人のアルキアスなどとの親交を深めが、その気になれば、あいかわらずの巧みな話しぶりで人びとの胸を打った。ヌミディクスは同盟市戦争が勃発する直前に亡くなった。毒殺説もあるが、おそらく病死したものと思われる。

ルキウス・アプレイウス・サトゥルニヌス
（紀元前138年ごろ～100年）

ガイウス・マリウス
（紀元前157～86年）

リウィウス・ドゥルースス
（紀元前128年ごろ～91年）

ルキウス・コルネリウス・スッラ・
フェリクス
（紀元前138～78年）

メテルス・ピウス
（紀元前130年ごろ～紀元前64年ごろ）

クイントゥス・セルトリウス
（紀元前126年ごろ～73年）

マルクス・リキニウス・クラッスス
紀元前115年ごろ～53年）

グナエウス・ポンペイウス
（紀元前106～48年）

リキニウス・ルクルス
（紀元前110年ごろ～57年）

小カトー
（紀元前95～46年）

ププリウス・クロディウス・プルクルス
（紀元前95年ごろ～52年）

ユリウス・カエサル
（紀元前100～44年）

マルクス・ユニウス・ブルートゥス
（紀元前85～42年）

マルクス・トゥリウス・キケロ
（紀元前106～43年）

マルクス・アントニウス
（紀元前83～30年）

マルクス・アエミリウス・レピドゥス
（紀元前90年ごろ～13年ごろ）

セクストゥス・ポンペイウス
（紀元前67年ごろ～36年）

オクタウィアヌス（アウグストゥス帝）
（紀元前63年～紀元後14年）

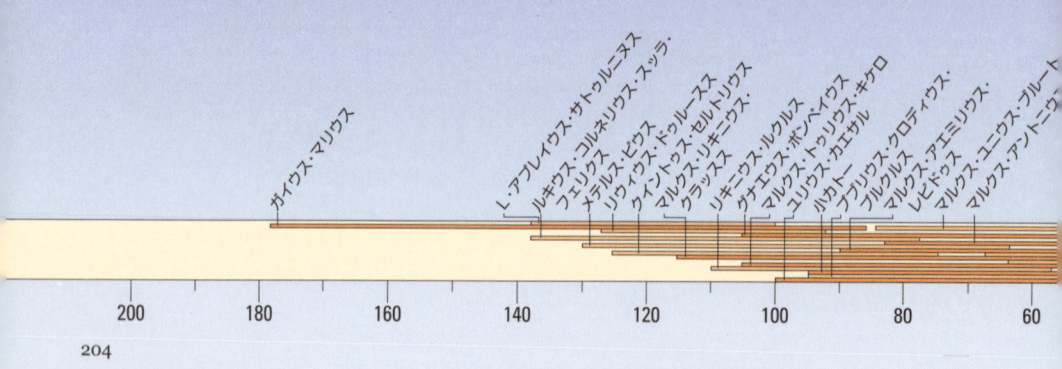

スッラ・フェリクス　グナエウス・ポンペイウス　ユリウス・カエサル　マルクス・アントニウス

第4章
共和政末期

紀元前100〜31年

　領土が拡大するにつれ、小さな都市国家時代に確立されたローマの共和政は、さまざまな矛盾を内包するようになっていった。紀元前2世紀には多くの改革が試みられたが、そのほとんどは失敗に終わり、紀元前1世紀に入るとまもなく、ローマ市民権をもたないイタリア半島内の同盟都市が大規模な反乱を起こした。

　ローマはこの戦いに勝ったものの、反乱者たちの要求を受け入れ、イタリア内で暮らす全自由民にローマ市民権をあたえることになった。ちょうどそのころローマの軍団では、無産階級の志願兵が、徴兵による農民兵の数を上まわるようになっていた。加えて、イタリア内の全自由民がローマ市民権を獲得したことで、ローマ軍には最近までローマと戦っていた兵士たちが大量に含まれることになった。

　一方、支配階級のなかでは、たえず権力闘争がくり広げられていた。以前なら、そうした権力闘争に敗れた者には、再起の方法がなかった。ところが配下の志願兵を個人的に掌握するようになった実力者たちは、政治的に敗れても、それを武力で挽回（ばんかい）することが可能となった。そうした最初の人物がスッラである。彼は政治闘争に敗れたのち、軍団をひきいてローマに攻め寄せ、独裁官となった。そしてローマはその後、ポンペイウス、カエサル、アントニウス、オクタウィアヌス（のちのアウグストゥス帝）など、武力を握る実力者が激突する約50年の内乱の時代に突入した。この混乱は、オクタウィアヌスが紀元前31年にアクティウムの海戦でアントニウスとクレオパトラの連合軍をやぶり、その4年後に「帝政」という新しい統治システムを確立するまでつづいた。

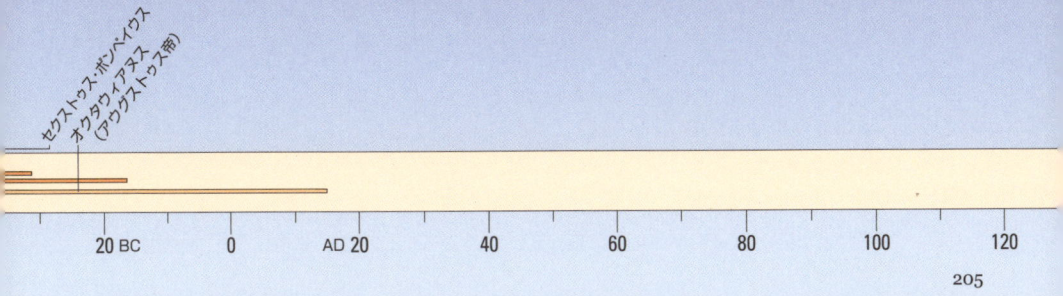

セクストゥス・ポンペイウス
オクタウィアヌス
（アウグストゥス帝）

20 BC　　0　　AD 20　　40　　60　　80　　100　　120

第4章 共和政末期

⇨ガイウス・マリウスを描いたと思われる胸像（紀元前1世紀）──共和政期のローマでは、理想化された肖像よりも、このような写実的で力強い肖像が好まれた。

ルキウス・アプレイウス・サトゥルニヌス
紀元前138年ごろ〜100年

ガイウス・マリウス
紀元前157〜86年

リウィウス・ドゥルースス
紀元前128年ごろ〜91年

L・アプレイウス・サトゥルニヌス	
生年	前138年ごろ
有名な祖先	なし
母	不明
父	不明
地位	護民官、前103年、100年、99年
業績	土地法
没年と死因	前100年、石で打たれて殺される

ルキウス・アプレイウス・サトゥルニヌス

「公職にとどまりつづけて国家を混乱させ、暴力で選挙を妨害したグラウキアとアプレイウス・サトゥルニヌス。執政官はこの2人を拘束し、元老院の建物内で殺害されることを容認した」

ウェレイウス・パテルクルス著『歴史』

　グラックス兄弟亡きあと、野心ある若者たちが、護民官になれば出世に役だつと気づいたせいで、不心得な護民官があいついで誕生した。そうしたなか登場したのが、サトゥルニヌスである。サトゥルニヌスはティベリウス・グラックスを尊敬する民衆派の人物だったが、ティベリウスのような高潔さは微塵も

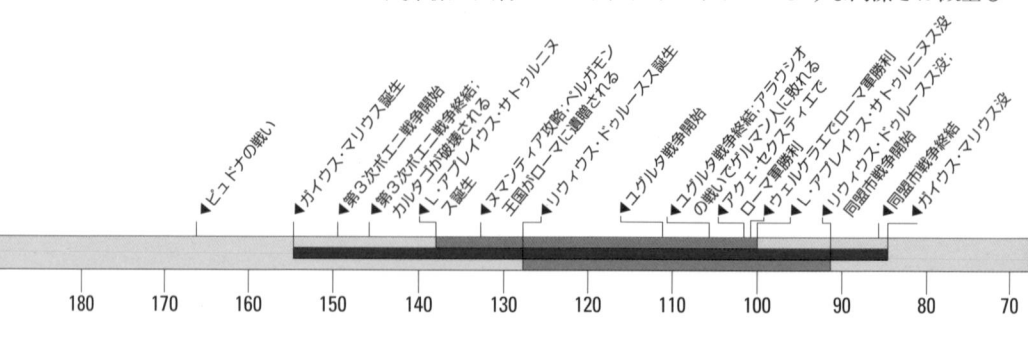

▶ピュドナの戦い
▶ガイウス・マリウス誕生
▶第3次ポエニ戦争開始
▶第3次ポエニ戦争終結：カルタゴが破壊される
▶L・アプレイウス・サトゥルニヌス誕生
▶ヌマンティア攻略：ペルガモン王国がローマに遺贈される
▶リウィウス・ドゥルースス誕生
▶ユグルタ戦争開始
▶ユグルタ戦争終結：アラウシオの戦いでゲルマン人に敗れる
▶アクエ・セクスティエでローマ軍勝利
▶ウェルケラエでローマ軍勝利
▶L・アプレイウス・サトゥルニヌス没
▶同盟市戦争開始
▶リウィウス・ドゥルースス没
▶同盟市戦争終結
▶ガイウス・マリウス没

180　170　160　150　140　130　120　110　100　90　80　70

もちあわせていなかった。

元老院との対立

　アプレイウス一族は法務官を出したことのある中堅の氏族だった。アプレイウス・サトゥルニヌスは紀元前105年にオスティアの穀物管理の財務官に就任し、穀物輸入の責任者となっている。当時、領土も人口も拡大したローマは、穀物の供給をエジプトなどからの輸入に頼るようになっており、穀物輸入の責任者は民衆の人気を獲得しやすいポストだった。そこに着目したアエミリウス・スカウロス（⇨p.196）は、穀物価格のわずかな高騰につけこんでサトゥルニヌスを引きずり下ろし、自分が後任におさまった。サトゥルニヌスはこの出来事がきっかけで、貴族階級を憎むようになったとされる。

　その当否は別にして、紀元前103年の護民官に就任したとき、サトゥルニヌスは完全に民衆派のリーダーとなっており、同じく民衆派の護民官C・ノルバヌスと協力して、ゲルマン人に負けた無能な軍司令官たちを激しく攻撃した。その結果、Q・セルウィリウス・カエピオは投獄され、のちに国外に追放されてしまった。さらにサトゥルニヌスは平民の名誉を傷つけた者を罰するための「反逆罪に関するアプレイウス」法を成立させた。この種の罪が問われたことは過去にもあったが、サトゥルニヌスは一歩進んで常設の法廷を開設した。

　貴族階級を攻撃するためサトゥルニヌスが手を組んだのが、ガイウス・マリウス（⇨p.211）だった。そのマリウス配下の兵士たちは無産市民であり、退役後に生活する手段をもたなかった。そこでサトゥルニヌスは、アフリカ遠征を終えたマリウス軍団の退役兵たちのために、土地を分配するための法律を成立させたのである。

　護民官の任期が終了したあとも、サトゥルニヌスの人気は衰えなかった。もともと彼は演説がうまかったうえ、野心家の政治家セルウィリウス・グラウキアを味方につけていた。監察官のメテルス・ヌミディクス（⇨p.199）はこの2人が国家にとって危険人物であることを見ぬき、市民名簿から削除しようと

したが、同僚の監察官メテルス・カプラリウスにはばまれてしまった。

　サトゥルニヌスとグラウキアは、エクイティウスという男を護民官候補に擁立し、彼を改革派の護民官だったティベリウス・グラックスの息子とふれまわったが、ヌミディクスをはじめとする多くの人びとは、エクイティウスは逃亡奴隷にちがいないと考えていた。結局、グラックス兄弟の姉妹のセンプローニアが、サトゥルニヌス派からの脅迫を受けながら、エクイティウスを偽者(にせもの)と断言して、この問題は決着した。

土地法

　サトゥルニヌスは紀元前100年に再度護民官に就任すると、ふたたびマリウス軍の退役兵に土地をあたえるため、大胆な土地法を提案した。今回の法案は対ゲルマン戦争（⇨p.215）で戦った兵士たちを、すでにローマ領となっていたガリア・トランサルピナに移住させるという内容のものだった。しかし、この地方の豊かさを知る元老院議員たちは、サトゥルニヌスの土地分配法案にいっせいに反発した。

　同じく物議をかもしたのが、イタリアからギリシア、アジア、アフリカにおよぶ大規模な植民市建設計画である。この計画には、ローマ市民権をもたない人びとのための植民市も含まれていた。おそらくマリウスの発案だったと思われるこの計画（執政官であるマリウスには非ローマ市民の植民者に市民権をあたえる権限があった）は、後世から見れば先見の明があったといえるが、当時は評判が悪かった。しかし、貴族階級を中心に強い反発のあったこの新植民都市法案を、サトゥルニヌスは強引に推進し、法律の承認を宣誓しない者には重罰を課すという追加条項までつけ加えてしまった。

　元老院議員はもちろん、マリウスにとってもそうした状況は好ましいものではなかった。執政官再選をねらうマリウスとしては、元老院の支持は望めないにしても、表だって対立することは避けたかったからである。伝承によると、マリウスがサトゥルニヌスの使者をむかえて退役兵の定住先を相談している最

中に、反サトゥルニヌス派の貴族たちがやってきた。マリウスはどちらの機嫌もそこないたくなかったため、腹痛をよそいながら、サトゥルニヌスの使者と反サトゥルニヌス派の貴族のあいだを行ったり来たりしたという。

　平民たちも、自分たちの権利を弱める可能性のある法律の制定には消極的だった。しかし最後には、マリウス軍の退役兵たちが大挙して市民集会に押し寄せ、力ずくで法律を可決させた。このとき会場のあちこちから、「雷鳴が聞こえる」という叫び声があがったという（雷鳴はユピテル神の機嫌が悪いことを示すしるしであり、本当に雷鳴が聞こえた場合、法律は自動的に無効となる決まりだった）。

　マリウスは正式な法であるかぎり従うべきであるとして、追加条項に定められた宣誓を行なった。そしてメテルス・ヌミディクスは予想どおり、それが法律であろうとなかろうと宣誓できないといい、マリウスとサトゥルニヌスの思惑どおり国外追放に追いこまれてしまった。しかし、その策略があまりにも露骨だったため、逆にマリウスとサトゥルニヌスは政治的な立場を弱めてしまう。さらにヌミディクスが国外に亡命し、退役兵たちが土地を確保したいま、マリウスにとってサトゥルニヌスは一転、不都合な存在となっていたのである。

再出馬

　サトゥルニヌスは貴族階級から命を狙われていることを知り、護民官のもつ「生命身体の不可侵権」を維持するために再選をめざした。ノニウスという強力な対立候補がいたが、彼は殺し屋に襲われ、宿屋に逃げこんだところを刺殺された。

　この年の法務官はサトゥルニヌス派のグラウキアだった。グラウキアはローマの役人が海外で違法に取得した金銭に対して、補償を認める法律を成立させていた。問題となった役人たちはほとんど元老院議員だったため、サトゥルニヌス派と元老院の溝はさらに深まっていった。グラウキアは紀元前99年の執政官選挙に意欲を見せたが、現職の法務官の立候補は認められていなかった。

立候補者

古代ローマでは、公職に立候補中の人物は「漂白したトーガ(トーガ・カンディダ)」を着用した。すでにのべたとおり、このことから今日の「立候補者(キャンディデート)」という言葉が生まれた。

また、立候補者は票を請うことから、正式には「請う人(ペティトル)」と呼ばれ、競争相手となる立候補者たちを「コンペティトレス」と呼んだ。これも今日の「競争相手(コンペティター)」の語源となっている。

立候補者は広場などに出て選挙運動を行なった。その際におおぜいの取り巻きを引きつれて、その人数と顔ぶれで有権者にアピールしようとした。さらに、人の顔を記憶するよう訓練された奴隷が立候補者に同行し、人と出会うたびに、相手の名前を主人に告げた。そして立候補者はその相手ごとに、過去に成立させた法律や戦歴などを使い分けて、自分を売りこんだのである。

立候補者には、投票日までに何度か演説の機会が用意されていた。規則上は投票日から3度前の市の立つ日に、適当な人物が投票場監督を名のりでたときから、選挙運動を開始できることになっていた。しかし、実際は数カ月前、ときには数年前から準備を始めるのが一般的だった。

↑投票の様子──有権者は投票場で札を受け取り、投票箱に向かった。これはP・リキニウス・ネルウァの銀貨で、紀元前113/112年ごろのもの。マリウスが投票方法を改正して、秘密投票制を導入した。

マリウスがグラウキアの立候補を却下すると、サトゥルニヌスは紀元前101年にもちいたことのある手段にふたたび訴えた。その年、サトゥルニヌスはアジアの王国からの使者に危害を加えたために告発された。重要な交渉を中断させたことで、死刑が言い渡される可能性すらあった。そのときサトゥルニヌスは、暴徒の一団を使って陪審員を脅し、無罪を勝ちとったのである。今回もサトゥルニヌスは同じく暴徒を動員して、グラウキアの立候補を認めさせた。ところが、当のグラウキアは強力な対立候補を相手に苦戦を強いられることになった。貴族出身のマルクス・アントニウスの当選はまちがいなく、もうひとつのポストにはC・メンミウスが当選すると予想されていた。しかし選挙の当日、投票が始まる直前に、メンミウスは棍棒をもった男たちに襲われ、殺害されてしまったのである。

マリウス対サトゥルニヌス

メンミウス殺害の黒幕が、グラウキアと、護民官に3選をはたしたサトゥルニヌスであることは誰の目にもあきらかだった。元老院はアエミリウス・スカウロスの発議を受けて「元老院最終勧告」を決議し、執政官マリウスに事態の収拾を命じた。サトゥルニヌスとグラウキアは急進派の財務官サウフェイウスとともにカピトリウムの丘に逃げこまざるをえなかったが、歴戦の司令官マリウスは水の補給を断ち、3人が降伏するまで待つことにした。

サトゥルニヌスは、身の安全を約束する正式の知らせが届いたのち、ようやく降伏した。そして支持者たちとともに元老院の議場に収容されたが、しばらくすると若い貴族と取り巻きのなかに放りだされ、議場の屋根からとり外した瓦で殴られ殺害されてしまった。こうして現職の護民官と財務官と法務官が1日のうちに殺害されたが、2人の執政官は事件を知りながら何もしようとしなかった。

サトゥルニヌスが制定した法律は、力ずくの可決であったという理由で大半が破棄され、植民市も建設されなかった。ただし土地の分配はある程度まで実現した。このとき土地分配委員

をつとめた紀元前91年の法務官ユリウス・カエサルの息子が、やがて三頭政治を開始し、つづいて終身独裁官となるユリウス・カエサルである。

ガイウス・マリウス

ガイウス・マリウス	
生年	前157年
有名な祖先	なし
母	フルキニア
父	C・マリウス
地位	護民官、前119年
	法務官、前115年
	執政官、前107年、104〜100年、86年
業績	卜占官；凱旋司令官
妻	ユリア
子供 息子	マリウス（養子）
没年と死因	前86年、発作（?）

「もし彼らが私を見下すなら、自分たちの祖先も見下すことになる。なぜなら彼らの祖先も私と同じように、みずからの力で貴族となるまでは、貴族ではなかったのだから。もしも彼らが私の名誉をねたむなら、その名誉を獲得するために私が経験した**苦労と危険もねたむべきだ**」

マリウスの演説
サルスティウス著『ユグルタ戦争』

ガイウス・マリウスは、初めは共和国を救い、次に共和国の破壊者となった。共和国を救う役割は、マリウス以外の人間でも演じることができただろう。しかしマリウス以外の人物では、彼ほど大きな打撃を国家にあたえることはできなかったにちがいない。共和政後期の悲劇のなか、マリウスが演じた役割は、功績より弊害の方が大きかったと結論するのが妥当だろう。

｜「卑しい」生い立ち

マリウスは紀元前157年に、ローマ南方のアルピヌムという町で生まれた。マリウス家の社会的地位については、親マリウス派と反マリウス派のあいだで意見が分かれている。マリウス家はたいへん貧しく、ただの労働者階級だったという説もあれば、地方の騎士階級に属していたとする説もあるが、マリウスが政治資金に困った様子がないことから、近年の歴史家のあいだでは後者の説の方が有力である。さらに、彼は古い貴族の家系出身の女性と結婚しているが、これはもし彼が労働者階級出身の場合、考えられないことである。もっとも、いずれにしてもマリウスが貴族の生まれでなかったことはたしかで、貴族と

↑ガイウス・マリウスのものと思われる胸像──ヴィクトリア時代のアマチュア考古学者は、発掘した遺物に有名なローマ人の名前を記してしまうことがよくあった。したがって、こうした共和政期の代理石像も、それが誰を描いたものか、充分に注意して特定する必要がある。

の関係も良好なものではなかった。

　マリウスは自分が「素朴な田舎者」であることを誇りにしていた。最後までギリシア語を学ぼうとせず、首都ローマの退廃的な暮らしに染まることもなかった。彼の従兄弟(いとこ)が若い男性に言い寄って殺されたときにも、当然の報いだと語っている。

　有力者からの後押しがあったためか、マリウスは順調に出世の階段を昇り始めた。スキピオ・アエミリアヌス（⇨p.165）が指揮したヌマンティア攻略戦にも参加して、めざましい活躍を見せた。ある人物が名将スキピオに、ローマは今後、どこを探せば、あなたのような指揮官を見つけることができるでしょうかとたずねた。するとスキピオはかたわらにいたマリウスを指して言った。「たぶん、ここにいる」（スキピオ・アエミリアヌスの軍団には、ユグルタという若いアフリカ人兵士もいたが、彼はのちにヌミディア王としてローマと戦い、アエミリウスやメテルス、マリウスを悩ませることになる）。

▍元老院との対立

　紀元前123年度の財務官となったマリウスに、有力貴族のメテルス家が興味をいだいた。マリウスが紀元前119年の護民官に当選した背景には、このメテルス家の支援があったものと思われる。ところが、マリウスは他人の思いどおりになるような男ではなかった。そのことを最初に示したのが、有権者に対する貴族の圧力を取り締まる法律の提案である。怒った元老院はただちにこの法案を拒否し、マリウスは執政官に呼びだされて弁明を求められた。

　だが、マリウスも負けてはいなかった。元老院の命令は違法であり、撤回されない場合は執政官を逮捕すると脅(おど)したのである。仰天した執政官は同僚の執政官（メテルス家の人物だった）に、マリウスの動きを押さえこむよう要請した。ところが、それを知ったマリウスは即座にメテルスも逮捕すると宣言した。これはローマ社会の根幹をなすクリエンテス関係（保護者と被護民の信頼関係）を完全に無視する行為であり、このときマリウスと貴族階級のあいだに生じた亀裂は、その後、元通りに修

復されることはなかった。一方、平民のあいだではマリウス人気が急上昇した。安価な穀物の配給を拒否したときはいくぶん人気が衰えたが、それが私利私欲のためでなく、公益を重視した決断であることは平民たちも理解していた。

マリウスとメテルス家はこの穀物の件を機に和解したようだが、他の元老院議員たちの怒りはおさまらず、マリウスが按察官に立候補すると邪魔をしてきた。按察官には上級職と下級職があったが、マリウスは上級職には当選できないと判断し、下位のポストにねらいを定めた。しかし、これにも落選し、マリウスにとって生涯忘れられない屈辱となった。

法務官から属州総督へ

マリウスは、紀元前115年度の法務官に立候補したときも元老院議員からの妨害にあったが、今回は制度上認められた最低限の得票でなんとか当選することができた。すると元老院は、マリウスに贈賄の嫌疑をかけて告発した。しかし無罪判決を勝ちとったところをみると、マリウスはこのころはまだメテルス家の支援を受けていたのだろう。一方、彼はこのころ、すでにユリウス一族と親交があったものと思われる。とはいえ、ユリウス家は王政時代からつづく名門貴族の家系だが、当時はとくに有力な存在ではなかった。のちにマリウスはユリウス家のユリアと結婚するが、彼女の甥が、やがて共和政を終焉させることになるユリウス・カエサルである。

マリウスには行政面の才能がほとんどなかった。したがって彼の法務官時代は、大きな失策がなかったという点で特筆に値する。一方、軍事面の活躍はいつの時代もめざましく、属州総督としておもむいた下ヒスパニアでは、農村部から山賊を一掃し、銀山経営を軌道に乗せ、マリウス自身も大きな利益を手にしている。

紀元前109年、マリウスはクイントゥス・メテルス・ヌミディクス（⇨p.199）の副官としてアフリカに遠征し、かつてスキピオのもとで同僚だったユグルタがひきいるヌミディア軍と戦った。兵士たちとの関係はきわめて良好だったが、まもなく

上官であるヌミディクスとの関係がぎくしゃくする。伝承によると、この時期、ウティカの占い師が、マリウスはどんなに高い野望でも必ず達成すると予言したというが、その野望がまもなくあきらかになった。マリウスは紀元前107年度の執政官に立候補するため、ローマに戻りたいと願いでたのである。

ヌミディクスはマリウスに自重を求め、遠い将来、彼の息子とともに立候補してはどうかとマリウスにすすめた。それはヌミディクスにとってみれば善意の提案だったのかもしれないが、マリウスはたいへんな侮辱と受けとったようだ。これほどの侮辱を受けたのだから、メテルス家とのつながりを断っても当然だという気もちを、このときもったのかもしれない。

執政官就任

マリウスはただちにヌミディクスへの中傷を開始し、ヌミディクスが個人的な栄誉のために戦争を長引かせているという噂を広めた。ローマでは、ユグルタを倒せるのはマリウスしかいないと考える人が日増しに増えていった。やがて同様の考えが戦場の兵士たちにも広まり、ヌミディクスは選挙の12日前になって、ようやくマリウスのローマへの帰還を許可した。選挙直前にローマに帰ったところで、当選する見こみはないと考えたのかもしれない。

しかし選挙の結果は、周到に平民の支持を拡大したマリウスの圧勝に終わった。こうして新参者(ホモ・ノヴス)であるマリウスが、ついにローマの最高位についたのである。このときマリウスはきっと、貴族たちへの復讐をはたした気分だったにちがいない。

マリウスは執政官に就任すると、ただちに軍団の編成にとりかかり、ローマの軍政を大胆に改革した。マリウスが集めたのは無産市民、つまり貧しくて武器も鎧(よろい)も準備できず、平民集会で投票する際には5つの百人隊(ケントゥリア)にまとめられた（つまり全体でわずか5票しかもたない）人びとだった。しかもマリウスは、従来の徴兵制にかわり、志願制を導入した。この軍政改革が、のちにさまざまな点で不都合をもたらすことになる。マリウスはものごとの長期的な影響を判断するのが苦手な人物だったが、

この軍政改革については、のちに自分自身も後悔することになる。

しかし当面のマリウスの目標は、新しい軍団をひきいてユグルタとの戦争に決着をつけることだった。ヌミディクスは軍隊の引きつぎを副官のルティリウス・ルフスに任せ、自分はマリウスに会おうともしなかった。やがてユグルタが義理の父によって捕らえられ、ローマ軍に引き渡されると、平民はマリウスをたたえたが、貴族たちは財務官として従軍したコルネリウス・スッラ（⇨p.232）が、巧みな駆け引きによってユグルタを捕らえたのだと主張した。さらに、そもそも戦場でユグルタを倒したのはヌミディクスで、マリウスの功績はとるにたらないものだとしたのである。

ゲルマン人の脅威

しかし、平民は貴族階級の主張に耳を貸さず、マリウスは平民たちからの圧倒的な支持を得て、紀元前104年の執政官に再選された。選挙時にマリウスはローマにいなかったから、この当選は違法だったが、当時のローマは大きな脅威に直面してい

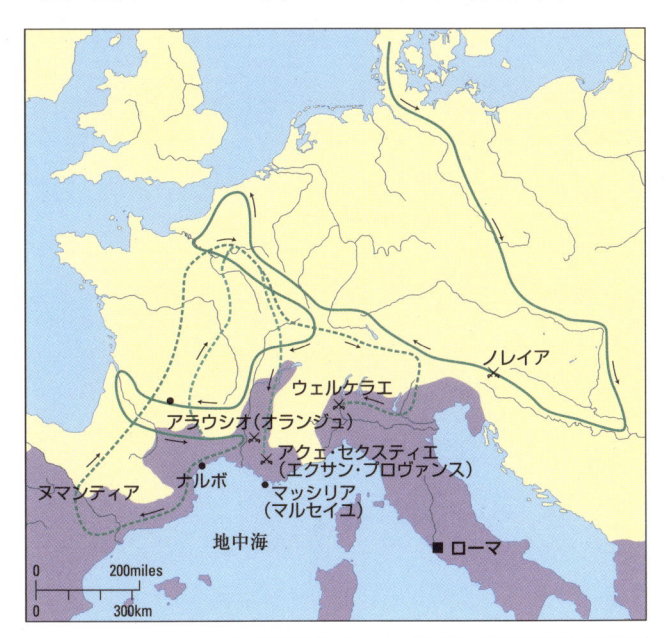

⇧マリウスの凱旋式を描いた紀元前101年のC・フンダニウスの硬貨——キンブリ人とテウトニ人をやぶったころが、マリウスの絶頂期だった。当時のマリウスは、支持者たちから「ローマの救済者」とたたえられていた。

⇨キンブリ族とテウトニ族の進路——もしも彼らがイベリア半島に向かわず、直接イタリアに侵入していたら、ローマは戦争の準備が整わずに大敗し、その後の歴史は大きく変わっていたかもしれない。

たため、反対派もマリウスの再選を受け入れざるをえなかった。ゲルマン人の大軍団が北方からイタリアに攻め入ろうとしていたのである。

キンブリ族とテウトニ族からなるこのときのゲルマン軍は、総勢約30万の大軍団だったとされる。ゲルマン軍はすでに紀元前113年にノリクム（現オーストリア）でパピリウス・カルボの軍団をやぶり、紀元前109年にはM・ユニウス・シラヌスの軍団を粉砕していた。紀元前107年にジュネーヴ湖の近くで執政官のL・カシウス・ロンギヌスが戦死し、その後M・アウレリウス・スカウロスも捕虜となった。そして紀元前105年、ローマ軍はアラウシオ（現フランスのオランジュ）の戦いで大敗を喫してしまった。8万人いたローマ兵のうち、生き残ったのはわずかに2人だけだったという。

北方がこのような事態となっていたときに、アフリカからマリウスが帰還して凱旋式を挙行した。式が終わると、マリウスは凱旋司令官のみが着用を許される紫色のトーガのままで元老院に入ったが、議員たちはその図々しい態度に立腹し、すぐに着替えさせたという。

マリウスはゲルマン人を迎え撃つためにただちに北方に出発した（彼にとっては、ローマにいるより戦場にいる方が楽だったのだという見方もある）。ところがまもなく、急いで駆けつける必要はなかったことがわかる。南下してきたゲルマン人は、進路を変えてイベリア半島に向かい、そこで略奪をくり返していたからである。

マリウスは翌103年の執政官に再選されると、ルティリウス・ルフスとともにガリア南部に陣営を張り、来るべきゲルマン人との戦いにそなえて兵士たちを訓練した。敵の突撃を迎え撃つために戦闘隊形も修正した。投げ槍にも工夫を加え、敵の盾に突き刺さったとき、ダラリと垂れ下がって盾を使えなくするようにした。

勝利

ところが敵はなかなか現れず、ローマの人びとはマリウスが

長らく権力の座にあることに不安を感じ始めた。それでもサトゥルニヌスの評判がきわめて悪かったおかげで、マリウスは紀元前102年に4度目の執政官就任をはたした。そしてその年になって、今度は本当にゲルマン人が攻めこんできたのである。

　二手に分かれたゲルマン人（テウトニ族）は、6日間をかけてようやくローマの陣営地を通りすぎた。その間、マリウスは一度も戦おうとしなかった。それは兵士たちが大柄なゲルマン兵に慣れるよう、時間をとったのだとされている。ゲルマン兵たちはローマ軍の態度にまったく疑問をいだかず、陣営を通りすぎる際には、なかにいる兵士たちに声までかけていった。まもなくおまえたちの妻や娘を強姦するから、そのように伝えておくがいい、と。

　ゲルマン人の大軍が通りすぎたところで、ローマ軍が追走を開始し、アクェ・セクスティエで両軍が衝突した。マリウスが有利な位置をとり、敵の第一撃をかわすと、副官をつとめたクラウディウス一族のマルケルスが敵の後衛を迎撃した。ゲルマン軍はこの戦闘で10万の兵士を失い、妻たちの多くが自害した。

　この勝利のあとでマリウスは再度執政官に選出された。イタリアにはまだキンブリ族の大軍がとどまり、Q・ルタティウス・カトゥルスの軍団がポー川の南に押し戻されていた。紀元前101年7月30日、マリウスとカトゥルスの軍団が合流して、ミラノ西方のウェルケラエの近郊でキンブリ軍と戦った。結果はローマ軍の圧勝だった。プルタルコスはこの戦いでのカトゥルスの働きをほめたたえているが、ローマの人びとにとってはマリウスこそが英雄であり、ロムルスとフリウス・カミルスに次ぐローマ第3の建国者とまで絶賛した。

　このときが、おそらくマリウスの人生の頂点だったといえ

⇨キンブリ人を描いたと思われるテラコッタ像（紀元前1世紀）──ローマは共和政期にはまだ、外敵よりもすぐれた武器をもっていなかった。そのため、体格のよいゲルマン系部族の来襲は大きな脅威だった。

るだろう。プルタルコスが記したように、もしこの時点で亡くなっていたなら、マリウスの生涯は栄光に満ちたものになっていたにちがいない。というのも、このときを境に、共和国の救済者マリウスはおそるべき破壊者へと変貌していったからである。

⇧『マリウスの凱旋式』(左：1729年)と、『ウェルケラエの戦い』(右：1728〜29年ごろ)——いずれもティエポロの作品。ティエポロはその欠点も含めて、マリウスという人物のスケールの大きさに興味をいだいていた。

マリウス、サトゥルニヌス、スッラ

　マリウスはウァレリウス・コルヴス（⇨p. 93）がもつ執政官就任6度の記録を更新したいと考えていた。そのためには護民官のサトゥルニヌスと、さらに緊密な協力関係を築く必要があった。新しい執政官を求める声が高まるなか、サトゥルニヌスと手を結べば、多くの平民票が獲得できることは確実だったからである。さらに無産市民である兵士たちに土地をあたえるためにも、サトゥルニヌスの力を借りて法律を制定する必要があった。マリウスが導入した志願兵制度の最大の問題点がここにあった。それまでの農民を中心とした徴兵制とはちがい、無産階級である志願兵には、戦争が終わっても帰る場所がなかったのである。もし兵士たちに土地をあたえなかったら、生活の方法を失った彼らが、行く場のないままローマ社会に解き放たれることになる。

↑L・コルネリウス・スッラを描いた硬貨（没後の紀元前54年に鋳造されたもの）——有名なスッラの金髪が、きれいに描写されている。スッラは贅沢を好んだことで知られるが、この硬貨の顔は太って二重顎になり始めたころのスッラを描いたもののようである。

執政官選挙で無事6選をはたしたマリウスは、サトゥルニヌスを利用してメテルス・ヌミディクスを亡命に追いこんだ。しかし、まもなくサトゥルニヌスとユリウス家のいずれかを選ばねばならなくなり、しぶしぶながら後者を選んだマリウスは、盟友サトゥルニヌスと袂を分かつことになった。こうして戦場での数々の功績をあげたマリウスも、平時の執政官時代に政治家としての信用を失墜し、その年の終わりにヌミディクスがローマに呼び戻されるのを阻止することもできなかった。執政官の任期が終わっても、マリウスは監察官に立候補しなかった。落選することが目に見えていたからである。

マリウスは誓約を実行するという口実をかかげて東方へ旅だった。ローマを離れる作戦が功を奏して、上級祭司である卜占官に選出された。しかし、ローマに戻ったとき、マリウスはすでにローマ市民の人気をスッラに奪われてしまったことを知る。ユグルタ打倒の立て役者として、スッラの彫像が建てられようとしていることを知ると、マリウスの怒りと嫉妬はいよいよ燃えあがった。このとき両者の対立が内乱にまで発展しなかったのは、紀元前90年に同盟市戦争が本格化したからにすぎない。

同盟市戦争

各地で激戦がくり広げられるなか、マリウスは北部戦線を担当した。すでに67歳になっていたマリウスは、若いスッラに比べると慎重で動きが遅かった。あるとき、敵が陣営内にいるマリウスをけしかけた。「もし本当に世間でいわれているような偉大な司令官なら、出てきてわれわれと戦ったらどうだ」

マリウスも言い返した。「自分をたいした武将だと思っているのなら、私を引っぱりだしてみたらどうだ」。やがてマリウスは自分のペースで戦闘を開始し、同盟市のなかでもっとも危険な存在だったマルシ族に対し、2度にわたり圧勝した。これで当然ローマ軍の指揮権（インペリウム）をあたえられるものと思っていたマリウスは、それが実現しないとわかると、腹を立ててローマに帰り、2度と戦場に戻らなかった。

しかし、紀元前88年になってもマリウスはなお軍団の指揮に意欲を燃やしていた。マリウスが望んだのはポントス王ミトリダテスの討伐だった。69歳という年齢に加えて、すっかり太っていたが、それでもマリウスはマルティウス広場で若者たちといっしょに訓練するといってきかなかった。しかし、ミトリダテス討伐の指揮権があたえられないことがわかると、マリウスはすっかり打ちのめされてしまう。しかも、その指揮権はあろうことかスッラの手に渡ったのである。

マリウスはただちに護民官のスルピキウスに働きかけて、東征の指揮権をマリウスに移行する法律を可決させた。執政官はすぐに「ユスティティウム」（宗教上の理由による業務の休止）を宣言して、その日に可決された法律を停止するとともに、新たな法律の可決も阻止した。ローマの町はにわかに緊張が高まった。マリウスは武装した男たちをひきいて広場に押し寄せ、ユスティティウムの撤回を要求した。乱闘が始まり、執政官の息子が殺され、スッラもマリウスの家（被護民が訪れやすいように広場の近くにあった）に逃げこんでようやく難を逃れた。（⇨p.236）こうしてマリウスは力ずくで指揮権を獲得したのだった。

ところが、ここでマリウスはかつて自分が断行した改革の結果に悩まされることになる。すでにローマ軍を支えるのは志願して入隊した無産市民となっていたが、彼らは国家ではなく指揮官個人に忠誠を誓い、指揮官から報償を受けとるために戦っていた。つまり、指揮官と兵士のあいだにクリエンテス関係（保護者と被護民の信頼関係）が生まれていたのである。マリウスがひきいることになった軍団はスッラを保護者としていたため、兵士たちはマリウスが派遣した上級将校を殺害し、スッラが到着すると、その指示に従って「秩序を回復する」ためにローマに向けて進軍しはじめた。

ローマ軍がローマに向かって進軍するなど、前代未聞の出来事だった。この重大な事態の責任者はもちろんスッラである。しかし、マリウスが下手な立ちまわりをしたために、危機が引き起こされたことはまちがいない。マリウスとスルピキウスは反逆罪で告発され、命からがら逃亡した。

同盟市戦争

　同盟市戦争は、その名が示すとおり、ローマとその同盟関係にあった都市とのあいだに勃発した戦争である。それまでローマに軍団を提供してきたイタリア各地の都市が、この戦いでは一転して敵にまわった。その結果、同盟市戦争はローマがかつて経験したなかで、もっとも悲惨な戦争のひとつとなった。

　ローマ軍はいつの時代も、正規軍のほかに、軽装兵からなる友軍を加えて編成されていた。この友軍を提供していたのが、そうした同盟市やローマに征服された部族たちだった。貧しい都市の兵士は弓や石で戦ったが、その一方、ローマの兵士と同じような武具をそろえることのできるギリシア系の都市もあった。

　古くからローマは、征服した相手を内部にとりこんできたことで知られる。征服された人びとはローマ市民権をあたえられ、数世代のうちに完全なローマ人となった。ところが紀元前170年ごろを境に、ローマは被征服民に市民権をあたえなくなった。グラックス兄弟やリウィウス・ドゥルーススなど一部の政治家は、そのことに対して同盟市が危険なまでに怒りをつのらせていることに気づいていた。マリウスもまた、彼なりにその点を理解していた。ところがそうした人びとが同盟市のイタリア人に市民権をあたえようとした試みは、保守派の妨害にあって実現しなかったのである。

　紀元前91年、リウィウス・ドゥルーススが暗殺されたことをきっかけに（⇨p.231）、イタリア人の怒りが爆発した。当初、反乱はローマに近い地域（マルシ人、フェレンティヌム人、ピケンティア人、サムニウム人）にかぎられていたが、やがてプーリア地方とウンブリア地方に広がり、ボウィアヌム（かつてのサムニウム人の都）を都とする新国家をつくった。

　戦争は紀元前87年までつづいたが、大規模な戦闘は90年と89年に集中している。ローマはイタリアじゅうに怒りが広まっていることにようやく気づき、各都市と交渉して、和解が成立すれば、その都市の住民に市民権をあたえることを約束した。しかし、一部の部族は和解を受け入れず、ローマへの徹底抗戦をとなえつづけた。

　戦況は徐々にローマ側に有利となっていき、さらにはスッラとマリウスの内戦が勃発したため、同盟市戦争は、しだいにローマの内戦に吸収されていった。そうした意味からすると、同盟市戦争の最後の戦いは、紀元前82年のコッリーナ門の戦いであったといえるだろう。この戦いでイタリア人分離主義者の最後の残党が、スッラとクラッススによって倒されたからである。

⇦同盟市戦争中に同盟市でつくられた硬貨——表面には擬人化されたイタリア、裏面には反乱の中心となった8部族をあらわす8人の戦士が誓いをたてる場面が描かれている。このほか、イタリアの雄牛がローマのオオカミを襲う図を描いた硬貨なども発見されている。

逃亡、そして帰還

　マリウスの逃亡生活については、さまざまなエピソードが残されているが、いまとなっては事実と作り話を区別する方法がない。だが、この時点でもマリウスは、あいかわらず強気だったようである。彼は若いころ、空から落ちてきたワシの巣をつかんだところ、なかに7羽のヒナがいたという。これは執政官に7度就任することを示す予兆であり、もう一度チャンス

ローマ人の住居

　かなり裕福な人も含めて、ローマ人の多くは広い住居を必要としなかった。現在は家庭内でなされることの多くが、古代ローマでは公共の施設で行なわれていたからである。公共のトイレや浴場のほかに、食事を提供する小さな施設もあちこちにあった。そういうわけで、独身者なら小さな寝室があればじゅうぶんだったのである。

　しかし、そんなローマ人も結婚して家庭をもてば、伝統的な住宅に暮らす場合が多かった。古代ローマの家は中央に炉を置いた。灰止め石が黒い色（アテル）をしていたことから、この部屋はアトリウムと呼ばれ、料理の煙を排出するために、天井はなく、吹き抜けになっていた。裕福な家庭のアトリウムは広々としていて、植物や噴水で飾られていた。アトリウムは家庭の守護神ラーレスを祭ったり、葬儀用の仮面や著名な祖先の勲章類を展示するなど、家族の精神的な中心となる場所でもあった。

　炉の周囲にならぶ部屋は、寝室、事務所、工房など、さまざまな用途にもちいられた（古代には「職場に行

⇧ボスコレアーレにあるP・ファンニウス・シニストルの邸宅に描かれた壁画（紀元前40年代）──古代ローマでは、たとえ大きな家でも、多くのせまい部屋に分割されていた。そこで壁に、このような風景や建物の絵を描いて、広々と見せる工夫をしていた。

⇩青銅製の寝台（アブルッツォ州のアミテルノから出土、紀元前1世紀後半）──ポンペイの遺跡から、こうした木製部分が焦げただけの寝台が見つかり（写真の木製の部分は後世の復元）、当時の寝台が正確に復元できるようになった。

⇨ローマの住宅の復元図──アトリウム[と呼ば]れた中央広間のまわりに、部屋が配置[されてい]る。家族のほかに、奴隷や親類も同じ家[に暮ら]しており、通りに面したスペースを借り[た商]人が店を出す場合があった。

く」という概念はなく、住居内に仕事場があるのが一般的だった）。通りに面した場所には玄関があり、マントやブーツなどが置かれていた。以上の部屋とは別に、家族が食事をとり、客をもてなす食堂があった。

ローマの家庭は一種の複雑な共同体だった。夫婦と子供のほかに、使用人と奴隷が家族といっしょに暮らしていた。若くして死亡することが多かったため、再婚によって家族構成が変化することも珍しくなかった。さらにどの家庭でも、同じ敷地内に親戚たちが暮らしていた。

大きな家は、通りに面した軒先を店舗として貸しだし、2階に老人用の部屋を設けていた。どの家もスペースが不足していたため、奴隷はたいてい数人で小さな部屋を分けあうか、母屋の床下で寝ることもあったようである。

家庭内をとり仕切るのは、一家の主婦の仕事だった。主婦は奴隷の労働を監督し、家で暮らす人たち全員の衣食をまかない、家のなかで起こるさまざまな争いごとを調停した。家父は家庭内で絶対的な権限をもつと法律で定められ、あらゆる事柄について（少なくとも理屈のうえでは）最終的な決定権をもっていた。しかし、実際は法律から推測されるほど女性は従属的ではなく、逆に男性はそれほど支配的ではなかった。

⇧ポンペイの邸宅──こうした豪邸に暮らしていたのは、大貴族だけだった。都市住民の住宅は決して豪華なものではなく、大半が大きな集合住宅の中の一軒だった。

⇩銀製の食器──こうした家庭内でもちいる道具が大量に発見されたおかげで、古代のローマ人の暮らしぶりが、細かい部分まで推測できるようになった。

⇧『ミントゥルナエのマリウス』（ドルーエ作、1786年）——ゲルマン人の奴隷にマリウスの殺害が命じられたが、その奴隷はいざマリウスと向きあうと、殺すことができなかった。革命直前のフランス人画家がこのテーマを選んだことは興味深い。やがて政治が芸術に大きな影響をおよぼすようになることを予言した作品といえる。

があるはずだと、マリウスは信じていた。

　あるとき、追っ手がせまってきたため、沼地のもっともぬかるんだ場所に隠れようとしたが、捕まってしまった。その町の住民は巨漢のゲルマン兵にマリウスの殺害を依頼した。男はマリウスのいる部屋に入ったが、まもなく出てきて叫んだ。「私にはガイウス・マリウスを殺すことなどできない！」（上図版）

　町の人びともマリウスを殺せないことを悟り、アフリカに逃がすことにした。マリウスは無事にアフリカにたどりついて息子と合流した。

　その間にローマでは状況が変化していた。スッラは執政官のキンナとグナエウス・オクタウィウスに内政を任せて、東方遠征に出発した。両執政官はスッラの意向を引きついで、元老院の力を強化し、護民官の権限を制限することを約束した。ところが、オクタウィウスは約束を守ったが、キンナはしだいに民衆派よりの態度を示し始め、2人の衝突は避けられない状況となった。やがてオクタウィウスがキンナを追放し、高位の神官のひとりを後任の執政官とした。

　このときマリウスは、チャンスとばかりにキンナに接近した。クイントゥス・セルトリウス（⇨p.244）という有能な若者も加わった。マリウスはオスティア港を略奪して、ローマの穀物輸入を妨害する作戦にでた。司令官ポンペイウス・ストラボン（三頭政治を行なった大ポンペイウスの父）は数カ月間態度を決めかねていたが、オスティアが略奪されるのを見て、ようやくオクタウィウス側についた。ところが、オクタウィウスが喜んだのもつかの間、ポンペイウスは直後に死亡し、スッラ派にとっては、ヌミディクスの息子のメテルス・ピウス（⇨p.242）が最後の頼みの綱となってしまった。オクタウィウス

の兵士たちが一団となってメテルスのもとに駆けつけ、指揮を求めたが、メテルスはこの行動に憤慨して執政官の指揮下に戻るようさとしたため、兵士たちはマリウス側に寝返った。メテルスはもはや打つ手がないと判断してローマを去った。

こうしてスッラ派は、交渉を求める以外に道がなくなってしまった。キンナは話し合いに応じたが、マリウスは椅子のうしろに立ったまま、一言も語ろうとしなかった。マリウスはローマを追放されて以来、一度も髭をそらず、キンナから提案のあった属州総督の地位も拒否して、この日をむかえたのだった。

流血の最後

マリウスはキンナが実権をとり戻しても、すぐにローマに入ろうとはせず、ローマ市民が投票によって彼の帰還を決定することを求めた。そしてマリウスの望みどおり市民集会で投票が始まったのだが、投票が半分も終わらないうちに、マリウス自身がこの茶番劇に飽きてしまい、自分に忠実な解放奴隷の大軍団を従えてローマに入ったという。

兵士たちはマリウスのちょっとした仕草を合図に蛮行をはたらいた。たとえば、マリウスが通りを歩いていて、すれ違った人に挨拶を返さなかった場合、解放奴隷たちはその気の毒な人物をその場で殺害した。

まもなく元老院議員たちに対するマリウスの復讐が始まった。過去にマリウスを侮辱したり軽んじたことのある人びとは、みなその標的となった。かつての同僚であるルタティウス・カトゥルスでさえ、その例外ではなかった。マリウスは仲裁に来た人びとに向かって「彼は死ななくてはならない」と告げ、追いつめられたカトゥルスは煙を充満させた部屋に閉じこもり自殺した。

マリウスの手下の解放奴隷たちは、まるでローマを征服したかのように強盗や強姦にあけくれた。やがてクイントゥス・セルトリウスが夜間に奴隷たちの野営地を包囲し、ひとり残らず殺害して、ようやく悪夢に終止符が打たれたという。

紀元前86年、マリウスとキンナは正式な選挙を経ることな

く執政官に就任した。しかし、老齢のマリウスはこのときすでに健康状態が思わしくなく、数週間後に亡くなった。誰よりも長く執政官をつとめたマリウスは、人びとから恐れられ嫌われたまま最期をむかえた。のちにスッラは、マリウスの遺灰をアニオ川に投げ捨てている。

リウィウス・ドゥルースス

リウィウス・ドゥルースス	
生年	前128年ごろ
有名な祖先	アエミリウス・パウルス（？）、リウィウス・サリナトル
母	コルネリア
父	リウィウス・ドゥルースス
地位	護民官、前91年
業績	社会改革法
妻	セルウィリア
子供　息子	リウィウス・ドゥルースス・クラウディアヌス（養子？）
没年と死因	91年、暗殺

「そういうわけで、元老院議員と騎士階級はまだ対立していたものの、リウィウス・ドゥルーススを憎悪するという点ではつながっていた。喜んでいたのは平民だけだった。（略）ドゥルーススが行なったことは、何をおいてもイタリア人（イタリア半島内の諸部族）のためだったが、そのイタリア人たちも不安をおぼえていたのである」

アッピアノス著『ローマ史』

　共和政期に独力で名をなした人物は、実は数えるほどしかいない。キケロが苦々しげに語ったように、その大半は「生まれたときから執政官職を約束されていた」人びとだった。リウィウス・ドゥルーススもそんな人物のひとりである。

▍高貴な家系

　ドゥルーススはコルネリウス一族出身の母と、ガイウス・グラックスを失脚させた（⇨p.194）リウィウス・ドゥルーススを父にもつ名門出身の子息だった。叔父のルティリウス・ルフスは、メテルス・ヌミディクスとともにアフリカに遠征したのちに、紀元前105年の執政官に選出された。ゲルマン人を撃退したマリウスの軍団を訓練したのが、このルフスだったとされる。

　リウィウス・ドゥルーススは精力的で有能な人物だが、傲慢なことでも知られていた（彼はアジア滞在中に公的な記章を身につけなかったことがある。「私自身が記章だ」というの

が、その理由だった)。元老院の権限を熱心に擁護したことから、父親の「パトローヌス・セナトゥース(元老院の保護者)」という称号を受けついだようだが、その一方で個人的な目的のためにデマを利用することもあったという。厳格な人柄で、暮らしぶりも地味だった。広場の近くに家を購入した際の、こんなエピソードが残されている。プライバシーを守るために家を改築したらどうかとすすめる建築家に対し、ドゥルーススはこう答えた。「いや、そうではなくて、私の行動がすべて人びとの目にあきらかになるように改築してほしい」

若いころ、ドゥルーススはセルウィリウス・カエピオと非常に親しく、2人はそれぞれの姉妹と結婚した。ところが、のちに2人は激しくいがみあうことになる。歴史家のプリニウスによれば、それは政治的な対立だったというが、家族内の問題も関係していたのかもしれない。

青年期のドゥルーススに影響をあたえた出来事のひとつに、叔父のルティリウス・ルフスが財物強要罪で告発されるという出来事があった (⇨p.193)。ルフスはムキウス・スカエウォラの副官として小アジアに滞在した際に、徴税請負業者の法外な取り立てから地元住民を守ったことがあった。これに腹を立てたのが、徴税請負業を支配していた騎士階級である。ガイウス・グラックスが制定した法律により、騎士階級は裁判も担当するようになっていた。ルフスはローマに帰還するとすぐに、身に覚えのない財物強要の罪で告発され、法を無視した裁判で国外追放を言い渡された。この一件からも、当時、騎士階級が法廷で連携して不正を働いていたことがわかる。

強力な支持者たち

ドゥルーススが紀元前91年の護民官に立候補した際には、年老いたが、なお影響力のあったアエミリウス・スカウロス (⇨p.196) と、雄弁家として名高いリキニウス・クラッススが支持者に名をつらねていた。彼らはドゥルーススなら、強大になった騎士階級を押さえつけ、国政を安定させてくれると期待していたのである。クラッススの方はかなり純粋にドゥルースス

を支援していたようだが、アエミリウス・スカウロスは過去の経歴をもとに財物強要で告発されて、ルティリウス・ルフスと同じ運命になることを恐れていたようである。

　ドゥルーススは順当に護民官に当選した。彼が提案した法案の全容はわからないが、あらゆる階層の人びとに何らかの利益をもたらそうとしたものだったようである。まず、裁判権を元老院に戻し、そのかわりに騎士階級の上位300人に議員資格をあたえる。騎士階級の有力者を元老院に迎え入れる一方、その他の騎士たちの発言力を弱めることがねらいだった。また元老院内に強力な反対勢力がいたため、ドゥルーススはなんとしても平民を味方につける必要があった。そこでグラックス兄弟が始めた穀物分配と土地分配を復活させることで平民の支持を獲得した。

　こうして伝統的な支配体制が弱体化するのを、元老院議員たちがみな黙って見ていたわけではない。一番損をする下級の騎士たちも結集しはじめていたし、マリウスも法案に反対する可能性があった。ただし、このかつての名将も、紀元前91年の時点では、元老院からも平民からも支持されなくなっていた。

　ドゥルーススの最大の敵は、執政官のマルクス・フィリップスだった。フィリップスがセルウィリウス・カエピオと組んでドゥルーススの改革案を攻撃すると、ドゥルーススはさらに大胆な行動にでた。古くからローマと同盟関係にあったイタリア

⇨テヴェレ川の港湾施設——中型船はテヴェレ川をさかのぼり、ローマの町まで直接積み荷を運ぶことができた。一方、穀物などを運ぶ大型船はオスティアで、小型船に積み荷を移しかえていた。ローマの政治家にとって穀物の供給は、平民からの支持を獲得するうえでもっとも重要なポイントだった。

人（イタリア半島内の諸部族）に、ローマ市民権を認める法案を提出したのである。

投票

　ドゥルーススがこの法案を提出した動機については、古くから激しい論争がくり広げられてきた。まず、ドゥルーススにはイタリア人のあいだに、親しい人びと（マルシ族の指導者Q・ポペディウス・シロもそのひとりだった）が数多くいたことを指摘する説がある。グラックス兄弟の時代以来、市民権の拡大を求める声が高まり、何らかの手を打たなくては反乱が避けられない状況になっていた。そのことをドゥルーススはよく理解しており、市民権の付与を提案したのだというのである。

　また別の説によれば、ドゥルーススは市民権の拡大は避けられないと判断して、元老院が新市民に対して最大限に恩を売れる形を提案したのだとされる。さらに別の説によれば、ローマの土地分配事業によって、イタリア人が農業を営む公有地が奪われ始めたために、イタリア人の不満がつのっており、ドゥルーススはそれを察知して対策を講じたのだとされる。過去にローマが他部族を征服した際に放っておいた土地もあれば、イタリア人が公有地を不法に占有し、数世代のうちに自分のものと考えるようになっていた土地もあった。

　ローマ市民はドゥルーススの気前のよい穀物分配・土地分配計画を歓迎する一方で、ドゥルーススのイタリア人寄りの姿勢には不満をいだいていた。ドゥルーススの頑固な性格も事態を厄介なものにしていた。あるとき彼は執政官のフィリップスが自分の計画を批判していることに腹を立て、（一説によるとドゥルースス自身が）力ずくで演説を制止させた。不意を打たれたフィリップスは大量の鼻血を出し、非難の声が起こったが、ドゥルーススは平然と言い返した。「鼻血だと？　いや、あれは口にできたアフタ（できもの）のせいだ！」フィリップスは美食家で知られていたからである。

　穀物分配も土地分配も、莫大な資金を必要とした。そのため通貨を切り下げたが、それでもドゥルースス自身が、土地と空

ローマ軍の陣営

　ローマ軍がなぜ無敵だったかの理由のひとつに、防御にすぐれていたという点がある。ローマ軍は数時間以上どこかにとどまる場合、かならず本格的な野営地を設営した。それは、ただテントを並べるようなものではなく、数世紀にわたる戦いをとおして進歩した、複雑かつ効率的なひとつの「町」だった。

　まず経験豊かな百人隊長と上級将校が、場所さがしに出発した。野営地を設営する場所は比較的平らで、周辺の地形をよく見渡すことができ、水辺に近くて、800メートル四方の広さがなくてはならなかった。またその地面は、濠を掘ることのできるような土の地面でなくてはならなかった。

　場所が決まれば全軍が到着し、混乱することなく設営にとりかかった。各部隊は指揮官のテントと、直角に交差するふたつの「大通り」を基点として、自分たちのテントを張る正確な位置を瞬時に理解した。大通りには槍が目印として立てられ、各部隊は直前の野営地と同じ配列を正確に再現した。防御上の役割も直前と同じものを引きついだ。食料、水、物資を受けとる場所も全員が心得ており、市を開くための広場までもうけられていた。

　テントを張り、持ち物を置くと、すぐに周壁の建設にとりかかった。間近に敵がいる場合は、兵士の半分が武器をもって待機し、残りの半分が濠と土塁をつくった。敵がもう少し遠くにいる場合、あるいは敵の存在が確認できない場合は、全兵士が作業に加わった。野営地は深さ約1メートルの濠と1メートル以上の高さをもつ土塁でかこまれ、そのなかで兵士たちは皮製のテントに8人ずつ分かれて眠った。

　日が沈むと各分隊の代表が守備隊長から、その夜の合い言葉を告げられた。歩哨にはその合い言葉を書いた「テッセラ」という木製の書字板が渡され、夜のあいだに隊長が巡回してこの木札を回収し、夜が明けるとすべての木札を守備隊の司令官に提出した。この方法により、歩哨が夜じゅう起きていたことと、定期的に見まわりがあったことを確認することができたわけである。このような複雑な方法を講じる必要があったのは、入念な偵察を行なっていても、敵から突然襲撃を受けるケースがあったからである。

⇩濠を掘り、土塁を築くローマ軍の兵士たち――かたわらでは、敵の急襲にそなえて兵士たちが戦闘隊形を組んで見張りをしている。

気のほかにもう何も残っていないと語るまでになった。資金面のほかにも、さまざまな不安があった。あるときドゥルーススが知人に、「最近はどうしているかね？」という古代ローマのお決まりの挨拶をすると、相手はまじめな顔で言い返した。「それよりも、ドゥルースス、君こそいったい何をしているんだ？」

挫折

やがてフィリップスの反撃が始まった。優秀な法律家でもあるフィリップスは、ドゥルーススが可決した法律の大半を無効にした。ひとつの法案に異なる種類の法を盛りこんだ点と、一部の法案が定められた期間をおかずに可決された可能性があることが、フィリップスの追求をまねく結果となった。ドゥルーススは追いこまれながらも、なお奮闘し、立派にふるまった。たとえばドゥルーススは、イタリア人がフィリップスの暗殺を企てていることを知り、本人に伝えたとされる。ドゥルーススはあくまでもローマの元老院議員らしくふるまったのである。

しかし、ドゥルースス自身には誰も警告をあたえてくれなかった。ある日、ドゥルーススは被護民や友人と自宅にいたところを、靴屋の小刀で刺されて亡くなった。犯人が捕まらないままに、まもなく人びとの関心は別のことがらに移った。ドゥルーススの暗殺を機に、イタリア人が反乱を起こしたのである（⇨p.221）。

こうして世界最強の軍隊同士が激突することになった、いわゆる同盟市戦争は、まさに一進一退の激戦となった。しかし結局、ローマはかつてのガイウス・グラックスやドゥルーススの主張どおり、イタリア半島内に住む全自由人にローマ市民権をあたえることで、この悲惨な戦争にようやく終止符を打った。このとき、殺害された過去の護民官たちの霊も、さぞかし喜んでいたことだろう。

⇨スッラの肖像──若いころのスッラは魅力的な容姿をしていたとされる。ただしプルタルコスによれば、「もともと彼の青い瞳はずいぶんと鋭かったが、顔色のせいでいっそう険しくなり、威圧感に満ちていた」という。

ルキウス・コルネリウス・スッラ・フェリクス
紀元前138～78年

メテルス・ピウス
紀元前130年ごろ～64年

クイントゥス・セルトリウス
紀元前126年ごろ～73年

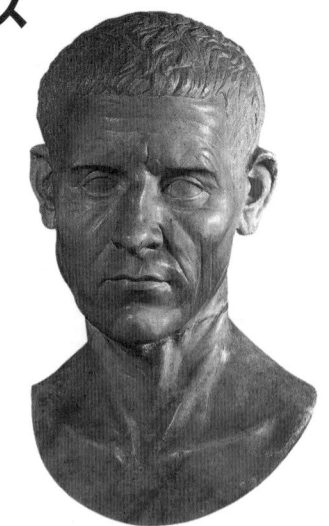

ルキウス・コルネリウス・スッラ・フェリクス	
生年	前138年
有名な祖先	ルフィヌス・スッラ
母	不明
父	不明
地位	法務官、前97年
	執政官、前88年、80年
	独裁官、前82年、81年、80年
業績	凱旋司令官
妻	イリア、アエリア（？）、クロエリア、メテラ、ウァレリア
子供　息子	ファウストゥス、コルネリウス
娘	コルネリア、ファウスタ
継子	アエミリア
没年と死因	前78年、病死

ルキウス・コルネリウス・スッラ・フェリクス

「若くて無名だったころの彼は、役者やプロの道化師たちと気軽に言葉をかわし、彼らの低俗な楽しみに加わっていた。最高の地位についてからも、町でもっとも図々しい役者や取り巻きたちを集めては、自分の年齢も地位もおかまいなしに酒を飲んでふざけあったという」

プルタルコス著『スッラ伝』

ルキウス・コルネリウス・スッラが共和政の崩壊に深く関与

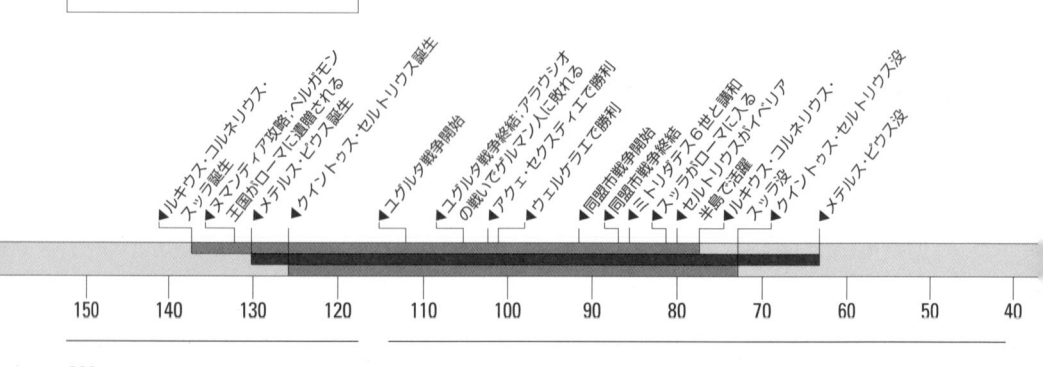

したことは、誰もが認める事実である。ところが、若き日のスッラは、政治とはまったく関係のない余裕のない暮らしをしていた。かつてスッラ家のルフィヌスという人物が、銀の食器を10ポンド以上所有していたことを理由に、贅沢取締法違反によって元老院を除名されて以来、スッラ家は凋落の一途をたどっていたのである。

若いころのスッラの暮らしぶりが判明しているのも、たまたま隣人が告発されたからである。そのころのスッラは共同住宅暮らしで、その家賃は上階に住む解放奴隷とほとんどかわらなかったという。

放蕩生活

若いころのスッラは、あざやかな青い目と豊かな金髪に恵まれた遊び好きの青年だった。ただし、皮膚があまり強くなかったせいで、せっかくの容姿がいささかそこなわれていたらしい。陽ざしに弱く、赤ら顔でしみが多かったため、のちにアテネの人びとから「小麦粉をふりかけたクワの実」のような顔だと皮肉られている。しかし、スッラはその生涯をとおして美食を愛し、俳優やダンサーと親しくつきあっていた。その魅力的な人柄で多くの人びとを引きつけ、ニコポリスという名の資産家の娼婦とも親しい関係をつづけていた。

やがて継母が亡くなり、スッラは遺産を相続することになっ

⇨モザイク画に描かれた作家──テーブルの上に仮面が置かれているところを見ると、劇作家の可能性もある。右下に巻物を入れたカゴが見える。スッラは俳優たちと親しくつきあい、彼自身も劇を書いた。

た。ほどなくしてニコポリスも亡くなり、彼女の遺産も相続した。こうしてスッラは政界に進出するための資産を手に入れたのだった（スッラがこの2人の女性のあいつぐ死亡に関与したという噂もあるが、真相はあきらかでない）。

マリウスとの出会い

やがてスッラは財務官に選出され、マリウスのアフリカ遠征に従軍して大活躍する。最大の手柄は、ユグルタの義父を利用して、長年ローマを悩ませてきたユグルタ本人を捕らえたことだった。この大手柄のせいでマリウスからは妬（ねた）まれたが、スッラは紀元前104年と103年の対ゲルマン遠征の際もマリウスの軍団に加わっている。しかし、この遠征が終わるころには、いずれ劣らぬ強烈な個性の持ち主であるマリウスとスッラは敵対しはじめていたようである。このあとスッラはマリウスのもとを離れて、ルタティウス・カトゥルスの軍団に加わった。

スッラは対ゲルマン戦争に最後まで従軍し、その実績をもとに、按察官（あんさつかん）を飛び越えて法務官に立候補した。戦場での活躍が票につながると予想したのだが、有権者の関心はスッラの軍功よりも、按察官が手配する催し物にあった。スッラならアフリカから驚くような動物をつれてきてくれると期待したのに、スッラは按察官に立候補せず、有権者を失望させたため、法務官の選挙にも落選してしまった。

スッラは紀元前98年にふたたび立候補し、翌年の法務官に当選した。今回の選挙では巨額の賄賂を準備し、影響力のある人びとにばらまくことを忘れなかった。ユリウス・カエサル家の人物と対立した際に、法務官の権限をちらつかせたことがある。すると、その人物はスッラに言い返したという。「それがあなたの権限だって？　なるほどそのとおりだろう。あなたが金を出してそれを買ったのだから」

指揮官スッラ

つづいてスッラは属州総督として、小アジアにある属州カッ

↑スッラの銀貨（紀元前63〜62年ごろ）──スッラの前にマウリ族のボックス王がひざまずき、オリーブの枝をかかげている。スッラの後ろには、しばられたユグルタの姿がある。スッラは運命の寵児を自認し、硬貨にも「フェリクス（幸運な）」という言葉を刻ませていた。

↑ミトリダテス戦争後に挙行されたスッラの凱旋式を描いた金貨

パドキアに派遣された。スッラは現地で兵士を召集して、最小限の戦闘で、近隣の青年王アリオバルザネスを復位させるという任務を達成した。このころスッラは、旧アレクサンドロス帝国の東部で興ったパルティアの繁栄を、ローマの行政官として初めて目のあたりにする。さらにスッラはこの東征中に重要な予言を受けとった。その内容は、やがてスッラは最高の権力を手に入れるが、権力と幸福の絶頂で亡くなるというものだった。

紀元前92年にローマに戻ると、センソリヌスという人物から財物強要の容疑で告発された。詳細はわからないが、このときスッラは陰でなんらかの圧力をかけたようである。裁判当日、センソリヌスは姿を現さず、審理は打ち切りとなった。

この一件のあとまもなく、スッラのユグルタ逮捕をたたえるために、彫像をつくろうとする動きが起こった。これを聞いたマリウスは激怒し、暴力沙汰に発展しかねない事態となったが、半島各地で同盟市が反乱を起こしたために、両者の衝突は回避されることになった。まもなく始まった同盟市戦争では、慎重で動きの遅いマリウスに対して、スッラの行動力と決断力がきわだった。この戦いのなかでスッラは、幾度か幸運に助けられたが、それをみずからの力量のためとはせず、自分は運が良かったから勝てたのだと語り、名前の最後に「フェリクス（幸運な）」という渾名（あだな）を加えた。

マルクス・アエミリウス・スカウルス（⇨p.196）が亡くなると、スッラは未亡人となったカエキリア・メテラと結婚した。おそらくはメテルス一族の支援を受けて、スッラはクイントゥス・ポンペイウスとともに紀元前88年の執政官に当選した。その後まもなく、スッラの娘がポンペイウスの息子のもとに嫁いだ（とつ）。スッラはこのとき、予言で告げられた権力と幸福の絶頂に近づきつつあると感じたことだろう。富と権力を手に入れ、豊かな人脈を築き、公職の最高位についたからである。さらに彼は東方遠征の指揮権（インペリウム）を獲得し、小アジアとギリシアでローマから領土を奪ったポントス王ミトリダテス6世の討伐に乗りだすことも決定した。

ローマへの進軍

　ところが、ここでスッラの人生は急転回する。マリウスが護民官のスルピキウスと組んで、スッラから東方遠征の指揮権を奪うための法案を提出したのである。もちろんスッラは執政官として、スルピキウスの法案を違法であると断じた。これに対してマリウスとスルピキウスは、暴徒を動員して法案を可決させた。混乱のうちにポンペイウスの息子が殺害され、スッラも身の危険を感じて逃げまわった末に、暴徒が押し寄せることのない唯一の場所、マリウスの家に逃げこんで難を逃れた。

　マリウスはスッラから指揮権とともに軍団もとりあげた。ところが兵士たちの多くは、スッラのもとで同盟市戦争を戦った男たちである。当然マリウスは、自分に対する軍団の忠誠心を確立するためにも、またこれまで自分に従ってきた兵士たちに戦利品をあたえるためにも、兵士を大幅に入れ替えるものと予想された。しかし、スッラとのクリエンテス関係に立つ兵士たちも黙ってはいない。彼らはマリウスが派遣した上級将校に石を投げつけて殺害した。

　まもなくローマから駆けつけたスッラが軍団に合流し、マリウスの暴挙をならべ立てて、ローマは暴徒の手に落ちたと説明した。つづいてスッラは兵士たちに告げた。執政官には国家を守る責任があり、自分は執政官として秩序を回復するためにローマに進軍するつもりである、と。しかし、将官たちはこの決断に賛成できなかった。ローマ軍がローマを征服するなど、前代未聞の出来事だったからである。その結果、スッラの親戚であるリキニウス・ルクルス（⇨p.272）をのぞいて、将官たちは全員スッラのもとを去ってしまった。

　2人の法務官（ブルートゥス家とセルウィリウス家の人物）がスッラと話しあうために到着したが、法務官の衣装を破られ、杖を折られてローマに送り返された。まもなくスッラの軍団が押し寄せ、ローマの町は自国の軍隊にあえなく制圧されてしまった。こうしてスッラは秩序を回復し、政情を安定させたつもりだった。ところが翌年の執政官に選ばれたのは、皮肉にも政敵のキンナだった。キンナはスッラの政策に反対しないことを

誓っていたが、彼がその誓いを守るつもりのないことは、まもなくあきらかになった。

世論がローマ進軍に対して激しく反発したため、スッラはミトリダテス討伐に出発する前に裁判にかけられることになった。ところがスッラは誰にも自分を止めることはできないと、出頭命令を無視して小アジアに出発した。このときのスッラが正規軍をひきいる執政官であったのか、反乱軍を従えた反逆者であったのかは、意見の分かれるところである。

ミトリダテス戦争

紀元前86年、ギリシアのカイロネアでローマ軍はポントス軍に圧勝した。しかしギリシアの諸都市がローマにつくかポントスにつくか揺れ動いていたため、その後の戦況は混迷と混乱がつづいた。僭主アリストンが支配するアテネはスッラに抵抗したが、過酷な包囲戦の末に陥落し、アテネの大部分と外港ピレウスが略奪された。

スッラがもちいて成功した戦法のひとつに、両翼に濠を掘ったうえで、敵に正面から激突する戦法があった。これは数に勝る敵軍から両翼を攻められることを避ける優れた戦法だったが、それでもギリシアのオルコメヌスの戦いでは、敵の圧倒的な数に苦戦を強いられることになった。このときスッラは軍旗をつかみ、退却する兵士たちに向かってこう叫んだという。「私はこの地で戦い、命を落とす栄誉を受け入れよう。君たちは、どこで司令官を裏切ったかとたずねられたときのために、この場所をおぼえておくことだ。そしてオルコメヌスと答えるがいい」。指揮官の言葉を聞いて、兵士たちはふたたび隊列を整えた。

やがてローマから新たな軍団が到着した。指揮官をつとめるウァレリウス一族のフラックスは、スッラと内輪もめをするよ

⇩スッラの勝利をたたえるレリーフ——これは、ミトリダテス戦争中のカイロネイアの戦い（紀元前86年）を記念してつくられたレリーフかもしれない。中央にローマ軍のワシ、その両脇に翼をもつ女神ウィクトリアが描かれている。翼をもつウィクトリアは、その後もしばしば芸術作品の題材としてとりあげられてきた。現在もロンドンのバッキンガム宮殿の外に、ウィクトリア像が飾られている。

りも、ミトリダテスを倒すことが自分の使命であると考えていた。ところが、フラックスはフィンブロスという将官に殺されてしまう。その後フィンブロスは軍団をひきいて小アジアでポントス軍と戦い、戦況を有利に展開した。同じころスッラもヘレスポント（ダーダネルス海峡）を渡り、小アジアに進軍していたが、ローマから届いた知らせに悩まされていた。

というのもローマでは、執政官のキンナとオクタウィウスが対立した結果、スッラのローマ進軍時に逃亡していたマリウスが帰還して、キンナと手を組んでいたからである。短いながら激しい内戦を経て、マリウスとキンナが権力を掌握し、まもなくスッラ派に対する殺戮が始まった。ローマから逃れてきた妻のメテラが、家を焼き払われ、土地を没収されたことをスッラに告げた。

紀元前85年、スッラはローマに戻る決心をし、ミトリダテスを呼びだして講和を受け入れさせた。その結果、ミトリダテスは全征服地を放棄して賠償金を支払うことになったが、それでもスッラの兵士たちは納得しなかった。先の征服で数万人ものローマ人を虐殺しておきながら、ミトリダテスも王国も存命を許されたからである。しかしスッラは兵士たちの不満をなんとかしずめると、フィンブロスの陣営に向かった。スッラ軍の呼びかけに応じて兵士たちが次々に陣営を脱走し、フィンブロスは自殺した。

帰還

そのころローマでは、マリウスとキンナが亡くなり、マリウスの息子に実権が移っていた。彼は晩年の父親に負けぬほど頑固な男だったため、スッラは話し合いをあきらめざるをえなかった。そのころにはスッラ軍は資金が底をついており、軍団の半分以上をアジアの諸都市に残して、金品をしぼりとらせていた。イタリアにつれ帰った兵士たちにまともに報酬を支払うこともできず、兵士たちの方からスッラのために戦費を工面すると申し出たことまであったようだ。

紀元前83年、スッラがイタリア南部の港町ブルンディシウ

ムに到着すると、メテルス・ピウス、アッピウス・クラウディウス、リキニウス・クラッスス、ポンペイウスなど、数名の貴族がすぐに駆けつけた（このクラッススとポンペイウスが、のちにユリウス・カエサルとともに三頭政治を開始することになる）。スッラは兵士の大半をアジアに残してきたため、数のうえでは劣勢だったが、ときに残虐に、ときに狡猾に正規軍と戦った。迎え撃つ司令官カルボネスはスッラのことを、あるときは獅子、またあるときはキツネのように戦う男だと形容した（キツネのように戦うときの方が恐ろしいとも語っていた）。

スッラは内乱にとまどうイタリア人たちに対し、市民権を尊重することを約束したが、抵抗をつづける人びとは虐殺した。そして1年のうちにローマの目前までせまり、ついにコッリーナ門の外で決戦のときをむかえた。迎え撃つローマ軍は、マリウス派のサムニウム人を主体とする軍団だった。戦いは激戦となり、まずアッピウス・クラウディウスが戦死した。中央を指揮したスッラも退却を余儀なくされ、野営地で敗戦後の状況に思いをめぐらせた。しかしそのとき、右翼を指揮するクラッススのもとから使者が到着して告げた。「右翼は政府軍に完勝しました。警戒態勢を解除して、兵士たちに夕食をとらせてよいでしょうか」

やがてスッラが決戦を制したことがあきらかとなり、サムニウム兵の一部は敗走し、残りは降伏した。こうしてスッラは反逆者からローマの支配者に転じ、まもなく元老院から120年ぶりの独裁官に任命された。ローマを制圧した日にスッラが元老院で演説をしていると、競技場で恐ろしい悲鳴が起こった。コッリーナ門の戦いで捕虜となった兵士たちの虐殺が始まったのである。ふるえあがる議員たちに対してスッラは、平然とした口調で、あれは罪人を処分しているところだと説明したという。

⇧スッラの独裁官時代につくられたローマの公文書館──ローマ人は、古代世界では特筆に値するほどの記録マニアだった。スッラの恐怖政治の時代に密告によって国庫から報酬を受けとった者たちを、のちの時代になってから小カトーが突きとめ、報酬を返還させることができたのも、詳細な記録が残っていたからだった。

独裁官スッラ

まもなく大がかりな粛清が始まり、元老院議員が次々に殺害

されていった。見かねたメテルスがスッラに対し、処刑者名簿を貼りだして、それ以外の人びとの不安をとりのぞくようにと進言した。こうして完成した名簿には、約500人の名前が記載されていた。そこにはスッラの取り巻きたちが、金や土地を横取りするためにつけ加えた名前もあった。ある人物が名簿に乗った自分の名前を見てこういったという。「ああ、アルバにある私の農場が原因にちがいない」

しかし恐怖の粛清が終わると、スッラが専制政治を望んでいないことがすぐにあきらかとなった。スッラがめざしたのは独裁ではなく、元老院を中心とする安定した支配体制の復活だったのである。あいつぐ混乱のなかで、元老院議員の人数は通常の300人をはるかに下まわるまで減少していたため、スッラは新たに騎士階級から議員を登用して欠員を補充した。さらに、リウィウス・ドゥルーススの提案に従って議員数を600に倍増させ、自分の支持者たちに議員資格をあたえた。

スッラは行政官の人数も増員し、財務官を20人、法務官を8人とした。財務官の経験者には元老院議員の資格があたえられることも決まり、毎年新しい議員が20人程度誕生することになった(死亡による欠員の補充が、毎年その程度はあった)。法務官を増員した背景には領土の拡大があった。「法務官」(プラエトル)の経験者には「前法務官」(プロプラエトル)として、属州統治の資格があたえられていた。そのため法務官の数が増えれば、属州総督が特定の属州に長期間とどまり、強大な権力を獲得することを避けられると考えられたからである。

こうして元老院体制が強化される一方、護民官については権限を縮小するためのあらゆる手段が講じられた。護民官が提案する法案はすべて元老院の承認が必要となり、護民官の拒否権も制限された。さらに護民官経験者は他のいかなる公職にもつけないことになった。出世に役だたないとなれば、優秀な人材が護民官になろうとは思わなくなる。それがスッラのねらいだった。司法面では、常設法廷の数を

⇩行政官の一団を描いたキエッティにある墓のレリーフ——スッラはローマ領の拡大にあわせて、元老院議員と行政官の数を増員した。その際、自分の支持者たちを元老院議員に登用することも忘れなかった。

⇧スッラの妻カエキリア・メテラの墓——ローマ郊外のアッピア街道沿いに、写真のような壮大な墓の遺構が残されている。カエキリウス一門の男性は国家の要職を占め、女性は支配階級の上層部の男たちと結婚した。

増やすことも決められた。

　独裁官となって3年がすぎたとき、スッラはこれ以上つづけると人びとの反感をかうと判断し、紀元前80年に辞職して民政を復活させた。この年の執政官に選ばれたのは、スッラ自身とメテルス・ピウスだった。スッラは翌年に再選をはたし、2期目をまっとうしたのちに、政界から引退した。

予言

　この間に妻メテラとのあいだに双子が誕生し、ファウストゥスとファウスタと名づけられた。出産で体力が落ちていたのか、メテラはまもなく疫病にかかって亡くなり、スッラはほどなくしてウァレリウス家の女性と再婚した。
　ローマは秩序を回復し、スッラの配下の退役兵たちはカンパニアとエトルリアに土地を獲得し、スッラ自身は若くて美しい妻と健康な子どもたちに恵まれていた。彼の脳裏にはつねに東方で告げられた予言があったが、いまが権力と幸福の絶頂であることはまちがいなかった。スッラは身のまわりを整理し、回顧録を完成した2日後に亡くなった（この回顧録は現存しない）。

葬儀の日はどんよりとした曇り空だった。雨が降りだして火葬が中止になるのではないかと心配されたが、強風のおかげで炎が舞いあがり、遺体が燃えつきてから豪雨になった。このようにスッラは、最後まで幸運な男だった。

おそらくスッラ自身は、ローマの共和政を復興したつもりだったのだろう。しかし、実際には彼は共和政に致命的な打撃をあたえたのだった。一定の兵力を集めることのできる実力者なら、誰でもローマを支配するチャンスがあることを、身をもって証明したからである。その後、向こう見ずな男たちや、勘違いをした男たちが、次々に権力の奪取を試みた。成功する人物が現れるのは、時間の問題だった。

「スッラにできたのだから、私にできないはずがない」という表現がラテン語に存在する。スッラが共和政ローマにおよぼした真の影響を、見事に表現した言葉である。

メテルス・ピウス	
生年	130年ごろ
有名な祖先	L・メテルス（執政官、前251年）
母	不明
父	メテルス・ヌミディクス
地位	法務官、前89年
	執政官、前80年
業績	凱旋司令官；最高神祇官
子供　息子	メテルス・スキピオ（養子）
没年	前64年

メテルス・ピウス

「指導者たるメテルス・ピウスが、他人を訪問した際に祭壇と香でむかえられることをよしとしたのは、いったいどういうことなのか。壁をおおう金の布を満足そうに眺めたとは、どういうことなのか。（略）ヌミディアで父とともに戦った戦争のきびしさは、彼の頭から完全に消えてしまった。このことひとつをとっても、贅沢な風潮がローマに急速に広まったことがわかる。メテルスが若いころには古い道徳が健在だった。しかし、年老いたころには新しい道徳が広まっていたのである」

ウァレリウス・マクシムス著『名士伝』

メテルス・ピウスの正確な出生年はわからないが、紀元前109年に父のメテルス・ヌミディクス（⇨p.199）とともにアフリカに遠征したときは、20歳前後だったようである。この遠征中にマリウスが執政官選への出馬を決めた。すでにのべたとおり、このときヌミディクスが自分の息子が立候補できる年齢になるまで待つようにすすめたことから、ヌミディクスとマ

↑クイントゥス・メテルスの硬貨
——この硬貨に描かれている象は、現在のインド象でもアフリカ象でもなく、ローマ時代に北アフリカに生息していた象である。その後絶滅したため、現在は姿を見ることができない。

リウスの関係が悪化した。

孝行息子

　両者の対立はローマに戻ったあともつづき、やがてヌミディクスが国外に追放された。このときメテルスは父のローマへの帰還を認めてもらうために、人びとのあいだを懇願してまわった。その様子を見た人びとから、「献身的で敬意に満ちた」を意味する「ピウス」という渾名をあたえられた。

　メテルスは同盟市戦争中の紀元前89年に法務官に就任し、反乱軍の中心的存在であるマルシ族と戦った。メテルスはこの戦いで武将としての力量を発揮し、マルシ族の指揮官クインティウス・ポペディウス・シロを殺害した。その後もメテルスは戦いつづけたが、ローマでは執政官のオクタウィウスと、マリウスと組んだもうひとりの執政官キンナの対立が、紀元前87年に武力衝突に発展した。

　メテルスはローマに戻り、反マリウス派に合流して、ローマの防衛に加わった。オクタウィウスでは心許ないということで、兵士たちはメテルスに指揮を求めた。しかし、メテルスが礼を重んじて指揮官就任を固持したところ、兵士たちはいっせいにマリウスに投降した。

　メテルスはアフリカに逃れ、のちに三頭政治の一角をになうことになるクラッスス（⇨p.249）と合流した。ところがこの２人はまもなく仲違いして決別する。その後、メテルスは親マリウス派の属州総督Ｃ・ファビウスとの戦いに敗れて、アフリカを離れることになった。

スッラ体制

　紀元前83年に東方からスッラが帰還すると、メテルスは真っ先に駆けつけて、反乱を支える貴族勢力の代表的存在となった。その後の内戦でもめざましい戦果をあげ、紀元前87年の苦い経験をくつがえして、マリウス派の兵士たちを次々に投降させた。

　やがてスッラが内戦を制し、メテルスは大神祇官に任命さ

れた。紀元前80年にスッラが独裁官を辞任したあとは、スッラとともに執政官に選出された。メテルスは執政官に就任すると、かつて父のローマ帰還に尽力してくれた護民官のカリドゥスを法務官に抜擢(ばってき)した。

前執政官となったメテルスは、スッラ体制に反旗をひるがえしたセルトリウスを倒すためにイベリア半島に赴(おも)いた。そのあと8年間のメテルスの主な事績は、メテリヌムの町（現メデリン）を建設したことと、セルトリウスから決闘を申しこまれて断ったこと、戦闘で脚を負傷したことなどである。セルトリウスとの戦いは一進一退がつづいたが、セルトリウスはスパルタクスやハンニバルとならび称されるほどの戦争上手だったため、メテルスが苦戦するのも無理はなかった。やがて若手の有望な指揮官とのふれこみで、ポンペイウスがメテルスのもとに到着した。ところがポンペイウスはすぐに大敗を喫し、多数の犠牲者を出してしまった。

ようやくメテルスが一応の勝利をおさめ、凱旋式を認められたが、これで戦争が終わったわけではなかった。最終的に戦いが終結したのは、セルトリウスが部下に殺害された紀元前72年のことだった。メテルスはその翌年ローマに帰還し、軍団を解散した。紀元前63年にユリウス・カエサルが大神祇官に就任していることから、メテルスはこの年か、その直前に亡くなったものと思われる。

クイントゥス・セルトリウス	
生年	前126年ごろ
有名な祖先	なし
母	不明
父	不明
地位	法務官、前85年
業績	ゲリラの指導者
子供	なし
没年と死因	前73年、暗殺

クイントゥス・セルトリウス

「セルトリウスの兵士たちが〔スペインにあった〕ローマの植民市ラウロを占領したとき、ひとりの女性が兵士の両目を指でくりぬくという事件が起こった。兵士が彼女を侮辱し、乱暴しようとしたからだった。これを聞いたセルトリウスは、この兵士が所属する歩兵隊全体がその種の残虐な行為をくり返していると判断し、ローマ人であるにもかかわらず全員を処刑した」

アッピアノス著『内乱記』

クイントゥス・セルトリウスは、紀元前126年ごろにヌルシアで生まれた騎士階級に属するサビニ人だった。彼はまず軍人として人生の第一歩を踏みだし、セルウィリウス・カエピオの軍団に入った。ゲルマン人のキンブリ族との戦闘で負傷したが、キンブリ族が国境から離れると、ケルト人に扮(ふん)してあとを追い、敵の動向をマリウスに報告した。キンブリ族が敗れたあとは、イベリア半島で従軍した。

戦争の英雄

　セルトリウスが財務官だった紀元前91年、同盟市戦争が始まった。セルトリウスは前線で果敢に戦い、片方の目を負傷して失明したが、のちにこう語っている。人間は勲章をつねにもち歩けるわけではない、ところが私はいつも武勲のしるしを身につけているのだから、こうなったのもあながち悪いことではない、と。セルトリウスは紀元前88年度の護民官当選が確実視されていた。ところが、理由はよくわからないが、スッラがセルトリウスの立候補を妨害した。

　これ以降、セルトリウスはキンナと手を組んでスッラ派に対抗する。しかし、キンナとマリウスの接近に反対したところを見ると、マリウスと組むつもりはなかったのだろう。実際、セルトリウスはローマ奪還後のマリウスの蛮行を嫌悪していた。マリウスとはちがって、セルトリウスは個人的な恨みを暴力ではらそうと考える男ではなかった。

　マリウスが引きつれてきた親衛隊の人数は4000人にのぼり、まるでローマを征服したかのように、略奪と強姦にあけくれた。セルトリウスは夜間に彼らの野営地を包囲し、兵士たちをひとり残らず殺害した。しかし紀元前85年の法務官に就任したところを見ると、セルトリウスはこの虐殺の責任を一切問われなかったようである。

　紀元前83年、スッラがイタリアに帰還した。セルトリウスは対スッラ戦の戦い方について年輩の司令官たちと意見が対立し、スッラを倒せないことを悟るとイベリア半島（スペイン）に逃亡した。ところが、紀元前81年にはスッラ派によってイ

ベリア半島からも追いだされ、アフリカのマウレタニアにたどりついた。死刑宣告を受けた末の逃亡だった。

ふたたびイベリア半島へ

やがてイベリア半島でローマ軍の略奪と蛮行が始まり、ルシタニア人がセルトリウスに助けを求めてきた。これを受けてセルトリウスは、「名誉のためのローマ人」と呼ばれた（その大部分は名誉とは無縁だったと思われるが）わずか2600名の小軍団をひきいてイベリア半島に戻った。一方のローマ側は、各3万5000人からなる4個軍団でセルトリウスを迎え撃った。このほかにローマ軍には、数千名の騎兵と数千名からなる補助部隊も含まれていた。

数では圧倒的に劣勢ながら、セルトリウスはゲリラ戦を展開して、めざましい成果をあげた。士気の低下したローマ軍に痛撃をあたえたかと思うと、すぐに姿を消して、別の場所にふたたび現れたのである。現地住民はセルトリウスのもとに結集し、紀元前78年までにイベリア半島の大部分がセルトリウスの支配下に入って、セルトリウスは兵士たちから神のような存在としてあがめられるようになった。セルトリウスは白い子ジカを飼っていたが、本人によるとその子ジカは神の霊感を受けていて、敵の動きを察知し、勝利を預言してくれるというのだった。セルトリウスは現地住民に寛大な態度を示し、税を低くおさえて、兵士たちの規律にも配慮していた。

しかし、セルトリウス自身はあくまでもローマの属州総督としてふるまっていた。地元の有力者の子弟のためにつくった学校では、トーガを着せてギリシア語を学ばせていたのである（これらの子どもたちは貴重な人質でもあった）。

そのころマルクス・アエミリウス・レピドゥスが、スッラをまねてローマ進軍を企てたが失敗し、レピドゥス軍の残兵たちがイベリア半島に逃れてきた。その結果、セルトリウスのもとに、53の歩兵隊（歩兵隊は軍団の10分の1の規模）とペルペンナという人物がひきいるローマの貴族の一団が加わった。ローマからポンペイウス軍が到着すると、セルトリウスはただち

⇧ポルトガルのコインブラ近郊にあるコニンブリガ遺跡（ローマ名、アエミニウム）の遺構——この一帯はローマに征服される前は、ルシタニア人の領土だった。コニンブリガはポルトガルで発見された最大のローマ遺跡であり、当時の豊かな都市の様子をとどめている。

に迎撃態勢をとった。ポンペイウスは勝利を自分のものにするために、メテルスが到着する前に戦闘を開始した。ところがセルトリウスにはまったく歯が立たず、メテルスが到着したおかげで、なんとか完敗だけは免れるというありさまだった。のちにセルトリウスが苦々しげに語っている。「あの小うるさい男（メテルス）がやってこなければ、小僧（ポンペイウス）の方はローマに追い返してやったのに」

■セルトリウスの最後

状況はしだいに思わしくない方向に向かい始めた。生まれの良いペルペンナは、前法務官にすぎない男に従うことが不満だった。さらに、ローマの元老院がイベリア半島での戦いにようやく本腰を入れ始めた。セルトリウスはローマ軍と対等に戦えたが、配下の将官たちはローマ軍の敵ではなかった。やがてセルトリウスは部下たちの援護に奔走するようになり、しだいに残酷で独裁的な指揮官に転じていった。

紀元前73年、セルトリウスは夕食の席でペルペンナに殺害された。念願の指揮官となったペルペンナだが、数日のうちにポンペイウスに敗れて捕虜となり、処刑された。ローマ軍が10年近くもできなかったことをペルペンナが実行してくれたことを思えば、これはいささか恩知らずな行為だったともいえる。ともあれ、こうしてセルトリウスが亡くなった結果、ローマはようやくイベリア半島の支配権を回復した。

⇩ローマ軍の騎馬兵（紀元前2世紀の石棺にほどこされたレリーフ）——このレリーフを見ると、当時の馬に鞍がついていないことがよくわかる。古代には鐙が存在しなかったため、騎兵はうまく武器をあやつることができず、のちの時代ほど重要な戦力ではなかった。

貴族と商業活動

ローマの支配階級は、商業活動にほとんど関心をもたなかったと長らく考えられてきた。そうした「定説」によれば、ローマ貴族は商業を農業よりはるかに劣るものとみなし、紳士が財産を築く手段としてふさわしいのは農業だけだと考えていたというのである。しかしその後の研究の結果、ローマの貴族も商業にたずさわっていたと考えなくては、説明できないような事実のあることがわかってきた。

当時のローマ世界で、ワインやオリーブ油、ガルム（調味料の一種）、穀物、陶器などが、かなり広い範囲で大量に流通していたことはまちがいない。そうした商品はアンフォラと呼ばれる大きな取っ手付きの壺に入れて運ばれており、ローマには当時廃棄されたアンフォラの山がいまも残されている。モンテ・テスタッチョと呼ばれるこのアンフォラの大半が、イベリア半島からもちこまれたものと思われる。ローマはイベリア半島から、毎年500万キロを越える油を輸入していたからである。

こうした貿易は多額の資金を必要とするため、貴族たちが関与していたと考えて、ほぼまちがいないだろう。実際、元老院の外交方針が議員たちの利害に左右されることを防ぐという理由で、紀元前100年までに元老院議員の商業活動を禁じる法律が成立している。その結果、元老院議員は貿易用の船をもつこともできなくなった。

そこで元老院議員は法律の適用を逃れるために「中間商人」を雇った。議員が元手となる資金を出して、中間商人が自分の名前で商売をし、リスクの大半を負う。そして利益があがれば、元老院議員のもとに利潤が入る仕組みだった。

陸路で品物を運ぶのは時間も費用もかかったため、大半の貿易は海路で行なわれた。貿易量を推測する手段のひとつに、対象となる期間の難破船の数を調べる方法があるが、この方法で調べた結果、地中海貿易は紀元前100年までに、ルネサンス時代に匹敵するほどの規模に拡大していたことがわかった。

歴史家のW・V・ハリスは、地中海世界のおもな照明手段であった灯油ランプに注目し、研究の結果、それが特定の数社で製造され、ローマ領内の各地に輸出されたものであることをあきらかにした。こうしたランプは、古代の都市にはかならずあった定期市で売られていたものと思われる（地中海地方の町では、現在でも同様の市が開かれている）。

ローマは帝国内だけでなく、諸外国とも貿易を行なっていた。そうした遠距離輸送には莫大な費用がかかったため、対象となったのは象牙や香料、絹などの贅沢品だったものと思われる。

⇧古代の船——近年の海洋考古学の重要な発見のひとつに、ピサで見つかった紀元前2世紀から紀元後5世紀の船がある。それらの商船が沈没した浅瀬に、のちに泥土が堆積したため、船と積み荷が泥のなかで完全な状態で保存されていたのである。積み荷だった数多くのアンフォラのなかには、サクランボやプラムなどの果物、ナッツ、オリーブ、ワイン、油などが入っていた。

⇦オスティアの船会社の「広告」——輸入穀物の大部分はオスティア港を経由してローマの町に運ばれた。オスティアには多数の船会社があり、事務所の玄関前にこうした「広告」入りのモザイク画を描いていた。

マルクス・リキニウス・クラッスス

紀元前115年ごろ～53年

マルクス・リキニウス・クラッスス	
生年	前115年ごろ
有名な祖先	リキニウス・クラッスス（執政官、前205年）
母	不明
父	ププリウス・リキニウス・クラッスス
地位	法務官、前72年 執政官、前70年、55年 監察官、前65年 三頭政治、前60年以降
妻	テルトゥッラ
子供　息子	ププリウス、マルクス
没年と死因	前53年、戦死

「クラッススは晩年に、リキニアという名のウェスタの処女と親密になったとして告発された。（略）この女性は郊外に立派な家を所有しており、クラッススはその家を安く手に入れたいと考えていた。そこで彼女につきまとったため、スキャンダルとなったのである。しかし、皮肉にもクラッススの強欲さは人びとのよく知るところだったため、彼は無罪となった。おまけに彼は裁判のあとも、家を手に入れるまで、その女性のもとを離れなかった」

プルタルコス著『クラッスス伝』

　マルクス・リキニウス・クラッススは、名門のリキニウス一族に生まれた。「裕福」を意味する家族の渾名（あだな）「大富豪」を受けつぎ、その名に恥じぬ人生を送った人物である。

マリウスの犠牲者たち

　クラッススの出生年は、はっきりしていない。しかしポンペイウスより年上であったことと、60歳代で亡くなったことはまちがいないから、紀元前115年ごろの生まれと考えれば、ほぼまちがいないだろう。父親のププリウス・リキニウス・クラッススは監察官にまで出世し、同盟市戦争ではカエサル家の人物と同じ軍団で戦った人物だった。その後スッラを支持してマリウス派と戦ったが、紀元前87年にマリウスがローマに戻ると、

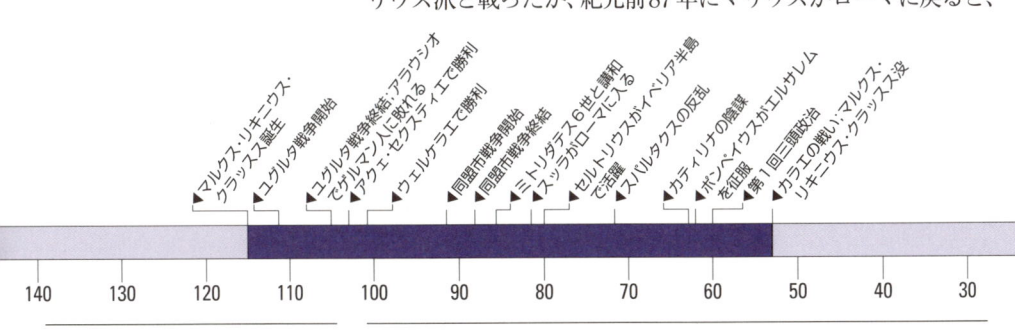

- マルクス・リキニウス・クラッスス誕生
- ユグルタ戦争開始
- ユグルタ戦争終結：アラウシオでゲルマン人に敗れる
- アクエ・セクスティエで勝利
- ウェルケラエで勝利
- 同盟市戦争開始
- 同盟市戦争終結
- ミトリダテス6世と講和：スッラがローマに入る
- セルトリウスがイベリア半島で蜂起
- スパルタクスの反乱
- カティリナの陰謀
- ポンペイウスがエルサレム攻略
- 第1回三頭政治
- カラエの戦い：マルクス・リキニウス・クラッスス没

粛清の犠牲となる前に自害した。2人いた息子のうち、長男はマリウス派に殺されたが、次男だったマルクス・リキニウス・クラッススはまだ若く、重要人物と見なされなかったために難を逃れることができた。

しかし、マリウス派の考えがいつ変わるか知れなかったため、クラッススはイベリア半島に逃れて、洞穴に身を隠していた。その地方の地主が食料を届けてくれ、洞穴暮らしが長期化すると、娯楽も必要だろうということで、食料に加えて女奴隷を2人よこしてくれた。プルタルコスによると、のちにフェネステッラという名の人物が、「そのうちのひとりに会った。年老いた女性が当時の様子を何度も楽しそうに話してくれた」と語っていたという。

↑サンタ・マリア・カプア・ウェテレにある円形闘技場の遺跡——カプアには有名な剣闘士の訓練所があり、この地でスパルタクスが反乱を起こした。

スッラの軍団へ

その後クラッススはアフリカに逃れ、メテルス・ピウス（⇨p.242）と合流した。しかし2人は折り合いが悪く、クラッススは紀元前83年にイタリアに戻り、スッラの軍団に加わった。スッラはクラッススに、マルシ族に包囲された部隊を救出するという危険な任務をあたえた。クラッススが護衛隊を求めると、スッラはこう答えた。「殺された父と兄のことを思いだすがよい。さあ行け、そして仇を討つのだ」。クラッススはこの言葉に発奮し、危険な任務を見事に遂行した。

クラッススはその後の戦いでも、めざましい活躍を見せた。ローマの城外で戦われた最後の決戦では、スッラ派の勝利の立て役者となった。ところが生来の強欲さが災いして、スッラの信頼を失ってしまう。ある人物の財産をねらって処刑者名簿に名前を追加したことから、クラッススはスッラから2度と信用されなくなってしまったのである。

クラッススは資本家だったのか？

歴史家たちはこの問いをめぐって、白熱した論争をくり広げてきた。まず多数派として、ローマ人はそもそも「資本家」という言葉を知らなかったのだから、資本主義を実践することは不可能だったと考える歴史家たちがいる。一方、そうした立場に反対する意見もあり、彼らは共産主義陣営の歴史家たちがローマを「前資本主義」国家と呼んだことで勢いを得た。

たとえ「経済（エコノミー）」という言葉が古代から存在した（「家庭の管理」を意味するギリシア語の「オイコス・ノモス」に由来する）という事実があるにせよ、「経済」が国家を支える重要な機能であることを、ローマ人が理解していたかどうかは疑わしい。

しかし、厳密に資本主義とはいえないとしても、古代ローマには「資本主義的合理性」が存在したと考える歴史家たちもいる。たしかに大カトーの時代、ローマ人がすでに資本主義の基本である投機資本（ベンチャーキャピタル）、利潤の再投資、法人組織などの概念を理解し、実戦していたことはまちがいない。その意味からすると、クラッススなどはまぎれもなく資本家だったといえるだろう。

金儲け

このころクラッススの資産は、約300ターラントだったという。彼のような身分の人物としてはまずまずの金額だが、大金持ちというわけではなかった。しかし、その後クラッススはこの資産を増やす作業に邁進する。資本家という概念がまだない時代にあって、クラッススはまさに資本家と呼ぶにふさわしい人物だった。荒れはてた家や農場を購入し（言い伝えによると、火災中の家を購入したこともあったという）、腕のよい職人団を使って申し分のない状態に修復し、人に貸して収入を得た。職人たちはみなクラッススが購入し、たいていの場合クラッスス自身が訓練をほどこした奴隷たちだった（そうした職人たち自体も、貸し出したり売り払ったりしていた）。一時期、ローマの建物の大部分がクラッススのものであったとされる。

クラッススは、さまざまな政治家たちとも金の貸し借りをとおしてつながっていた。ローマ政界で活動するには多額の資金が必要だったため、クラッススは金に困っている元老院議員たちを支援してやったのである。もちろんそれは、いつかお返しがあることを見越しての援助だった。クラッススは平民のあいだでも人気が高かった。民衆と一線を画したポンペイウスとは対照的に、クラッススは気さくで親しみやすく、誰とでも気軽に挨拶をかわす人物だった。小さな手助けを惜しまず、ポンペイウスやカエサルやキケロが嫌がったたぐいの訴訟も引き受けていた（ローマの支配層の多くは、法廷で弁護士役をつとめていた）。

スパルタクスの反乱

紀元前73年、カプアで剣闘士たちが暴動を起こした。最初はごく小さな反乱と思われたが、指導者スパルタクスが各地から集まってきた奴隷を訓練して強力な軍団をつくりあげたため、事態は急速に悪化していった。敗れたローマ軍のなかには、カシウス家の有能な武将が指揮する歴戦の軍団も含まれていた（カシウス家はクラッススと密接なつながりのある一家だった）。

執政官が2人ともスパルタクス軍に屈辱的な敗北を喫すると、ローマ市民の期待はクラッススに集まった。クラッススは法務官として6個軍団をひきいて反乱軍と戦った。メンミウスの中隊が大敗を喫したとき、クラッススは罰として軍全体を対象に「十分の一刑」（抽選で選ばれた兵士を処刑する古くからの処罰法。10人にひとりの割合で処刑されたため、こう呼ばれた）を実行したとされる。ただし、実際に処刑されたのは50人程度で、残った兵士たちには、いかにもクラッススらしい措置を講じた。剣と盾に保証金を支払わせ、戦場でこれらを手放したら、保証金を没収することにしたのである。

スパルタクス軍はクラッススひきいるローマ軍におされて退却をつづけ、ついにイタリア半島のつま先の部分にまで追いこまれた。スパルタクスはシチリアで新たな奴隷反乱を起こしたいと考え、海賊に頼んで兵士たちを島に渡してもらうことになった。ところが海賊はスパルタクスを裏切り、立ち去ってしまった。クラッススはスパルタクスを封じこめるために半島を横断する壁を築いたが、スパルタクスはこの壁を突破して、ふたたび北上し始めた。

クラッススは南下中のポンペイウス軍が到着する前になんとしても決着をつける必要があった。ポンペイウスの助けを借りた場合、ポンペイウスひとりが反乱を鎮圧したと吹聴されるおそれがあったからである。一方、反乱軍の兵士たちは、度重なる勝利によって自信過剰になっていた。

決戦のときをむかえ、スパルタクスはクラッススめがけて突き進んだが、途中でローマ兵にはばまれてしまった。そして結果はローマ軍の勝利に終わる。クラッススは約6000人の捕虜を磔の刑にし、ローマからカプアにいたるアッピア街道に6000本の十字架をならべた。遅れてやってきたポンペイウスは、残兵を掃討したのちに、元老院で恥ずかしげもなく報告した。敵軍をやぶったのはクラッススだが、反乱そのものを鎮圧したのは

⇧タレントゥムで発見された剣闘士のテラコッタ像――スパルタクスの反乱軍の主力は剣闘士だった。高度な戦闘技術をもつ彼らは、一時ローマ人を震えあがらせたが、やがてクラッススに敗れ、その大半が磔の刑に処せられた。

⇩サンタ・マリネッラで発見された剣闘士のレリーフ（紀元1世紀前半）

自分であると。

執政官時代

　しかし、クラッススとポンペイウスはともに執政官就任をめざしていたため、どちらも戦略上の判断から相手への敵意を見せなかった。ポンペイウスはクラッススと分けあうのでなければ勝利も値打ちがないとして、自分自身の選挙運動と同じくらい熱心にクラッススを応援した。そのかいあってか、2人はそろって紀元前70年度の執政官に当選する。しかし、その後はいさかいが絶えず、護民官職権を回復してスッラ体制をおおむね元に戻したほかは、特筆すべき業績を残さなかった。あるとき部下が、これから「大ポンペイウス」がやって来ますと告げると、クラッススはうっすらと笑って問い返した。「ほう、そいつはどれぐらい大きいのかね」

　このころクラッススは、莫大な資産の10分の1をヘラクレス神に奉納した。全市民に3カ月分の穀物をあたえ、宴会に招待したところを見ると、それは民衆の支持を得るための行動だったのかもしれない。しかし、宗教的な側面も見落とせない。クラッススは非常に信心深い男であり、当時としてはめずらしく、私生活ではまるでスキャンダルがなかった。夫婦仲むつまじく（古代ローマでは珍しくないが、彼は兄弟の未亡人と結婚した）、親思いの息子に恵まれた。好んだ娯楽も決して贅沢なものではなかったが、プルタルコスによればそうした娯楽はクラッスス自身の「趣味の良さと配慮」のおかげで、金のかかる趣味よりもむしろ楽しめるものになっていたという。

　紀元前65年度の監察官に就任すると、クラッススはポー川以北のイタリアに暮らす人びとにもローマ市民権を付与するという大胆な計画を打ちだした。しかしこの計画は、保守的な意見をもつ同僚のルタティウス・カトゥルスによって阻止されてしまい、2人の監察官は意見の相違を埋められないと判断し、ともに辞任することになった。

↑ローマで発見されたヘラクレス像——共和政末期には、ヘラクレス神が人気を集めるようになった。クラッススは資産の10分の1をヘラクレスにささげ、マルクス・アントニウスはヘラクレスの子孫を名のっていた。

政治家クラッスス

　政治家としてのクラッススは密室でものごとを決めたり、かげで影響力を行使するタイプの人物だった。したがって、公（おおやけ）の記録を見ても、彼の行動はあまりよくわからない。ただし、クラッススを攻撃する人がほとんどいなかったことは注目に値する。これは当時の政界では異例のことだった。

　激情型のクロディウスも、急進的な護民官コルネリウスも、クラッススを避けていた。コルネリウスから危険な雄牛にたとえられるほど、クラッススは政治家たちに睨（にら）みをきかせていたのである。ある議員が元老院で、クラッススに対してカティリナの陰謀（⇨p.306）に加担したのではないかと非難したことがあったが、その議員は罵声（ばせい）を浴びせられ、数日後に不可解な死をとげたという。

　このクラッススが目をかけた政治家のなかに、若きユリウス・カエサルがいた。カエサルが830ターラントの借金を抱えながらも、ヒスパニアで最初の公職につくことができたのは、クラッススが借金の保証人になってくれたからだった（このころのクラッススの資産は約2000ターラントに達していた）。

　紀元前60年、カエサル、ポンペイウス、クラッススによる第1回三頭政治が始まった。カエサルとポンペイウスがクラッススを必要とした理由は容易に理解できる。元老院に強い影響力をもつクラッススを敵にまわすことは、あまりにも危険だったからである。しかし、三頭政治に参加することが、クラッススにとってどのような利益となったのか、その点がはっきりしない。あるいは彼は、東方の徴税請負人を支援するための法律を制定したかったのかもしれない。ちなみに、このころには東方各地を征服したポンペイウスの方が金持ちになっていたので、クラッススの資産が三頭政治に必要とされたわけではなかった。

　クラッススにとって、ほかの2人のような輝かしい軍功がないことが何よりの引け目だった。資産なら文字どおり使い切れないほどあったし、執政官と監察官も経験ずみで、元老院議員の約半数を財力で支配していた。そんなクラッススが何より

も欲しかったのは、ローマ軍をひきいて向かうための土地であり、彼がねらいを定めたのはユーフラテス川の彼方のパルティアだった。そして紀元前56年、3人はイタリア北西部のルッカで会談して、ほころび始めていた同盟関係を修復した。

パルティア戦争

　会談の結果、3人は次のような合意に達した。ポンペイウスとクラッススが再度いっしょに執政官に就任する。そしてポンペイウスはヒスパニアで、クラッススはシリアで、それぞれ5年間の指揮権(インペリウム)を獲得する。カエサルはガリアにおける指揮権を5年間更新する。カトーとドミティウス・アエノバルブスからの抵抗を一蹴して、ポンペイウスとクラッススが予定どおり紀元前55年度の執政官に選ばれ、クラッススはただちにパルティア王国の征服を宣言した。

　これには反対意見もあった。護民官のカピトは、それまで平和に共存してきたパルティアとの信頼関係を破ったことを理由に、クラッススを逮捕しようとした。ところがクラッススは逮捕される前に出発してしまった。

　クラッススは7個軍団をひきい、C・カシウス・ロンギヌス（のちにカエサル暗殺に加わった人物）を従えてパルティア遠征に出発した。紀元前54年にアジアに到着したあと、緒戦はまずまずの滑りだしだった。冬季の休戦期間が訪れると、クラッススは小アジアの諸都市で強奪にあけくれた。遠征費用を調達するためだったとも考えられるが、クラッススは金儲けのチャンスを放っておけなかったのだと考えた人びともいた。とはいえ、クラッススが数百キロも離れたエルサレムまで足を運び、ポンペイウスが荒らしたあとの神殿をさらに略奪したというのは、さすがに作り話だろう。

　紀元前53年、クラッススはユーフラテス川を渡り、セレウコス朝の都セレウキアに向けて進軍した。ところが砂漠のなかの最短ルートを選び、さらにアラブ人のガイドが道を誤ったため、軍団は

↓大理石製の柱礎に飾られたパルティア人の像（紀元145年）——左手に幸運と豊穣の象徴であるファルス（男根像）を、右手に弓をもっている。ローマ軍はパルティアとの戦いにおいて、騎兵の放つ弓矢に苦しめられつづけた。

パルティア王国

共和政後期から帝政初期にかけて、ローマをもっともおびやかしたのが、クテシフォンを首都とするパルティア王国だった。パルティアは紀元前3世紀中ごろ、セレウコス朝シリアに反旗をひるがえして独立し、ユーフラテス川からインダス川にいたる広大な地域を支配した。国境を越えて進軍することも珍しくなく、ローマの属州シリアを何度もおびやかした。

パルティア文化はギリシア・ローマの古典文化から派生したと、長らく考えられてきた。しかし近年の発掘により、パルティアには独自の高度な文化が存在したことが判明した。王たちが「ギリシア化」した主な理由は、王国内で重要な位置をしめていたギリシア植民市に配慮した結果だったのである。

現在わかっているパルティア国家の内情は、おもに紀元3世紀の行政文書から判明したものであり、共和政ローマ時代のパルティアの実態は、まだほとんど解明されていない。ただし、パルティアの王と貴族がたえず緊張関係にあったことは、ほぼまちがいない。貴族の多くは小さな王国に匹敵する規模の領土をもち、中央政府からの干渉に激しく反発していた。

パルティア人の多くは、ペルシア起源のゾロアスター教を信仰していた。軍隊は徴兵された農民兵と重装の騎士を主体としていたが、ローマ軍を苦しめたのは有名なパルティアの騎兵隊だった。騎兵たちは嵐のように矢を放っただけでなく、ローマ軍の騎兵隊が追えば逃げ、後退するとすぐに押し寄せてきた。しかも、パルティア兵は逃げるときも、馬上でふり返って追っ手に矢を放った。ここから「捨てぜりふ」を意味する「パルティアの矢」という言葉が生まれた。

⇧馬上から矢を放つパルティア兵──機動力にすぐれたパルティア騎兵の姿を、見事に表現している。

⇦ローマとパルティアの国境地帯──最盛期のパルティアの領土は、インダス川にまで達していた。

熱と乾きに悩まされることになった。一方、パルティア軍はカラエにほど近い平野でローマ軍を待ち受けており、戦闘が始まると有名なパルティア騎兵が遠くから弓矢でローマ軍を攻撃した。ローマ軍は機動力にまさるパルティア軍に翻弄（ほんろう）され、クラッススの息子であるプブリウスがローマの騎兵隊をひきいて挑んだものの、敵にかこまれて殺されてしまった。

　父親としては息子を失ったが、司令官としては一兵士を失ったにすぎない。クラッススはそういって兵士たちを奮い立たせようとしたが、衰えた士気を回復することはできなかった。兵士たちは敵の矢がなくなるのを待ちわびるばかりとなった。しかし、パルティア軍に新たな矢を積んだラクダの列が到着するのを見て、いっせいに退却した。

敗戦

　クラッススも近くの丘まで退却した。パルティア側が交渉を提案してきたが、クラッススはそれが罠（わな）であることを見ぬき、いったんは拒否した。しかし、状況の打開を求める兵士たちにせまられ、しぶしぶ交渉の場に足を運んだ。まもなく乱闘が始まり、まずクラッススが殺害され、つづいてパルティア軍がローマ陣営に押し寄せて、混乱のうちに軍団を壊滅させた。

　この完敗でローマ軍は２万の兵士を失った。勝算がないことを悟ったカシウス・ロンギヌスはシリアに逃れ、そこでパルティア軍からの攻撃を撃退した。クラッススの頭部はパルティア王のもとに届けられ、王の前で上演される演劇の小道具となった。これは古代ローマを代表する人物の最期としては、きわめて不名誉なものといわざるをえない。しかし、クラッススは少なくとも、ローマ領の拡大をめざす戦場で命を落とした。三頭政治をになった残りの２人は、やがてその程度の栄誉すらない最期をむかえることになる。

　クラッススが亡くなると、ポンペイウスとカエサルの関係は予想どおりに悪化した。こうしてカラエでのパルティア軍との戦いにより、ローマは国家そのものに致命的な傷を負ってしまったのである。

第4章　共和政末期

グナエウス・ポンペイウス（大ポンペイウス）

紀元前106〜48年

⇨ポンペイウスの大理石の胸像──若いころのポンペイウスは、アレクサンドロス大王にたとえられるほどの美男子だったが、晩年にはこの胸像のように太ってしまい、かつての面影は見られなくなった。

グナエウス・ポンペイウス	
生年	前106年
有名な祖先	なし
母	不明
父	ポンペイウス・ストラボン
地位	執政官、前70年、55年、52年
	三頭政治、前60年以降
業績	凱旋司令官に3度
妻	アンティスティア、アエミリア、ムキア、ユリア、コルネリア
子供　息子	グナエウス、セクストゥス
没年と死因	前48年、暗殺

「私はつねにあなた方のために、あなた方の味方として戦ってきた。また、これからもそうするつもりである。私は一兵士として、そして軍司令官として、あなた方に仕えよう。もし私に幾ばくかの戦争経験があるなら、もし幸運にも今日まで負けたことがないなら、その幸運がいままたつづくよう、神に祈ろう」

（ポンペイウスが元老院で行なった演説）
アッピアノス著『内乱記』

　グナエウス・ポンペイウスは、共和政ローマで初めて王に匹敵する地位を獲得した人物だった。事実、彼やカエサルに代表される共和政末期の支配者たちを「君主たち（ダイナスツ）」、その時代を「王朝時代（ダイナスティック・ピリオド）」と呼ぶ歴史家も存在する。

■青年時代

　ポンペイウスの父、ポンペイウス・ストラボンは、マリウス

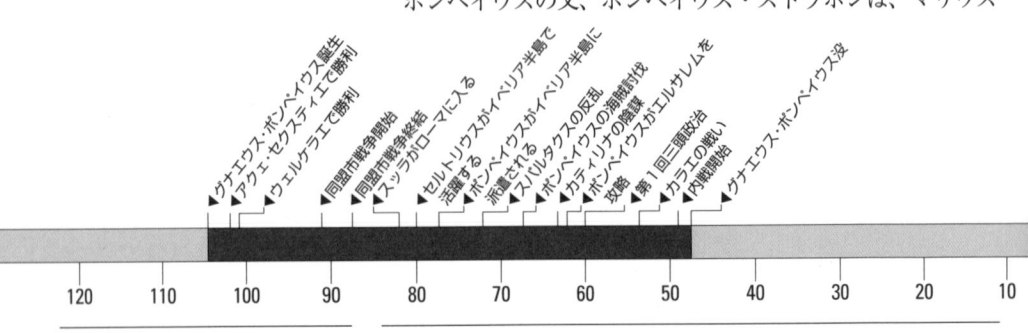

- グナエウス・ポンペイウス誕生
- アフェ・セクスティエで勝利
- ウェルケラエで勝利
- 同盟市戦争開始
- 同盟市戦争終結
- スッラがローマになる
- セルトリウスがイベリア半島で活躍する
- ポンペイウスがイベリア半島に派遣される
- スパルタクスの反乱
- ポンペイウスの海賊討伐
- カティリナの陰謀
- ポンペイウスがエルサレムを攻略
- 第1回三頭政治
- カラエの戦い
- 内戦開始
- グナエウス・ポンペイウス没

120　110　100　90　80　70　60　50　40　30　20　10

258

派と反マリウス派のあいだを揺れ動いたため、ルティリウス・ルフスから「現在生存中のもっとも卑劣な男」とののしられていた。ローマの民衆も同じように感じていたらしく、ポンペイウス・ストラボンが疫病で亡くなったときには、棺から遺体を引きずりだして冒瀆したという。

息子のポンペイウスは同盟市戦争中に父のもとで兵役をつとめ、紀元前89年にアスクルムを陥落させたときも父のかたわらにいた。父の死後、ポンペイウスは戦利品を着服した罪で裁判にかけられたが、このとき裁判長をつとめた法務官とポンペイウスのあいだで、法務官の娘アンティスティアをポンペイウスに嫁がせることが決まった。この秘密の取引は外部にもれ、予想どおりの無罪判決が下されたとき、陪審員と傍聴人のあいだから「花嫁がやって来た」という叫び声があがったという。

紀元前87年にスッラ派の執政官オクタウィウスと、マリウス派の執政官キンナが衝突したとき、ポンペイウスは争いの場に駆けつけた。ところが、政敵たちが先に到着していたため、不穏な空気が広がるのを感じたポンペイウスはひそかに立ち去った。あまりにも静かに姿を消したため、キンナがポンペイウスを殺したのだという噂が流れたほどだった。

これはキンナにとって、ありがたくない噂だった。ポンペイウスは人気のある若者だったからである。整った顔立ち、金髪、澄んだ大きな瞳など、端正な容姿の持ち主だったことも影響していたのだろう。のちにはお世辞のうまい人びとから、アレクサンドロス大王にたとえられ、名前に「大」(英語の「ザ・グレート」に相当する)を加えるようになる。

ポンペイウスはイタリア東部のピケヌムにある先祖代々の地所に逃れた。紀元前83年にスッラがイタリアに帰還すると、ポンペイウスはこの町をスッラに差しだし、自力で3個軍団を召集した。そのころローマでは、ポンペイウスの義父アンティスティウスが、ポンペイウスの動きを知ったマリウス派によって殺害されていた。

スッラとの連携

　スッラはポンペイウスを最大級の礼をもって迎え入れ、「インペラトール」（共和政期には「戦争に勝利した軍司令官」の意味でもちいられた）の称号をあたえた。ブルートゥス家とスキピオ家出身の司令官を倒したのだから、ポンペイウスはこの称号にふさわしかったともいえるが、いずれの場合も、士気が低下して規律の乱れた軍団を相手にしての勝利だった。

　やがてスッラがローマを制圧し、ポンペイウスはマリウス派の司令官カルボネスを討伐するために、属州総督としてシチリアに派遣された。ポンペイウスは短期間のうちに任務をはたし、カルボネスを捕らえることに成功する。公開裁判にかけたのちに処刑したため、「虐殺者」の異名をとったが、それ以外の点では穏健で、兵士たちに略奪を禁じ、剣を鞘に納めて封をさせたという。

　その後ポンペイウスはアフリカに渡り、マリウス派のG・ドミティウス・アエノバルブス（ネロ帝の祖先）の討伐にも成功した。ローマに帰還したポンペイウスは凱旋式を望んだが、公職についていない者は凱旋式を挙行できないため、スッラに認めてもらえなかった。いずれにしても、ローマ市民を相手にした戦いを理由に凱旋式を挙行するのは好ましくなかった。それでもあきらめきれないポンペイウスは、人びとは沈む太陽よりも昇る太陽を求めていると語り、スッラの時代は終わりに近いと暗にほのめかして、許可を求めつづけた。

結婚

　結局、ポンペイウスは紀元前81年3月12日に凱旋式を挙行した。このとき象に戦車を引かせたが、城門を通りぬけることができず、馬と交替させるという滑稽なシーンまであった。その後、スッラはポンペイウスを手元にとどめるため、アンティスティアと離婚してアエミリア（スッラの妻メテラとアエミリウス・スカウロスの娘）と再婚するように命じた。

　ユリウス・カエサルは同様の状況におかれたときに離婚を拒

⇧ガリアに残されたドミティウス・アエノバルブスの記念碑——ドミティウス一族は、共和政ローマ最古の氏族のひとつだった。

否したが、ポンペイウスはスッラの命令を受け入れた。ただし、結婚相手のアエミリアも夫と離婚しなくてはならないうえ、彼女は妊娠していた。そのアエミリアが出産の際に死亡したことで、この再婚は無意味になってしまった。しかしポンペイウスは、それでもなおメテルス家と姻戚関係になることを望んだようで、メテルス家の親戚のムキア・テルティアと結婚し、紀元前79年には息子が生まれている。

紀元前78年の執政官選挙では、ポンペイウスはアエミリウス一族のマルクス・アエミリウス・レピドゥスを応援した。スッラは自分の政策に反対し、不穏な気配をただよわせるレピドゥスを警戒していた。そのレピドゥスと組んだことの仕返しに、スッラは遺言状からポンペイウスの名前を削除した。元独裁官の判断は正しかった。翌年、レピドゥスはスッラを真似てローマへ進軍しようとしたのである。しかしこの試みは、同僚の執政官ルタティウス・カトゥルスによって、あえなく制圧されてしまった。

遠征

ポンペイウスはカトゥルスの命を受けてガリアに赴き、レピドゥスの盟友だったブルートゥス（ユリウス・カエサルを殺害したブルートゥスの父）を討伐した。ところが、その後もポンペイウスは、あれこれと理由を見つけて軍団を解散しなかった。そうするうちに、紀元前77年にマルクス・フィリップスの提案で、ポンペイウスをメテルス・ピウスの援軍としてイベリア半島に派遣することが決まった。ポンペイウスは新しい任地に到着するとただちにセルトリウス（⇨p.244）と戦った。プルタルコスによると、ポンペイウスもセルトリウスも、メテルス・ピウスが到着する前に決着をつけたいと考えたからだった。

しかし、決着がつく前にメテルスが到着し、劣勢だったポンペイウスにかわって、セルトリウス軍を撃破した。メテルスを出しぬいて勝利を自分のものにしようとしたポンペイウスだったが、結局はそのメテルスに助けてもらうことになり、さすがにこの経験のあとはいくぶん慎重になった。やがてセルトリウ

⇧ピレネー山脈に残されたローマ街道──右側の手前に見えるのは、紀元前71年に建てられたポンペイウスの戦勝記念碑の土台跡。イベリア半島でのセルトリウスとの戦いをとおして、ポンペイウスは第一級の武将には容易に勝てないことがあきらかになった。ポンペイウスは勝者としてローマに帰還したが、最後までこの弱点を克服することができなかった。

スが副将のペルペンナに暗殺された。ローマ軍にかわり大仕事をなしとげたペルペンナだったが、指揮官としてはセルトリウスにおよびもせず、暗殺から数週間のうちにポンペイウス軍に敗れて捕らえられてしまった。

ペルペンナはセルトリウスが元老院の有力議員たちとひそかに通じていたことを明かし、証拠の手紙と引き替えに助命を求めた。このときポンペイウスは見事な政治的判断を下した。手紙を読まずに燃やし、ローマがさらなる混乱におちいるのを防いだのである。しかし皮肉な見方をするなら、すべての手紙を燃やしたのかどうか、たしかめるすべはない。手紙の存在を恐れて、ポンペイウスの味方になった議員がいた可能性もある。いずれにしろ、ポンペイウスがその後しばらくのあいだ、元老院と良好な関係をつづけたことはまちがいない。

英雄の帰還

ポンペイウスは紀元前71年にローマに帰還し、クラッススが制圧したスパルタクスの反乱の残兵を掃討した（⇨p.252）。約5000人の奴隷兵を殺したのちに、ポンペイウスはクラッススをさしおいて戦争終結の手柄を自分のものにしようとした。結局、ポンペイウスはイベリア半島での功績が認められて凱旋

式を挙行したあと、ようやく軍団を解散した（このことで多くの人が胸をなでおろすことになった）。その直後にポンペイウスは執政官に立候補する。セルトリウスの手紙が役だったのかどうかは定かでないが、財務官の経験すらない人物が執政官に立候補するのはきわめて異例のことだった。

　紀元前70年度の執政官は、ポンペイウスとクラッススに決まった。ポンペイウスが民衆派に近かったのに対して、クラッススは元老院寄りだったため、2人の関係は決して良好とはいえなかった。在職中、スッラに制限された護民官の職権を回復したほかは、あまり成果をあげることもできなかった。

　この年の兵士の除隊式は、監察官を招いて広場で開催された。監察官たちは、兵役を終え除隊を待つ兵士のなかに、正装して公用馬に乗った執政官の姿を見つけて感激した。他の兵士たちにするのと同じように、監察官が参戦した戦争の数と指揮官の名前をたずねると、ポンペイウスは数多くの戦争の名を列挙したあと、自分もまたポンペイウス軍のなかで常に戦ってきたと答えた。これ以降、紀元前81年の凱旋式以来もちいてきた「大（偉大なる）」という渾名（あだな）が、正式な称号として認められるようになった。

▍海賊討伐

　ところが、ポンペイウスは除隊式が終わるとすぐに新たな指揮権（インペリウム）を求めた。そのころローマはキリキア（現在のトルコ南岸）の海賊に悩まされていた。ことの発端は、東方の秩序が崩壊した結果、大量の兵士が行き場をなくしたことにあった。ローマはもともと海軍力が弱かったため、そうした兵士たちが海賊となって海岸沿いの都市を攻略し、ローマの穀物輸入を脅（おびや）かすのをとめることができなかったのである。やがて海賊はローマの法務官2人を捕らえて内陸部を荒らし始め、ついにイタリア半島にまで押し寄せた。ここにいたってローマは、ついに大胆な決断を下した。紀元前67年、護民官ガビヌスの提案により、海岸から80キロ以内の全地域におよぶ指揮権がポンペイウスにあたえられることになったのである。

その権限はローマ領のほぼ全域におよんだため、ポンペイウスはこの時点で、のちの皇帝に匹敵するほどの権限を獲得することになった。元老院議員の多くはあまりの大権に脅威を感じたが、民衆の要求をはねつけるわけにはいかなかった。このとき法案を支持した議員のなかには、青年時代のユリウス・カエサルもいた。

ポンペイウスは指揮権を獲得すると、ただちに地中海を複数の区域に分けて指揮官を任命し、わずか40日のうちに海賊を駆逐して、キリキアに封じこめた。つづいてポンペイウスはキリキアにある海賊の砦を攻撃し、約2万人の海賊と90隻の船を捕らえ、財宝の山を手に入れた。捕虜の多くが困窮のはてに海賊となったことがわかると、一部を小アジアの人口の減少した都市に、残りをギリシアの無人の地域に定住させた。ところが、このときもまたポンペイウスはみずからの偉業に傷をつける行動をとる。クレタに残された海賊の基地を攻撃中だったメテルス・クレティクスに対して、勝利の栄誉を横どりするために作戦の中止を命じたのである。しかも、わざわざ兵士を送りこんで、自分がクレタに到着するまで海賊を守らせようとしたが、さすがにメテルス軍の兵士たちはポンペイウスの命令を無視し、送りこまれてきた兵士たちも追い払った。

ミトリダテス討伐

それでも穀物価格の引き下げなどが功を奏して、ポンペイウスは民衆から熱狂的に支持されるようになった。ポンペイウスはこの支持を背景に、海賊討伐のときとほぼ同じくらい大きな、ミトリダテス討伐のための指揮権を獲得する。このとき指揮権の賦与を支持した人物のなかに若きキケロ（⇨p.302）がいた。これ以降、キケロはポンペイウスの忠実な支持者となった。

かねてからルクルス（⇨p.272）のひきいるローマ軍がミトリダテスと戦っていたが、勝利が目前にせまったところで兵士たちが反抗し、戦闘が中断されていた。引きつぎの場で両指揮官は激しくなじりあい、殴りあい寸前でようやくことなきをえた。ポンペイウスはルクルスが出した命令の大半を取り消して

⇧ポントス王ミトリダテス6世の4ドラクマ銀貨。

から、ミトリダテス討伐に出発した。

　ルクルスがすでに敵にじゅうぶんな打撃をあたえていたため、勝敗はほぼ決着していた。ポンペイウスは退却するポントス軍を難なくやぶると、ティグラネス王が支配するアルメニアに攻撃の矛先を向けた。ティグラネスが降伏して巨額の身代金を支払うと、次はシリアの併合とユダヤの征服に乗りだした。ミトリダテス討伐をおろそかにしていると批判する声もあったが、ポンペイウスはルクルスが敵の領内でミトリダテスを追いまわしすぎた結果、兵士たちに疲労と不満がたまったのだと考えていた。そこでミトリダテスから支援者や避難場所をとりあげる作戦をとったのである。そうこうするうちにミトリダテスの息子が父に反旗をひるがえし、ティグラネスもミトリダテスの首に賞金をかけた。ミトリダテスは戦いが終わったことを悟り、紀元前63年にクリミアで自害した。

政治家ポンペイウス

　ポンペイウスは東方遠征で築いた莫大な富をたずさえて、紀元前62年にローマに帰還し、3度目の凱旋式を挙行した。1度目はアフリカにおける勝利、2度目はヨーロッパにおける勝利、そして今回はミトリダテス討伐と広大な東方領土の獲得をたたえる凱旋式であり、数日をかけてローマ市内をパレードした。その後ポンペイウスは軍団を解散して元老院に列席したが、ローマでの新生活は、そのすべりだしからつまずくことになった。まず、留守中に不貞をはたらいたとして、妻ムキア・テルティアと離婚した。メテルス・クレティクスに対する非礼に憤慨していたメテルス家は、テルティアとの離婚によってポンペイウスに対する不信感をさらに強めることになった。

　反ポンペイウス陣営の小カトーとルクルスからの攻撃により、苦しい立場に立たされたポンペイウスは、ルクルスと対立するクロディウスに近づき、紀元前58年にはクロディウスにそそのかされてキケロの追放を容認した。しかし、利用しようとして近づいたものの、クロディウスは人にあやつられるような男ではなかった。まもなくクロディウスが離反し、ポンペイウス

⇧ポンペイウスを描いた硬貨——これは紀元前42〜38年にシチリアでつくられたもの。この時期シチリアは、ポンペイウスの息子セクストゥス・ポンペイウスによって支配されていた。

⇧ポンペイウス家の人びとを描いた紀元前46〜45年の硬貨——紀元前48年にポンペイウスが亡くなったあと、息子たちはイベリア半島に逃れた。この硬貨はポンペイウス家に対するかつての忠誠心を復活させるためにつくられたもの。

はますます苦しい立場に追いこまれることになった。

　紀元前60年になっても、ポンペイウスが東方で実施した施策は承認されず、退役兵たちにはまだ土地があたえられなかった。追いこまれたポンペイウスはクラッススとカエサルと連携することで活路を見いだそうとする。こうしてそれぞれの思惑が重なり、3人のあいだで密約がむすばれ、第1回三頭政治が始まることになったのである。カエサルは2人の協力を得て執政官に就任し、ポンペイウスはカエサルの協力を得て、必要な法律の制定にこぎつけた。さらに、ポンペイウスがカエサルの娘ユリアと結婚したことで、3人の協力関係は確固たるものとなった。

　3人は紀元前56年にルッカで協力関係を再確認し（⇨p.255）、翌年にはクラッススとポンペイウスが執政官に就任した。ポンペイウスは向こう5年間にわたるヒスパニアの指揮権を獲得したが、みずからは現地に赴かず、副官を通じてヒスパニアを統治した。同年に政敵の小カトーが法務官に当選しそうになると、ポンペイウスは宗教上の口実をもちだして投票を中止した。

三頭政治の崩壊

　ところで、ポンペイウスと2番目の妻ユリアは、心から愛しあっていたようである。そのことはまた、ポンペイウスとカエサルの関係にとっても重大な意味をもっていたが、そのユリアが紀元前54年に亡くなってしまう。翌53年には、カラエの戦いでクラッススが命を落とし、ローマ軍が壊滅したとの知らせが届いた。ローマじゅうに衝撃が走るなか、ポンペイウスを単独で52年の執政官にする案が浮上し、小カトーをはじめとする政敵たちも非常事態とあって賛成した。

　3度目の執政官就任をはたしたポンペイウスは、コルネリウス一族からメテルス・ピウスの養子にむかえられたメテルス・ピウス・スキピオを支援した。メテルス・スキピオが罠にはまって裁判にかけられたときも、ポンペイウスが助けてやった。その後、ポンペイウスは、メテルス・スキピオとクラッススの

剣闘士

　剣闘競技は、ローマの誕生以前にすでにエトルリアで行なわれていた。エトルリアの剣闘は、そもそも葬儀の場で神々をなだめるための儀式のひとつとして行なわれたものだった。ローマに伝わったあとも、その基本的な意味は変わらず、共和政末期まで剣闘の試合は葬儀の一部として（あるいはそういう口実で）、故人の親戚の男性によって催されていた。剣闘士たちは共和政期の後期になるまでは、それほど目立った存在ではなかった。

　記録に残るローマ最古の試合は、紀元前264年にユニウス家のベラという人物の葬儀で催されている。当時は試合のための特別な競技場はなく、個人の家で行なわれることもあれば、広場で行なわれることもあった。参加する剣闘士は一般に10名以下で、死ぬまで戦うとはかぎらなかった。

　共和政後期になると、有力者がみずからの富を誇示する手段として、剣闘競技を主催するようになった。剣闘士の育成には多額の資金が必要であり、しかも試合で殺されれば、まったくの無駄になることを覚悟しておく必要があった。剣闘士は試合に出るほかに、選挙などが混乱した場合に、護衛や襲撃部隊を形成した。

　剣闘士の大半は、奴隷か戦争捕虜だった。剣闘士の数はイタリア全土でせいぜい1000人程度だったから、紀元前73年に蜂起した反乱軍のなかでも、ごくわずかな数をしめたにすぎない。反乱軍のほとんどの兵士は、大規模農場（ラティフンディア）で働いていたゲルマン人やガリア人の奴隷だったのである。そのほかに、羊飼いも多数ふくまれたほか、貧しい地方の自由民も参加していた。

↑「ミルミリオ」の青銅製の兜（紀元1世紀）──こうした独特の「ヒレ」のある兜をかぶった剣闘士を、ミルミリオ（「魚」）と呼んだ。

⇨剣闘士を描いた紀元前1世紀のレリーフ──丸い盾をもつことから、ミルミリオの敵の重装闘士であると思われる。鎖帷子（当時のローマ軍の標準的な鎧だった）か、鱗重ねの鎧を着用している。左手にトランペット奏者が描かれている。

息子プブリウスの未亡人のあいだに生まれたコルネリアと結婚する。単独で執政官をつとめたのちに、ポンペイウスはメテルス・スキピオを執政官の同僚にむかえた。

そのころローマ最大の関心事はカエサルの動向となっていた。ガリアでカエサルが快進撃をつづけるあいだに、ローマでは元老院の保守派を中心に反カエサルのうねりが高まっていた。軍事指揮権が終了したいま、カエサルに残された道は、軍団を解散して政界から身を引くか、あるいは反乱を起こすか、ふたつにひとつとなっていたのである。紀元前49年1月、カエサルは後者を選び、大規模な内戦が始まった。その年の執政官クラウディウス・マルケルスは、ポンペイウスにローマ軍の指揮権をあたえた。かつて「私が足を踏みおろせば、イタリアじゅうが立ち上がるだろう」と豪語したポンペイウスだったが、いざ戦争が始まると兵力不足のために戦わずして退却し、みずからの地盤であるギリシアに渡って兵士を集めることになった。

ファルサロスの戦い

あとを追ってギリシアに到着したカエサルは、ポンペイウス軍が兵站面ではるかに有利であることを知る。ポンペイウスに海路と陸路の双方をおさえられ、カエサル軍は飢餓寸前まで追いこまれてしまったのである。しかし、武将としてのポンペイウスの力量には限界があった。セルトリウスと戦ったときはメテルス・ピウスが、ミトリダテスと戦ったときはルクルスが、すでに勝利をほぼ確実にしていた。おそらくその点を自覚していたのだろう、ポンペイウスは食糧の補給を断つことで、カエサル軍を降伏に追いこむつもりだった。

元老院議員たちはカエサルが絶体絶命の状況に追いこまれたのを見て、ポンペイウスがとどめを刺すのを今か今かと待ちわびていた（実は決戦の数日前にそのチャンスがあったのだが、ポンペイウスはどういうわけかカエサル軍を襲撃する好機をふいにしていた）。元老院の圧力に押されたポンペイウスは、ついにすべてを賭けて最後の戦いにのぞんだ。紀元前48年、決戦の場はギリシアのファルサロスだった。兵力ではポンペイウ

ス軍がカエサル軍に2対1でまさっていたが、戦いを制したのはカエサル軍だった。ある歴史家の言葉を借りれば、「ポンペイウスはパニックにおちいってしまった」のだった。

逃亡、そして死

　カエサルがローマ世界の実権を握ったいま、ポンペイウスに残された逃亡先はひとつしかなかった。地中海世界で唯一ローマに屈していない強国、エジプトである。ポンペイウスとコルネリアは、接収した商船でエジプトに向かった。しかし、エジプトとしては厄介な事態に巻きこまれたくなかったのだろう。ポンペイウスは接岸用の船に乗り移ろうとしたところを殺害されてしまった。

　当時知られていたすべての大陸で勝利をあげ、ローマの領土を過去の誰よりも拡大した男は、こうして悲しく屈辱的な最期をとげることになった。カエサルも認めたように、ポンペイウスは「人柄がよく、暮らしぶりは清廉で、真面目な人物」だった。ポンペイウスの遺骨をイタリアにもち帰って埋葬したのは、妻のコルネリアだった。

⇩『カエサルに差し出されたポンペイウスの頭部』――ボニファチオ・デ・ピターリ（1487～1553年）の作品。ポンペイウスはアレクサンドリアに到着した直後にエジプト人によって殺害された。エジプト人たちのターバン、中世風の野営地と武器など、時代的に間違った描写があちこちに見られる。

ローマ人の娯楽

　ローマ人は、一般に活動的かつ社交的で、さまざまな種類のゲームや娯楽を楽しんでいたようである。レスリングや球技は子供だけでなく、大人にも熱中する人が多かった。ローマの男性は、球技をして腹をすかせてから、夕食を楽しんだのである。

　夕食はまた社交の場でもあり、人びとは家族や友人といっしょに寝椅子に寄りかかって食事をとった（上品な女性はきちんと椅子に腰をかけて食事をした）。風刺詩人マルティアリスの詩に、「料理は簡単だが、気心の知れた人たちが集まる食事」に友人を招待するという内容の作品がある。食事のあとは、サイコロを使うゲーム（アウグストゥス帝もこの種のゲームを好んでいた）に興じることもあれば、正式な宴会の場合はプロの音楽家や踊り子を呼ぶこともあった。宴会は支持者や被護民に羽振りの良さを見せる格好の場であったため、豪華な宴会がさかんに催された。この風潮に歯止めをかけるため、宴会に費やす費用に上限が設けられたほどである。コルネリウス・スッラ（⇨ p.232）は、金の皿を規定以上の枚数所有したために罰せられたことがあった。

　ローマ人は古くから演劇を楽しんだが、常設の劇場がポンペイウスによって初めて建設されたのは、紀元前55年のことだった。それ以前の劇場は仮の建物で、座席がない場合が多かった。日中に座って娯楽に興じるのは、退廃のしるしと考えられていたからである。

　大きな競技会では、演劇が上演された。早くも紀元

⇧宴会の風景を描いた壁画（ポンペイ出土）──寝椅子に腰をかけてくつろぐ客と、召使いの少年たちが描かれている。宴会は重要な社交の場であり、男女ともに出席した。

⇨ポンペイウス劇場の設計図──この図を含むローマの市街図が「平和の神殿」の壁にかけられていたが、残念ながら現在は断片しか残されていない。

前200年には、劇作家プラウトゥスの『スティクス』が競技会で上演されている。そうした正式な場で上演する場合でも、小道具はほとんど使われなかった。ローマの劇作家たちは屋外の場面を好んだため、近くにある建物を背景とすることができた。共和政の時代にはまだ、剣闘の試合（⇨p.267）は今日想像されているほどの大きな娯楽ではなかった。共和政末期まで剣闘は主として、葬儀の際に儀式のひとつとして行なわれていたからである。

　剣闘よりも人気があったのが戦車競走で、最初は「マルスの野」で、のちには大競技場で開催されるようになった。こうした公共の見せ物はみな無料で民衆に提供されていたが、パラティヌスの丘の南にあった大競技場は、観客15万人を収容することができた。元老院議員たちに特別席が用意されたほか、女性と奴隷にも専用の席があったものと思われる（少なくとも帝政時代にはあった）。

　盤上で行なうゲームも人気があった。代表的なものに、バックギャモンの一種と思われる「12行」と、チェスのように駒を動かしたりとったりする「泥棒」があった。

⇩喜劇の登場人物を描いた紀元前1世紀のモザイク画──ポンペイの「キケロのウィラ」で発見されたもの。サモス島のディオスクリデスの署名がある。キケロはたしかにポンペイに不動産をもっていたが、現在「キケロのウィラ」として知られるウィラが、実際に彼のものだったかどうかはわからない。

⇧戦車競走を描いたレリーフ──ローマ人は戦車競走に熱狂し、お気に入りのチームを熱心に応援した。激しい競走がくり広げられ、戦車が派手に衝突することもあった。

⇩サイコロをふってゲームをする女性たち（紀元1世紀、ヘルクラネウム出土）──大理石に蠟画で描かれている。サイコロをもちいるゲームは、ローマのあらゆる階級や社会集団に人気があった。

第4章 共和政末期

⇨小カトーの肖像──モロッコのウォルビリスで発見されたもの。小カトーは三頭政治に最後まで抵抗し、カエサルに降伏するよりも死を選んだことから、共和主義者のシンボル的存在となった。

リキニウス・ルクルス
紀元前110年ごろ〜57年

小カトー
紀元前95〜46年

ププリウス・クロディウス・プルクルス
紀元前95年ごろ〜52年

リキニウス・ルクルス	
生年	紀元前110年ごろ
有名な祖先	リキニウス・ルクルス（執政官、前151年）
母	カエキリア
父	ルクルス
地位	法務官、前78年 執政官、前74年
業績	凱旋司令官
妻	クローディア；セルウィリア
子供　息子	リキニウス・ルクルス
没年と死因	前57年、病死

リキニウス・ルクルス

「彼が〔ミトリダテスとの〕戦争に決着をつけられなかったのは、能力が足りなかったからではなく、意欲が欠けていたからだといえるだろう。その他の点では彼は真に称讃に値する人物だった。ただし、戦争で負けたことはほとんどなかったが、金銭欲にはとらわれていた」

ウェレイウス・パテルクルス著『歴史』

　リキニウス・ルクルスは紀元前110年ごろに生まれた。メテルス・ヌミディクスとは叔父と甥の関係だった。ルクルスの父はシチリア遠征で勝利を重ねている最中に、セルウィリウス家の人物によって強引に指揮権をとりあげられたことに怒り、軍

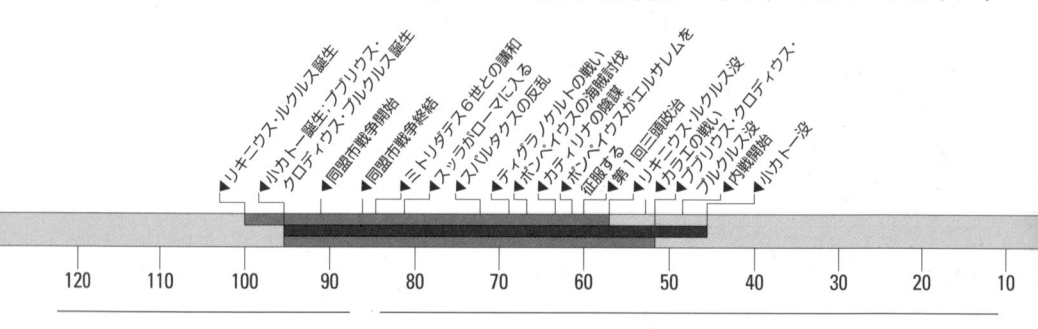

需品を壊して、後任の指揮官に何も残さなかった。この行為を告発したのが、「卜占官のセルウィリウス」と呼ばれたセルウィリウス家出身の人物である。裁判の結果、父ルクルスは有罪判決を受け、息子のルクルスがまだ幼児のときに、ローマから追放された。

政界入り

やがて成長した息子のルクルスが、卜占官セルウィリウスを告発した（容疑ははっきりしない）。セルウィリウスは世情の混乱に乗じて刑を免れたが、この告発によってルクルスの評判が上がり、財務官就任につながったものと思われる。同僚の財務官はスッラだったが、ルクルスはスッラとも親類関係にあり、同盟市戦争（⇨p.221）の際はスッラのもとで戦っていた。ローマ進軍の際も、将官としてただひとりスッラのもとにとどまったとされる。

マリウスとキンナが実権を握ったとき、ルクルスはスッラとともに東方にいたため、粛清を免れることができた。小アジアでは陸上軍を助けるために同盟諸市から軍船を集めて艦隊を編成した。ちょうどそのころ、ポントス軍がフィンブロスひきいるローマ軍と海のあいだに挟まれた。ところが、ルクルスはフィンブロスと手柄を分けあうことを嫌って艦隊を動かさず、宿敵ミトリダテスを捕らえる絶好のチャンスを逃してしまった。

執政官就任

スッラがイタリアに帰還したとき、ルクルスは資金調達をまかされて東方に残ったため、スッラの悪名高い「処刑者名簿」の作成にはかかわっていない。ルクルスは紀元前80年にローマに戻り、按察官に立候補したが、この年まで待ったのは、弟とともに立候補するためだった。兄弟はそろって当選し、盛大な競技会を催して、民衆の大きな支持を獲得した。

ルクルスはギリシア語と哲学に造詣が深かったため、スッラから著作権代理人として回顧録を託されたときも、驚く人はい

⇧獅子皮の帽子をかぶったミトリダテスの肖像——共和政ローマの外敵のなかで、最後まで戦いつづけたのが、このポントス王ミトリダテスだった。スッラ、ルクルス、ポンペイウスと戦い、約30年間にわたってローマに抵抗したあげく、紀元前63年に自殺した。

⇧特徴的な頭飾りとティアラを着用したアルメニア王ティグラネス１世の硬貨——アジアの王たちがしばしばギリシア風に描かれたのは、彼らの王国に多数のギリシア人都市が含まれたからだった。

なかった。しかし、スッラがルクルスを子供の後見人に指名したときには誰もが驚いた。なかでも、自分にその名誉があたえられるものと思っていたポンペイウスにとっては大きな衝撃だった。

　紀元前74年、ルクルスは執政官に就任し、マルクス・アントニウスの父であるＭ・アントニウスに、地中海東部を荒らしていたキリキアの海賊の討伐を命じた。さらに、扇動家のＬ・クインティウスによるスッラ体制転覆の企てを阻止することにも成功した。しかし、ルクルスがもっとも力をそそいだのは、ミトリダテス戦争が再燃した東方における指揮権の獲得だった。ルクルスはスッラ派の有力な元老院議員ケテグスに、愛人を通じて近づくという恥知らずな方法までもちいて、ようやく念願の指揮権を獲得することに成功した。

東方遠征

　ルクルスは過去の遠征では軍団の指揮よりも管理面にたずさわることが多かったため、今回の遠征でも多くを期待されていなかった。ところがルクルスは自殺したフィンブロスの軍団とみずからの軍団をまとめあげ、強敵ミトリダテスを相手にめざましい戦果をあげることに成功したのである。小アジア西部を舞台に戦闘がくり広げられ、ミトリダテスは紀元前70年末までにアルメニアの山岳地帯に追いこまれることになった。

　このときミトリダテスは、「王のなかの王」を自称するアルメニア王ティグラネスと共闘戦線を築いた。ティグラネスは当初、ルクルスが自分に戦いを挑むはずがないと高をくくっていたが、意外にもルクルス軍はアルメニアに押し寄せ、ティグラネスの新都ティグラノケルタを占領した。そしてまもなく決戦のときが訪れた。ローマ軍は数のうえでは圧倒的に劣勢だったため、まず敵の側面を攻撃し、徐々に中央にせまる戦法をとったが、アルメニア軍はローマ兵が中央に達する前に崩壊した。

　ルクルスは戦いをさらに続行するつもりだった。しかし、長引く戦争で疲弊した兵士たちは不満をつのらせており、ルクルスの命令にさからって戦闘を拒否した。クラウディウス一族に

> ### ルクルスの庭園
>
> 「彼がつくった豪華な建物、前廊、浴場、そして絵画と彫刻。さらには遠征で得た巨額の富を投じて芸術品を収集した熱意。現在は当時よりはるかに贅沢になっているが、それでも皇帝が所有する庭園のなかで、ルクルスの庭園がもっとも壮麗である」
>
> プルタルコス著『ルクルス伝』

属したルクルスの義弟、ププリウス・クロディウス・プルクル ス（⇨p.282）が、ルクルスはみずからの名誉と利益のために故意に戦争を長引かせているといいふらしたせいで、兵士たちの不満はいっそう高まっていった。

こうしてローマ軍が動けないあいだに、ミトリダテスが領土を回復し始めたが、ルクルスは断腸の思いでその様子をながめるしかなかった。ローマの元老院も事態を重く受けとめ、ルクルスにかえてポンペイウスを新指揮官に任命した。ローマに戻ったルクルスは政敵たちにはばまれて3年間も凱旋式をあげられなかったが、紀元前63年にようやく盛大な式を催した。この間にルクルスは妻のクローディアと離婚して、クロディウスにささやかな復讐をはたした（もっともクローディアの不貞は事実だったようである）。ルクルスはその後まもなく盟友カトーの妹と再婚した。

良き人生

凱旋式を終えるとルクルスは政界から引退した。ただし、ポンペイウスに対する憎悪はもちつづけていたようで、ミトリダテスから奪還した東方領土の運営を妨害している。ポンペイウスがユリウス・カエサル、クラッススとともに第1回三頭政治を開始した大きな理由は、このルクルスの妨害に対抗するためだった。

やがてルクルスは贅沢な暮らしぶりで知られるようになり、彼がローマにつくった庭園は数百年後まで称讃されつづけた。今でも贅沢な晩餐会を「ルクルス級」と呼ぶことがあるほどである。あるときルクルスは食事がいつもより簡単なことに腹を立てて執事をしかった。「今日はお客様がいらっしゃらないので」と執事が答えると、ルクルスはぴしゃりといった。「今日はルクルスが、ルクルス本人と食事をともにしているのだ」

晩年のルクルスは頭が働かなくなり、兄弟

⇩「ルクルス流」の宴会——こうした誇張された描写のせいで、後世の人びとはローマ人の道徳観を誤解している場合が多い。もしもローマ人が今日の社会を目のあたりにしたら、その堕落ぶりに驚くにちがいない。

が財産を管理した。ルクルスが亡くなると、ローマの人びとはその死を深く悼み、スッラも埋葬されている「マルスの野」に遺体が埋葬されることを望んだ。しかし、兄弟が民衆を説得して、遺体を家族の地所にもち帰った。

　亡くなった（おそらく紀元前57年）あとも、ルクルスの暮らしぶりは語り草となった。ある偽善者の元老院議員が、「クラッススのように金を儲け、ルクルスのように暮らしながら、カトーのような話しぶりをする」と揶揄されたこともあった。しかしその暮らしぶりに比べて、ルクルスが東方で達成した偉業が広く知られていないのは、気の毒なことといえるだろう。

小カトー	
生年	前95年
有名な祖先	大カトー
母	リウィア
父	マルクス・ポルキウス・カトー
地位	護民官、前62年 法務官、前54年
業績	カエサルと敵対
妻	アティリア、マルキア
子供　息子	マルクス・ポルキウス・カトー
娘	ポルキアエ、プリマ、セクンダ（？）
没年と死因	前46年、自殺

小カトー

「キプロスという最上の財宝をたずさえたカトーの帰還は、よく記憶にとどめておく価値がある。両執政官ならびに他の行政官たち、全元老院議員、そしてローマの人びとが、船を降りるカトーを出迎えた。船が莫大な金銀を運んできたことではなく、カトーが無事に戻ってきたことが、ただ嬉しかったのだ」

ウァレリウス・マクシムス著『名士伝』

　マルクス・ポルキウス・カトー・サロニウス（あるいはサロニアヌス）は紀元前95年に生まれた。彼は大カトーと2番目の妻サロニアの直系の子孫であり、小カトーと呼ばれる。小カトーは生後まもなく両親を失ったため、父方の叔父であるリウィウス・ドゥルースス（⇨p.226）に育てられた。子供時代の友達は、母を同じくする兄のセルウィリウス・カエピオだった。

頑固者

　ドゥルーススの家には、同盟市戦争の指導者となるQ・ポペディウス・シロもしばしば訪れていた。あるときシロがふざけてカトーにドゥルーススとの仲をとりもつように頼んだ。シロに窓まで引きずられて、外に放りだすふりをされても、カトー

は断固としてシロの頼みをことわったという。

　カトーはものごとの理解はそれほど早くなかったが、おぼえたことは絶対に忘れなかったという。また、気は長いが、いったん怒ると手がつけられないときがあった。周囲の人びとからはたいへん尊敬された人物だったようで、若者たちが「トロイア・ゲーム」（ゲームの内容は不明）をしていたとき、あるチームがポンペイウスの息子を退(しりぞ)けてカトーをリーダーに選んだというエピソードが残されている。

　カトーが遺産として相続した120ターラントは、当時の貴族としては少ない方だったが、ストア学派（⇨p.280）の信奉者であるカトーの質素な暮らしにはじゅうぶんな額だった。彼は夏と冬は坊主頭でとおし、普通の人なら馬に乗るような距離でも徒歩で行っていたという。

　紀元前72年にスパルタクスの反乱が起こると、カトーは志願して上級将校のカエピオと行動をともにした。しかし、のちにこの軍功に対する賞があたえられることになったとき、カトーは賞に値することは行なっていないという理由で辞退したという。カトー自身が上級将校に選ばれたときは、マケドニアに赴任し、兵士たちと苦難をともにして人望を得た。遠征中にカエピオがギリシアで危篤(きとく)になったとの知らせが届き、カトーはカエピオのもとに駆けつけたが、死に際に間にあわなかった。カトーは兄の死を嘆き悲しみ、このときばかりは葬儀費用を惜しまなかった。

行政官時代

　ローマに帰還したカトーは財務官に選出されたが、このときカトーはすでに国庫の管理方法を心得ており、役人たちを驚かせたという。その結果、数世紀ものあいだつづけられてきた悪習が廃止され、国庫はふたたび厳格な規則に従って管理されることになった。さらにカトーは、スッラが国庫から報酬を支払った密告者たちを割りだして、受けとった金を返還させた。1年後、カトーは民衆の大喝采を浴びながら財務官の任期を終えた。

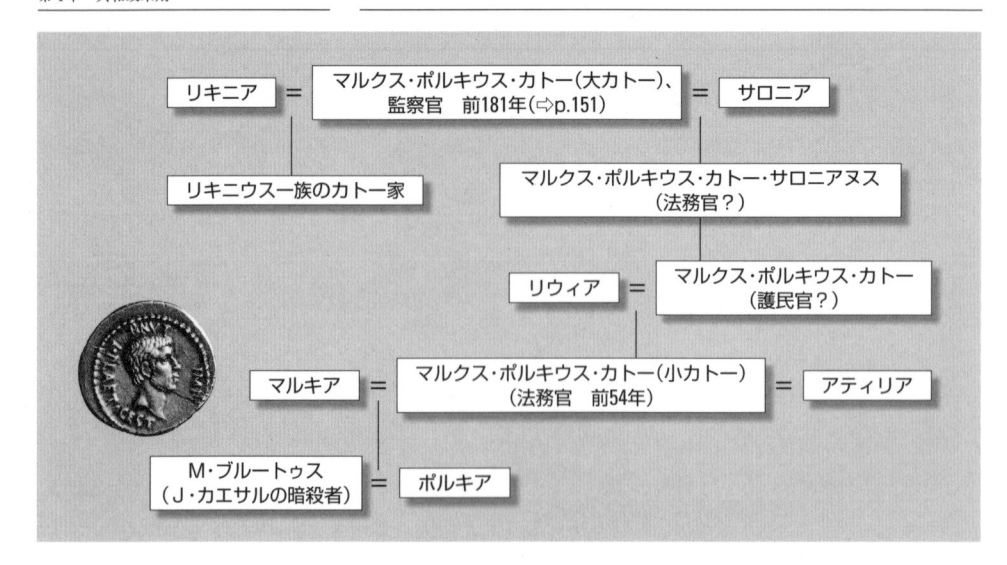

```
リキニア ═ マルクス・ポルキウス・カトー（大カトー）、 ═ サロニア
             監察官　前181年（⇨p.151）
      │                    │
  リキニウス一族のカトー家    マルクス・ポルキウス・カトー・サロニアヌス
                          （法務官？）
                                │
                   リウィア ═ マルクス・ポルキウス・カトー
                           （護民官？）
                                │
         マルキア ═ マルクス・ポルキウス・カトー（小カトー） ═ アティリア
                   （法務官　前54年）
                    │
  M・ブルートゥス ═ ポルキア
 （J・カエサルの暗殺者）
```

その後、カトーは属州アジアに赴任するが、ポンペイウスから冷たくあしらわれた。そこでローマに戻ると、ポンペイウスと敵対するルクルスを助けて、凱旋式の実現にこぎつけた。さらに、ポンペイウスの支持者だったメテルス・ネポスがアジアから帰還して護民官に立候補すると、カトーも護民官に立候補した。ポンペイウスにはローマに戻った際に自分の言いなりになる護民官をつくっておこうという算段があったのだが、カトーはそれを阻止しようとしたのである。結局、カトーとメテルスはともに紀元前62年度の護民官に当選した。

カトーは護民官に就任すると、ただちに執政官のL・リキニウス・ムレナを賄賂の罪で告発した。カトーは客観的で冷徹な告発者として恐れられており、陪審員としても証人としてもその発言は決定的な影響力をもっていた。同時代の二大弁論家であるキケロ（⇨p.302）とホルテンシウスが共に弁護を引き受けなかったら、ムレナは無罪を勝ちとることができなかっただろう。

政敵カエサル

カトーはカエサルが共和政を脅かす最大の存在であることを早くから見ぬいており、生涯をとおして激しく敵対しつづけた。

カエサルとカトーの義姉セルウィリア（マルクス・ブルートゥスの母）が愛人関係にあったことも、カトーの憎悪をあおる一因となっていたようである。カティリナの陰謀（⇨p.306）が発覚したときには、カトーはカエサルのこの陰謀への関与を激しく追及した。カトーやキケロが関係者に死刑を求めるなか、カエサルだけがそれに反対したため、彼自身に対する嫌疑もいっそう深まっていった。

あるとき元老院議場でカエサルがメモを受けとった。それを見たカトーは、てっきり陰謀の共謀者からの連絡と思いこみ、カエサルからメモをとりあげた。ところが、それはセルウィリアからのメモで、密会の打ち合わせを書いた手紙だった。カトーはカエサルにメモを投げつけていった。「ほら受けとるがいい、この飲んだくれ！」（これは奇妙な言葉だった。なぜならカトーは大酒飲みだったのに、カエサルは酒を飲まないことで知られていたからである）。

のちにカエサルがヒスパニアから帰還し、凱旋式の挙行と執政官選挙への出馬を望んだときに、カトーはささやかな復讐を行なっている。カエサルが望んだこのふたつのことを同時に行なうためには、元老院の特別な許可が必要だった（⇨p.291）。そこでカトーは元老院でわざと長々と演説をぶった。その結果、会議は決議を採択しないまま散会となってしまい、カエサルは凱旋式の挙行と執政官への立候補のどちらかを選ばざるをえなくなり、後者を選んだ。

クロディウス（⇨p.282）が護民官だった紀元前58年に、カトーはローマに併合されたばかりのキプロスに派遣された。そもそもローマがキプロスを併合した背景には、しばらくのあいだカトーをローマから遠ざける目的があったともいわれる。カトーは任務を完璧にはたして、紀元前56年にローマに戻った。その後、カトーは弁論家のホルテンシウスから政略結婚の申し出を受ける。しかし、カトーにはすでにマルキア（リウィウス・ドゥルーススの政敵マルクス・フィリップスの娘）という妻がいたし、彼の家族にはホルテンシウスの相手としてふさわしい女性がいなかった。そこでカトーはマルキアをホルテンシウスに譲り渡し、紀元前50年にホルテンシウスが亡くなるとマル

⇧小カトーの胸像（紀元前1世紀後半）——北アフリカのローマ植民市ウォルビリスで発見されたもの。北アフリカで自殺する直前の小カトーを描いたものと思われる。

キアをとり戻すという異例の方法をとった。これほど異例の形ではなかったものの、カトーはほかの家族も政略結婚させている。ただし、ポンペイウスから政略結婚の申し出があったときは、相手の一家が道徳的に堕落しているとの理由で断っている。

内戦

紀元前55年の執政官選挙で、カトーはクラッススとポンペイウスを激しく攻撃したが、2人の当選を阻止することはできなかった。カトー自身は紀元前54年の法務官に選出されたが、紀元前53年の執政官選挙で落選すると、今後ふたたび立候補する意思のないことを表明した。同じ年、カラエからローマ軍の大敗とクラッスス死亡の知らせが届く。このときばかりはカトーも、国家的危機を乗りきるためにポンペイウスが単独で執政官になることを認めた。紀元前49年に内戦が勃発したときも、元老院体制を守るために、しぶしぶポンペイウス陣営に加わっ

ストア学派

ストア学派は、キプロス島出身のゼノンが、紀元前313年にアテネで創始した哲学の学派である。ゼノンがアテネにある屋外柱廊（ストア）で講義をしたことから、「ストア学派」と呼ばれるようになった。ストア学派の教えを簡単にまとめることは困難だが、あえて要約するなら、周囲の状況にかかわらず、つねに自分自身に忠実であることが何より重要とされている。

ストア学派がローマにもたらされて広まったのは、ローマがギリシア世界との交流を深めた紀元前2世紀のことである。だが、ローマ人はもともとストア学派に近い考え方をしていたともいえる。たとえばローマ人もストア学派と同じく、人間と獣を分かつのは論理的に考える能力であり、したがって非合理的な行動は非人間的であると考えていた。

ストア学派では、人間は自分の行動に道徳的責任をもつべきであり、周囲の状況がいかなるものであろうと、真の幸福は善行をなすことにあると考えられていた。この点も、国家のために自己を犠牲にすることを尊いと考えていたローマ人には理解しやすい教えだったといえる。

ストア学派の考えでは、自由人とは「みずから自由であることを選んだ人びと」のことを意味していた。つまり本質的に人間は、本人の意に反して奴隷になることはない。奴隷にならなければ、投獄や拷問、その他の罰が待っているケースもあるが、その場合でも本人が奴隷になることを認めなければ、その人は自由だというわけである。実際、ストア学派の教えを学んだ小カトーは、カエサルに屈服することは奴隷になることであると考え、自由人として自殺する道を選んだ。

⇦ゼノンの胸像——ゼノンはアテネでおもな哲学思想を学んだのち、独自の学派をつくりあげた。その思想は同胞のギリシア人よりも、ローマ人により大きな影響をおよぼした。

⇧チュニジアにあるウティカの遺跡——小カトーはこの地で最後をむかえた。後方に見える現在のウティカの町は、海岸線の変化を受けて海から11キロ離れた地点にある。古代のウティカは、カルタゴ時代とローマ時代をとおして重要な港でありつづけた。

た。

　カトーはシチリア戦線を担当することになったが、カエサル軍がやってくると、戦わずしてシチリア島を明け渡した。そもそもカトーは戦意に欠けていたため、ファルサロスの決戦の際も、野営地の指揮をまかされただけだった。ポンペイウス軍が大敗すると、カトーは北アフリカに渡り、メテルス・スキピオ軍に合流した。ポンペイウス派の残党の兵士たちはカトーの指揮を望んだが、結局はカトーより地位の高い元執政官のメテルス・スキピオが指揮権を握ることになった。

　カトーが戦略都市ウティカを支配下においたとき、メテルス・スキピオは住民の処刑を提案したが、カトーはこれを無視し、逆にメテルスにカエサルとの戦いを避けるよう忠告した。そしてカトーの指揮を望んだ兵士たちが正しかったことが、まもなく証明される。ウティカの住民はメテルス・スキピオが恐れたような裏切り者にはならず、メテルスはカエサルと戦って完敗した。

■自由か死か

　カトーには、もはやカエサルに抵抗する力はなく、かといってカエサルに降伏するつもりもまったくなかった。そしてスト

ア哲学の信奉者らしく、自殺することを選んだ。その際に、偶然計算用の板をひっくり返したため、友人たちが変事に気づいて傷の手当をしたが、カトーはひとりになると自分で包帯を引き裂いて亡くなったという。

カエサルは知らせを聞くと、腹立たしげにいった。「あの男が死んだとは残念だ。私にはもう彼の命を救うことができないのだから」

カトーはその死後も、共和政派の象徴であり、反カエサル派の精神的な支えでありつづけた。しかし、古代の歴史家たちが書き残した言葉のなかで、カトー本人の言葉とほぼ断定できるものはひとつしかない。それは、「カトーは、凱旋式を挙行したかったキケロから支援を求められたが、それを丁重に断った」というものである。

⇧『ウティカにおけるカトーの最後』（ゲラン画、1797年のローマ賞受賞作）──ローマ賞はコンクール形式の芸術賞であり、1789年にフランス革命が勃発して中断したあと、1797年に復活した。小カトーが没後1800年を経てもなお、共和主義を象徴する存在だったことがわかる。

ププリウス・クロディウス・プルクルス

「ププリウス・クロディウスは、祖先の建造物の建ちならぶアッピア街道で殺された。だからこそ彼の死は、いっそう嘆かわしい……。これは彼の支持者たちが、くり返し口にする言葉である。まるであの偉大なアッピウス・クラウディウス・カエクスが道路をつくったのは、国民のためでなく、みずからの子孫を殺す強盗に場所をあたえるためだったかというように」

キケロ著『ミロー弁護』

ププリウス・クロディウス・プルクルス	
生年	前95年ごろ
有名な祖先	アットゥス・クラッスス、アッピウス・クラウディウス・デケンウィリ、監察官アッピウス
母	不明
父	アッピウス・クラウディウス
地位	護民官、前58年
業績	キケロを追放
妻	フルウィア
子供 息子	クロディウス
娘	クローディア
没年と死因	前52年、乱闘で殺害される

名前のつづりは異なるが、クロディウスはクラウディウス一族出身の人物である。祖父のアッピウス・クラウディウスはティベリウス・グラックスの義父であり、父はキンナ派によって

ローマを追放されたのち、紀元前83年にスッラとともに帰還した人物だった。母はメテルス家の出身だった。

乱暴な青年

クロディウスは紀元前95年ごろに大家族の末っ子として生まれた。紀元前70年に出世のため、そして何よりも金儲けのために義理の兄弟であるルクルスの軍団に入ったが（クロディウスは生涯をとおして金に困り、金を得るためなら手段を問わなかった）、優遇してもらえなかったことに腹を立て、兵士たちを扇動してルクルスに反抗させた。その後、同じく義理の兄だったマルキウス・レクスから海軍の指揮権をあたえられた。このときはキリキアの海賊に捕らえられたが、無傷で解放された。

紀元前62年にローマに帰還し、ある夜、そのころ大神祇官(だいじんぎかん)だったユリウス・カエサルの家を訪れた。その夜、カエサル家では女性だけで行なう「ボナ・デア（善良なる女神）の儀式」が予定されていたため、カエサルは留守だった。クロディウスはこの機会を利用してカエサルの妻を誘惑しようと考えたのである。彼は女性の音楽家に変装して儀式にまぎれこもうとしたが、あえなく見つかり、その場は逃げおおせたものの、後日キケロにアリバイを崩されてしまった。キケロがクロディウスを追いつめたのは、彼がこのころクロディウスの姉と対立していたからかもしれない（のちにキケロは彼女を弟との近親相姦の罪で告発している）。

キケロの敵

クロディウスは財務官の座にあった紀元前61年に、不信心の罪で裁判にかけられたが、クラウディウス家が賄賂と脅迫で陪審員に働きかけ、無罪を勝ちとった。この裁判ののちにクロディウスは、紀元前58年の護民官への立候補を決意する。貴族であるクロディウスには護民官になる資格がなかったが、平民の家に養子に入るという奇策によって当選をはたした。その

ころ三頭政治の担い手たちはキケロの存在に悩まされていたため、キケロと対立するクロディウスの行動を黙認した。

護民官となったクロディウスはキケロを亡命に追いこみ、彼の家を壊して、跡地をリベルタス女神に奉献した。その一方で、平民に無料で穀物を配布する法律も成立させた。

殺害

まもなくクロディウスは武装した支持者の一団を引きつれて勢力を誇示するようになり、一時はポンペイウスも自宅に監禁されたほどだった。それはキケロをローマに呼び戻したことと、クロディウスと対立する護民官ミローにポンペイウスが肩入れしたことへの仕返しだった。

次にクロディウスは紀元前56年の按察官に就任する。キケロとはあいかわらずいさかいがつづいており、2人は結局、生涯をとおして犬猿の仲だった（M・アエミリウス・スカウロスの無罪を勝ちとるときだけは、協力しあったこともあったが）。あるとき混雑した会合の席でクロディウスが、「ここには立つ場所もない」といった。それを聞いたキケロは、「それじゃ姉さんのところに行って一緒に休むことだな！」と返したという。

紀元前53年の選挙でクロディウスは法務官に、政敵ミローは執政官に立候補した。2人が激しく争ったせいでローマは大混乱におちいったが、クロディウスが田舎の邸宅に逃れたことでようやく事態が収拾された。ところが、クロディウスがローマに戻る際に、ボウィラエという町の近くで偶然ミローと出くわしたことから、すぐに争いが始まり、クロディウスはその場で殺害された。

ローマで行なわれた葬儀は、クロディウスの生涯を象徴するような大騒動となった。支持者たちが遺体を元老院に運び、議場内のベンチで火葬用の薪をつくったのである。まもなく炎が建物に燃え広がり、元老院議場と近くにあった大カトーのポルキウス会堂が焼失した。

⇧マルクス・ブルートゥスが紀元前54年に発行した硬貨——描かれているのは、自由の女神リベルタス。ブルートゥスはこの硬貨を発行してから10年後、王政を倒した祖先（ルキウス・ユニウス・ブルートゥス）にならって、カエサルを暗殺した。この硬貨の裏面はp.302を参照。

ユリウス・カエサル

紀元前100〜44年

⇨ユリウス・カエサル——彼はすぐれた司令官であるだけでなく、政治家としても文章家としても並みはずれた能力をもっていた。その一方、冷酷で情け容赦なく、虚栄心も強い人物だった（実際のカエサルは、この彫像よりもはるかに禿げていたものと思われる）。彼の野心のために、多くの人びとが犠牲になり、共和政が崩壊したことは、まぎれもない事実である。

ガイウス・ユリウス・カエサル	
生年	前100年
有名な祖先	女神ウェヌス（？）、アエネアス
母	アウレリア
父	G・ユリウス・カエサル
地位	按察官、前65年
	法務官、前62年
	執政官、前59年、48年、46年
	独裁官、3度
	三頭政治、前60年以降
	最高神祇官、前63年以降
業績	凱旋司令官に2度；「祖国の父」；共和政の破壊
妻	コッスイタ、コルネリア、ポンペイア、カルプルニア
子供　息子	カエサリオン（クレオパトラとの子供）、オクタウィアヌス（養子）
娘	ユリア
没年と死因	前44年、暗殺

「ガリアはカエサルに征服された。
（略）さあカエサルのお通りだ、
ガリア征服の勝利の花冠を戴いて！
（略）ローマの人びとよ、女房をちゃんと隠しておけ！
われらが禿頭の女たらしをつれ帰ったぞ。
あんたたちが貸した金はすべて、ガリア人の娼婦たちが受けとった」

（カエサル軍の行進歌）
スエトニウス著『皇帝伝』より

たとえハンニバルとピュロスがあたえた打撃をあわせても、ユリウス・カエサルが共和政ローマにあたえた打撃には、はるかにおよばないだろう。ユリウス一族には共和政初期のウァレリウス一族のような名声はなかったが、クラウディウス一族よりも古くからつづくローマ最古の貴族の家系だった（祖先がア

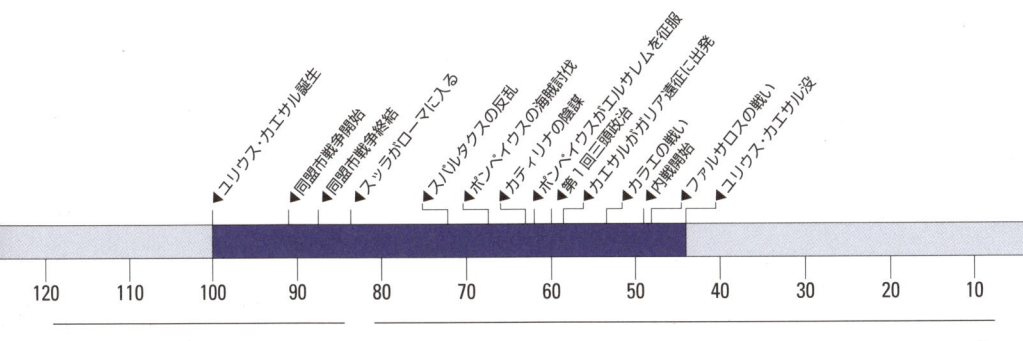

エネアスであるという一族の主張を認めるなら、ローマが誕生する前から存在したことになる)。一族は紀元前1世紀に再興し、ユリウス・カエサルの叔父が紀元前91年度の執政官に就任した。「カエサル」という名前の起源は定かでないが、古ラテン語の「巻き毛」に由来するものと思われる。

下積み時代

　ガイウス・ユリウス・カエサルは紀元前100年に生まれた。父は病弱で、カエサルが15歳のときに亡くなった。叔母がマリウスと結婚したため、カエサルはマリウスの支持者となり、マリウス派のリーダーであるキンナの娘コルネリアと結婚した。キンナはカエサルをユピテル神官の地位につけた。詳細は不明だが、ユピテル神官は高位の神官職であり、宗教的な制約が数多くあったため、カエサルは他の公職につくことができなくなった。キンナは、金もコネもないカエサルなら、神官職で満足すると思ったのかもしれない。

　ところが、スッラがローマに戻ると状況が一変した。キンナが行なったことはすべてくつがえされることになり、カエサルも神官職を解任され、コルネリアの持参金をとりあげられたうえに離婚を命じられた。しかしカエサルはこの命令を拒否し、病気で熱があったにもかかわらず逃亡した。まもなく追っ手に捕まるが、家柄の良さと人脈のおかげで処刑を免れた。このとき貴族たちの懇願を受けて、ようやく態度を軟化させたスッラだったが、そのとき次のような予言めいた言葉を口にしたという。「あの若造のなかに、何人ものマリウスがいることがわからないのか」

人物像

　カエサルは細身で背が高く、大きな黒い瞳をもち、「あらゆる女の男」と呼ばれるほど女性に人気が高かった（政敵からは、「あらゆる男の女（同性愛者）」とも呼ばれた）。しかし、その金髪も徐々に薄くなり、やがて禿頭を気に病むようになった。

おしゃれで服装に気をつかい、房飾りのついたチュニカを粋にゆったりと着こなし、身体は頑健で、酒をほとんど飲まず、美食家でもなかった。あるとき、あやまって腐った食べ物をだされたが、自分で大盛りによそって食べたという。ごくまれにてんかんの発作を起こしたほか、悪い夢にうなされることがあったともいわれる。

アシア遠征

カエサルは紀元前80年から78年にかけてアシア遠征に従軍し、活躍した。この間にビテュニアのニコメデス王の宮廷を訪れているが、かなり長期間滞在したことから、王と同性愛の関係にあると噂された。ローマに戻ったカエサルにキケロがいった。「彼が君にあたえたものも、君が彼にあたえたものも、われわれはみんなお見通しだ」。カエサルはその後、スッラの支持者2人を告発して失敗するが、この裁判を機に雄弁家としても名をはせるようになった。弁論の大家だったキケロも、その後のカエサルの演説について、「たいていの人は、一生かかって修辞術を学んでも、彼に近づくことすらできないだろう」と称讃していた。

カエサルはふたたびアシアに赴く途中で海賊に捕まったが、50ターラントの身代金と引き替えに解放され、自分を捕まえた海賊を探しだして磔の刑にした。伝承によると、カエサルはとらわれているあいだに、海賊に向かって、かならず仕返しをしてやると断言したという。しかしよく考えてみると、カエサル自身のほかに、そのことを伝える人物がいたはずはない。このエピソードは、彼の冷徹さと自己宣伝のうまさをよくあらわしている。

⇩ローマの中央広場(フォルム)に建つ元老院——古い元老院はクロディウスの葬儀の際に火災で焼失した。現存する建物は、カエサルによる中央広場再開発の一環として建てられたものである。元老院はこの建物のほかにも、ローマにある会議にふさわしい建物なら、どこでも議場とすることができた。後方に見えるのは現在のイタリア議会。

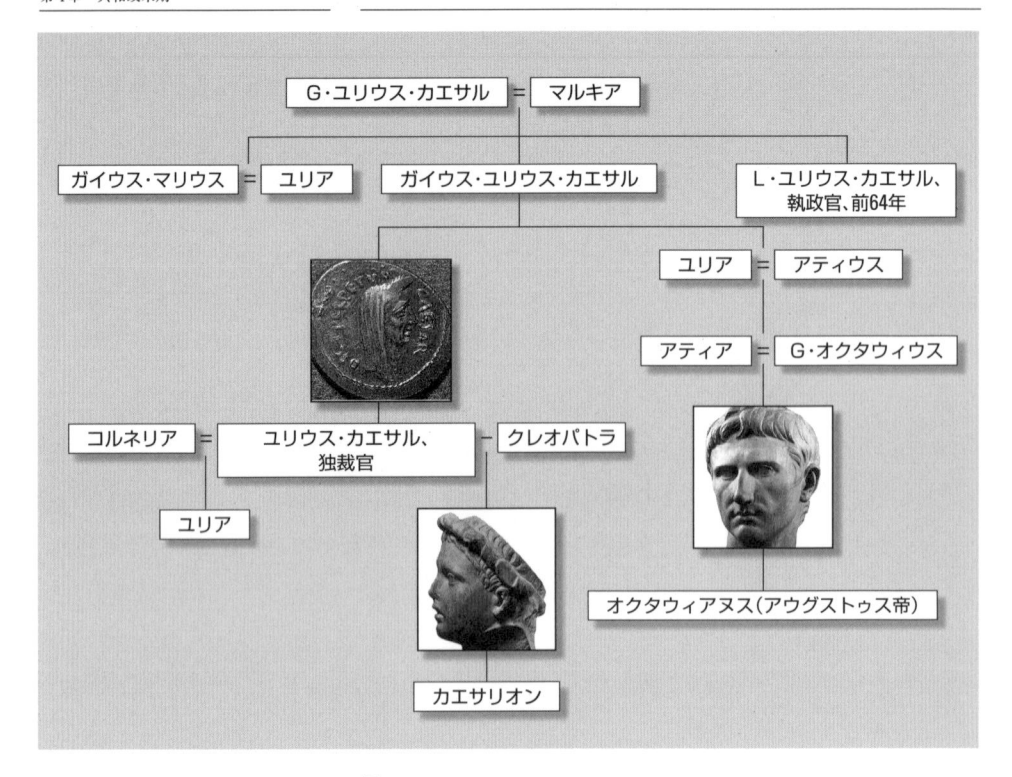

⇧ユリウス・カエサルとオクタウィアヌス（アウグストゥス帝）の関係を示す家系図（略図）――ローマの貴族たちは、度重なる再婚や養子縁組によって複雑な姻戚関係をもっていた。

神官カエサル

　カエサルは紀元前73年に神祇官となり、かつてスッラに奪われた神官職の栄誉を回復した。紀元前69年には財務官に選出された。この年に妻コルネリアと、マリウスの妻だった叔母ユリアとがあいついで亡くなるという悲運に見まわれたが、葬儀の場では政治的な宣伝を忘れなかった。とくにユリアの葬儀では、スッラ派の怒りをよそに、マリウスの肖像をかかげて葬列を組んだ。さらに告別の辞のなかで、伯母ユリアは神々の子孫であると語り、ユリウス家が女神ウェヌスにつながる聖なる一族であることをほのめかしている。

　その後、スッラ派を懐柔するために、カエサルはスッラの孫娘ポンペイアと再婚した。さらに、クラッスス（⇨p.249）に引き立てられ、アッピア街道の管理者になったときには修復資金を提供してもらっている。紀元前65年度の按察官に立候補した際も、クラッススに選挙資金を用意してもらったものと思

われる。按察官に就任したあとは、スッラ派に壊されたマリウスの彫像を再建している。

紀元前63年、メテルス・ピウスが亡くなったことで、大神祇官(だいじんぎかん)のポストが空席になった。大神祇官は、監察官の経験者や高い評価を得た元執政官が就任するローマ最高位の官職のひとつである。その意味で、有力候補であったルタティウス・カトゥルスは申し分のない人物だった。ところが、按察官より上の官職についたことのないカエサルが、無謀にもカトゥルスに対抗して立候補したのである。このときカエサルは巨額の賄賂をもちいたというが、それでもそれは危険をともなう大きな賭けだった。選挙の朝、カエサルは家を出る前に母にこう告げたという。「次に会うときは大神祇官になっているか、それとももう会えないか、どちらかだからね」。しかし結局、買収が功を奏してカエサルが当選した。

保守派との対立

カエサルはこのころにはすでに多くの政敵をつくり、思うような出世ができなくなっていた。そこで政略結婚に活路を見いだすため、ポンペイアと離婚する。ポンペイアがクラウディウス一族の放埒(ほうらつ)な若者、ププリウス・クロディウス・プルクルス（⇨p.282）と浮気したというのが離婚理由だったが、実際のところはポンペイアの生家が強力な人脈をもたないからだった。

紀元前62年、カエサルが法務官に就任した年に、カティリナの陰謀が発覚した。カエサルはポンペイウス派の護民官メテルス・ネポスと手をむすび、事件を処理するために、世論を扇動して東方遠征中のポンペイウスを呼び戻そうとした。元老院はこの行動を利用して、カエサルのうぬぼれた鼻柱を折るべく、法務官の権限を停止した。このときカエサルは元老院の決定におとなしく従って、自宅前に集まった群衆に静かに立ち去るよう促したため、法務官に復職することができた。

カティリナの陰謀

　このときカエサルが元老院に従順な態度を見せたのは、政治家として重大な弱みを抱えていたからだった。多額の借金を負っていたために、もともと評判のよくないセルギウス・カティリナの計画（⇨p.306）に巻きこまれていたのである。セルギウス一族は古い貴族の家系だが、没落の一途をたどっていた。カティリナは家運をなんとか上向かせるために、借金の帳消しという「政策」をかかげて民衆の支持を獲得しようとした。有力議員はたいてい債権者だったから、元老院はカティリナの案に当然反発する。キケロと対立していたこともあり、カティリナはしだいに急進派から革命家へと変貌していき、結局は国家転覆を企てて失敗することになった。

　このときカエサルはカティリナの共謀者たちに寛大な罰を求めたことで、みずからの立場を悪くしてしまった。若い元老院議員や騎士から命を狙われるにおよんで、しばらく元老院から遠ざかる方がよいと判断する。さいわいにも、前法務官としてヒスパニアの軍事指揮権があたえられることになっていたが、カエサルに金を貸していた人びとの訴えで、出発に禁止命令が出た。結局はクラッススが債務保証人になってくれたおかげで無事に出発することができたが、もしそうでなければ政治家カエサルのキャリアはこの時点で終わっていたかもしれない。

　ヒスパニアでのカエサルは、行政にはほとんどかかわらず戦闘にあけくれた。敵対する部族を攻撃しただけでなく、友好的な部族まで挑発して戦いにもちこんだ。降伏した都市を略奪したため、カエサルの評判は散々だったが、1年間略奪をつづけた結果、借金をかなり減らすことができた。そして凱旋式を挙行し、執政官選に立候補するために、カエサ

⇩ユリウス・カエサルによるウルソ植民市の設立勅許状——イベリア半島の植民市ウルソは、紀元前44年に設立された。4枚の青銅版に記されており、この種の勅許状としてはもっとも完全なものと思われる。スペインのオスナ（旧ウルソ）近郊で19世紀に発見された。

ルは紀元前60年にローマに帰還した。

執政官時代

　ローマでは、凱旋式を待つ軍司令官は武器をたずさえた戦闘態勢にあるため、ローマ市内に入ることができなかった。一方、ローマ市内にいない者が執政官に立候補するためには、元老院から法の適用除外を認めてもらう必要がある。そこでカエサルも法の適用除外を求めたが、すでにのべたとおりカトーに邪魔をされてそれが認められず、凱旋式を断念した。いまや元老院議員の大半がカエサルを敵視しており、カエサルがふたたびヒスパニアの指揮権を獲得することがないよう、前執政官の任務をイタリアにおける山賊の駆逐(くちく)とする法律を成立させた。これではカエサルの野望がうち砕かれてしまう。そこでカエサルはクラッススとポンペイウスの仲をとりもち、両者とともに協調の密約をむすんだ。これが有名な第1回三頭政治(さんとうせいじ)の始まりである。3人は護民官のウァティニウスとも手を組み、執政官と護民官の権力、クラッススの人脈とポンペイウスの軍事力、そして巨額の資金（ポンペイウスとクラッススは、ともにローマ最大の資産家だった）を三頭政治のもとに結集した。

　この3人の協力関係は、思惑(おもわく)どおり圧倒的な力を発揮した。カエサルは2人の協力を得て紀元前59年の執政官に就任し、ポンペイウスのために退役兵を対象とする土地分配法と、東方における施策を承認する法律を成立させた。もうひとりの執政官ビブルスはカエサルの動きをいっさい止めることができなかった。ポンペイウスに力を貸したあとで、カエサルは前執政官としてガリアでの指揮権(インペリウム)を獲得した。

ガリア戦争

　10年におよんだガリア征服戦争の様子は、カエサルの自著『ガリア戦記』のなかに詳しく記されている。『ガリア戦記』は指揮官自身が著したローマ軍の戦記として、計り知れない価値をもっているが、それだけではなく、ラテン語の代表的な名文と

↑ガリア人を描いたと思われる硬貨——この人物は、カエサルと戦ったガリアの勇将ウェルキンゲトリクスだと長らく考えられていた。

↑ガリア戦争の勝利を記念してカエサルが発行した硬貨。

↓ガリア兵。長髪で口髭をたくわえている。チビタ・アルバ出土、紀元前2世紀。

しても高い評価を受けてきた。カエサルのラテン語は簡潔かつ明晰であり、彼が後世の歴史家たちに残してくれた文章は、改善の余地のない出来映えのものだった。現在もラテン語を学ぶ学生の多くが、『ガリア戦記』の冒頭のフレーズを最初におぼえる。「ガリアは3つの地域に分けられる」
ガリア・イン・トレス・パルテス・ディウィサ・エスト

『ガリア戦記』は政治的な意図をもって執筆された作品であり、この戦争が引き起こした莫大な人的被害については触れられていない（ある歴史家によると、この戦争はヨーロッパ人のアメリカ大陸進出が始まるまでの世界史において、最大の人的・社会的被害を出した戦争だったという）。さらに、カエサル個人の名誉と利益のための戦争であったことも、もちろん伏せられている。しかし、それは当時のローマでは誰もが知る事実であり、カエサルを戦争犯罪人としてガリア人に引き渡そうとする動きまで起こっていたほどだった。

執政官のドミティウス・アエノバルブスは、カエサルをローマに召還して告発する準備を始めた。この事態を受けて、カエサル、クラッスス、ポンペイウスの3人はルッカで会談し、協力関係を再確認した。会談の結果、カエサルはローマに戻るどころか、指揮権が5年間延長されることになった。ところが、紀元前53年にクラッススがパルティアで戦死してしまう。カエサルの娘ユリアも紀元前54年に亡くなり、ユリアの夫であったポンペイウスはメテルス・スキピオの娘と再婚した。こうしてカエサルを取りまく状況は、急速に悪化していったのである。

元老院との決別

カエサルは元老院議員の一部を買収して味方につけていたが、政敵たちの多くは、賄賂には目もくれないほどの資産や強固な意志の持ち主だった。彼らはカエサルがローマに帰還するとただちに告発し、最低でも国外に追放しようと待ちかまえていた。

カエサルはこの窮状を話し合いで切り抜けようとしたが、その試みは失敗に終わる。最後の望みは紀元前48年の執政官に就任して、加熱した状況の鎮静化をはかることだった。しかし、

⇨ガリア人の要塞アレシア──ガリア戦争中の紀元前52年に、カエサルがこの地で決定的な勝利をおさめた。スエトニウスによると、「アレシアは堅固な周壁を張りめぐらせ、兵力もじゅうぶんであったため、難攻不落と考えられていた。しかし、カエサルはアレシアを包囲した。（略）彼の勇気と力量が最大限に発揮されたのが、このアレシアの戦いだった」という。

ガリア人（ケルト人）

「彼らは防壁のない村に暮らし、家には最低限の家具しか置いていなかった。アシでつくった寝台で眠り、肉を食べていた。戦争と農業にしか関心をもたず、暮らしぶりは非常に質素で、芸術や科学の知識はいっさいもっていなかった。彼らが所有していたのは牛と金だけだったが、それはこのふたつが運びやすく、状況に応じてどこへでももっていける唯一の財産だったからだ。ガリア人は友情を何よりも大切にしており、彼らのあいだでもっとも恐れられ、力をもっていたのは、従者と仲間の数がもっとも多い人物だった」

ポリュビオス著『世界史』

元老院はカエサルの立候補を認めず、立候補を承認しようとしたマルクス・アントニウスら、カエサル派の護民官をローマから追放した。

こうしてカエサルは政治的に敗北したが、軍事的にはなお勝利の道が残されていた。カエサルがひきいる軍団は「天をも攻撃できる」と豪語するほどの強力な軍団だったからである。紀元前49年、カエサルはこの軍団をひきいてガリアとローマの国境にあるルビコン川を渡った。当時のローマでは、軍団を解散せずに本国内に入ることはできず、軍団をひきいてルビコン川を渡ったカエサルは、国法の破壊者として、もはや引き返すことができなくなってしまった。この時点で彼は、それまでのような「はみ出し者の政治家」ではなく、はっきりとした「反逆者」なってしまったのである（このため、のちに「ルビコン川を渡る」という言葉が、後戻りのできない行動を意味するようになった）。

内戦

その後、カエサルはたいした抵抗も受けずにイタリア半島を制圧した。迎え撃つポンペイウスは兵士の召集に手間どったうえ、長いガリアでの戦闘を戦ってきたカエサル軍の兵士たちにはとうてい太刀打ちできないと判断し、ローマを去った。難なくローマに入ったカエサルが国庫に向かったところ、護民官だったメテルスが、それをはばもうとした。カエサルは激昂する

エジプトとクレオパトラ

　紀元前323年にアレクサンドロス大王が亡くなったあと、配下の司令官のひとりだったプトレマイオスがエジプトを支配した。これがプトレマイオス朝の始まりである。プトレマイオス朝は、アレクサンドロス大王時代に建設されたアレクサンドリアを首都とし、ナイル川流域のほかに、キプロスと一時はシリアの大半を支配した。

　当時のエジプトを支配していたのはギリシア人だった。彼らはエジプト人よりも社会的地位が高く、各種の特権を享受していた。ただし、この場合の「ギリシア人」は民族的な定義ではなく、ギリシア語で教育を受けた人という意味だったようである。当時のアレクサンドリアは古代世界の文化的中心地として繁栄し、世界の七不思議のひとつにかぞえられるファロスの灯台と、8番目の不思議と呼んでもおかしくない大図書館があった。さらにエジプトには、有名なギザの大ピラミッドもあった。

　定期的に氾濫（増水）するナイル川のおかげで、エジプトは世界有数の肥沃な耕地に恵まれていた。さらにプトレマイオス朝の王たちが、高度な行政機構と地元のすぐれた文化的伝統の融合に成功した結果、エジプトは豊かな大国に成長していった。しかしローマが東地中海に勢力を伸ばしたあとは、ローマの動向につねに注意を払わなければならなくなった。エジプトはシリアやマケドニアのような領土的野心をもたず、ローマをおびやかしたことは一度もなかったが、ローマはパレスティナとシリア（一時期はどちらもプトレマイオス朝の支配下にあった）に進出し、つづいてキプロスを併合した。この時点ですでに、エジプト本土が

⇖クレオパトラ7世のものと思われる大理石の胸像──クレオパトラは絶世の美女として語りつがれてきたが、プルタルコスによると、特別美しいわけではなかった。しかし、たいへん頭が良く、数多くの外国語を流暢に話すことができたという。

⇩ナイル川のほとりの神殿に立つローマ兵──パレストリーナで発見されたモザイク画の一部分。紀元1世紀のもの。このモザイク画には、ヌビアからアレクサンドリアにいたるナイル川流域の洪水の様子が描かれている。

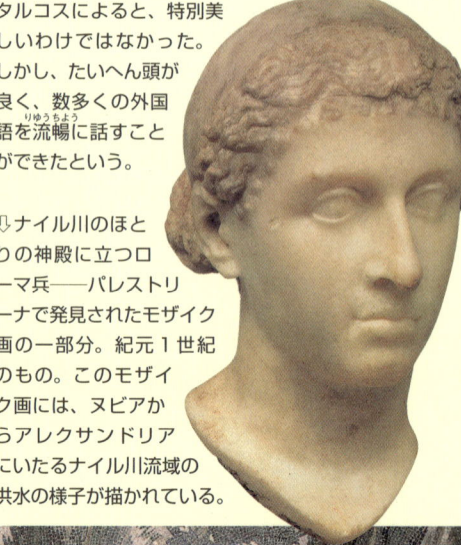

ローマの手に落ちるのも、時間の問題だったといえるのかもしれない。

クレオパトラ

エジプトには、クレオパトラという名前の女王が7人いた。現在、私たちがよく知っているクレオパトラは、その7番目の女王であり、エジプト最後の女王でもある。当時エジプトは、北方ではギリシアと、南方では現地住民との緊張関係がつづいていた。ローマもたえずエジプトに圧力をかけ、王宮内の陰謀にも関与していた。

紀元前51年、プトレマイオス12世が亡くなり、娘のクレオパトラが即位した。だがこのとき、クレオパトラは周囲から圧力を受け、弟のプトレマイオス13世を共同統治者として受け入れざるをえず、その後、実権を譲りわたすことになった。だが、紀元前48年にローマで内戦が勃発し、カエサルがポンペイウスを追ってエジプトにやってきたとき、プトレマイオス13世はカエサルと友好関係を築くことができなかった。逆に、都を追われていたクレオパトラはカエサルと手を組むことに成功する。伝承によると、ひそかにカエサルと会おうとしたクレオパトラは、貢ぎ物の絨毯に巻かれて、カエサルのもとに運ばれたという。

まもなくクレオパトラとカエサルは愛人関係になり、ふたりのあいだに息子カエサリオンが生まれた。カエサルがローマに帰還すると、クレオパトラもあとを追い、カエサルの困惑をよそに紀元前46年から44年まで滞在した。

カエサルの暗殺後も、クレオパトラはカエサル派を支持し、タルソスでアントニウスと会見した。カエサルと同じく、アントニウスもクレオパトラに夢中になった。彫像で見るクレオパトラはとりたてて美人というわけではないが、頭が良くて魅力的な女性であったとされる。

クレオパトラとアントニウスは、紀元前40年に双子のクレオパトラとアレクサンドロスを、紀元前36年にプトレマイオス・フィラデルフスをもうけた。クレオパトラはまずカエサル、次にアントニウスと同盟することで、当初は思惑どおりの結果を手に入れた。カエサルのおかげでプトレマイオス朝の実権とキプロスをとりもどし、アントニウスの後ろ盾を得てヘロデ大王のユダヤ王国に領土を拡大したからである。しかしその間、ローマではオクタウィアヌス（のちのアウグストゥス帝）がエジプトに対する恐怖心をあおり、アントニウスとの対立をローマ救国の戦いにすりかえていった。

紀元前31年、アクティウムの海戦でオクタウィアヌスがクレオパトラとアントニウスの連合軍をやぶり、エジプトを支配下においた。アントニウスは自殺し、伝説によればクレオパトラも、自分が凱旋式で見せ物にされようとしていることに気づき、毒蛇に胸をかませて自殺したという。こうしてクレオパトラは39歳の生涯を閉じたが、その華やかで劇的な人生は後世まで長く語りつがれることとなった。

⇧デンデラのハトホル神殿の壁に刻まれたクレオパトラとカエサリオンのレリーフ——クレオパトラは神殿の壁画に自分と息子の姿を描くことで、息子カエサリオンがやがてエジプト王となり、偉大な王朝を創始する人物であることを示そうとした。このレリーフが作成されたころ、カエサリオンはまだ8歳前後だったが、クレオパトラと同じ大きさに描かれている（エジプト美術では、人間の大きさはその人物の偉大さをあらわしていた）。

⇦カエサリオン（紀元前47〜30年）のものと思われる胸像——カエサリオンはプトレマイオス14世として、母クレオパトラとともに共同統治を行なったが、母の死後まもなく、オクタウィアヌス（のちのアウグストゥス帝）の命令によって殺害された。

兵士たちを制して、冷ややかにいった。「私にはおまえを生かしておくより、殺す方がずっと簡単なのだよ」。これを聞いてメテルスは退散した。

ギリシアに逃れたポンペイウスを追って、カエサルもアドリア海を渡ったが、両者の戦いは簡単には決着がつかなかった。草でつくったパンを食べねばならないほど、カエサル軍は物資の調達に苦労した。またあるときは、ポンペイウスにカエサル陣営を攻撃する絶好のチャンスが訪れたが、ポンペイウスはこの好機をみすみす逃し、カエサルから「この男は戦争に勝つ方法を知らない」と皮肉られた。

紀元前48年、ついに両軍はファルサロスで決戦のときをむかえたが、戦いを制したのは、数のうえでははるかに劣るカエサル軍だった。戦闘が終わりに近づいたころ、カエサルは馬で戦場を駆けまわりながら、兵士たちに向かってローマ市民をむやみに殺さないよう呼びかけた。ポンペイウス軍に加わっていた元老院の有力議員たちにも、情けをほどこした。その後もカエサルは、粛清や処刑をいっさい行なわなかった。

ファルサロスの戦いののち、カエサルはポンペイウスを追ってエジプトに渡ったが、ポンペイウスはすでにエジプトの宮廷人によって殺害されていた。その後、カエサルはエジプトの王位継承争いに巻きこまれるが、クレオパトラを王位につけ、クレオパトラとのあいだに息子カエサリオンをもうけたのちに、ようやくエジプトを離れることになった。

独裁官

紀元前47年、カエサルは独裁官に就任し、数々の戦勝に対して凱旋式を挙行した。さらにミトリダテスの息子のファルナケス2世に対する電撃戦では、「来た、見た、勝った」という有名なフレーズを残している。

その後もアフリカとイベリア半島に遠征し、元老院派の残党を掃討した。ローマに戻ると各種の法律を次々に制定して、太陽暦を採用し（7月の名称を自分の名前にちなんだ「ユリウス」に変えた）、元老院議員と祭司の数を増やし、イベリア半島を

中心に大規模な植民を行なった。

　紀元前44年には、共和政ローマでは誰ひとりなったことのない「終身」の独裁官となった。これ以降、カエサルは王政時代の王たちの服装を着用するようになったが、みずから王を名のろうとはしなかった。しかし、元老院側から提案した数多くの栄誉や特権は、ほとんど断らなかった。このころ元老院は、カエサルが王位への野心をもっているかどうか試すために、わざと多くの栄誉や特権をあたえて、その反応を見ていた可能性もある。カエサルにいっさいの法律の適用を免除する特権をあたえて、「子供をつくるために女性に近づく」ことまで認めようという提案まであった。

3月15日

　カエサルはつねに必要性に応じて行動しただけで、いたずらに急進的な改革を望んだわけではなかった。事実、社会・経済・政治のいずれにおいても抜本的な改革は行なわず、ふたたび遠征（次の標的はパルティアだった）に出発するつもりだった。もしカエサルがパルティア遠征に出発すれば、そこで勝利をおさめ、さらに強大な権威を獲得することは確実と考えられたため、彼を失脚させるためには出発前が最後のチャンスだった。そして、かつてローマを解放したルキウス・ユニウス・ブルートゥス（⇨p.55）の子孫であるマルクス・ユニウス・ブルートゥスと、C・カシウス・ロンギヌスを中心に暗殺計画が建てられ、発覚寸前になりながらも紀元前44年3月15日に決行された。

　伝承によると、カエサルは占い師から3月15日まで注意するようにと忠告されていたという。3月15日の朝、カエサルはその占い師に、3月15日になったが自分はこのとおり無事だといった。すると占い師は答えた。「でも15日はまだ終わっていません」。護衛を嫌ったカエサルはひとりで元老院議場に入り、ポンペイウス像の前で殺害された。最初は反撃したが、抵抗しきれないとわかると、トーガで頭をおおったとされる。もしそうであれば、可愛がっていたブルートゥスに刺されたときに、「ブルートゥス、お前もか」といったという伝承はあや

⇧『カエサルの最後』(ジェローム画、1867年)——史実どおり、カエサルはかつての敵ポンペイウスの像の下で、頭をトーガでおおって倒れている。正確な暗殺場所は特定されていないが、ラルゴ・アルジェンティーナ(⇨p.28図版)のＢ神殿であったとする説がある。

⇩カエサルのものと思われる胸像——エジプト産の緑色のベイサナイト(アルカリ玄武岩の一種)製。

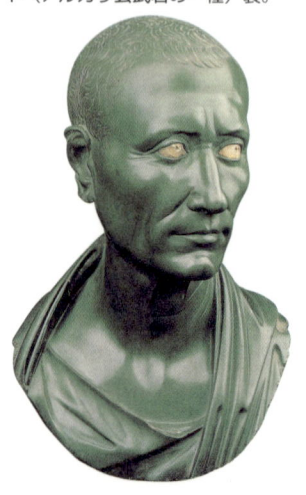

しいことになる。

　カエサルは世界史における屈指のスターであり、そのこともあって後世の人びとは彼を、かなりひいき目に見てきた感がある。しかし、まぎれもなくカエサルは、選挙で選ばれた政府(それがどれほど不完全なものであろうと)を転覆(てんぷく)して、軍事独裁制を敷いた。百万人以上のガリア人が彼の野心のために命を落とし、約百万人が奴隷となった。カエサルのせいでローマは内戦におちいり、専制政治が始まった。カエサルの死後、約１世紀を経て、伝記作家のスエトニウスが下した結論は、ほぼ妥当なものだといえるだろう。「彼は暗殺されて当然の人物だった」

マルクス・ユニウス・ブルートゥスからマルクス・アントニウスまで

マルクス・ユニウス・ブルートゥス
紀元前85年ごろ〜42年

マルクス・トゥリウス・キケロ
紀元前106〜43年

マルクス・アントニウス
紀元前83年ごろ〜30年

⇨マルクス・アントニウスの胸像──アントニウスは軍人としても政治家としても優秀だったが、放蕩癖があり、行政官としては失格だった。

マルクス・ユニウス・ブルートゥス

「ブルートゥス殿はあなた方に、カエサルは野心をもっていたと申された。もしそれが本当であるなら、それは嘆かわしい過ちであり、カエサルは釈明をせねばなりません。ブルートゥス殿と、その他の人びとの許可を得て。というのもブルートゥス殿は高潔な人物であり、そしてその他の人びともみな高潔な人物だからです」

（マルクス・アントニウスの言葉）
シェイクスピア著『ユリウス・カエサル』

⇧マルクス・ユニウス・ブルートゥスの発行した金貨──ブルートゥスが元老院から、東方属州の指揮権（インペリウム）をあたえられた紀元前43年に鋳造されたもの。カエサルの後継者たちとの戦いにそなえ、現地住民から搾取した税金でつくった金貨と思われる。

　カエサル暗殺の首謀者マルクス・ブルートゥスは、紀元前85年ごろに生まれた。彼は、かつて王政を打倒した「解放者」ブルートゥス（⇨p.55）の子孫である。紀元前83年に護民官をつとめた父は、マルクス・レピドゥスの軍事クーデターに参加するが失敗し、ガリアに逃亡した。その後、生命の保証と引

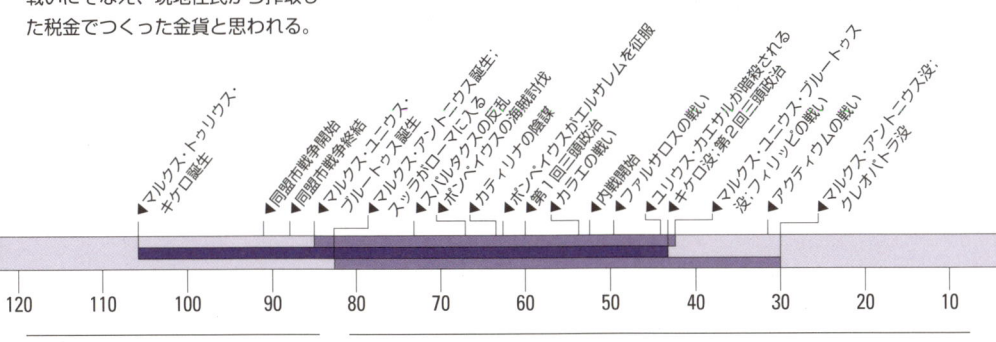

▼マルクス・トゥリウス・キケロ誕生
▼同盟市戦争開始
▼同盟市戦争終結
▼マルクス・ユニウス・ブルートゥス誕生
▼マルクス・アントニウス誕生
▼スッラがローマにはいる
▼スパルタクスの反乱
▼ポンペイウスの海賊討伐
▼カティリナの陰謀
▼ポンペイウスがエルサレムを征服
▼第1回三頭政治
▼カラエの戦い
▼内戦開始
▼ファルサロスの戦い
▼ユリウス・カエサルが暗殺される
▼キケロ没・第2回三頭政治
▼マルクス・ユニウス・ブルートゥス没・フィリッピの戦い
▼アクティウムの戦い
▼マルクス・アントニウス没・クレオパトラ没

120　110　100　90　80　70　60　50　40　30　20　10

299

マルクス・ユニウス・ブルートゥス	
生年	紀元前85年ごろ
有名な祖先	ルキウス・ユニウス・ブルートゥス（解放者）
母	セルウィリア
父	ブルートゥス（護民官、前83年）
地位	財務官、前53年、法務官、前44年
業績	カエサル暗殺
妻	クラウディア；ポルキア
没年と死因	前42年、自殺

き替えに降伏したものの、ポンペイウスによって処刑された。

　幼くして父を亡くしたブルートゥスは母セルウィリアと、母方の叔父だったと思われるクイントゥス・セルウィリウス・カエピオによって育てられ、政界入りした紀元前59年に正式にカエピオの養子となった。当時のローマ貴族の多くがそうだったように、ブルートゥスもじゅうぶんな教育を受け、貴族の仲間たちと良好な関係を保っていた。さらに、これも当時の貴族の特徴だったが、ブルートゥスもまた被征服民に対しては冷淡な人物だった。

　紀元前58年にカトーに従ってキプロスに赴任（⇨p.279）した際、ブルートゥスはサラミスの住民に年利48パーセントで大金を貸しつけた。征服した都市の住民に高利で金を貸すことは法律で禁じられていたのだが、ブルートゥスは親しい元老院議員に働きかけて法の適用を免れたうえ、過酷なとり立てを行なっていた。のちにキリキアの属州総督に就任したキケロは、ブルートゥスの部下が騎兵隊の将校をつとめ（金銭を強要しやすい立場にあった）、サラミスの市会議員がすでに5名も殺害されていることを知った。

ブルートゥスとカエサル

　ブルートゥスは紀元前53年に財務官となり、プブリウス・クロディウス（⇨p.282）の姪クラウディアと結婚した。内戦が勃発すると、ブルートゥスは父を殺された恨みを捨て、ポンペイウス陣営に加わった。そのポンペイウスはファルサロスの戦いでカエサルに敗れたが、ブルートゥスは処罰を免れた。カエサルとブルートゥスの母セルウィリアが「特別な関係」にあったからである（カエサルはセルウィリアの娘テルティアにも手をつけたと噂されており、カエサルがセルウィリアに格安の値段で土地を工面してやったとき、キケロはこういった。「もちろんあなた方が考えるよりも安い値段でだ。3分の1を割引いた値段なのだから」）。のちにブルートゥスがカエサル暗殺を企てた背景には、家族とカエサルの複雑な関係があったとする説もある。

ブルートゥスはカエサルから神祇官に任命され、ガリア統治も任された。それでも彼の共和政保持の信念は変わらず、それを隠そうともしなかった。そして、まるでカエサルに刃向かうかのように、共和政の象徴だったカトーのために追悼文を書き、妻クラウディアと離婚してカトーの娘ポルキアと再婚した。

暗殺

紀元前44年、ブルートゥスは法務官に就任する。これはカエサル暗殺を企てるには格好の地位だった。その最大の共謀者となったのが、カシウス・ロンギヌスである。カシウスはクラッススのパルティア遠征に従軍し、紀元前53年のカラエの敗戦で生き残り、51年にはパルティアの反撃から属州シリアを守りぬいた人物で、ローマに帰還したのちはブルートゥスと同じく法務官に就任していた。

暗殺計画を思想面で支えたのはブルートゥスだった。ブルートゥスは禁欲的な暮らしぶりで知られ、ローマの古い美徳を守りつづける人物として知られていた。彼は個人的な欲望や野心からカエサルの死を望んだのではなく、名高い先祖を見ならって、ローマを専制政治の危険から守ろうと考えたのである。一方のカシウスは現実的だった。彼は有能で手際が良く、冷酷で、愚かな行ないを我慢できないタイプだった。

カシウスは、カエサルとともに部下のアントニウス（⇨p.309）も暗殺するつもりだった。しかし、ブルートゥスはカエサルひとりの暗殺しか認めなかった。カエサル暗殺後、アントニウスが生きのびたことを聞いて、キケロが嘆いている。「やったことは大人の行動だが、考え方は子供だ。指導者を殺しながら、その後継者を生かすとは、なんと愚かなことか！」生きのびたアントニウスは民衆にたくみに訴えかけて、暗殺に対する人びとの怒りをあおった。追いこまれたブルートゥスとカシウスは、東方に逃れざるをえなくなった。

2人は元老院から上級指揮権（マイウス・インペリウム）をあたえられ、東方に赴いた。しかし、アントニウスと、カエサルの遺言によって後継者に指名されたオクタウィアヌス（のちのアウグストゥス帝）が、2

⇧カシウス・ロンギヌスのものと思われる大理石の頭像──カシウスは司令官としても政治家としてもブルートゥスより有能だったが、ブルートゥスのような人望（精神的権威）はもっていなかった。

⇩カエサルを暗殺した「解放者」たちの発行した硬貨──「自由の帽子」（解放された奴隷にあたえられた）と短剣、カエサル暗殺の日付である紀元前44年の「3月（MAR)15日（EID）」が記されている。

⇧ギリシアのフィリッピ遺跡——マケドニアのフィリポス2世にちなんで名づけられたこの町は、周囲の平野を見下ろす位置にあり、戦略的に重要なエグナティア街道が町の中心を通っていた。紀元前42年、ブルートゥスがこの町の城外でカエサル派の軍隊と戦い、その後、町はローマの植民市となった。

⇧マルクス・ブルートゥスが祖先のルキウス・ユニウス・ブルートゥスを記念して発行した硬貨——描かれているのは、執政官(コンスル)とそれを護衛する警士(リクトル)。警士がもつ権標(ファスケス)(⇨p.63)のなかほどに、斧の頭部が見える。

人のもとに攻め寄せてくるのは時間の問題だった。2人はカエサルがパルティア攻撃のために準備した物資を接収し、住民たちから税をしぼりとって、軍団を編成した。このころアントニウスの兄弟が2人の手に落ち、処刑されている。

フィリッピの戦い

そしてマケドニアのフィリッピで、ついに決戦のときが訪れた。ブルートゥスはオクタウィアヌスをやぶったが、一方のカシウスはアントニウスに敗れた。このとき、すでに勝敗が決したと思ったカシウスは、近くの岩場に逃げこんだ。そして隊列を整えた騎兵分隊が近づいてくるのを見て、いよいよ最後のときが来たと考えて自殺したのだが、実はそれはブルートゥス軍の兵士たちが戦果を知らせに来たものだった。

指揮官の自殺によって、兵士たちの士気は一気に衰えてしまった。カシウスがいなくては軍団の統率もとれず、ふたたび両軍が相まみえたとき、ブルートゥス軍の兵士の大半が投降するか逃亡した（そのなかには、のちにローマを代表する詩人となるホラティウスもいた）。まもなくブルートゥスも自害した。

アントニウスはブルートゥスの遺体を丁重にあつかったという。動乱の時代にあって、自分もいつか戦場で命を落とすかもしれないと、そのころすでに思っていたのかもしれない。

マルクス・トゥリウス・キケロ

「彼は業績にも、また業績に対する報いにも恵まれた人物だった。長らく幸運を享受し、裕福に暮らした。しかし、ときおり辛い経験もした。亡命、政治勢力の衰退、娘の死、そして辛く悲しい最期。彼の言動はほめられたものではなかったが、死ぬときだけはち

がっていた」

アシニウス・ポリオの言葉
セネカ著『説諭論』

マルクス・トゥリウス・キケロ	
生年	前106年
有名な祖先	なし
母	ユリア
父	M・トゥリウス
地位	財務官、前75年 法務官、前65年 執政官、前63年
業績	「祖国の父」；卜占官；ラテン語の大著述家
妻	テレンティア；プブリリア
子供　息子 　　　娘	マルクス・トゥリウス トゥーリア
没年と死因	前43年、アントニウスの命令で殺害される

あるときキケロが元老院で演説をしている最中に、メテルス・ネポスが彼の言葉をさえぎってたずねた。「キケロよ、君の父親は誰だね？」メテルスもじゅうぶん承知のことだったが、キケロの父は、評判は良いものの、名声も富もないアルピヌム出身の騎士だった。キケロはメテルスに向かって答えた。「あなたの場合は、母君のことをたずねられる方が答えにくいでしょうな」

アルピヌム出身の男

このエピソードには、キケロの強みと弱点の両方が含まれている。キケロには有名な祖先も、数多くの被護民も、たいした資産もなかった。しかしその一方で、彼には卓越した知性と弁論の才があった。共和政末期を「キケロの時代」と呼ぶ歴史家もいるが、後世の共和政末期に対する理解がキケロの著作活動によるところがいかに大きいかを考えれば、それほど大げさな呼び方とはいえないだろう。

キケロは紀元前106年に、ローマの東南約100キロにあるアルピヌムで生まれた。この小さな町はこれより先にもうひとり、有名な人物を生んでいる。執政官に6度選出されたマリウスである。2人はキケロの祖母を通じて遠縁の関係にあった。キケロの父は聡明で豊富な人脈ももつ人物で、そのなかのひとり、L・リキニウス・クラッススがキケロの父に息子たちを政治家にするようすすめた。キケロは弟のクイントゥスとともにローマで学び、つづいてギリシアに渡った。プルタルコスによれば、キケロは早い段階から前途有望な若者と目されていたという。同盟市戦争が起こると、キケロはポンペイウス・ストラボンの軍団に従軍したが、のちにキケロの政治家としての人生は、そのストラボンの息子ポンペイウス・グナエウスによって大きく左右されることになる。

⇧キケロの大理石像──皇帝たちをのぞけば、キケロほど多くの石像がつくられたローマ人はいない。ローマ貴族のあいだでは、キケロの胸像や彫像を書斎に置くことが、教養人であるしるしと考えられていた。

紀元前81年、キケロは父親殺しの罪で告発されたセクストゥス・ロスキウスを弁護した。キケロは被告の無実を主張し、告発はスッラの手下が仕組んだものであることを明らかにした。ロスキウスは無罪となり、キケロは反スッラ派の星として、もてはやされるようになった。しかしスッラの仕返しを恐れたキケロは、裁判後まもなく、「健康のために」という口実でギリシアに逃れ、紀元前77年まで滞在した。この間、アテネとロドスで哲学を学び、亡命中だったメテルス・ヌミディクスの元副官、ルティリウス・ルフスと親交を深めている。

政界入り

紀元前75年、キケロは財務官として属州シチリアに赴任し、食糧不足に悩むローマに穀物を供給する任務にあたった。キケロは穀物を徴収した島民から逆に感謝されるほど、この仕事を巧みにやってのけた。ところがローマに戻ると、彼の仕事ぶりを知る人間はほとんどいなかった。この出来事を機に、キケロは「世界の中心」であるローマから2度と離れないことを決心したという。

紀元前70年にキケロはある重大な裁判で原告側の弁論を担当した。シチリア総督のウェレスが島民から不当に利益を得たとして告発された一件である。ウェレスは当代きっての弁論家Q・ホルテンシウス・ホルタルスを雇い、翌年度の執政官を含むメテルス一族の支援もとりつけた。キケロはこの豪華な顔ぶれを相手に見事な弾劾演説を行ない、観念したウェレスは判決が下される前に亡命し、キケロは雄弁家としての名声を不動のものとした。

その後まもなく、キケロは有力氏族であるテレンティウス一族のテレンティアと結婚し、テレンティウス一族の支援を得て、資格年齢に達したばかりの紀元前66年に法務官に就任する。このときまでキケロは党派政治にかかわったことがなかったが、ポンペイウスに海賊討伐の指揮権をあたえるための法案が提出されると、法務官の立場を利用してこの法案を後押しした。さらなる出世を望むためには、ポンペイウスのような大物政治家

の支援が必要と判断したからである。キケロが次にめざしていたのは、新参者(ホモ・ノヴス)としては紀元前94年以来となる執政官への就任だった。

カティリナの陰謀

念願がかない、キケロは紀元前63年の執政官に当選した。同僚の執政官はガイウス・アントニウスだった。やがて、落選したカティリナが謀反を企てているとの噂がローマじゅうに広まった。キケロは国家転覆(てんぷく)の企てをあばき、カティリナを国外逃亡に追いこんだ。コルネリア一族の法務官をはじめ、ローマに残った5人の共謀者はすべて逮捕された。

いつ暴動が勃発しても不思議でない状況にあったため、キケロは5人を裁判にかけることなく処刑した。すでに「元老院最終勧告」が発せられ、執政官に「国家が危害を被(こうむ)らないよう、あらゆる処理をとる」ことを命じていたとはいえ、この処刑方法には疑問が残った。しかし結局、逃亡したカティリナは討伐軍との戦いで戦死し、キケロは反乱を未然に防いだ手腕を高く評価され、「国家の父」とたたえられるようになった。

勇敢で意志の強かったキケロも、これほどの称讃を受けて図に乗ってしまったのだろう。もともと彼はお世辞に弱いたちだったから、自分でもみずからの手柄をふれまわった。カティリナ事件を題材としたキケロの詩が現存しないのは、さいわいかもしれない。キケロは詩人としては、同時代人からそれほどの評価を受けていないからである。

キケロとクロディウス

いまや自信満々のキケロは、クラウディウス一族をも恐れずに、冒瀆(ぼうとく)罪で告発されたプブリウス・クロディウス・プルクルス（⇨p.282）のアリバイを崩した。ところが、クロディウスは巨額の賄賂をばらまいて無罪判決を勝ちとった。事情を察した裁判長のルタティウス・カトゥルスは、裁判を終えた陪審員たちに対して、無事に金をもち帰るための護衛は必要ないか

キケロからポンペイウスへの手紙(紀元前62年)

「あなたからいただいた手紙は、好意を示す言葉がやや少なかったとはいえ、それでも私を喜ばせるものでした。私にとって、友人たちの手助けをしているときこそが、もっとも満足できる瞬間だからです。たとえ相応のお返しがなかったとしても、自分の方が親切にして残念だなどと思ったことはありません。私があなたのために途方もなく尽力したにもかかわらず、ふたりのあいだにたしかな結びつきが生まれなかったとしても、国家の利益がかならずや私たちを結びつけるものと確信しています。しかしながら、あなたの手紙に欠けていたものを、私自身の性格と私たちの友情が求めるままに、ここに率直に書き記したいと思います。私たちの絆(きずな)と国家のためにも、あなたは私の業績を称讃してくれるものと期待していました。誰の気持ちも傷つけたくないという配慮から、あなたはそれを省いたのだろうと察します。しかし、私が国家を救うために行なったことは、あらゆる人びとから称讃されているのです」

キケロ著『書簡集』

カティリナの陰謀

　カティリナは古い歴史をもつセルギウス一族に生まれ、スッラの副官のひとりとなった。勇敢で国家への忠誠心にとんだ人物だったが、同時に粗暴で残虐な面もあった。紀元前68年に法務官となったが、そのときに資産を使いはたしてしまったため、妻と離婚して、財産を目当てにアウレリア・オレスティラと再婚した。

　紀元前67年に前法務官(プロプラエトル)としてアフリカに赴任したが、カティリナはここでも金儲けに走り、翌66年にローマに戻った際には、属州住民の代表団が賠償を求めてローマにやって来ている。その結果、不当な利益を得た罪で告発されたカティリナは、紀元前66年と65年の執政官選挙に出馬できなかったが、興味深いことに、このときキケロがカティリナの弁護を申し出ている。2人で手を組んで、執政官に立候補しようと考えていたのかもしれない。

　しかしカティリナは、このキケロの申し出を断った。そのころカティリナはグナエウス・ピソとともに執政官の暗殺と政権の奪取を計画していたが、決断できずにチャンスを逃したとされる。その後カティリナは、キケロも立候補した紀元前64年の執政官選挙に出馬した。しかし、多額の賄賂も功を奏さず、カティリナは落選した。紀元前63年にふたたび出馬したときは、民衆派の立場にたって借金免除を含む急進的な公約をかかげたが、このころにはカティリナ自身も、多額の借金を抱えて身動きがとれなくなっていたものと思われる。

　ふたたび落選したカティリナは、キケロを中心とする保守体制に反発して謀反を企てる。有力家門の男たちが加わって、武器と同盟者を集め始めた。ところが、カティリナから打診を受けたガリア人のアロブロゲスがその動きをローマに通報した。カティリナの情婦フルウィアからも情報が流れたため、キケロはすでに不審な動きを察知していた。

　キケロは元老院でカティリナに対する弾劾演説を数回にわたり行なった。この「カティリナ弾劾」の演説は、キケロの演説のなかでも最上の出来だったとされる。カティリナはローマを脱出して戦場で軍団に合流し（彼のもとに集まった兵士は、おもに不満をかかえたスッラ軍団の退役兵たちだった）、選挙で獲得できなかった執政官の記章をみずからにあたえた。指揮官も兵士たちも勇敢に戦ったようだが、そもそも彼らには正当な大義がなかった。結局、カティリナはガリアに逃れる途中、ピストイアでローマの正規軍と戦い、戦死した。ローマに残った共謀者たちもキケロによって逮捕され、裁判の機会をあたえられずに処刑された。

⇦元老院でカティリナに対する弾劾演説を行なうキケロ──マッカリが1889年に描いたフレスコ画の部分。右手前がカティリナ。史実に合わない描写が多々あるものの、キケロの演説によって彼が窮地に追いこまれた様子が生き生きと描かれている。

と皮肉をいったという。

キケロは三頭政治に反対したため、政敵をさらに増やした。カエサルら3人はキケロを押さえこむために、貴族であるクロディウスが平民となって護民官に立候補することを承認した。紀元前58年、護民官となったクロディウスが、裁判を行なわずにローマ市民を処刑したことでキケロを告発したため、キケロはマケドニアでの亡命生活を余儀なくされた。

ところが、クロディウス自身もやがて3人と仲違いし、紀元前57年8月にキケロは呼び戻された。しかし翌年にはキケロは再度保守派に歩みより、3人に容赦なくやりこめられることになった。結局、法廷で3人の取り巻きの弁護をさせられるという屈辱を味わったあと、キケロは政界を引退して哲学の研究に打ちこんだ。

しかし、キケロはこの間に卜占官(ぼくせんかん)に選出されるという名誉も得ている。それは父のパルティア遠征に同行して戦死したクラッススの空席を埋めるための選出だった。紀元前51年に属州キリキアの総督に任命されたときは、あまりうれしくなかったようだが、執政官経験者として引き受けざるをえなかった。このキリキアで、キケロは公正で有能な属州総督として高い評価を受け、山賊の集団を小規模な戦闘でやぶるという功績まであげた。あいかわらずうぬぼれの強いキケロは凱旋式を望み、急いでローマに帰ったが、凱旋式どころか、カエサルが引き起こした内戦に巻きこまれてしまうことになった。

内戦

キケロはカエサルと友人だったため、彼と戦うことは避けたかった。しかし、義務感とポンペイウスへの忠誠心から、やがてポンペイウス陣営に加わることになる。キケロの娘婿はカエサルの熱烈な支持者であるコルネリウス・ドラベラだった。あるときポンペイウスが皮肉たっぷりにキケロにたずねた。「義理の息子はどこにいるのかね？」するとキケロも負けずに言い返した。「君の義理のお父さんといっしょだ」。ポンペイウスの妻ユリアは、カエサルの娘だったからである。

キケロはファルサロスの戦いには参加しなかった。カトーから生き残った兵士たちの指揮を頼まれたときも、賢明にも断っている。やがてカエサルが寛大な態度を見せたことで2人は和解し、キケロはローマに帰還した。キケロは個人的にはカエサルと良好な関係にあったため、暗殺の計画は知らされなかったが、暗殺が成功したと聞いたときは大喜びしている。

ところが、キケロはまもなくマルクス・アントニウスと衝突するようになる。アントニウスの暴君ぶりを糾弾したキケロの『フィリッピカ』は、政治家をもっとも口汚く罵倒した文章として有名である。キケロはアントニウスに対抗する勢力として、カエサルが遺言状で相続人に指名していたオクタウィアヌス（のちのアウグストゥス帝）に注目し、まだ若くて経験のとぼしいオクタウィアヌスを利用しようと考えた。キケロはオクタウィアヌスについて、彼は今後、「育てられ、ほめられ、消される」ことになるだろうと語ったという。

雄弁家の最後

アントニウスがガリアに追いやられ、当地で政府軍に敗れたときは、共和政が復興するかに思われた。ところが、キケロの思惑を察したのか、オクタウィアヌスが突然政治的立場を変えて、アントニウスと和解した。

アントニウスとオクタウィアヌスは、マルクス・アエミリウス・レピドゥスを加えて、3人による新たな支配体制について話し合った。ところが、アントニウスはキケロを処刑者名簿にのせないかぎり、この第2回三頭政治に参加しないと言い張り、いっさいの話し合いに応じようとしなかった。オクタウィアヌスは2日間アントニウスを説得したが、3日目にキケロを処刑者名簿にのせることに合意した。

危険を知ったキケロはローマから逃れた。船でギリシアに渡ることも考えたが、結局海辺の別荘に落ちついた。しかし、その別荘をアントニウスの兵士たちにつきとめられ、紀元前43年12月7日に勇敢な最期をとげた。

アントニウスは自分に侮辱のかぎりをつくしたキケロの手と

頭を、ローマの広場にある演壇に釘づけにした。しかし、当時すでに記述されていたように、この仕返しは遅すぎた。キケロの悪口雑言は、すでにアントニウスの名前を永遠に汚してしまっていたからである。

のちにキケロの奴隷だったティロが、主人の書簡を整理して公表した。そのおかげで私たちは、共和政末期のローマの状況を、ほぼ1日ごとの記録によって知ることができる。そうした書簡のほかにもキケロは、演説と哲学に関する著作を大量に残している。これが古代ローマ人のなかでキケロが、もっとも後世の人びとから感謝される理由なのである。

⇧ローマの中央広場(フォルム)に残る「演壇(ロストラ)」——この何度も改修された演壇は、共和政期をとおしてローマの重要な政治的舞台となった。帝政期に入ると、この演壇は使用されなくなったが、そのことからも共和政の崩壊とともに、人びとの自由が大きく制限されたことがわかる。

マルクス・アントニウス

「君は、あらゆるものを売りに出し、もっとも恥ずべき売買を行なった。それまで決して公布されることのなかった法律を、君のために、君自身によって可決した。卜占官として占いを廃止し、執政官として拒否権をとりあげた。武装した護衛をもっとも恥ずべき形で引きつれ、酒とどんちゃん騒ぎに疲れはてながら、来る日も来る日もあらゆる忌まわしい行ないにふけった」

「政治家マルクス・アントニウス」
キケロ著『フィリッピカ』

ローマには、ふたつのアントニウス家があった。貴族のアントニウス家は通常、メレンダという家族名をもちいた。一方、平民のアントニウス家は、珍しいことだが家族名をもったことがなかった。マルクス・アントニウスは平民の家系に生まれたが、ヘラクレスの息子であるアントンの子孫を名のることで、なんとか高貴な家系に見せようとしていた。

第4章 共和政末期

マルクス・アントニウス	
生年	前83年ごろ
有名な祖先	雄弁家アントニウス（執政官、前99年）
母	ユリア
父	アントニウス・クレティクス
地位	護民官、前49年
	騎兵隊長、前47年
	執政官、前44年
	三頭政治、前43年以降
業績	三頭政治
妻	ファディア、アントニア、フルウィア、オクタウィア、クレオパトラ
子供 息子	アントニウス、ルルス、アレクサンドロス、プトレマイオス
娘	アントニアエ、プリマ、セクンダ、テルティア、クレオパトラ
没年と死因	前30年、自殺

青年時代

　マルクス・アントニウスは、紀元前83年ごろに生まれた。父はマルクス・アントニウス・クレティクス（このクレティクスという名は、同じ名の島から海賊を掃討したことからあたえられた）、母は紀元前64年の執政官L・ユリウス・カエサルの姉妹ユリアだった。運命のいたずらか、アントニウスはオクタウィアヌスにもっとも近い親族のひとりだったのである。

　父クレティクスは人柄のよい男だったが、ローマの支配階級の基準からすれば資産家にはほど遠かった。このクレティクスが亡くなると、アントニウスは親戚のコルネリウス・レントゥルスに引きとられることになった。ところが、レントゥルスはまもなくカティリナの陰謀に加わり、キケロによって処刑されてしまう。このときからアントニウスとキケロは犬猿の仲となった。

　青年アントニウスは父が遺したなけなしの遺産をすぐに使いはたし、その後亡くなるまで放蕩者という評判がつきまとった。紀元前58年には怒った債権者たちから逃れるために、追われるようにしてローマをあとにしている。

　属州アシアに行きついたアントニウスは、そこで軍隊に入り、めざましい活躍を見せるようになった。そして数年間の経験をつんだのち、紀元前54年にカエサル軍のガリア遠征に従軍する。カエサルは過酷な暮らしを好む青年アントニウスに、すぐに興味をいだいた。紀元前53年、アントニウスはカエサルの後押しでローマに戻り、財務官に立候補する。このときカエサルの指示でキケロと和解したが、のちにカエサルが暗殺されるとすぐに犬猿の仲に戻った。

⇧マルクス・アントニウスの胸像（玄武岩製、紀元前40〜30年ごろ）──エジプトで発見されたものと思われる。放蕩な暮らしぶりで知られるアントニウスの肖像としては、かなり洗練されているが、硬貨に描かれた肖像とも共通する点がある。

カエサルの腹心

　紀元前49年、アントニウスは護民官に就任した。この年に元老院がカエサルの指揮権（インペリウム）を剥奪しようとしたため、アントニウスは護民官としての拒否権を発動した。ところが元老院はこの拒否を無効とし、アントニウスを逃亡に追いこんだため、こ

オスティア

　航海の伝統をもたない古代の民族は、海賊からの襲撃を恐れ、たいてい内陸部に都を築いた。この点はローマ人も例外ではない。ロンドンと同じくローマも、大型船がそれ以上、川上には進めない地点につくられている。

　ローマの外港として知られるオスティアは、テヴェレ川の河口に位置していた。そのため、大きな船団が川をさかのぼり始めたときは、ローマに通報する役割も課せられていた。

　オスティアは紀元前7世紀にアンクス・マルキィウス王（⇨p.35）が建設したとされるが、ローマが領土を拡大するまではあまり発展しなかった。しかし、ポエニ戦争が始まるころには、すでに戦略的な重要性から周壁でかこまれるようになっていた。しかし海上からの攻撃には弱く、紀元前67年には海賊が押し寄せて、港のなかにいたローマ軍を粉砕した。マリウスに略奪されたこともあった。

　海賊の脅威がとりのぞかれると、オスティアはローマの裕福な商人たちの保養地となり、大きなウィラが次々に建てられた。建物の多くは6部屋以上あり、今日でもそうした巨大な邸宅の遺跡を散策することができる。商人組合の前の歩道には、貿易を行なう「会社」がつくった、店の名前を入れたモザイク画が描かれていた（下図版）。

　町の広場には、ユピテル神殿の遺構が残されている。その近くには巨大な倉庫群があり、オスティアが穀物輸送の中継地として繁栄した時代のなごりをとどめている。人口が増加した結果、ローマは紀元前1世紀ごろには、食料を自給自足できなくなっていた。それ以降、都市の貧しい住民の生活を支えたのが、シチリアとエジプトから輸入された穀物である。大型船がオスティア港に入ると、積み荷がはしけに積みかえられ、ローマに運ばれていた。

　オスティアに残る遺構の大部分は、帝政期のものである。ただし陸地側にある門の外には、共和政期の美しい墓がならんでいる。

⇧オスティア──上空から見ると、のちに土地が平坦であることと、川から近いことがわかる。川に泥土が堆積して沼ができ、そこにマラリアを媒介する蚊が大量に発生したため、オスティアは無人の町となった。

　ローマ帝国の滅亡後、オスティアもまもなく滅んだ。砂丘の位置が変わったために航路がさえぎられ（現在のオスティアは港から数キロ内陸に入ったところにある）、新たにできた浅瀬に、マラリアを媒介する蚊が大量に発生した。その結果、オスティアは紀元5世紀までに無人の町となってしまった。けれども、そのことが逆に幸いして、きわめて貴重な遺跡が残されることになったのである。オスティアの遺跡はポンペイほど有名ではないが、さまざまな点で、ポンペイよりも生き生きと古代ローマ人の都市生活の様子を伝えてくれる。

⇨解放奴隷のエパガトゥスとエパフロディトゥスが所有していた倉庫──海外から輸入した穀物は、このような倉庫に保管された。

⇦同業組合広場のモザイク画──イルカ、軍船、商船、灯台が見える。オスティアには、海に関する題材を描いたモザイク画が多かった。

⇧マルクス・アントニウスの銀貨——雄牛のような顔立ちと首をもったことは、ヘラクレスの子孫を自称するアントニウスにとって、さぞ好都合だったにちがいない。

れがカエサルにとって格好の開戦理由となった。カエサルは、護民官の権利を回復するためにローマに進軍するという名目を、かかげることができたからである。

やがてカエサルはイタリアから共和政擁護勢力を追い払い、ポンペイウスを追ってギリシアに渡った。その間、アントニウスにイタリアの統治を、マルクス・アエミリウス・レピドゥスにローマの統治を任せた。ところが、アントニウスは行政や訴訟にはまったく興味がなく、まもなくカエサルを追ってギリシアに渡ってしまう。しかし、これはカエサルにとっても、ありがたい援軍となった。紀元前48年のファルサロスの決戦でアントニウスは左翼を指揮し、共和政が崩壊する瞬間を目のあたりにした。

イタリア統治

ファルサロスでの決戦後、カエサルは独裁官に就任したが、イベリア半島とアフリカに残るポンペイウス派の残党を掃討するため、ふたたび遠征に出た。その間、アントニウスが再度イタリア内の統治を任された。ところが、行政官としてのアントニウスは怠け者で良識を欠き、日々の仕事をおろそかにして酒宴に興じるようになった。資産家の女性と離婚したのちに再婚した妻アントニアとも離婚し、その後さらに3度結婚して、キケロから痛烈に批判される。行政の仕事はキュテーリスという女優といっしょに行なう始末だった。

カエサルがローマに帰還し、アントニウスの道楽にようやく終止符が打たれた。アントニウスはポンペイウスの遺産の大部分を手に入れていたため、カエサルから不正に使った金の返還を命じられても困らなかった。紀元前46年にクロディウス（⇨p.282）の未亡人フルウィアと結婚したのも、金銭問題を解決するためだったのかもしれない。プルタルコスによると、「彼女は家庭をとりしきることはできなくても、執政官をとりしきることができた」という。さらに、アントニウスを女性の命令に従うようにしつけたのはフルウィアだから、「クレオパトラは彼女に感謝すべきだ」とまで記している。紀元前44年、ア

ントニウスはカエサルに正式に王となることを（実質的にはすでに王だったといえるが）何度もすすめたが、カエサルは民意を察して関心がないふりをしていた。

カエサルの最期

　紀元前44年、カエサルが暗殺された年の執政官は、その右腕であるアントニウスだった。アントニウスも当初は、カエサルとともに暗殺者たちの標的となっていたのだが、ブルートゥスがカエサル以外の人物の殺害を認めなかったため、命びろいをした。カエサルが殺されたとき、アントニウスは元老院の外で人と話をしていたという。アントニウスが難を逃れたのには、もうひとつ実際的な理由もあった。アントニウスは「剣闘士」のような強靭な肉体の持ち主だったので、彼に抵抗されたらカエサルの暗殺そのものが失敗するおそれがあったのである。

　アントニウスは当初、カエサル暗殺を黙認するふりを装った。しかし葬儀では、血のついたカエサルの服をかかげて追悼演説を行ない（のちにシェイクスピアがこの演説を、「友よ、ローマ人よ、同胞よ」で始まる劇的な文章に書きかえている）、暗殺者たちに対する怒りをあおった。その結果、アントニウスは民衆を味方につけて、カシウスとブルートゥスをローマから追いだすことに成功した。

　カエサルの遺言執行者となったアントニウスは、カエサルが遺した各種の書類を手に入れた。そして、それらの書類に記されているとされる法律にもとづいて、国務を遂行するようになった。さらに同様の方法で、要職につく人びとを選んだ。

オクタウィアヌスの登場

　ところが、カエサルが遺言状のなかで相続人に指名していたのは、意外なことにアントニウスではなく、姪の息子であるオクタウィアヌス（のちのアウグストゥス帝）だった。そのオクタウィアヌスはカエサルの暗殺を聞いてローマに急行し、アントニウスにカエサルの遺産がどうなったのかとたずねた。カエ

サルの遺言状には、遺産を部下の兵士たちに分配すると記されていたため、オクタウィアヌスはすでに支払いの一部を肩代わりしていたからである。

　オクタウィアヌスはカエサルの後継者となったときに、過去の名前をきっぱりと捨て、「ユリウス・カエサルの息子、ユリウス・カエサル」と名のるようになった。元老院はアントニウスに対抗するうえでオクタウィアヌスを利用できると考え、なかでもキケロはオクタウィアヌスの存在を利用して、共和政を復活させることに望みをかけていた。

　翌43年、アントニウスは前執政官として属州ガリアに派遣された。この間に元老院はアントニウスを公敵と断定して、ヒルティウスとパンサの両執政官がひきいる討伐軍をガリアに送りこんだ。両執政官はムティナの戦いでアントニウス軍をやぶったが、ふたりそろって戦死してしまった。一方のアントニウスはアルプスを越えて逃走し、数々の困難に遭遇しても決してあきらめず、懸命に兵士たちを励ましつづけた。同時代の人物が語ったように、「危機的な状況にあるとき、アントニウスは高潔な人物に変身した」のである。

　次にアントニウスが対峙(たいじ)することになったのは、カエサル軍の司令官だったマルクス・アエミリウス・レピドゥス（⇨ p.320）だった。しかし、レピドゥスの兵士たちは彼にあまり忠誠心をもっていなかったため、レピドゥスはアントニウス逮捕を命じるのは危険と判断して、反対にアントニウスに歩み寄った。さらに、アントニウスにとって信じられないような幸運が起こった。このレピドゥスの仲介により、オクタウィアヌスとの和解が成立したのである。ここに第2回三頭政治として知られる協約が成立し、3人が政権を奪取する。腹を空かせて逃げまわっていたアントニウスが、わずか数週間のうちに、世界でもっとも強力な3人の仲間入りをしたのである。

第2回三頭政治

　協約を成立させた3人が、最初に行なったのは報復だった。アントニウスは、それまで自分を痛烈に罵倒しつづけてきたキ

ケロを処刑者名簿のトップにのせた。オクタウィアヌスは、キケロを殺害するならアントニウスの叔父ルキウスの命を要求するとまでいったが、アントニウスの意思は固かった。ルキウスは姉妹のもとに逃げこんで難を逃れた。このとき家まで追いかけてきた兵士たちにむかって、姉妹がこういったという。「彼を殺したいなら、まずアントニウスの母を倒して、その身体をまたいでいきなさい」

イタリアを支配下におくと、3人はギリシアに逃れたブルートゥスとカシウスに追及の手を向けた。アントニウスに行政能力がないのと同じくらいに、オクタウィアヌスには司令官としての才能がなかった。そこでアントニウスが遠征隊の主導権を握り、フィリッピの戦い（⇨p.302）においても、アントニウスが勝利の立て役者となって共和主義者の息の根を止めた。つづいてアントニウスはブルートゥスとカシウスを支援した東方の指導者たちに服従を要求したが、そのなかにはカエサルの愛人だったエジプトのクレオパトラも含まれていた。

アントニウスとクレオパトラ

クレオパトラはきれいに着飾り、金ぴかの船に乗って、アントニウスが待つキリキアのタルソスにやって来た。享楽主義者のアントニウスは、すぐにクレオパトラがふりまく贅沢で退廃的な魅力の虜となってしまった。2人は純粋に引かれあっていたようだが、クレオパトラが政治的な理由からアントニウスを必要としたこと、また彼女の助けがアントニウスにとってもありがたかったことはまちがいない。アントニウスはそろそろ休養をとるころだと考え、クレオパトラとともに休暇をすごすことにした。

しかし、2人の甘い生活は長つづきしなかった。パルティアがシリアを侵略し、イタリアではアントニウスの妻フルウィアが、弟ルキウスとともにオクタウィアヌスに宣戦布告したのである。有能な部下にシリアを任せて、アントニウスはイタリアに戻った。さいわい、彼が戻るまでにフルウィアが亡くなり、戦争は終わっていた。このあと、オクタウィアヌス、アントニ

ウス、レピドゥスの3人は協力関係を再確認し、アントニウスはオクタウィアヌスの姉オクタウィアと結婚する。さらに、3人はローマ世界を3分し、レピドゥスがアフリカを、オクタウィアヌスが西方属州を、アントニウスがアドリア海以東の属州を勢力範囲とすることに合意する。海賊の指導者となっていたポンペイウスの息子セクストゥス（⇨p.323）とも和解して、シチリアの指揮権をあたえた。

紀元前37年、三頭政治の向こう5年間にわたる延長が決定する。ふたたびエジプトに渡ったアントニウスは、はるばる会いに来た妻オクタウィアをイタリアの弟のもとに帰してしまう。そうしてアントニウスとクレオパトラが公然と寄り添うようになると、オクタウィアヌスはこの時とばかりに言い立てた。アントニウスはクレオパトラの言いなりになってローマにそむき、エジプトを帝国の中心にしようとしているのだ、と。

⇧クレオパトラ7世の硬貨（紀元前34年ごろ）──服装や髪型は、エジプト風というよりギリシア・ローマ風である。同時代の歴史家たちは、彼女の物腰、話術、気品を称讃した。

アントニウスとクレオパトラ

「いや、われらが司令官のもうろくぶりといったら途方もない。

　かつて軍団を見渡すとき、金メッキしたマルス像のように光り輝いたあの目も、いまでは黄褐色の顔を見つめるばかり。

　激戦となれば、胸の留め金を壊したほどのあの名将の心臓も、すっかり落ち着きを失い、エジプト女の欲望を冷やすふいごとなり、扇となりはててしまった。

　ほら2人がやって来た。

　ようくご覧なさい、世界の3本柱のひとつが、娼婦のかもになってしまったことがわかるでしょう。注意して、ようくご覧なさい」

シェイクスピア著
『アントニーとクレオパトラ』

パルティア遠征

紀元前36年、アントニウスはかねてからの念願だったパルティア遠征に出発したが、予想外の苦戦を強いられることになった。パルティア軍は砂漠における会戦を得意とし、このときも得意の弓矢でローマ軍を苦しめた。パルティアの軽騎兵はローマ軍が突進すると後退し、退却し始めるとふたたび押し寄せてきた。補充のきかない装備を破壊され、パルティア諸都市の攻略は不可能となってしまった。

アントニウスは生き残った兵士たちとともに地中海に退却し、クレオパトラから物資の補給を受けた。その後アントニウスは、重要な局面で自分を見捨てたアルメニア王に復讐するために、アルメニアを攻撃する。しかし、失った威信の回復にはいたらず、ライバルの窮状を見ぬいたオクタウィアヌスから宣戦を布告されてしまった。

アントニウスはクレオパトラに惑わされ、ローマの東方の領土をエジプトにあたえようとしている。オクタウィアヌスは宣戦の理由をこのようにのべた。実際にアントニウスはアレクサンドリアで式典をもよおし、クレオパトラとのあいだに生まれ

た子供たちに東方領土を寄贈していた。さらにアントニウスは遺言状（オクタウィアヌスが違法を承知のうえで、ウェスタの処女からそれをとりあげて公表した）のなかで、自分が亡くなったらエジプトに埋葬してほしいと記していたのである。

アクティウムの海戦

　オクタウィアヌスは過去の戦争の反省から、名目上は最高指揮官ながら、実際の指揮は他の司令官たちに任せることにした。やがて名将として名高いアグリッパがギリシアでアントニウスを追いこみ、紀元前31年9月、アクティウム沖の海戦で両軍が衝突した。しかし、この戦いはあっけなく決着した。アントニウスがどのような戦術をとっていたかは定かでないが、陸上の兵士たちは沖合でふたつの艦隊が接近するのを見た。すると、クレオパトラひきいるエジプト艦隊が急に帆を張り、ローマ側の隊列を破って外海に向かい始めたのである。アントニウスは陸に戻って戦うか、クレオパトラのあとを追ってエジプトに戻るか、ふたつにひとつの選択をせまられ、後者を選んだ。残されたアントニウス軍の兵士たちは指揮官の離脱に戦意を喪失し、まもなくオクタウィアヌス軍に降伏した。

　アレクサンドリアに戻ったアントニウスは、絶望のなかで日々をすごした。アントニウスとクレオパトラはたがいを哀れみながらオクタウィアヌス軍の到着を待った。アントニウスはいかにも彼らしく、まるでもう明日がないかのように祝宴にあけくれた。オクタウィアヌス軍の到着とともにエジプト軍が降伏し、敵を撃退するというわずかな望みも夢と消えた。

最後

　こうして身を守るすべのなくなったアントニウスは、クレオパトラの死を告げられて絶望のうちに自殺した。実はクレオパトラはそのときまだ生きていたのだが、アントニウスの自殺は事態の展開をわずかに速めたにすぎなかった。オクタウィアヌスはクレオパトラをローマにつれ帰り、凱旋パレードで見せ物

アクティウムの海戦

「そして、オクタウィアヌスとアントニウスに決戦の日が訪れた。ともに艦隊をひきい、前者は世界の安全のために、後者は破壊のために戦った。オクタウィアヌス軍は、マルクス・ルリウスが右翼を、アルンティウスが左翼を、そしてアグリッパが海戦全体の指揮を担当した。オクタウィアヌス本人は、必要に応じてどこにでも応援に駆けつけられるよう待機していた。そして実際に彼はどこにでも現れた。

一方、アントニウス軍の艦隊司令長官は、ププリコラとソシウスだった。（略）しかし戦闘が始まったとき、オクタウィアヌス軍には指揮官、漕ぎ手、兵士のすべてがそろっていたにもかかわらず、アントニウス軍には兵士しかいなかった。

最初に逃げだしたのはクレオパトラだった。そしてアントニウスも、兵士たちとともに戦うかわりに、クレオパトラのあとを追った。脱走兵を厳しく取り締まるべき指揮官自身が、みずから逃げだしてしまったのである。

指揮官がいなくなったあとも、アントニウス軍の兵士たちは果敢に戦いつづけた。敗戦があきらかになっても、死ぬまで戦おうとする兵士たちに、オクタウィアヌスは大声で呼びかけた。アントニウスはすでに逃走した、お前たちは何のために、誰を相手に戦っているのかと、くり返し問いかけたのである。オクタウィアヌスは兵士たちを殺すのではなく、説得して投降させたいと考えていたのである。長い戦いの末、アントニウス軍の兵士たちはようやく武器を置き、オクタウィアヌスの勝利を認めた。

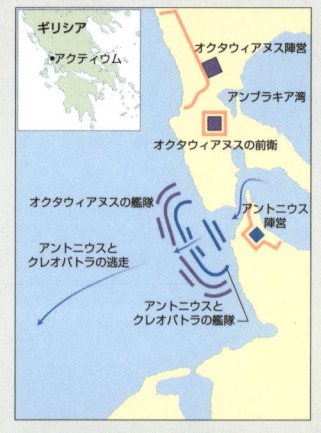

オクタウィアヌスは、兵士たちが求めるよりも先に彼らの命を救い、罪を許してやった。このように、兵士たちが偉大な指揮官に匹敵する戦いぶりを見せたのに、本物の指揮官は臆病者の兵士同然にふるまった。彼はクレオパトラの意に従って逃げたのだから、もし戦いに勝っていたら、同じようにクレオパトラの命令に従っていたかもしれない。陸上軍の指揮官もアントニウスを追って逃走したため、こちらの兵士たちも降伏した」

ウェレイウス・パテルクルス著『歴史』

⇧上陸直前のローマ兵（紀元前40〜30年ごろ、パレストリーナ出土）──アクティウムの海戦のあと、ローマは海賊におびやかされるまで、海軍力を重視しなかった。

⇨アントニウスの妻オクタウィアを描いたカメオ──オクタウィアは身勝手な夫をけなげに支えつづけたことで、理不尽な扱いにも耐えるローマ女性のお手本と見なされるようになった。その一方、アントニウスの評判は散々なものとなったが、それがオクタウィアの意図するところだったのかどうかはわからない。

にするつもりだったが、伝説によると、そのことを知ったクレオパトラは蛇に胸をかませて自殺したという。元老院はアントニウス家に対し、マルクスという名前の使用を禁じる決定を下した。しかし、これでアントニウスの家系が滅んだわけではなかった。アントニウスの娘がドミティウス・アエノバルブスと結婚し、その孫がクラウディウス家の養子となる。この人物こそ、悪名高きのちのネロ帝だったのである。

ローマの女性

現存する資料のなかに、ローマの女性がみずから語った言葉はほとんど残されていない。したがって、共和政期のローマの女性について今日知られていることがらは、以下の解説も含めて、同時代の男性の言葉によって伝えられたものであることを、よく覚えておく必要があるだろう。

ローマの男性が理想的な女性と考えていたのは、家庭的で、物静かで、貞淑な女性だった。その象徴ともいえる女性が、王政崩壊のきっかけとなった強姦事件の犠牲者ルクレツィアである。王の息子セクストゥスに犯された彼女は、父と婚約者に事実を告げたあと、みずから命を絶ったとされる（⇨p.53）。

↓ポンペイの「秘儀荘」の壁画。上流階級の婦人たちが、奴隷の女たちに髪をとかせている。

しかし、実際はルクレツィアとは対照的なローマ人女性もおおぜいいた。そもそもセクストゥスがルクレツィアにひかれたのも、社交好きで贅沢を楽しむ女性が多いなかで、彼女が機織りを好む質素な女性だったからである。

ローマの女性は、制度の上では政治に参加できず、投票権ももたず、公職につくことも法律を提案することもできなかった。しかし、実際は女性たちは大きな影響力をもっていた。第一に、妻として、また母としての影響力である。グラックス兄弟（⇨p.177）の例に見られるように、子供たちは母親のもとで、母親からの教育を受けて成長した。さらにローマの男性は結婚すると、妻だけでなく、妻の家族全体と密接なつながりをもち、相手の政治的な立場に少なくとも共感を示さねばならなかった。ローマの政治家は自宅で仕事をすることが多かったため、妻は夫が誰と面会し、どのようなグループに加わろうとしているのか、容易に知ることができた。妻たちは結婚後も実家の一員であったから、夫が妻の一族にとって不利益になるような行動をとろうものなら、すぐに実家に情報が伝えられた。

ローマの女性たちは、法律上は父、夫、あるいは後見人の監督下に置かれ、結婚、離婚、財産の売却といった重要な決定を下すときは、監督者の同意が必要だった。しかし女性たちがみな、おとなしくこの制度を受け入れていたわけではない。なかには、自分の思いどおりになる男性を後見人にしようとする意思の強い女性たちもいた。

そうした際に、女性たちの武器となったのが持参金である。持参金は実家からの相続財産であり、かなりの金額になることがあった。結婚生活がつづいているあいだは、夫がその金を管理したが、離婚したり、妻が亡くなった場合は、持参金を妻の実家に返さなくてはならなかった。アエミリウス・パウルスの相続人たちのように、持参金を払い戻すために苦労した貴族がおおぜいいた。そういうわけで、政治家にとって離婚は政治と財政の両面で大きな痛手となった。妻の実家との関係が悪化するという点で政治的に、持参金を払い戻さねばならないという点で財政的に、大きな負担となったのである。

↙服を身につける少女のブロンズ像。ポンペイ近郊で、火山灰に埋没したヘルクラネウムの町から出土したもの。

第4章　共和政末期

▷青年時代のオクタウィアヌス——カエサルから遺言で相続人に指名されたあと、彼はユリウス・カエサルと名のった。のちに帝国の支配者となり、「アウグストゥス（尊厳なる者）」という尊称を得た。

マルクス・アエミリウス・レピドゥス
紀元前90年ごろ〜13年ごろ

セクストゥス・ポンペイウス
紀元前67年ごろ〜36年

オクタウィアヌス（アウグストゥス帝）
紀元前63年〜紀元後14年

マルクス・アエミリウス・レピドゥス	
生年	前90年ごろ
有名な祖先	M・アエミリウス・レピドゥス（執政官、前187年、175年）
母	不明
父	マルクス・レピドゥス
地位	法務官、前49年 執政官、前46年、42年 騎兵隊長、前47年、45年、44年 三頭政治、前43年以降 最高神祇官、前44年以降
業績	凱旋司令官
妻	ユニア
子供	息子 M・アエミリウス・レピドゥス
没年と死因	前13年ごろ、老齢

マルクス・アエミリウス・レピドゥス

「レピドゥスはアントニウスの最初の申し出を断った。（略）ところが、アントニウスはレピドゥスの兵士たちの前に姿を現した。レピドゥスは最悪の軍司令官であり、アントニウスの方が、素面のときは、はるかに優秀であったため、レピドゥスの兵士たちは壁を開いて、アントニウスを陣営内に迎え入れた」

ウェレイウス・パテルクルス著『歴史』

共和政期の代表的な人物たちも、個人的な部分では不明な点

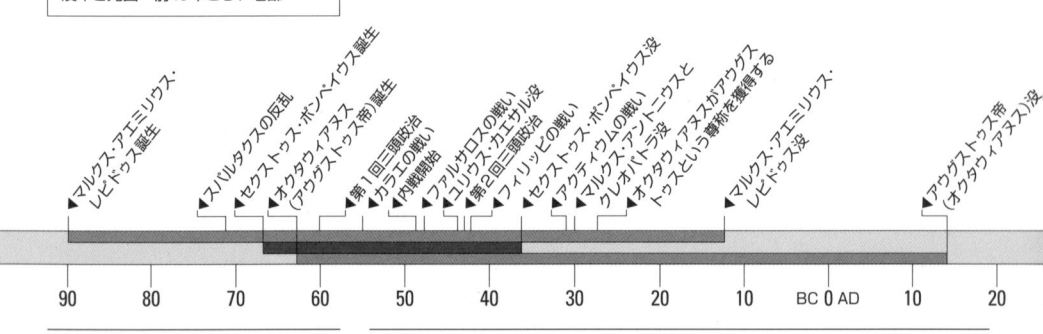

▼マルクス・アエミリウス・レピドゥス誕生
▼スパルタクスの反乱
▼セクストゥス・ポンペイウス誕生
▼オクタウィアヌス（アウグストゥス帝）誕生
▼第1回三頭政治
▼カラエの戦い
▼ファルサロスの戦い／ユリウス・カエサル没
▼第2回三頭政治
▼フィリッピの戦い
▼セクストゥス・ポンペイウス没
▼アクティウムの戦い／マルクス・アントニウスとクレオパトラ没
▼オクタウィアヌスがアウグストゥスという尊称を獲得する
▼マルクス・アエミリウス・レピドゥス没
▼アウグストゥス帝（オクタウィアヌス）没

90　80　70　60　50　40　30　20　10　BC 0 AD　10　20

が多い。マルクス・アエミリウス・レピドゥスもまた、共和政末期の最重要人物のひとりでありながら、出生年も没年もはっきりしない。しかし、ある時期の彼の行動は、ほぼ1日ごとの動きにいたるまであきらかになっている。

家族名

レピドゥスの父は、スッラをまねてローマ進軍を試み、ルタティウス・カトゥルスとポンペイウスの軍勢に敗れたマルクス・アエミリウス・レピドゥスである。2人の息子のうち、アエミリウス・パウルスが先に公職についたことから、レピドゥスは次男であったと考えられている〔アエミリウス・パウルス（⇨p.157）の直系の子孫がとだえたため、レピドゥスの父が長男にパウルスという偉大な名前を名のらせ、レピドゥスという家族名を次男にあたえたのだろう〕。

レピドゥスの名は紀元前52年に初めて記録に登場するが、この年にレピドゥスはクロディウスが扇動した暴動に関与している。法務官をつとめていた紀元前49年に内戦が勃発したときは、レピドゥスはカエサル陣営に加わり、内戦が終結すると、カエサルからヒスパニア総督に任命された。紀元前46年にローマに帰還して凱旋式を挙行し（ただし、現地住民から奪いとった金のほかに見せるものはなかったとされる）、その年の執政官となった。

レピドゥスはカエサルから厚い信頼を受け、紀元前44年にカエサルが暗殺されるまで副官をつとめた。一時はレピドゥスの名前も暗殺計画に含まれていた。ガリア遠征に出発する直前に暗殺が起こったため、レピドゥスはただちに市壁の外に軍団を集結させることができた。レピドゥスとその軍団の支援を得たことは、アントニウスにとって何にもましてありがたかった。

レピドゥスとアントニウス

アントニウスが事態を収拾するのを見とどけたのち、レピドゥスはガリアに赴き、アントニウスと元老院の対立を遠方から

見まもった。やがてアントニウスが元老院派の軍団に敗れ、ぼろぼろの身なりでガリアに逃れてきた。この時期にキケロがレピドゥスから受けとった手紙が現存しているが、レピドゥスはその手紙のなかで元老院への忠誠を誓い、兵士たちにせまられてアントニウス陣営に加わったのだと弁明している。しかし、その言葉を信じる人は誰もいなかったようである。

　紀元前43年には、すでにのべたとおり、レピドゥス、アントニウス、オクタウィアヌスによる第2回三頭政治が始まった。このとき発表された処刑者名簿の筆頭に、レピドゥスの兄アエミリウス・パウルスの名前が記載されたが、アントニウスの叔父と同じく処刑を免れた。このときの粛清を黙認したことで、レピドゥスは紀元前42年に2度目の執政官就任をはたした。カエサル亡きあと空席となっていた大神祇官の地位も獲得した。アエミリウス・レピドゥス家から大神祇官が誕生するのは、紀元前187年と175年に執政官をつとめたアエミリウス・レピドゥス以来の出来事だった。

第2回三頭政治

　アントニウスとオクタウィアヌスが東方でブルートゥスとカシウスの軍勢と戦っているあいだ、レピドゥスがローマとイタリアの統治を任されることになった。ヒスパニアとガリアの両属州もレピドゥスの勢力圏となった。しかし、セクストゥス・ポンペイウスと陰謀を企てたという理由で、のちにほかの2人から両属州をとりあげられ、三頭政治における自分の立場の弱さを思い知らされることになった。

　紀元前37年に三頭政治が更新されたときも、レピドゥスにはほとんど相談もなかった。のちにオクタウィアヌスとアントニウスの関係が悪化すると、レピドゥスを味方につけようとしたオクタウィアヌスからアフリカの統治を任されたが、オクタウィアヌスの思惑は成功せず、5年後にレピドゥスの息子に暗殺を企てられそうになった。　そのころセクストゥス・ポンペイウスが、シチリアで海賊行為をはたらいてローマを悩ませていた。レピドゥスは勢力の挽回を期して、このセクストゥス

↑レピドゥスの発行した硬貨——ローマでは、もともと存命中の人物の顔を硬貨にのせる習慣はなかった。政治的宣伝のために、政治家が自分の顔を硬貨に描かせるようになったのは、共和政末期になってからのことである。

に挑んだ。やがてシチリアの大部分を征服し、三頭政治における自分の立場をオクタウィアヌスに認めさせようとする。そのころオクタウィアヌスは海戦に敗れ、軍団がほとんど機能しない状態になっていた。それでもオクタウィアヌスは偉大なるカエサルの養子だった。レピドゥスの兵士たちはオクタウィアヌス側に寝返り、レピドゥスは命乞いをするはめになった。

このときオクタウィアヌスは冷酷さをおさえて、レピドゥスを国外追放にするだけにとどめた。のちには追放すらきびしすぎたと考え、ローマに戻ることを許可している。レピドゥスから大神祇官の地位をとりあげることもなかった。オクタウィアヌスがアウグストゥス帝となり、帝国支配を固めたのちの紀元前13年か12年、レピドゥスは共和政末期の重要人物のなかではきわめて異例の自然死（暗殺や戦死以外の死）をとげた。少なくともこの点においては、レピドゥスはきわだった人物だったといえるだろう。

セクストゥス・ポンペイウス

セクストゥス・ポンペイウス	
生年	前67年ごろ
有名な祖先	ポンペイウス・ストラボン（祖父）
母	ムキア
父	偉大なるポンペイウス
地位	艦隊司令官
業績	三頭政治に抵抗
妻	スクリボニア
没年と死因	前36年、処刑

「ポンペイウスの休まることのない心は、〔ミセヌムの〕合意に満足できなかったが、会談によってひとつだけたしかな成果が得られた。ポンペイウスは処刑者名簿にのせられた人びとと、ポンペイウスのもとに逃げてきたすべての人びとが、みなローマに無事に帰還できることを条件としたのである」

ウェレイウス・パテルクルス著『歴史』

大ポンペイウスの息子、セクストゥス・ポンペイウスは、父の名声が頂点に達しようとする紀元前67年ごろに生まれた。しかし、のちにセクストゥスは、その偉大な父の挫折を背負って生きることになった。

若き兄弟

セクストゥス・ポンペイウスの兄グナエウスは、父とともに

カエサル軍と戦い、敵の輸送船団を壊滅させたこともあった。ファルサロスで両軍が激突したとき、セクストゥスも継母コルネリアとともにギリシアにいた。敗れた父が2人のもとにたどりつき、3人はエジプトに逃れる。しかし、父はセクストゥスの見ている前で殺害され、セクストゥスは母とも引き離されてしまった。その後、北アフリカでポンペイウス派の残党と共に抵抗をつづけていた兄に合流し、のちに兄弟はイベリア半島に渡ってその南部を支配下においた。

これを知ったカエサルはみずから軍団をひきいてイベリア半島に遠征し、紀元前45年にムンダでグナエウス軍と戦った。負けたグナエウスは逃走を試みたが、捕らえられて処刑された。一方、セクストゥスはそのころコルドゥバにいたため無事で、その後も戦いをあきらめず、カエサルが送りこむ軍司令官を次々に撃退していった。紀元前44年にカエサルが暗殺されると、セクストゥスは元老院と和解した。ローマではなお父である大ポンペイウスをしたう人びとが多く、この時期にはアエミリウス・レピドゥスもセクストゥスに好意的な態度を示していた。

三頭政治とセクストゥス

和解したとはいえ、セクストゥスは政情に不安を感じ、ローマの城外にとどまった。その不安は、まもなく的中する。いったんはローマ艦隊の指揮を任されたものの、その後突然、指揮を非合法とされてしまったのである。セクストゥスは艦隊をひきいて南下し、オクタウィアヌスの妨害をはねのけてシチリアを占領した。

ミセヌムの協定でオクタウィアヌスら3人との和解が成立し、シチリアの占領を認められたセクストゥスは、卜占官にも登用された。この協定の交渉中に、セクストゥスが3人を船上に招いて食事をふるまったことがあった。食事中に船長が、セクストゥスを呼んでこうささやいた。「いまなら錨をあげ、海に出て3人を殺害することができます。そうすれば世界はあなたのものになります」

セクストゥスは長いあいだ考えた末に、こう答えた。「もし

⇧オークの輪で飾られたセクストゥス・ポンペイウス・マグヌス・ピウス──紀元前42～38年にイタリアでつくられた硬貨。セクストゥスは父の遺志を忠実に守ったことから、「ピウス（献身的で敬意に満ちた）」という名をあたえられた。

⇩ポンペイウスと息子を描いた硬貨──紀元前42～38年にシチリアでつくられたもの。

も君が、私に何も話さずに実行していたならたいへんよかっただろう。しかし知ってしまった以上、私は名誉にかけて、君の提案を実行することはできない」

けれどもオクタウィアヌスは、セクストゥスよりはるかに冷酷な人物で、機会を得るとすぐに、協定違反を理由にセクストゥスを攻撃した。ところが、オクタウィアヌスは2度にわたる海戦でいずれも大敗を喫してしまう。その後、アントニウスの妻フルウィアがオクタウィアヌスに反旗をひるがえして失敗すると、2人の重要人物がセクストゥスのもとに逃れてきた。リウィウス・ドゥルースス（⇨p.226）の孫で、のちにオクタウィアヌスの妻となるリウィアと、その幼い息子である。この幼児が、のちにティベリウス帝となる。

ローマの民衆はオクタウィアヌスの攻撃を非難し、競技会場にポセイドン像がもちこまれると、これみよがしに喝采した。セクストゥスはかねてからポセイドンの息子を自称し、ローマの民衆もそれを喜んで受け入れていたからである。

アグリッパ

紀元前36年、オクタウィアヌスはウィプサニウス・アグリッパという優秀な武将をともない、ふたたびシチリアに遠征した。オクタウィアヌスの艦隊は敗れたが、アグリッパは勝利をおさめた。次の戦闘でもアグリッパは再度勝利をおさめ、アエミリウス・レピドゥスの軍団も陸上からシチリアに侵攻した。セクストゥスはわずか数隻をひきいて地中海東部に逃れたが、属州アシアで降伏して処刑されることになった。

セクストゥスは偉大なる父の名に恥じない人物だったが、最初から彼に勝ち目はなかった。セクストゥスが成人したときにはすでに、カエサル派がローマ世界の覇者になっていたからである。そしてセクストゥスがもっとも力を得たときでさえ、真の問題は別のところ、オクタウィアヌスとアントニウスの権力闘争にあったのだった。

⇧マルクス・ウィプサニウス・アグリッパの胸像──カプリ島で発見された紀元前1世紀後半の作品。アグリッパは司令官としても行政官としても、並はずれた才能の持ち主だった。彼は生涯、オクタウィアヌス（アウグストゥス帝）の補佐役に甘んじたが、そもそもオクタウィアヌスがアントニウスとの決戦に勝利することができたのも、アグリッパの働きがあったからにほかならない。アグリッパは内乱後のローマの再建にも、きわめて重要な役割をはたした。

オクタウィアヌス（アウグストゥス帝）

オクタウィアヌス（アウグストゥス帝）	
生年	前63年、最初の名前はガイウス・オクタウィウス
有名な祖先	なし
母	アティア
父	オクタウィウス
地位	執政官、前43年、33年、31～23年、5年、2年 三頭政治、前43年以降 大司令官（インペラトル）、前31年以降 大神祇官、前12年以降
業績	「祖国の父」；凱旋司令官
妻	クラウディア、スクリボニア、リウィア
子供 娘	ユリア
没年と死因	紀元14年、老齢

「父を殺した人びとを、私は正当な法的手続きに従って裁いたうえ、追放した。その後、彼らは国家に戦争をしかけてきたが、私は2度にわたって彼らを打ち負かした。私は世界じゅうで外敵とも国内の敵とも戦った、そして勝ったあとは、許しを請う市民の命をすべて助けた」

オクタウィアヌス（アウグストゥス帝）著『業績録（レス・ゲスタエ）』

ガイウス・オクタウィアヌス（のちのアウグストゥス帝）は紀元前63年、ローマのパラティヌスの丘で生まれた。これはキケロが執政官をつとめ、カティリナの陰謀が発覚した年にあたる。ローマの貴族から見れば、オクタウィアヌスの生家はめだたない存在だった。父は一族のなかで初めて元老院議員になった「新参者（ホモ・ノヴス）」であり、紀元前61年に法務官に就任し、その後、マケドニアに赴任して、総督としてすぐれた行政手腕を発揮した。しかし、執政官をめざす前に亡くなったため、どこまで出世しうる人物であったのか知るすべはない。あとには幼いオクタウィアヌスと2人の姉妹が残された。

家柄

オクタウィアヌスの家族に関する情報は、当時から少なかったようである。その点をついて攻撃したのがアントニウスだった。アントニウスによると、オクタウィアヌスの曾祖父は奴隷であり、父は政界に入る前は賄賂を専門とする両替商だった。母はパン職人の娘だったという。

一方、オクタウィアヌスには著名な祖先がいると考える人びともいた（当然ながら、彼が権力を握るにつれて、そういう人びとが増えていった）。一説によると、オクタウィアヌスの家系はタルクィニウス・プリスクスの時代までさかのぼることができるという。その後、一族はふたつの家系に分かれ、ひとつはローマのオクタウィウス家となり、法務官や執政官を排出した。ティベリウス・グラックスの失脚（⇨p.182）にかかわっ

た有名な護民官も、このオクタウィウス家の人物だった。もうひとつの家系は騎士階級にとどまり、ウェレトリという町の実力者となった。この家系はオクタウィアヌスの父の力で貴族階級に戻った。

アントニウスは語らなかったが、彼はオクタウィアヌスと近しい姻戚関係にあった。アントニウスの母ユリアはルキウス・カエサルの姉妹であり、オクタウィアヌスの祖母のユリアはユリウス・カエサルの妹だった。オクタウィアヌスの母も卑しい生まれではなかったようで、夫が亡くなると元執政官のマルクス・フィリップスと再婚している。

カエサルの庇護

オクタウィアヌスは12歳のときに祖母ユリアの葬儀で弔辞をのべ、これがユリウス・カエサルの目にとまったと伝えられている。まだ少年だったため、カエサルとともにアフリカに渡ってポンペイウス軍の残党を征討することはできなかったが、それでもカエサルはオクタウィアヌスに勲章をあたえた。ヒスパニア遠征には実際に従軍し、ポンペイウスの息子たちと戦い、戦場で負傷している。オクタウィアヌスは若いころからずっと病弱であり、ヒスパニア遠征も病気療養するべきところを押しての参加だった。

カエサルはオクタウィアヌスを神官に任命したが、その後、「勉学をつづけさせるために」ダルマティアのアポロニアに送りだした。この土地でオクタウィアヌスは、未来の名将マルクス・ウィプサニウス・アグリッパと生涯にわたる友情を育むことになる。オクタウィアヌスが皇帝にまでのぼりつめることができたのは、アグリッパが数々の戦いに勝利をおさめたからであり、もし彼がいなければ、アウグストゥスが皇帝になることもなかっただろう。また、マエケナスもこのころに親交を深めた人物である。アグリッパが軍事面で重要な役割をはたしたのに対して、マエケナスは政治面でのオクタウィアヌスの片腕となった。

⇧神官としてのアウグストゥス像（紀元1世紀前半）——アウグストゥス帝は「ロマニタス（ローマ人らしさ）」を守るために、トーガの着用を奨励した。この像のようにトーガで頭をおおうのは、宗教的な場にのぞむ際の習慣だった。

カエサルの後継者

　紀元前44年、オクタウィアヌスはローマから遠く離れたアポロニアで、カエサルが暗殺されたこと、遺言状のなかで自分が後継者に指名されていることを知った。誰が権力を握ろうと、カエサルの後継者をそのまま生かしておくはずがない。みずから権力を勝ちとるか、あるいはその過程で命を落とすか、オクタウィアヌスの進む道はふたつにひとつしかなかった。

　急いでローマに戻ったオクタウィアヌスは、自分にとってアントニウスが最初の難関であることを知る。アントニウスはカエサルの遺産と書類を「保管」しつづけ、相続人のオクタウィアヌスが要求しても引き渡そうとしなかった。そのためオクタウィアヌスは、カエサルが兵士たちに約束した遺産を立て替える羽目になった。そのせいで一時は破産寸前となったが、一方で兵士たちの信頼を勝ちとることができた。さらに、オクタウィアヌスはこれ以降「ユリウス・カエサルの息子、ユリウス・カエサル」と名のることにした。通常は、養子になった人物は、養父の名前と元の家族名を並べた名前をもちいたが（たとえば「スキピオ・アエミリアヌス」のように）、オクタウィアヌスはユリウス・カエサルという名前をそのまま名のった。しかも、アントニウスの動きを警戒する元老院がカエサルを神格化したおかげで、オクタウィアヌスは神の息子としての権威を獲得することになったのである。

三頭政治

　元老院議員のなかで、とりわけオクタウィアヌスに期待を寄せていたのが、アントニウスと激しく敵対していたキケロだった。アントニウスがムティナで戦っているあいだに、元老院は彼を公敵と宣言し、パンサとヒルティウスの両執政官を送りこんだ。オクタウィアヌスも法務官の権限をあたえられて遠征軍に加わった。両軍が衝突し、まもなくアントニウス軍は敗北したが、ヒルティウスとパンサも死亡した。ヒルティウスは戦死だったが、パンサの死因には不審な点があり、医師が逮捕され

たこともあって、同時代の歴史家のあいだでは、執政官職をねらうオクタウィアヌスが両人の死を画策したと考えられていた。その真偽はよくわからないが、ともあれその後、ローマに帰還したオクタウィアヌスは、執政官に就任した。

この間にアントニウスはレピドゥスと手をむすび、イタリア半島を南下し始めた。ここでオクタウィアヌスは冷徹な決断を下す。2人と戦って共和国を守るよりも、2人と和解する方が得策だと考えたのである。しかしそれは一方で、キケロをはじめとするそれまでの盟友たちを切り捨てることを意味していた。

こうしてオクタウィアヌス、アントニウス、レピドゥスによる三頭政治が始まると、政敵たちの追求が本格化した。オクタウィアヌスとアントニウスはカエサル暗殺の首謀者ブルートゥスとカシウスのいるギリシアに遠征し、フィリッピで決戦のときをむかえた。オクタウィアヌスは敗れ、陣営を捨ててアントニウスのもとに避難するありさまだった。しかしアントニウスの活躍により、決戦は2人の勝利に終わった。仕返しのつもりだったのか、オクタウィアヌスは敵の兵士たちを容赦なく処刑した。慈悲の懇願をすべてはねのけたうえに、ある兵士がせめてまともに葬ってほしいと訴えると、「その件ならカラスと相談することだな」と答えたという。

フィリッピの敗戦で共和政派が完敗し、ローマ世界は第2回三頭政治の時代に入った。オクタウィアヌスとアントニウスはただちにレピドゥスの追い落としにかかり、共和政派の最後の生き残りセクストゥス・ポンペイウスとの共謀を理由に、属州の支配権をとりあげた。その結果、ローマ領の東半分がアントニウス、西半分がオクタウィアヌスの勢力圏となり、イタリアは共通の支配地域となった。しかし、アントニウスはまもなくクレ

⇩マルケルス劇場──ユリウス・カエサルが計画し、アウグストゥス帝がローマ再建計画の一環として紀元前16年ごろに完成した劇場。中世には砦(とりで)として使用された。1階と2階部分だけが現存している。

⇧アンカラ（トルコ）のアウグストゥス神殿に刻まれた「業績録」——レス・ゲスタエ——アウグストゥス帝は遺言のなかで、みずからの業績を列記したこの文章を、青銅板に刻んで大霊廟（マウソレウム）の入り口にかかげることとしていた。宣伝のためなら偽りもいとわないのは、現代の政治家にかぎったことではないようである。

オクタウィアヌス礼賛

「しかし、オクタウィアヌスを凱旋司令官と呼ぶことをためらう人がいるだろうか。年齢が若いことはその理由にならない。彼は年齢を越える武勇を示したのだから。実際、オクタウィアヌスの業績は、彼のような年齢の人物によってなしとげられたことで、いっそう意味のあるものに思える。われわれが彼に軍事指揮権をあたえたとき、本心では彼の〔カエサルという〕名前があたえる効果に期待していたのだが、彼はその期待を充分すぎるほど満たし、その功績によってわれわれの決議の正統性を証明したのである」

（オクタウィアヌスに裏切られる数日前の演説）
キケロ著『フィリッピカ』

オパトラに心を奪われ、オクタウィアヌスがイタリアの事実上の支配者となった。

苦境

アントニウスとオクタウィアヌスの勢力圏を比べると、東方をとったアントニウスの方が賢い選択をしたといえた。戦争で荒廃したガリアとヒスパニアよりも、東方の属州の方がはるかに豊かだったからである。さらにアントニウスはクレオパトラと親しくなったことで、莫大なプトレマイオス朝の富も手に入れていた。一方、イタリアでは、人びとは慣れ親しんだ自由を奪われはしまいかと不安をつのらせ、元老院はオクタウィアヌスを警戒して敵意を隠さなかった。そんなころにセクストゥス・ポンペイウスがローマへの穀物供給を断ち、オクタウィアヌスが責任を問われることになったのである。

セクストゥス・ポンペイウスとの戦いは散々な結果に終わり、そのうえローマでは、いまなおオクタウィアヌスよりもポンペイウスの方が人気が高かった。さらに、ちょうどこのころアントニウスの妻フルウィアが義弟ルキウスとともに反乱を起こした。しかもアントニウスがその「調停」のために、巨大艦隊をひきいてエジプトを出発したという知らせが届く。アントニウスが到着したときにまだ戦闘中であれば、アントニウスがチャンスとばかりにオクタウィアヌスを始末しようとすることはまちがいない。オクタウィアヌスはなんとしても、早急に反乱を平定しなくてはならなかった。

そこでオクタウィアヌスは情け容赦なく反乱軍を攻撃し、敵が逃げこんだペルージアの町を包囲した。やがてペルージアは陥落し、フルウィアは逃亡したが、包囲中の食糧不足で衰弱していたため、まもなく亡くなった。こうしてアントニウスが到着したときには開戦理由がなくなっており、アントニウスは三

頭政治の更新に合意して、オクタウィアヌスとの連携を強化するため、姉のオクタウィアと結婚することを決めた。

さらなる敵

オクタウィアヌスは先の戦いでセクストゥス・ポンペイウスに敗れ、シチリアを譲り渡していたが、いまふたたびポンペイウスに挑む準備が整った。今回はオクタウィアヌスとアグリッパがそれぞれ艦隊を指揮し、レピドゥスに陸上軍の指揮を任せることになった。

しかしこのときもまた、オクタウィアヌスは不本意な結果しか出せなかった。あるいは体調が悪かったからかもしれない。アントニウスが皮肉たっぷりに語った言葉がある。「彼は仰向けに寝て空を凝視していた。そしてアグリッパが敵を完全に打ち負かすまで、生きていることを示すしるしは何も見せなかった」。しかしオクタウィアヌスは指揮官としての能力には欠けていたものの、さいわいなことに人を選ぶ目はすぐれていた。名将アグリッパがミュラエでポンペイウス軍をやぶり、ナウロクスでとどめをさすことに成功したのである。

ところがポンペイウスをやぶるとすぐに、レピドゥスが新たな脅威となった。シチリアに上陸したレピドゥスは、ポンペイウス派の軍団を従えたことで巨大な軍隊を手に入れた。その兵力を背景にオクタウィアヌスに対抗できると考え、戦利品の分け前を要求してきたのである。

オクタウィアヌス対アントニウス

武将としての能力には欠けていたが、オクタウィアヌスはけっして臆病な人物ではなかった。その証拠に、レピドゥスとの戦いで彼は敵陣営の防壁をよじのぼり、兵士たちに向かって「カエサルへの忠誠を思いだせ」と呼びかけたという。最初は敵陣から攻撃され、飛び道具によって軽傷を負ったが、呼びかけに応じてオクタウィアヌス側に寝返る兵士がしだいに多くなった。そして、ついにはレピドゥス自身も兵士たちのあとについてオ

クタウィアヌス陣営を訪れ、命乞いをする。このときオクタウィアヌスは冷酷さを抑えて、レピドゥスを短期間追放しただけで許したという。

こうしてローマ世界でオクタウィアヌスに対抗できる人物は、アントニウスを残すのみとなった。そしてまもなくオクタウィアヌスの周辺から、さまざまな噂が広まるようになる。アントニウスはクレオパトラにうつつを抜かし、「エジプト女」の奴隷になり下がっている。アントニウスは首都をアレクサンドリアに移すつもりだ。アントニウスは、いずれアレクサンドリアで埋葬されることを望んでいる……。もっとも最後の点については、オクタウィアヌスが違法に入手して公開したアントニウスの遺言状によって、真実であることが明らかになった。

決戦

アントニウスはパルティア遠征の準備に忙しいという理由で、妻オクタウィアをローマに帰し、クレオパトラとおおっぴらに寄り添うようになった。それでもオクタウィアは夫につくしつづけた。実家に戻らずアントニウスの家にとどまり、夫がイタリアで行なうべき仕事を申し分なくこなしていたのである。これほど立派な妻をないがしろにしたことで、アントニウスはいっそうローマ人からの反感を買うことになった。

アントニウスがパルティアで戦っているあいだに、オクタウィアヌスも軍団を召集した。そしてアントニウスの不名誉な撤退でパルティア遠征が終わったとき、宣戦を布告したのである。アントニウスがクレオパトラと組むことは確実だったため、宣戦の相手はクレオパトラとなっていた。この宣戦布告を受け、アントニウスは不敵にもクレオパトラと結婚したのちに戦闘を開始した。紀元前31年、ギリシアのアクティウム沖で決戦のときが訪れた。ところが、すでにのべたとおり、アントニウスとクレオパトラの艦隊が早々に敗走したため、戦いはあっけなく決着した。

↑海神トリトンの引く戦車に乗ったアウグストゥス帝——このカメオはアクティウムの勝利を記念して紀元前27年以降につくられたもの（1600年に金の装飾がほどこされた）。女神ウェヌスの従者であるトリトンを描くことで、アウグストゥスがウェヌスの子孫であることを示している（彼の義父であるユリウス・カエサルは、ユリウス一族は女神ウェヌスの子孫であると主張していた）。

↑アクティウム湾で発見された船の舳先——紀元前1世紀のものだが、アクティウムの海戦に参加した船の舳先ではない。

人間オクタウィアヌス

　ふり返ってみれば、人間オクタウィアヌスと政治家オクタウィアヌスとは、かなり異なった人格をもっていたといえるだろう。彼はひとりの個人としては、友人思いで、たいていのことに寛容な人物だった。一方、政治家としては非常に冷淡で計算高く、必要とあれば味方を切り捨てることもいとわなかった。

　妻のスクリボニアとは娘ユリアをもうけたのちに、「しつこく文句をいう」という理由で離婚したが、実際のところはスクリボニアとセクストゥス・ポンペイウスのつながりを嫌ったものと思われる。その後、ティベリウス・ネロの妻で、彼の子供を妊娠中だったリウィア・ドゥルシアと再婚したが、2人はオクタウィアヌスが亡くなるまでの数十年間を、仲むつまじくすごすことになった。

　オクタウィアヌスは、酒はほとんど飲まず、金使いも堅実な人物だったが、生涯をとおして浮気は絶えなかった。オクタウィアヌスからクレオパトラとの仲をとがめられたとき、アントニウスが言い返した手紙の断片が現存する。「では君自身はどうなのだ？　リウィアに対して本当にずっと忠実だったのか？

　この手紙が届くまでに、君がテルトゥッラとも、テレンティッラとも、ルフィッラとも、サルウィア・ティティセニアとも、あるいは彼女たちすべてとベッドをともにしていなかったら、たいしたものだ。誰と、あるいはどこで女と楽しもうと、それが本当にそれほど重要なことなのか？」

　オクタウィアヌスの容姿も、女性との噂が絶えなかった理由のひとつだろう。彼は小柄だが均整がとれた体形をしており、澄んだ瞳をもち、顔つきは穏やかだった。ただし、歯は小さくて虫歯が目立ち、歯並びも悪かったという。また病弱なことでも知られ、冬になると何枚も重ね着をし、夏にはつば広の帽子で頭を日差しから守っていた。

　軽いギャンブルと女性を好んだ温厚な男と、この長い年代記の最後をしめくくる冷酷な帝政の樹立者（オクタウィアヌスは、アクティウムの海戦から4年後の紀元前27年に「アウグストゥス（尊厳なる者）」という尊称を獲得し、事実上の帝政を開

始した)が、同一人物であったとはとても想像しがたい。おそらくオクタウィアヌスは、私的な自分と公的な自分とをうまく分離していたのだろう。亡くなる直前に彼は、こうのべたという。「この〔人生という〕喜劇で、私は自分の役をうまく演じただろうか?」オクタウィアヌスが残したこの言葉は、その後の西洋世界で、役者が舞台を去るときに観客に拍手を求めるための決まり文句となった。

⇧アウグストゥス帝の妻リウィアを描いたカメオ——伝承では、リウィアは冷酷な策略家であり、わが子であるティベリウスを帝位につけるため、何人ものライバルたちを毒殺したとされる。しかし、彼女が夫を助けた忠実な妻であったということ以外に、たしかな情報は残されていない。ただし、リウィアがアウグストゥス帝に対して大きな影響力をもっていたことはまちがいない。

インペラトール

「インペラトール」は、現在の「エンペラー(皇帝)」の語源となった言葉である。最初は、「指揮権(インペリウム)」をもつ偉大な司令官という意味でもちいられ、戦争に勝つと兵士たちのあいだから、「インペラトール」という歓呼が起こった。歓呼を受けた指揮官は凱旋式の日まで、あるいは指揮権を返還するまで、「インペラトール」と名のることができた。

一説によると、初めて「インペラトール」の歓呼を受けたのは、紀元前2世紀初のスキピオ・アフリカヌスだったという。紀元前1世紀には「インペラトール」という言葉がすっかり定着し、司令官たちは兵士から歓呼を受けた回数を数えるようになった。

アクティウムの海戦後、オクタウィアヌスが「インペラトール」を第一名としてもちいた(「カエサル・インペラトール」ではなく、「インペラトール・カエサル」と名のった)。これ以降、「インペラトール」という称号はローマの支配者のものと考えられるようになり、他の司令官たちはしだいにもちいなくなった。

⇧軍団を指揮するオクタウィアヌス(アウグストゥス帝)——ローマ近郊のプリマ・ポルタにあるリウィアのウィラで発見された。実際のオクタウィアヌスは指揮官としての能力に欠け、主な戦勝は腹心アグリッパの功績であることが多かった。

監修者あとがき

　ある高名な政治学者は「ローマ史のなかには人類が経験しうるすべての事が詰まっている」と語ったことがある。小さな村落が集まって都市国家になり、やがてイタリアの覇者にのしあがり、世界帝国を築くにいたる。地中海をめぐる広大な地域に平和と繁栄がつづき、それは恒久であるかのようだった。だが、その堅固な支配にも翳りが現われ、やがて衰退に向かうのだった。この間に千二百年の年月が流れていたのである。

　本書が扱うのは、その永い年月の前半部であり、まさにローマが昇り龍のごとく興隆していた時代である。建国とともに王政がつづき、やがて共和政が築かれ、その伝統は元老院の主導の下に五百年にわたって維持された。この間の紀元前3世紀にローマを訪れたギリシア人の使節は、「ローマの元老院は誰もが王者のごとき人々でした」と報告している。異国人には王者のごとく見えた人々は個々にはどのような姿をしていたのか。それが本書の射程であれば、興味は尽きないものがある。

　ローマ共和政の歴史の舞台は、大方は二つに絞られる。ひとつは権力をめぐる元老院での議論や駆け引きであり、もうひとつは領土をめぐる戦場での活動であった。有力者は政治家であるとともに軍人でもあり、双方に優れてこそ権威ある者として崇められたのである。ローマ人は支配の天才ともよばれたが、彼らはこの権威こそが統治の肝心かなめと信じて疑わなかった。

　昨今、わが国では、二世議員の出現を苦々しく指摘する議論が後を絶たない。ところが、ローマの政治家たるや、二世、三世どころか、名門家系からは何世代にもわたって有力政治家が輩出している。成り上がりの政治家などを探せば、共和政期を通じても一握りにすぎない。しかも、この五百年間に、ローマは小さな都市国家から大いなる世界帝国に飛躍したのである。このローマ共和政の歴史をひもとけば、二世議員の輩出を国政の軟弱化と難ずる議論は成り立たなくなってしまう。そこにはいかなる秘密が潜んでいるのだろうか。

　ローマという国のかたちが大変貌を遂げていくなかで、その背後で舵を取っていた人々はいかなるドラマを演じていたのか。世界史上でも空前絶後ともいえる国家の興隆期にあって、その舞台に登場する主人公たちのそれぞれにスポットライトを浴びせてみたら、どうなるか。このような関心をもって歴史をながめる者に、本書はかけがえのない手掛かりを与えてくれるだろう。

本村凌二

INDEX

あ

アウェンティヌスの丘　　　　　36
アウグストゥス帝(オクタウィアヌス)
　9・19・25・27・28・52・121・185・204・
　205・270・295・301・302・308・310・
　313—318・320・322—334
アエネアス　　　8・16・36・285
アエミリウス・パウルス
　104・147・157・158・160・161・
　163—165・169・194・196
アエミリウス・パウルス（マルクス・ア
　エミリウス・レピドゥスの兄）
　　　　　　　　319・321・322
アカイア同盟　　　　　　　148
アクティウムの海戦
　121・205・295・317・318・332—334
アグリッパ
　52・317・318・325・327・331・334
『新しい歴史』　　　　　　64
アットゥス・クラウスス
　　　33・66・72・75・82・83
アッピア街道　96—98・252・282・288
アッピウス・クラウディウス・カエクス
　　60・82・88・94・96—99・115・141・282
アッピウス・クラウディウス・クラッスス
　　　　　　　　　　　　　82
アッピウス・クラウディウス・ディケン
　ウィリ　　　60・75・80—85・87・95
アッピウス・クラウディウス・プルクルス
　　　　　　　　　　　　180
アルキメデス　　　　　138・139
アルバ・ロンガ
　8・16—18・20・27・30—32・34・35・67
アンクス・マルキィウス王　14・15・30・

35—38・42・44・46・70・73・311
按察官→エディリスを見よ
アンティオコス3世
　131・145・149・150・154・158・170
アンティオコス4世　　　　177
『イーリアス』　　　　　　8
インペラトール　　　64・260・334
インペリウム（指揮権）　122・141・
　148・149・158・165・167・174・178・
　202・219・220・235・255・263・264・
　268・274・281・283・290・291・301・
　304・310・316
ウァレリウス・フラックス
　　　　　　　　151・152・154
ウァレリウス・マクシムス（歴史家）
　12・95・111・114・162・242・276
ウァレリウス・マクシムス・コルヴス
　　　　　　　13・60・88・93—95
ウィラ（富裕者の邸宅）
　　　　　　　　153・271・311
ウェスタの処女　16・17・20・27・180・249
ウェルキンゲトリクス　　　292
『英雄伝』　　　　　　　　12
エウトロピウス　　　　　24・35
エディリス（按察官）
　13・102・124・137・141・152・166・170・
　213・234・273・284・288・289
オクティアヌス→アウグストゥス帝を
　見よ
オッピウス法　　　　　　　152

か

ガイウス・アントニウス　　305
ガイウス・グラックス

13・104・177・178・187—195・197・199・
　226・227・231
ガイウス・クラウディウス　83・84・87
ガイウス・フラミニウス
　104・123—127・131—134・137
ガイウス・マリウス　9・33・201・203・
　204・206・207—221・224—226・228・
　234—236・238・242・243・245・249・
　273・286・288・289・303・311
ガイウス・ルタティウス・カトゥルス
　19・104・106・118・119・122
解放奴隷
　6・96・157・169・197・225・233・311
カエサリオン　　　　　295・296
カエサル　8・9・12・25・27・64・74・109・
　121・135・192・204・205・211・213・
　239・244・251・254・255・257・258・
　260・261・264・266・268・269・272・
　275・278—293・295—302・307・308・
　310・312—315・321—325・327—331・
　333・334
カエソ・クインティウス　　76・78
カシウス・ディオ　　38・88・174
カシウス・ロンギヌス
　255・257・297・301・302・313・315・
　322・329
カティリナ　279・290・306・310・326
カトー（大）　12・13・104・140・145・
　147・150—152・154—157・160・164・
　167・170・193・276・284・300・308
カトー（小）　13・204・239・255・265・
　266・272・275—282・291
カラス（兵器）　　110・113・121
『ガリア戦記』　　　　　291・292
カリグラ帝　　　　　　　　75

カルタゴ　　　　　　　6・8・
51・105 — 116・118・119・122・123・126
— 131・133・134・136・141 — 145・156・
166・167・177・178・192・194
ガレー船　　　　　　　　112
監察官→ケンソルを見よ
カンナエの戦い　131・134—136・138・
141・157
キケロ　7・9・12・19・33・86・93・124・
139・164・165・169・183・190・191・
195・197・200・204・226・251・264・
265・271・278・279・282 — 284・287・
290・299 — 310・312・314・315・322・
326・328・330
『起源論』　　　　　　　157
『業績録』（レス・ゲスタエ）326・330
共和政　6・8・9・12・13・19・28・29・37・
48・53・55・57 — 59・61・65・67・68・78・
97・109・120・121・139・153・157・184・
185・193・205・206・211・213・217・
226・232・242・254・256・258・260・
267・271・278・282・285・297・301・
303・309・311・312・314・319・323
キンナ　224・225・236・238・243・245・
259・273・282・286
クイントゥス・カエキリウス・メテル
ス・ヌミディクス　104・196・199—
203・207 — 209・212 — 215・219・224・
226・242・243・272・304
クイントゥス・セルトリウス
175・204・224・225・232・244 — 247・
261—263・268
クイントゥス・ファビウス・マクシム
ス・ウェルコッス　100・104・123—
125・130・132・133 — 136・138・139・

144・148・151・158・163
グナエウス・オクタウィウス
224・243・259
グナエウス・コルネリウス・スキピオ・
アシーナ
104・106・111—115・127—130
グナエウス・コルネリウス・スキピオ・
カルウス　　　　　　　137
グナエウス・セルウィリウス・カエピオ
104・162・174 — 176・227・228・245・
276・277
グナエウス・ポンペイウス→ポンペイ
ウス（大）を見よ
グナエウス・マルキウス→コリオラヌ
スを見よ
クラウディウス帝　　41・66・94
クラウディウス・ネロ　141・143・149
クラウディウス・プルクルス　172・173
クラウディウス・マルケルス
104・105・123・127・134・136—139・
148・150
クレオパトラ（7世）205・294—296・
312・315—318・329・330・332・333
クワエストル（財務官）13・66・139・
148・152・179・189・207・210・212・
215・234・240・245・263・273・277・
283・288・300・304・310
警士→リクトルを見よ
血統貴族→パトリキを見よ
ケンソル（監察官）　13・95・98・102・
125・132・145・150・154・155・161・167
— 169・172・189・198・200・202・219・
249・253・254・263・289
ケントゥリア（百人隊）
47・48・84・214

権標→ファスケスを見よ
元老院（議員）13・23・24・34・37・43・
49・50・57・64・65・70・72・74・77・79・
80・92・95・96・99・108・120・124—126・
128・134・137・141・144・148 — 150・
156・161・166・168 — 170・181・183・
186 — 195・197・200・202・208 — 210・
212・213・224 — 229・231・233・239・
240・247・248・251・252・254・258・262
—265・268・274・275・276・279・280・
284・287・289 — 293・296・297・299 —
301・303・306・310・313・314・318・
321・322・326・328・330
公職暦表→ファスティを見よ
『古代ローマ詩集』　　　　67
『国家』　　　　　　　　　7
コミティア（民会）　13・57・69・182
護民官→トリブーヌス・プレビスを見
よ
コリオラヌス　33・60—62・69—73
『古ローマ史』　　　　20・21
コロナ・ムラリス　　166・178
コンキリア（平民会）　　　13
コンスル（執政官）
13・57・58・64 — 66・72・74 — 83・92・
98・99・101・102・107・108・110 — 112・
114・115・117・118・124 — 128・131・
132・135・137 — 139・141・144・145・
148・152・157・158・160・161・165・
166・168・169・172・173・178・180 —
182・184・187・188・190・192・194・
195・197・199 — 202・206・208 — 210・
212・214 — 220・224・226・235 — 238・
241・242・244・252 — 255・261・263・
266・274・276・279 — 281・284・286・

289 — 292・302・300 — 307・309・310・312 — 314・322・326 — 329

さ

財務官→クワエストルを見よ
ザマの会戦　　6・131・140・145・146
サルスティウス　　12
三頭政治（第1回）　64・178・180・211・224・239・243・254・257・266・272・275・284・291・307・316
三頭政治（第2回）
　　308・314・322 — 324・328 — 330
サンボカ（兵器）　　138・139
シェイクスピア　70・299・313・316
指揮権→インペリウムを見よ
執政官→コンスルを見よ
城壁冠→コロナ・ムラリスを見よ
十二表法　　86・87・159
十人委員会　　80・82 — 85
上級将校　13・77・88・90・141・148・163・166・220・230・236
新参者→ホモ・ノヴスを見よ
スエトニウス　　12・298
スキピオ・アエミリアヌス　13・104・146・156・160・162・165 — 169・172・174・178・179・189・212・328
スッラ→ルキウス・コルネリウス・スッラ・フェリクスを見よ
ストア学派　　178・277・280
スパルタクス　　250 — 252・262・277
『世界史』　　118・147
セクストゥス（タルクィニウス傲慢王の息子）　　53・319
セクストゥス・ポンペイウス　266・

316・320・322 — 325・329・331・333
セルウィウス・スルピキウス・ガルバ
　　104・162 — 165・174・175・180
セルウィウス・トゥリウス
　　14・15・38・44 — 49
ソシウス　　64
ゾシモス　　64

た

タティウス（サビニ王）
　　22・23・25・33・94
タルクィニウス・プリスクス　14・37・38・40 — 46・50・72・159・184・326
タルクィニウス傲慢王
　　14・15・38・43・49 — 54・56・58・59・61・63・65・70・84・159
中央広場→フォルムを見よ
ディオドロス　　111
ディオニュシオス1世　　88
ディオニュシオス（歴史家）
　　20・21・40・43・87
ディクタトール→独裁官を見よ
帝政　9・66・109・142・153・184・193・205・256・309・311・333
ティトゥス・クインティウス・カピトリヌス・バルバトゥス
　　60・74 — 78・80・83・88
ティトゥス・クインティウス・フラミニヌス　104・105・147 — 150・155
ティベリウス・グラックス
　　104・169・177 — 184・186 — 190・194・202・206・208・282・326
ティベリウス・センプローニウス・グラックス　104・145・146・162・169・

170・172・173・179・180・183・192
ティベリウス帝
　　7・12・66・195・325・334
トーガ　133・137・185・216・297・298
トゥーリア　　48・49
トゥッルス・ホスティリウス
　　14・30 — 32・34・35・67
同盟市戦争　203・205・219・221・236・245・249・259・273・303
独裁官　63・74・77 — 79・89・90・92・94・117・125・132・133・138・205・239・241・261・296・297・312
トラシメヌス湖畔の戦い
　　126・127・131・133
トリブーヌス・プレビス（護民官）
　　13・71・72・78・79・81・85・87・98・124・164・169・180・182・183・186・188 — 192・194・198・203・206 — 208・210・212・219・220・224・227・228・231・236・240・244・245・253 — 255・263・278・279・283・284・291・293・299・307・310・312・327
トリプス　　47

な

ヌマ・ポンピリウス　14・19・20・24 — 27・29・30・33 — 35・37・157
ネロ帝　　75・260・318
『農事論』　　156

は

パギ　　27
『博物誌』　　151

ハシュドゥルバル・バルカ 128・129・131・143・151	アフリカヌス 6・104・105・127・128・131・135・140 — 146・148・152・154・157・158・166・170・172・177・178・180・181・188・334	ホモ・ノヴス（新参者） 196・201・214・305・326
パトリキ（血統貴族） 13		ホラティウス（詩人） 120・159
パラティヌスの丘 19・22・26・28		ホラティウス家の3兄弟 31・67
ハンニバル 6・12・105・124・126 — 131・133 — 137・139・140・143 — 146・150・175・192・244・285	プラエトル（法務官） 13・98・119・124・127・152・158・163・165・170・182・189・197・207・209 — 211・213・234・236・240・243・244・263・266・280・284・289・301・304 — 306・321・326・328	ホラティウス・コクレス 60・61・62・67 — 69・195
		ポリュビオス 12・51・68・105・108・111・113・118・124・142・143・146・147・148・169・182・293
百人隊→ケントゥリアを見よ		
ピュロス 61・99・285		
ファスケス（権標） 63・65・84・302	フリウス・カミルス 13	ポルセンナ 63
ファスティ（公職暦表） 8・82・83・108	プリニウス 151・227	ホルテンシウス 278・279・304
ファビウス・マクシムス 135	プレブス（平民） 6・182・190・191・195・215	ポンペイウス・ストラボン 224・258・259・303
ファビウス・マクシムス・アエミリアヌス 165・174	ブルタルコス 12・16・18・55・70・73・125・136・148・158・169・182・192・217・218・232・249・250・253・261・275・294・303・312	ポンペイウス（大） 15・32・64・121・178・204・205・224・239・244・246・247・249・251 — 255・257 — 266・268 — 271・274・275・277・278・280・281・284・289・291 — 293・295 — 298・300・303 — 305・307・312・321 — 324・327
ファビウス・マクシムス・セルウィリアヌス 174		
『フィリッピカ』 308・309・330		
フィリッポス2世 302		
フィリッポス5世 148・160・166	平民会→コンキリアを見よ	
フェレンティーナ条約 51	ペルペンナ 246・247・262	
フォルム（中央広場） 7・18・66・124・287・309	ヘロドトス 40	
	ペロポネソス戦争 56	**ま**
プトレマイオス 294	法務官→プラエトルを見よ	
ププリウス・アッピウス・クラウディウス・プルクルス 82・104・107・114 — 119	ポエニ戦争（第1次） 95・105・107・110・112・115・118・121 — 123・127・131・132・137・184・193・194・200・311・136	マイル・ストーン 97
		マエケナス 327
		マケドニア戦争 159 — 161
		マゴーネ 128・129・144
ププリウス・ウァレリウス・ププリコラ 60・62・63・65 — 68・75・94		マコーレー 67・69
	ポエニ戦争（第2次） 126・127・131・132・133・145・148・151・154・159・163・170・175・177・180・193・194	マッシニッサ王 144・145
ププリウス・クロディウス・プルクルス 121・204・254・265・268・272・275・279・282 — 284・287・289・300・305・307・312		マルクス・アエミリウス・スカウロス 19・104・196 — 199・207・227・228・235
	ポエニ戦争（第3次） 166・178・193・194	マルクス・アエミリウス・パウルス 111・115
	卜占官 132・135・137・158・178・186・219・273・307・309・324	マルクス・アエミリウス・レピドゥス 155・204・246・261・308・312・314・
ププリウス・コルネリウス・スキピオ 104・123・127 — 130・158		
ププリウス・コルネリウス・スキピオ・	ホメロス 8	

316・320—325・329・332
マルクス・アティリウス・レグルス
　　104—112・114・115・122・144
マルクス・アントニウス　9・19・124・
　　204・205・254・274・293・295・299・
　　301・302・308—310・312—318・320—
　　322・325—333
マルクス・オクタウィウス　182・183
マルクス・トゥリウス・キケロ→キケロ
　　を見よ
マルクス・フリウス・カミルス
　　　　　　　　　　60・88—93・217
マルクス・ポルキウス・カトー→カトー
　　（大）を見よ
マルクス・ユニウス・ブルートゥス
　　204・279・284・297・299—302・313・
　　315・322・329
マルクス・リキニウス・クラッスス
　　19・64・180・204・227・239・243・
　　249—255・257・262・263・266・275・
　　276・280・288・290・292・301・307
ミトリダテス王　220・235・237・238・
　　264・265・268・272—275・296
民会→コミティアを見よ
『名士伝』　12・95・112・114・162・242・
　　276
ミロー　　　　　　　　　　　　284
メッティウス王　　　　　　　31・32
メテルス・クレティクス　　　264・265
メテルス・スキピオ　266・268・281・
　　292・293・296
メテルス・ピウス　175・204・224・225・
　　232・239—244・247・250・261・266・
　　268・289

や

ヤニクルムの丘　　　　　　　35・36
『友情について』　　　　　　　　165
ユグルタ（ヌミディア王）
　　　　　　196・198—201・212—215・235
ユスティティウム　　　　　　　220
ユリア（カエサルの娘・ポンペイウス
　　の妻）　　　266・292・307・327
ユリウス・カエサル→カエサルを見よ
ユリウス・プロクルス　　　　24・25

ら

ラテン同盟　　　　　　50・51・54
リウィウス（歴史家）　12・30・45・46・
　　50・62・69・74・77・81・87・90・96・99・
　　123・127・128・142・165・197
リウィウス・ドルースス　19・192・
　　194・197—199・204・221・226—229・
　　231・240・276・279・325
リキニウス・ルクルス　204・236・264・
　　265・268・272—276・278・283
リクトル（警士）　63・65・84・302
リネンの書　　　　　　　　　　40
ルキウス・アエミリウス・パウルス
　　131・135
ルキウス・アプレイウス・サトゥルニヌス
　　198・202—204・206—210・217—219
ルキウス・クインティウス・キンキナー
　　トス　　60・61・74・76—79・83・148
ルキウス・コルネリウス・スキピオ・ス
　　カプラ　　　60・88・89・99—103
ルキウス・コルネリウス・スッラ・フェ
　　リクス　　　　　204・205・215・

218—220・224・226・232—246・249・
253・254・259—261・263・270・273・
274・276・277・283・286—288・304・
306・321
ルキウス・スキピオ
　　　　　　　　　145・154・155・158・170
ルキウス・タルクィニウス・コラティヌス
　　　　　　　　　　53・57・58・62
ルキウス・ユニウス・ブルートゥス
　　14・15・53—59・62・63・65・138・284・
　　297・299・302
ルティリウス・ルフス　193・202・215・
　　216・227・228・259・304
レア・シルウィア　　　　　16—18
『歴史』（ポリュビオス）　　　　12
『歴史』（カシウス・ディオ）　88・174
レス・ゲスタエ→『業績録』を見よ
レムス　　8・12・14・16—19・22・130
ローマ街道　　　　　　　　　　97
『ローマ史』　12・30・38・45・50・62・74・
　　81・123・127
『ローマ史概観』　　　　　　24・35
「ローマの平和」　　　　　　　　153
ロムルス
　　7・8・12・14—19・21・25・27・28・31—
　　33・43・63・74・130・184・217
『ロムルス伝』　　　　　　　　　16

参考文献

吉村忠典　『支配の天才ローマ人』　三省堂　1981年
吉村忠典　『古代ローマ帝国』　岩波新書　1997年
吉村忠典　『古代ローマ帝国の研究』　岩波書店　2003年
長谷川博隆　『古代ローマの政治と社会』　名古屋大学出版会　2001年
長谷川博隆　『古代ローマの自由と隷属』　名古屋大学出版会　2001年
Ａ・クレリシ／Ａ・オリヴジ　高田邦彦訳　『ローマ共和政』　文庫クセジュ　1969年
Ｂ・コンベ＝ファルヌー　石川勝二訳　『ポエニ戦争』　文庫クセジュ　1999年
桜井万里子／本村凌二　『世界の歴史５　ギリシアとローマ』　中央公論社　1997年
Ｊ．Ｍ．ロバーツ著　本村凌二監修　『世界の歴史３　古代ローマとキリスト教』　創元社
　2003年
青柳正規　『古代都市ローマ』　中央公論美術出版　1990年
Ｉ・モンタネッリ著　藤沢道朗訳　『ローマの歴史』　中公文庫　1979年
弓削達　『世界の生活歴史４　素顔のローマ人』　河出書房新社　1991年
弓削達　『ローマ帝国の国家と社会』　岩波書店　1964年
スチュアート・ペローン著　中島健訳　『ローマ神話』　青土社　1993年
クロード・モアッティ著　青柳正規監修　『ローマ・永遠の都』　創元社　1993年
ロジェ・アヌーン／ジョン・シェード著　青柳正規監修　『ローマ人の世界』　創元社　1996年
弓削達　『地中海世界』　講談社　1973年
土井正興　『スパルタクスの蜂起──古代ローマの奴隷戦争』　青木書店　1973年
柴田光蔵　『古代ローマ物語Ⅰ・Ⅱ』　日本評論社　1991年

ILLUSTRATION CREDITS

a = above, c = center, b = bottom, l = left, r = right
The following abbreviations are used to identify sources and locate illustrations: BM - © Copyright The British Museum, London; PB - Peter Bull; GC - Giovanni Caselli; DAI - Deutsches Archäologisches Institut, Rome; MD - Michael Duigan; PAC - Peter A. Clayton; RW - Roger Wilson.

カバー図版
THE ILLUSTRATED HISTORY OF THE WORLD VOLUME 3
© Robert Harding Picture Library Ltd.
Reproduced by permission of Robert Harding Picture Library Ltd., London through Tuttle-Mori Agency, Inc., Tokyo.

1 BM. 3 Capitoline Museums, Rome, photo Araldo De Luca, Rome. 6 Châteaux de Versailles et de Trianon, photo © RMN - R.G.Ojeda/ Le Mage. 7l Metropolitan Museum of Art, New York, Rogers Fund 12.233; r Robert Harding/ © Robert Frerck/Odyssey/Chicago. 8 Museo Nazionale, Naples. 9a Kunsthistorisches Museum, Vienna; b Vatican Museum, Rome, photo Alinari. 10-11 PB. 12a Photo Alinari; b from A. Thevet, Portraits et vies des homes illustrés, 1584. 14l-r BM; PAC; Foto Vasari, Rome; photo Araldo De Luca, Rome. 16 BM. 17a Capitoline Museums, Rome; b Palazzo Publico, Siena, photo Scala. 18 The Bridgeman Art Library. 19a Museo Nazional di Villa Giulia, Rome; b © M.Bertinetti, White Star; 20a Museo dei Conservatori, Rome; b Robert Harding/c 2001 K. Gillham. 21 Musée du Louvre, Paris. 22 Photo Alinari. 23a Photo Leonard von Matt; b Musée Condé, Chantilly, France/The Bridgeman Art Library. 25a BM; b PAC. 28a MuseoGregoriano Etrusco, Vaticano, photo Scala; b RW. 30 PAC. 31a Musée du Louvre; c GC. 33a PB; b BM. 36 PB. 37 Deutsches Museum, Munich. 38 Foto Vasari, Rome. 39 RW. 40l The Archaeological Museum, Zagreb; r Museo di villa Giulia, Rome, photo Scala; b Photo AKG London. 43a Museo delle Terme, Rome, photo Alinari; b Gabinetto Nazionale delle Medaglie, Rome. 45 Foto Vasari, Rome. 48a ND; b Mary Evans Picture Library. 49 Fototeca Unione, Rome. 52a, b Photo Alinari. 53 Fitzwilliam Museum, Cambridge. 55 Museo dei Conservatori, Rome, photo Araldo De Luca, Rome. 56 GC. 59 Musée du Louvre, Paris, Photo Alinari. 61l-r Musée des Beaux-Arts, Caen, France, photo Giraudon/the Bridgeman Art Library; Bibliothèque Nationale, Paris; École Nationale Supérieure des Beaux-Arts, Paris. 62 Musée des Beaux-Arts, Caen, France, photo Giraudon/The Bridgeman Art Library; 63l Museo Nazionale, Portgruaro; r DAI. 64a BM; b Museo dei Conservatori, Rome, Fototeca Unione, Rome. 66 Fototeca Unione, Rome. 68 By permission of the Trustees of Dulwich picture Gallery. 69 Fototeca Unione, Rome. 70 Robert Harding/© 2001 K. Gillham. 71 Musée des Beaux-Arts, Caen, France, photo Giraudon/the Bridgeman Art Library. 74 École Nationale Supérieure des Beaux-Arts, Paris. 75 Fototeca Unione, Rome. 80 École Nationale Supérieure des Beaux-Arts, Paris. 85 Musée du Louvre, Paris, photo The Bridgeman Art Library/Peter Willi. 89 Museo Nazionale di Villa Giulia, Rome. 90 Fototeca Unione, Rome. 93 Museo Civico Archaeologico, Bologna. 96a GC; b Palazzo Madama, Rome, photo Scala. 97a PB; b Sonia Halliday Photographs/photo F. H. C. Birch. 99 Museo Nazionale, Naples. 100 Museo Nazionale, Naples, photo Alinari. 102a GC; b Vatican Museums, Fototeca Unione, Rome. 105l-r Musée du Louvre, Paris, photo © RMN-R.G Ojeda; Capitoline Museums, Rome, photo Alinari; photo Araldo De Luca, Rome; École Française d' Athènes, P. Collet. 106 Mary Evans Picture Library; 107a Musée du Louvre, Paris, photo © RMN-R. G Ojeda; c DAI; b The Art Archive/Museo della Civilta Romana, Rome/Dagli Orti.109a BM; bl MD; br Kunsthistorisches Museum, Vienna. 110 PB. 112 National Museet, Stockholm. 113 from E. Hennebert, Histoire d' Annibal, I, 1870-91. 116 RW. 118 British Museum, photo PAC. 120 Museo Aquilano, photo Alinari. 121a Cabinet des Médailles, Bibliothèque Nationale, Paris; c PB; b Casa dei Vettii, Pompeii, photo Scala. 122 Carthage Museum. 123 Capitoline Museums, Rome, photo Alinari. 124 British Museum, photo PAC. 125a RW; b PB. 128a BM; b British Museum, photo PAC. 129 Museo Arqueologico, Madrid, photo AKG London. 131a RW; b Museo Nazionale, Naples, photo AKG London. 134 The Hermitage Museum, St Petersburg. 135l Soprintendenza alle Antichità, Rome, photo Carrano Gerrano; r PB. 137a BM; b Capitoline Museums, Rome, photo Alinari. 138 from J. C. de Folard, Histoire de Polybe, 1727-30. 139 Liebieghaus Frankfurt Foto Marburg. 140 Photo Araldo De Luca, Rome. 141 RW. 142a BM; b RW. 143a Pushkin Museum, Moscow/The Bridgeman Art Library; b BM; 146a PB; b RW. 147 École Française d' Athènes, P. Collet. 149a Photo Hirmer; b DAI; 150a BM; b British Museum, photo PAC. 152 Photo Alinari. 153 The Art Archive/Bardo Museum, Tunis/Dagli Orti. 155 British Museum, photo PAC. 158a Museo dei Conservatori, Rome; b Delphi Museum, École Française d' Athènes. 159a, b Vatican Museums, Rome. 161a British Museum, photo PAC; b RW. 162 Musée du Louvre, Paris, photo Giraudon/The Bridgeman Art Library. 163 PB. 166 Münzkabinett, Staatliehe Museen, Berlin. 167a, b RW. 169 Photo Alinari. 170 The Bridgeman Art Library. 171a RW; bl Museo Arqueologico National, Madrid; br Musée du Louvre, Paris, photo Giraudon/ The Bridgeman Art Library. 175a Foto Mas; b Prado, Madrid, Photo Scala. 177 Musée d' Orsay, Paris, photo Scala. 184 The Art Archive/Museo Capitolino, Rome/Dagli Orti. 185l PB; f Museo Archeologico, Florence, photo Scala. 186 Staatliche Museen, Berlin. 189 Museo Civico, Rome, RW; 192 Editions Arthaud. 193 BM. 194 The Bridgeman Art Library. 195l Museo Nazionale Rome; r RW. 197 British Museum, photo PAC. 197 John Rylands University Library, Manchester. 203a BM; b Museo dei Conservatori, Rome. 205l-r Staatliche Antikensammlungen, Munich; Ny Carlsberg Glyptotek, Copenhagen-© Ole Haupt; Museo Pio-Clementino, Vatican, Rome, photo Scala; Kingston Lacy, the Bankes Collection. 206 Staatliche Antikensammlungen, Munich. 210 BM. 211 Staatliche.Antikensammlungen, Munich/Agenzia Fotografica Luisa Riccarini, Milan. 215a BM; b PB. 218a Vatican Museums, photo DAI; bl and br Metropolitan Museum of Art, New York, Rogers Fund 65.183.1/3. 219 Staatliche Museen, Berlin. 221a, b BM; 222a Metropolitan Museum of Art, New York; b photo Araldo De Luca, Rome. 222-223 PB. 223a Giovanni Lattanzi; b Metropolitan Museum of Art, New York. 224 Musée du Louvre, Paris, photo © RMN. 228 Fototeca Unione, Rome. 230 Photo AKG London/ Peter Connolly. 232 Museo Archeologico, Venice, photo Scala. 233 MD. 235a, b BM. 235a Museum, photos PAC. 237, 238 Fototeca Unione, Rome. 240 Chieti Museum. 241 © M. Bertinetti, White Star. 243 RW. 246a RW; b The Art Archive/Museo Capitolino, Rome/Dagli Orti. 248a, c Giovanni Lattanzi; b PAC. 250 Fototeca Unione, Rome. 252 a Museo Archeologico Nazionale, Taranto; b Museo Archeologico Nazionale, Civitavecchio. 254 Museo dei Conservatori, Rome, photo DAI. 255 Fototeca Unione, Rome. 256a Museum für Islamische Kunst, Berlin photo © preussischer Kulturbesitz, Berlin; b PB. 258 Ny Carlsberg Glyptotek, Copenhagen - © Ole Haupt. 260, 262 RW. 266a Staatliche Museen, Berlin; b British Museum, photo PAC. 267a BM; b Glyptotek, Munich. 269 Collection Berenson, Florence, photo Scala. 270a Museo Nazionale, Naples, photo Scala; b Museo Capitolino, Fototeca Unione, Rome. 270-271 The Art Archive/ Archaeological Museum, Naples/Dagli Orti. 271a MD; b Museo Nazionale, Naples/The Bridgeman Art Library. 272 Rabat Museum, Morocco, photo Roger Wood. 274a BM. b BM. 274 MD. 275 Museo Nazionale, Naples, photo Scala. 279l Fototeca Unione, Rome; r Staatliche Museen, Berlin. 280 Museo Nazionale, Rome, photo Alinari. 281 RW. 282 École Nationale Supérieure des Beaux-Arts, Paris. 284 BM. 285 Museo Pio-Clementino, Vatican, Rome, photo Scala. 287 RW. 288l PW; c National Gallery, Oslo; r British Museum, photo Edwin Smith. 290 Museo Arqueologico National, Madrid. 292a Musée des Antiquités Nationales, Saint-Germain-en-Laye, photo © RMN; c BM; b Museo Civico Archeologico, Bologna. 293 Photo © Dr Renè Goguey. 294a Staatliche Museen, Berlin. B RW. 295a MD; b National Gallery, Oslo. 298a The Walters Art Gallery, Baltimore; b Staatliche Musen, Berlin. 299l PAC; r The Art Archive/Museo Capitolino, Rome; Dagli Orti. 301a The Montreal Museum of Fine Arts; b BM. 302a photo Alison Frantz; b British Museum, photo PAC. 303 Ashmolean Museum, Oxford/The Bridgeman Art Library. 306 Palazzo del senato, Rome. 309 RW. 310 Kingston Lacy, The Bankes Collection. 311a © M. Bertinetti, White Star; bl, br PAC. 316 Fitzwilliam Museum, Cambridge. 318a PB; b Vatican Museums, Rome. 319l Museo Nazionale, Naples; r Museo Nazionale, Naples, photo Scala. 320 British Museum, photo Edwin Smith. 322 BM. 324a Staatliche Museen, Berlin; b BM. 325 BM. 327 Museo Nazionale delle Terme, Rome. 329 RW. 330 DAI. 333a Kunsthistorisches Museum, Vienna; b BM. 334a Kon Penningkabinett, The Hague; b photo Araldo De Luca, Rome.

〔著 者〕**フィリップ・マティザック**
ローマ史研究家。オックスフォード大学にて博士号取得。主な著書に『共和政ローマ期の政治社会学——スッラからアウグストゥスまで』など。

〔監修者〕**本村凌二**(もとむらりょうじ)
1947年生まれ。東京大学教授。主な著書に『薄闇のローマ世界——嬰児遺棄と奴隷制』(東京大学出版会)、『ポンペイ・グラフィティ』『ギリシアとローマ』(いずれも中央公論新社)、『馬の世界史』(講談社)など多数。

〔翻訳者〕**東 眞理子**(あずままりこ)
1960年生まれ。大阪市立大学文学部卒。訳書に『〔図説〕世界の歴史』(第1・3・7・8・10巻)、『本の国の王様』(創元社)、『誰がツタンカーメンを殺したか』(原書房)『イラク 目で見る世界の国々〈60〉』(国土社)など。

CHRONICLE OF THE ROMAN REPUBLIC by PHILIP MATYSZAK
© 2003 by Thames and Hudson Ltd, London
Text © 2003 Philip Matyszak

Japanese translation rights arranged with
Thames and Hudson Ltd, London, U. K.
through Tuttle-Mori Agency, Inc., Tokyo

古代ローマ歴代誌
7人の王と共和政期の指導者たち

2004年9月20日第1版第1刷発行

著者————フィリップ・マティザック
監修者————本村凌二
訳者————東眞理子
装幀————山本卓美(マーカークラブ)
発行者————矢部敬一
発行所————株式会社 創元社

本　社❖大阪市中央区淡路町 4-3-6　TEL(06)6231-9010(代)
　　　　FAX(06)6233-3111
URL　❖ http://www.sogensha.co.jp/
東京支店❖東京都新宿区神楽坂 4-3 煉瓦塔ビル　TEL(03)3269-1051(代)
印刷————株式会社 太洋社

©2004, Printed in Japan　ISBN4-422-21518-3

「歴代誌」シリーズ ●好評既刊●

A5判上製／本体3,300円
図版約300点（カラー約100点）

ローマ皇帝歴代誌
青柳正規[監修]
クリス・スカー[著]

全80人の皇帝を完全収録

初代皇帝アウグストゥスから、西ローマ帝国最後の皇帝ロムルス・アウグストゥルスまで、全80人の皇帝の生涯を、彼ら自身の彫像を含む約300点の図版で紹介。巨大帝国の繁栄と衰退をたどるローマ帝国史の決定版。

古代エジプト ファラオ歴代誌
吉村作治[監修]
ピーター・クレイトン[著]

185人のファラオを完全収録

ギザのピラミッドの建設者・クフ王や、異端とそしられ、記録から消された悲劇のツタンカーメン王、さらに、他では読めない「無名」のファラオまで荘厳・華麗なその生涯で語りおろす古代エジプト3000年の栄光。

ローマ教皇歴代誌
高橋正男[監修]
P.G.マックスウェル-スチュアート[著]

263人の教皇を完全収録

聖ペトロからヨハネス・パウルス2世まで、ローマ教皇263人の個性的かつ人間的な素顔を紹介。キリスト教世界のみならず、政治や文化の領域にも多大な影響を与え続けたローマ教皇の存在を通して、2000年の世界史が壮大なひとつの物語となる。

中国皇帝歴代誌
稲畑耕一朗[監修]
アン・パールダン[著]

157人の皇帝を完全収録

中国皇帝は地上と天の仲介者として、広大な領土と膨大な数の人民を支配し、神にも等しい尊敬をうけてきた。秦の始皇帝から悲劇の満州皇帝溥儀まで、彼らの波乱に満ちた生涯を通し、2200年の長大な文明史を読み解く。

旧約聖書の王歴代誌
高橋正男[監修]
ジョン・ロジャーソン[著]

「聖書の民」の王を完全収録

民族の祖アブラハムから、民衆を率いて紅海を渡ったモーセ、王国に繁栄をもたらしたダビデやソロモンなど、古代イスラエル民族の指導者たち83人の生涯を徹底検証。最新の研究から、旧約聖書の記述に隠された真実の歴史を明らかにする。

ロシア皇帝歴代誌
栗生沢猛夫[監修]
デビッド・ウォーンズ[著]

26人の皇帝を完全収録

モンゴル人支配（タタールのくびき）に終止符を打ち、ロシア帝国の礎をきずいたイワン3世から、日露戦争に敗れ、革命によって、家族とともに惨殺されたニコライ2世まで。広大な領土と世界史的なスケールで展開する、450年の帝国興亡史。